《李调元研究》（第三辑）编辑委员会

民俗文丛·四川

李调元研究

第三辑

LI TIAOYUAN YANJIU

四川省民俗学会 中共德阳市罗江区委 罗江区人民政府 编

四川人民出版社

图书在版编目（CIP）数据

李调元研究. 第三辑 / 四川省民俗学会，中共德阳市罗江区委，
罗江区人民政府编. —成都：四川人民出版社，2021.9
ISBN 978-7-220-12396-2

Ⅰ. ①李… Ⅱ. ①四… ②中… ③罗… Ⅲ. ①李调元
（1734-1803）-人物研究-文集 Ⅳ. ①K825.6-53

中国版本图书馆 CIP 数据核字（2021）第 155595 号

LI TIAOYUAN YANJIU

李调元研究（第三辑）

四川省民俗学会　中共德阳市罗江区委　罗江区人民政府　编

责任编辑	谢　雪　邓泽玲
封面设计	四川胜翔
版式设计	戴雨虹
责任校对	林　泉　舒晓利
责任印制	李　剑
出版发行	四川人民出版社（成都市槐树街 2 号）
网　　址	http://www.scpph.com
E-mail	scrmcbs@sina.com
新浪微博	@四川人民出版社
微信公众号	四川人民出版社
发行部业务电话	（028）86259624　86259453
防盗版举报电话	（028）86259624
照　　排	四川胜翔数码印务设计有限公司
印　　刷	成都蜀通印务有限责任公司
成品尺寸	170mm×240mm
印　　张	19.25
字　　数	310 千
版　　次	2021 年 9 月第 1 版
印　　次	2021 年 9 月第 1 次印刷
书　　号	ISBN 978-7-220-12396-2
定　　价	88.00 元

第一篇　李调元与文学

第二篇　李调元与戏剧

第三篇　李调元与川菜

第四篇　李调元与民间文学

第五篇　李调元文化遗产的利用与地方经济发展

李

调

元

研

究

（第三辑）

002

第一篇
李调元与文学

以传承中华文化、复兴蜀学为己任

——清乾嘉四川文坛主盟李调元

赖安海

　　李调元（1734—1803），字羹堂，号雨村、童山、蠢翁等。四川绵州罗江县人（今德阳市罗江区人）。清代文学家、戏曲理论家、民俗学家、诗人，清乾嘉时期四川文坛主盟，全才学者。乾隆二十八年（1763）进士，改翰林院庶吉士，历官吏部主事、广东副主考、吏部考功司员外郎、广东学政、直隶通永道道员。其一生，以传承中华文化、复兴蜀学为己任，至死不渝；著述甚丰，遍及四部；为四川明季杨升庵之后有清一代第一人，2020 年 6 月四川省公布的第二批十位四川历代名人之一。

一、不共窝居角蛮触，要从鳌背上蓬瀛

　　李调元五岁入塾，先生刘逸飞，教"四书"《尔雅》，授辄成诵。李调元七岁时，父亲李华楠（石亭）中举。祖父英华公问起长孙李调元的学业，塾师刘逸飞答："天资聪颖，已能诗。"英华公对长孙调元道："调儿，你父中举，刘夫子说你已能诗？"李调元当即笑嘻嘻地望着祖父。英华公指着窗外小雨中的梧桐道："疏雨滴梧桐。"李调元望了望窗外，略一思索，便朗声吟出一首小诗："浮云来万里，窗外雨霖霖。滴在梧桐上，高低各自吟。"一句"高低各自吟"大有与父分庭抗礼之势，使英华公大为

高兴，对长孙大加勉励。乾隆七年（1742）春，李化楠连捷进士，官选咸安宫教习。咸安宫为清王室专为满族贵族子弟开设培养清廷高级官员的官学。李化楠志在外放做一名为民请命的县官，耻为旗人官宦子弟之师，请辞待补，回到罗江县复云龙坝祖业，建醒园课教乡人子，李调元自是随父读。乾隆九年（1744）初夏，罗江贡生赵亮到醒园造访表弟李化楠，见表侄李调元手持蜘蛛网杆网捕蜻蜓，即兴吟出一联："蜘蛛有网难罗雀。"他叫表侄李调元对出下联。时天将下雨，阶沿下有蚯蚓滚沙，李调元应声答云："蚯蚓无鳞愿学龙。"赵贡生大奇，对表弟李化楠道："令公子可谓神童之目。"至是神童李调元之名遍传罗江。李调元年十二，将吟稿结集为《幼学草》。年十三，父亲受聘主讲绵州，李调元随父读。其间，他遵父命坚持课余外出游历以增长学识，十五岁作《游山》诗："山乃外之书，奇文各领怅。书乃内之山，插架仰重叠……君看万卷楼，只作万蜾蠃。"这深刻阐述了他对读书与游历的认知，对知识的不懈追求。观乡村庙会、四时农事节庆赛戏，他作《杂兴》诗八首，咏帝王将相、才子佳人、士贩走卒和农夫在戏台再现的世间百态，世上有，戏上有。"人生一小天""安用叩苍昊"，由此种下戏根，这成为后来戏曲理论家、川剧导源人之发端。游绵州西山观瞻扬雄像、谒新都杨升庵故居，至成都访严君平、司马相如、王褒和扬雄遗迹，面对明末清初兵燹后蜀学衰微，李调元作《丈夫行》，发出"丈夫持此七尺身，安能终日心偪仄？何不跃上天衢游，汗漫九垓驰八极"的壮志豪情。十四年后李调元中进士入翰林，诗赠翰林院友人祝芷塘："我家岷之滨，柴门对江净……抗怀思古人。屈指曾窃评……缅维炎汉初，文章我蜀胜。司马（相如）与王（褒）扬（雄），洪钟破幽磬。词坛列俎豆，万古残膏剩。子昂起射洪，高蹈寡声应……眉州苏父子，玉局（苏东坡）我所敬……后来颇落落，道古（虞集）或差胜……有明三百年，升庵独雄横……曰余生也晚，狂愚颇自命。"他告诉友人自己少时立下的以复兴蜀学为己任的桑弧之志。

乾隆十六年（1751），石亭公李化楠接吏部函进京谒选。李调元遵父命先后住读于醒园及隔江的鹊鸧寺。次年春，李调元县试第一取为诸生（秀才），旋入绵州涪江书院就读，浙江归安进士、知州费云轩州试诸生亦取第一，四川学政葛峻起于州示学再取第一。其连中三元，深得费知州的赏识，谓曰："他日必为翰林，吾江南翰林亦当让尔也。"

乾隆十八年（1753），其父任浙江余姚县知县。余姚为王阳明故里，李化楠抵任倡阳明之学，维修王阳明故居、建姚江书院成，寄信命长子李调元赴浙读书。李调元心志如天际狂风，"不共窝居角蛮触，要上鳌背上蓬瀛。此行颇慰桑弧志，负米兼怀负笈情"。他作诗尽情抒发了志在干一番大事业的激情。李调元至浙后，先是从进士李祖惠学经术，从举人俞醉六、名士陈学川习举子业，从进士施沧涛学诗。乾隆二十一年（1756）回川应乡试，科考拔第一，补为廪生，与父亲门生、绵竹秀才唐乐宇入省参加乡试下第，作诗共勉云："世上怜才休恨少，平生失学本来多。天公有意君知否？大器先须小折磨。"又诗赠友人展其抱负："他日伯乐如垂顾，看我来修五凤楼。"返浙复受业于翰林编修徐君讳，从进士查梧冈学诗，从名士陈学川习举子业、陆宙冲学画。

乾隆二十二年（1757），乾隆皇帝将南巡，其父调任秀水知县，受命办差建头站大营盘。次年接圣驾毕，深受乾隆殊恩以老告休的大司寇钱香树食俸于秀水。一日钱老入署。李化楠令长子调元拜见，并呈上所作诗文。钱老对李化楠说："予子聪颖过人，非蜀人，乃吴人也。"于是在金坨房命李调元与自己的儿子同作召试迎銮献诗赋诸生题《春蚕作茧》，李调元得一联云："不梭还自织，非弹却成圆。"大受钱香树赞赏。钱香树谓："他年成进士入翰林，声名鹊起，余企望之。"自是授以诗法。李调元在浙江问学期间曾题书王阳明故里碑，访戏剧家李渔故里。先后与浙江才子邵晋涵、沈云椒等订交，同举人施乐莘、汪孝成，以及工书的斐成等遍游浙江名胜。所作《观钱塘潮歌》"才豪力猛"（袁枚《随园诗话补遗》），《南宋宫词》百首"可媲唐之王建，而与樊榭之《南宋杂诗》并垂不朽"（符保森《寄心庵诗话》），"论者谓不亚于厉鹗"。李调元爱书成痴，每见善本皆抄之、购之，父亲石亭公尽从其所好。

乾隆二十三年（1758），李调元随父回四川罗江醒园丁祖父忧。父亲修祖父英华公墓毕，邀族人于云龙坝近醒园的扁担湾祖屋遗址建宗祠，又购醒园后象山徐姓牧场对园林大加扩充，"风景擅平泉之胜，烟霞绘辋川之图"。李调元且在书童的陪同下再至醒园隔江的鹁鸽寺住读。乾隆二十四年（1759）三月，李调元赴成都补岁考，四川学政史怀堂奇其文，破格附一等，再试拔第一。史怀堂以卷示诸生曰："吾考试三年，未见有秀才如此者。"随即为其簪花披红，鼓锣吹打送入锦江书院。学习期间，李调元与崇庆何希颜、成都张鹤林、内江张尔常、中江孟邵、广汉张云谷以文相高，被誉为锦江"六杰"。是年乡试，李调元中第五名举人。

乾隆二十六年（1761）乾隆年满五十，举行恩科，李调元入京会试，副总裁观补亭收落卷，得李调元《礼经·鸣鸠拂其羽》文、《贤不家食》诗冠全场，拟前列，房考赵检斋不肯，但为正总裁刘统勋所器，以副榜取为内阁中书，补国子监学正改补学录（正八品），受知于纪晓岚，亦与探花赵翼来往密切，得与赵翼友人翰林院编修、戏曲家兼诗人的蒋士铨相交，又与王梦楼、毕秋凡、祝芷塘、程鱼门等诸名士订交，诗文唱和。

乾隆二十八年（1763）二月，癸未科会试，李调元再次赴考，策论题为《德胜其气性命于德论》，诗题为《从善如登》，其卷中有"景行瞻泰岱，学步笑邯郸"之句。房师王梦楼荐其文，会试副总裁德定圃以"邯"字一联语出新颖，拟第一。总裁秦惠田且说："此卷才气纵横，魁墨非元墨，此卷系四川人，吾江南大省何让边省人出头矣。"德定圃力争未果，填榜时为浙江仁合人孙效增，李调元为会试第二。四月，殿试，李调元中二甲十一名。五月，保和殿御试，李调元取为第五，馆选入翰林为庶吉士。其作《指佞草赋》明志云："禀介节而含芳，抱清标而自矢……引獬豸以同朝，怒豺狼之当道。常向日而次第敷荣，岂因风雨而翩翩欲倒。"李调元在翰林院庶常馆期间，"谈笑有鸿儒，往来无白丁"。其间不乏乾隆时期各大学派主将，诗酒唱和，互赠著述，相互品评，见闻日广。

二、禀介节而含芳，抱清标而自矢

乾隆三十一年（1766）四月，庶常馆散馆，李调元授吏部文选司主事（正六品），吏部侍郎袁守侗对调元说："向在外已见君《李太白集序》，真不让皇甫也。"次年春，李调元任吏部考功司主事，掌进呈百官升降签粘履历循环簿，每月初一、十五日与宫内专职太监在乾清宫右门上交并换回乾隆帝钦审的簿册。吏部员外郎刘尊以陋规相告："凡新任司员不向专职太监送礼将遭责难。"李调元答："余独不畏。"时，内掌太监高云从以李调元不循旧规，每交簿借故不出。四月初一，日始晡，高云从出，谓李调元误时刻，大加训斥。其厉声相对："余位虽卑，乃朝廷命官，有罪自有司法，汝何擅骂！"扭其衣欲与面圣，适礼部侍郎德定圃自宫门中出相劝，高慌忙持簿去，自后私窥礼遂废。不久，被上所知，查出高云从泄露循环簿事被处以极刑，大员株连者众，京中官员皆佩服李调元刚直不阿。

乾隆三十四年（1769）春，李调元将十五岁以来所作诗稿辑为《看云楼集》，旋回乡丁父忧，建造父亲坟茔，续修先父醒园。丁忧期间，整理父亲饮食笔记《醒园录》，成四川第一部菜谱；著《六书分毫》课训次弟谭元和堂弟鼎元、骥元；收蜀中逸闻趣事著《井蛙杂记》十卷。

乾隆三十五年（1770）庚寅恩科，李鼎元乡试中举，四川主考为李调元翰林院挚友、编修祝芷塘。祝与副主考邓笔山试毕回京复命，过已改绵州的罗江访李调元于醒园。李调元以家宴诗酒话旧。祝作诗十首赞醒园之胜、主人之贤，中有句云："凋零双桂后，若个主西川。"意即明代四川杨升庵之后文化凋零，复兴蜀学唯李调元主领。

乾隆三十六年（1771）冬，李调元丁忧期满返京补官，道过陕西心红峡遇同科进士冯星实赴四川学政任，冯赠李调元诗云："灵秀江山君占取，可留余气续遗风。"言外殊有不屑蜀人之意。李调元以"临邛不少相如赋，休令诸生到白头"相劝。冯星实不听，抵任后以《井蛙赋》命题试诸生，四川生员罢考，被乾隆帝撤回，一时成为笑谈。

乾隆三十八年（1773），李调元补授考功司主事仍兼文选司事。冬，吏部尚书刘统勋病殁，侍郎吴树堂荐其作《祭诸城相国太傅延清刘文正公文》，祭文中有"人惮王陵之戆，天怜汲黯之忠"句，蒙首肯，嗣事凡有撰文皆嘱李调元。

乾隆三十九年（1774）四月值天下乡试，京官考差。李调元文中有"南国人堪忆，东平语不忘"句，为相国于敏中、程景伊所赏鉴，列第六名。五月奉旨充任广东乡试副主考，九月试毕回京复命，正主考王春甫途中得部文赴任广西学政。十一月十六日李调元抵京，次日黎明至瀛台具摺复命。乾隆始知其为惩治索贿徇庇案以死殉名的前顺天府北路同知李化楠长子，询其家事甚详。李调元典试广东回京，著《粤东皇华集》四卷、《使粤程记》一卷，内阁中书顾星桥题诗赞云："罗江才子今词客，玉树仙郎作使臣。花满越王台畔路，一编收拾五羊春。"时四川名伶魏长生率戏班入京演出，李调元因戏曲之缘与之相交。

乾隆四十一年（1776）二月，乾隆东巡，李调元与吏部侍郎袁守侗扈从，扈驾办事干练，沿途李调元有诗纪行，所写《登泰山》："岳长东皇势郁蟠，崔巍上逼九霄寒。天开翠黛三千里，地耸青螺十八盘。远接黄河青似带，近探白日小如丸。平生登览寰区遍，始觉今朝眼界宽。"等诗为乾隆帝称道，至是赏其才。此行著有《扈从集》。冬，李调元升考功司员外郎（正五品）。十二月十五日，因分发候补湖北监利县刘培章典使缺，李调元与同司议驳已画押，后查出奉旨允准事，复销去。掌印郎中满族人永保坚持原议，李调元不从。永保对其阻议怀恨在心，以袒护同乡阴报大学士满人舒赫德、阿桂。舒、阿即令入军机处面询。李调元至，据理与舒赫德、阿桂力争。二重臣怒其顶撞，命永保奏参徇私。吏部侍郎迈拉逊劝阻说："刘培章非蜀人，一个小官，哪能贿京官？皇上垂问，反而无以对。"舒、阿遂借年末京察之机，填入"浮躁"，将其免官。李调元被免职后，购书万卷，作《将归剑南留别京中诸子》诗："十亩田园归去来，图书万卷手亲开。"他拟归罗江醒园。停职期间，朝鲜副使徐浩修与幕僚柳琴、诗人李德懋于琉璃厂坊间购得新刊的《粤东皇华集》，被李调元"超脱沿袭之陋，一任淳雅之真"所折服。徐浩修派柳琴持信登门拜访，诉倾慕之情，求所著之书，并出李德懋、柳得恭、朴齐家、李书九等四人诗合集《巾衍集》求质，李调元详加点评，又为李书九《姜山集》作序，提出诗道"性情"的主张。至是传抄甚多，朝鲜纸贵。嗣后，每逢十二月初五李调元生日，柳琴与四诗人皆在朝鲜面其画像为其祝寿，留下千古佳话。按规定，凡京官去任须引见圣上方得离开。时京察被废七人，乾隆帝阅至李调元，对带领大员道："此人朕素所知，何事填入浮躁？着军机大臣堂官明白回奏。"大学士程景伊复查后据实奏曰："该员意在两议，并无别情，且办事勇往。"旨下，李调元仍以吏部员外郎用。

乾隆四十二年（1777）六月一日，李调元复官到任，端门外投供官员近千人皆引项挤观曰："此铁员外也。"八月十六日，李调元奉旨提督广东学政。乾隆召见时对李调元说："汝乃朕特拔之人，当勉力报效。"又问诸大臣："李调元能衡文乎？"皆答："李调元翰林出身，能衡文。"乾隆正色道："诸大臣中敢为张居正、严嵩者乎？"俱俯首奏言："不敢。"九月十二日，李调元奉命自京起程。次月道出南昌，时在翰林因戏曲最相契回乡的江西才子蒋士铨约其相会，至且蒋已北上补官，蒋之子携父所著剧本《空谷香》《冬青树》《香祖楼》《雪中人》四本相赠。李调元舟中为之批点，一过不觉日行数百里，扬帆直下十八滩，欣作"空谷香中人去远"诗怀士铨。十一月二十二日，李调元到广州首事，颁《示诸生文》曰："贵实循名……除奸剔弊，尤嫌白璧之污……谆谆之告诫，无非种种之苦心，特为早言，无贻后悔。本院计年树木"云云。次春从弟李鼎元中进士改翰林院检讨。

李调元广东学政任上，竭力整饬学风。自乾隆四十三年（1778）二月初三日岁试首考肇庆府文武童生起，至次年三月底岁试琼州（海南岛）

乾隆四十四年（1779）五月十三日自琼州开考科试，至次年六月广东十府三州科试毕。七月初二日回省迎接秋闱乡试，九月初三发榜，召集诸生登五层楼合作诗，一时称胜。在粤三年，李调元示学之余，笔耕不辍，辑刊《袁枚诗选》五卷供学子参阅，著《雨村赋话》十卷课教诸生，撰《岭南示学册》二十六卷、《粤东试牍》二卷、《制艺科琐记》四卷，辑编《全五代诗》一百卷。其尤重广东地理民俗风情采录，辑著《观海集》十卷、《南粤笔记》十六卷、《然犀志》二卷、《粤风》四卷，开有清一代搜录整理地方民俗风情之先。其引领粤学风气，粤人至今传颂。

乾隆四十六年（1781）正月，李调元广东学政任满回京复命，奉旨任直隶通永道道员（正四品），兼管河务、海防、屯田，驻通州。李调元上任，查巡通永道筐尔港工程，革除陋规，拒受贿千两。又单车视察道属承德六州县当年秋谳案犯，人犯多所平反。又捐清俸七百两修建潞河书院以兴学。时，正值乾隆下旨遍采遗书编纂《四库全书》，"人间未见之书骈集麇至"。李调元去京尚近，而四库馆中诸翰林多为旧友，得以借阅内府藏书之附本。每见善本且雇人抄录，尤重蜀人所著未见之书。于是购枣木，着手编刻大型丛书《函海》。从乾隆四十六年秋至四十七年冬，收书一百四十六种，刻壬寅本《函海》二十函。著、辑《出口程记》《词话》《诗话》《曲话》《弄谱》《剧话》等十数种。李调元至四库馆借书时曾于北京顺城门与故友蒋士铨相会，与蒋探讨戏曲并谈及编刊《函海》事，蒋不久病瘠南归。蒋与袁枚、赵翼齐名诗坛，为乾隆朝戏剧作家第一人。蜀赣二才子因戏曲再次相会于京，成艺坛剧苑之一大幸事。

乾隆四十七年（1782）正月，李调元随钦差德保查皇上将于次年至盛京（沈阳）往返时的营盘准备情况，德保于蓟州纵奴骚扰索银，李调元锁其奴。七月，奉旨护送《四库全书》，又奉新任总督满族人英廉之命审理玉田邪教案。卢龙知县郭棣泰不备雨具，《四库全书》黄箱沾湿，永平知府弓养正祖护同乡亦不听调。十二月四日李调元亲送《四库全书》后，方回审玉田邪教案。初九日向总督英廉回报欲处理郭棣泰失职、弓养正徇庇不听调之事。时党附和珅的永保已升任直隶藩司，私下对弓养正说："知府岂拌不过道员？对揭尤可立案，否则徇庇倒降四级。"直隶按察使朗若伊与弓、郭同乡，三人合谋收集李调元短处于十四日投进。永保又向总督英廉进谗言，英廉为和珅之妻外祖父，与舒赫德、阿桂同党，恨其锁钦差德保家奴。闻李调元家奴与衙役需索门包，即于十五日上奏。乾隆谕旨下："竟负朕恩，革职拿问，弓养正、郭棣泰革职。"案定，李调元家丁吕福、衙役喜吉升各收取门包十五两，其虽属失察，但与故纵无异，同发伊犁充当苦差。弓养正以事出挟嫌反噬并非为公，革职发军台效力赎罪。郭棣泰革职。适永保调任江苏，英廉暴卒、朗若伊亦卒，在复任总督袁守侗的保奏下乾隆允准李调元以二万金赎罪，并准于复官。乾隆四十八年（1783）四月初八日李调元至通州，四处借贷缴纳赎金，虽处境维艰，但见永定观察陈蕴山出三百金与从弟鼎元将自己的《函海》版片从刻工工头处赎回，又得从弟李骥元会试中进士改翰林院编修信尚慰，遂暂于通州潞河书院教书。其间，四十八年著《古文尚书证讹》等九种（补入壬寅《函海本》），四十九年（1784）辑、著《蜀雅》《制艺科琐记》等数种，增刻《函海》至二十四函（甲辰本），收书一百五十八种。李调元罪止失察，并无入己脏累，今已赎，诸友皆劝捐复。时和珅当道，凡遇报捐者无论和例与否必以贿进，且贿多于捐。李调元虑"一贿且成和党，臭名万古，百事莫属"，故归田意决。

三、莫道地荒无人种，田在吾心未废耕

乾隆四十九年十月二十九日，李调元得吏部照，准予归田。次年三月二十一日，李调元别京中诸友，合家带上《函海》刻版及书籍五车由通州启程返川。四月二十九日，李调元抵达新绵州（乾隆三十四年清政府改罗江县为绵州本州，迁州治）醒园故居。归乡后，他在醒园办起戏班，"笑对青山曲未终""自敲檀板课歌僮"，"笑傲山水，潜心著述"。

乾隆五十一年（1786）春，李调元修先父石亭公（化楠）及先母罗太恭人墓成。冬，于醒园北南村坝祖遗旧屋造万卷楼五楹，藏先父官浙江时所购于家的书籍数万卷，自己历年所购所抄书数万卷，按经、史、子、集分藏四十橱，内多宋椠，抄本尤多，皆签记书名，有书目三十卷，名曰《西川李氏藏书簿》，总数当在十万卷以上。楼悬亲书楹联："科第冠三巴，是祖父忠厚所贻，已经三世；书香留百代，愿子孙谨严封钥，不失一篇。"又作《西川李氏万卷楼藏书约》，立下万卷楼规。乾隆五十二年（1787），李调元打理醒园，著《醒园花谱》，撰文以蠢翁自况："藏书万卷……性喜丝竹……又工乐府、小令。家有数僮，皆教之歌舞……身优伶之内，放荡山水之间，以读书自适。"时四川啯噜复起，邻醒园的夏家湾、廖家沟尤

为渊薮，常于白天行窃醒园，李调元令家丁缚拿二贼送官府，三次致书知州严作明。严为罗江改州后第四任知州，见贼势大，令捕役击毙。四川乾隆早些时候平定金川叛乱，各县设军需局按粮派夫马，往往税一费十。李调元认为金川叛乱已平息多年，不应继续加派。严知州数次催李调元完项，并持《大清律例》相骇，又暗令里长宋士义弟兄于醒园盗去其率伶班出游、演戏所骑驴及衣被。李调元修书命长子李朝础至成都报四川总督李世杰，蒙批准，脚锁二宋至省。严恐事败露，五次至成都贿托审官未果，被参入大计革职。总督李世杰以五百金聘李调元为锦江书院掌教。李调元辞之，回州捐银千两修建城东纹江堤。因虑啯噜猖厥，前杖毙二贼，今粮赋事又足锁盗驴及衣被的里长宋氏兄弟入狱，唆使者严知州被革职，担心新建在醒园北李家湾祖父旧屋前的万卷楼安全，遂将祖屋扩充，掘池塘，筑园林，取名困园，乾隆五十三年（1788）中秋后二日移居，醒园交与二弟谭元经管。不久谭元病逝，至是李调元有醒园、困园及万卷楼。其作《六不斋》说："不为势撼、不为利诱、不为欲迷、不为境迁、不为邪惑、不为气摇。"又引《易经·解》"雷雨作而百果草木皆甲坼"之义，书"无事而静，如太空晴云、舒卷自如；有时而动，如雷雨满盈、草木甲坼"（现存四川省博物馆）张挂于庭。意取"雷霆万钧之力及充沛的雨量使方圆千里之地的草木百果丰硕"之义，以坚传承中华文化，编刊《函海》、复兴蜀学，实现"天下共宝之"之初志。

乾隆五十四年（1789），由吏部尚书调任四川总督的孙补山严令禁止收取平定金川加派的夫马差钱。新任绵州知州陆鼎仍强行摊派，令李调元充任里长督其乡邻上交。李不予理会。次年五月，四川总督孙补山调任两江总督。陆不知李调元为孙补山辛巳会试同年，令其当差城西万安驿前。六月初一，孙补山至新绵州城西万安驿，陆知州率一干官员及万民在此迎候。孙补山下轿，见故友李调元立于旁，径直向李调元走去，握手相询。李调元据实相告。孙补山对知州陆鼎怒道："李调元身为大员，又现有职（乾隆允其复官）尚充编氓，令当里长出差钱当夫乎！"勒令陆鼎立即为李调元除去徭役。陆鼎唯唯听命，即令吏目蒋玉墀以知州轿舆灯火连夜送李调元回家。陆鼎遭孙补山训斥后一病不起，三日而卒。两任四川总督均对李调元进行关照，自是无地方官吏、啯噜对他滋扰。李调元或骑驴或坐小舆遍走成都、汉州、绵州、潼州、简州、资州、遂州、嘉州等府州各属县，访古问俗，谒扬雄、李白、三苏、升庵故里，游览风景名胜，登峨眉、青城诸山，广与蜀中名士、释道、商贩、布衣交往，搜集采录西蜀乡土人文、自然地理资料；移植、搬演剧目，编写剧本，带领伶班逾州越县演出；建万卷楼刻坊，筑函海楼，增刻《函海》。至乾隆六十年（1795），先后著成《雨村诗话》（十六卷本）、《新搜神记》《梓里旧闻》《蜀碑记补》《淡墨录》《童山诗集》《童山文集》，改编剧本《苦节传》《春秋配》《梅香褩》《花田错》四种，刊成《函海》三十函本，单刊印行其父饮食笔记《醒园录》。

李调元归居罗江后，凡入川乡试主考、名流多往访，索其著，谈诗论文，兼观醒园、品赏醒园宴席。醒园遂为川中士子景仰之地。乾隆五十八年（1793），主讲锦江书院的翰林姜尔常荐其代己，李调元回以诗："况有笙歌蛙两部""只宜林下任悠游"。甲寅四川主考、侍讲余秋室慕李调元"老前辈桑梓优游，提倡风雅，多著述"，托其婿、举人张玉溪相索，李调元赠新刊三十函《函海》一部。余秋室试毕回京过绵州欲拜访，时李调元出游未归，寄书云："承惠《函海》……此书久播艺林，今得载已归，真不啻珍珠船矣。"抵京后，又有寄云："老前辈与随园老人，正如华、岳二峰，遥遥相峙；风云变幻，两不可测。而老前辈好古阐幽，多刻前人遗佚，尤胜随园之仅刻家集矣。"四川学政吴树萱离任过罗江行馆亦寄书云："我来看遍蜀山春，蜀山尽入先生手。"南京诗坛领袖袁枚亦托人入川送己作并索李调元《函海》及所著书，寄信云："醒园篇什随园句，兰臭同心更有谁。"道出二人诗论之"心心相印"。

嘉庆五年（1800）二月，白莲教军攻至江油，绵州、成都震动，李调元避乱成都亲家杜庆乾宅。三月，白莲军攻至金山驿（旧绵州城）涪江东岸。四月初六日，李调元万卷楼突遭火焚。其闻讯"一恸几绝"，哭云："烧书犹烧我，我存书不存"，"如今内外空空如，休题贮书首西蜀"。其作《哭书》诗："不如竟烧我，留我待如何"，"半生经手写，一旦遂心灰"，"云绛楼成烬，天红瓦剩坯"，"读书无种子，一任化飞埃"。遍告省中，和其诗者百余人。万卷楼起火时，看楼长工亲见从火光中跑出的纵火者为十年前足锁至省的宋士义兄弟及咽噜贼等五人，时李调元死敌永保之兄、四川总督勒保正于新绵州（罗江城）督战，自是不予理会，仅以李调元万卷楼焚为白莲教军所为奏报。知州刘慕陔为李调元友人赵翼外甥尚派衙役查视，放火贼逃，所幸函海楼尚存，《函海》刻版无虞。白莲教军自涪江北岸败退后，李调元至成都赶回，悲痛中只有重责守家的长子朝础，建书冢，葬万卷灰烬。"不使坟埋骨，偏教坟葬书。"九月三十日，刘知州至困园看望李调元，送来其舅父赵翼信札。赵翼在信中问候老友，李调元回信告知万卷楼惨遭焚劫事，坚定地说："莫道地荒无人种，田在吾心未废耕。"自是顽强地挺了下来，著《续雨村诗话》四卷，增刻《童山诗集》至四十卷。鉴于勒保奏复罗江县，迁州治回旧地，李调元将旧著《梓里旧闻》三十卷中有关罗江县的部分抽出辑成《罗江县志》十卷，增刊《函海》至四十函，另刊《续函海》六函。

嘉庆七年（1802），绵州州治迁回旧州（今绵阳市），罗江复县。九月初八日，《函海》最后一函《罗江县志》开雕。十一月初三日，小万卷楼落成。李调元在实现"与天下共宝之"的夙愿后终于不支。"著述留天壤，功名付太虚。"十二月初五生日，他写下《叹老》绝笔："我愿人到老，求天变成草。但留宿根在，严霜打不倒。"十二月二十一日（1803 年 1 月 14 日）一代文星李调元陨落在罗纹江畔。

四、此方文献溯丹铅，后二百年传奇臼

（一）逸闻趣事

乾隆二十八年（1763）春，李调元在京参加会试毕，上街闲逛，忽见一座翻修如新的府邸，大门上悬"四川会馆"四大字。门前停满了车、轿，官绅们进进出出。原来这是四川京师同乡会买下的一座残破府邸，刚经改建而成的四川会馆，惜大门缺一副大气的楹联。这天恰逢会馆新成，正在征联。李调元打听明白，信步走入。厅内众多川籍京官、士绅同来应征馆联并观瞻。会首请各京官、士子点评。直至上午开席，大门门柱仍缺少一副堪与省会馆媲美的好楹联。李调元旁若无人，走向大厅书案，运笔濡墨，先成一联："此地可停骖，剪烛西窗，偶话故乡风景：剑阁雄、峨眉秀、巴山曲、锦水清涟，不尽名山大川都来眼底。"众人惊绝。会首忙请写出下联。李调元移纸迅速挥就："入京思献策，扬鞭北道，难忘先哲典型：相如赋、太白诗、东坡文、升庵科第，行见才子佳人又到长安。"会首请题名。李调元另纸随题一诗："李白诗名传千古，调奇律雅格尤高。元明多少风骚客，也为斯人尽折腰。"会首及众京官、士子反复推敲，方明白是一首"李调元也"藏头诗。众惊愕间，李调元已悄然离去。是科李调元会试第二，殿试二甲十一名，御试第五，钦点翰林院庶吉士。自此名噪京师。

李调元一生充满传奇，逸闻趣事随着他的足迹流传长江南北。据 20 世纪 80 年代全国开展的中国民间传说故事普查资料，有关他的民间故事流传地域不仅在四川、重庆，还包括北京、浙江、江苏、广东、广西、江西、安徽、湖南、湖北等地。① 李调元的故事最早出现在清乾隆末年朝鲜诗人李德懋所著《清脾录》、嘉庆元年（1796）江南诗坛泰斗袁枚《续随园诗话》、嘉庆二十年（1815）《罗江县志》；20 世纪 20 年代《北京报》副刊 37、39 两期作为专号集中刊发李调元故事，其 35、36、45、46 期亦刊有李调元故事。1932 年浙江绍兴民间出版了《李调元故事集》②。20 世纪 80 年代，四川省文化馆、德阳县（1959 年罗江县并入德阳县，1996 年复县）政协等编撰出版了《李调元佳话》等书。1990 年前后，李调元民间故事先后收入德阳、绵阳、遂宁、宜宾等市和地区"三套集成"（《中国民间故事集成》《中国歌谣集成》《中国谚语集成》）资料卷和《中国民间文学故事集成》四川卷。2000 年至今，中国文史出版社出版了《李调元民间传说》、《巴蜀才子李调元》（连环画），天津美术出版社出版了《李调元趣对传奇》（连环画），罗江区文化体育广电和旅游局出版了《李调元川菜佳话》（连环画），《龙门阵》杂志亦曾连续十二期刊载李调元故事。李调元民间传说类别之多、数量之大、传播之广、影响之深，在我国历代文化名人的民间传说中少有与之媲美者。

（二）主要成就及当代价值

李调元以传承和弘扬中华传统文化、复兴蜀学为己任。其成就以及在中国文学史上的地位，同时代诸名大家早有定评。性灵派大家袁枚："童山集著山中业，函海书写海内宗。西蜀多才君第一，鸡林（朝鲜）合有绣图供。"史学家、诗人赵翼："著书满家，传播四海。"朝鲜著名诗人朴齐家："绝似杨用修（升庵）""闱集足堪古"。四川主考吴树萱："江山风月作主人，诗名独占千古后"，"此邦文献溯丹铅，后二百年传甗曰"。礼部尚书王懿修："以西蜀之渊云，为南宫之冠冕。"进士宁湘维："若论骚坛主，还应让使君。"翰林院庶吉士、锦江书院主讲姜尔常："高居文坛作主盟。"诗人张玉溪："升庵殁后雨村出。"《清史列传》："所为文，天才横

① 赵长松：《让李调元传说走向世界》，四川省民俗学会编：《李调元研究》，巴蜀书社 2007 年版。

② 焦宝：《民国报刊中的李调元资料述略》，四川省民俗学会编：《李调元研究》（第二辑），四川人民出版社 2015 年版。

第一篇 李调元与文学

逸，不假修饰……蜀中著述之富，费密而后，厥推调元。"李调元倾其一生，历数十年编刊大型丛书《函海》计四十函一百六十五种八百七十三卷（嘉庆六年《函海》本），一至十函刻自晋至明蜀人所著未见书，十一至十六专刻杨升庵未见书，十七至二十四专刻各家未见书，二十五至四十附以己著；《续函海》六函，收书十种六十二卷。其所著达七十九种六百六十一卷，遍及经、史、子、集四部。① 在朴学上，"治经宗主郑氏"，"发明郑学以勘定后来诸家之说"。在文学上，领乾嘉四川诗坛、文坛：诗主"性情"，"论诗曰：爽、响、朗""立言先知有我，命意不必犹人"。《诗话》所评，面向全国乃至朝鲜，"所论及的诗人达千人以上""凡一联片语之佳者尽加收录"。辑《全五代诗》一百卷，填补了我国此前无五代诗歌总集的空白。在民俗史上，是有清一代我国民俗学承先启后的集大成者，辑、撰民俗类著作十数种百余卷，留下了丰富的非物质文化遗产资料。在戏曲（剧）理论上，辑《剧话》，著《曲话》，大力张扬"古今一戏场"，指出戏曲的作用在于"入人心脾，发人深省"，有助于社会的教化"醇风美俗"；致力于外来剧种与川腔结合，创作、改编，搬演剧目，自办伶班巡演川西各州县，为川剧的形成与发展做出了重大贡献。在康体娱乐上，辑《弄谱》、撰《弄谱百咏并序》，集尧舜至清初宫廷、民间玩艺弄事，为我国五千年传统游艺体育专著。在烹饪上，整理其父遗著《醒园录》，刊行四川有史以来第一部食谱；发展"民以食为天"的儒家学说，提出"饮食无细故"先决理念；创立饮食"常珍"说，推动了川菜的形成与发展。当代著名学者屈守元评价说："其有大功于文献（特别是蜀中文献）之存传，决无可非议之处也。调元之诗，时称才子，其与袁（枚）赵（翼）优劣，当付之后贤品论，其过于张问陶，则可断言。"② 当代旅美学者邓长风说："作为一位生活于乾隆盛世的文人，李调元展现了他多方面的才华。不仅有《函海》，他的诗集、文集、词集今皆传世。他又是一位正统文学理论家、戏曲理论家、俗文学搜辑家、语言文字学家。他对于金石、骨董、书画也都有相当的造诣；至于通经史、谙科考……千古文章不尽才。"③

近三十年来，特别是通过第一届、第二届四川省李调元学术研讨会的

① 赖安海：《试述〈函海〉的版本及其编者李调元著作总数》，西华大学、四川省政府文史馆、蜀学研究中心主办：《蜀学》第九辑，巴蜀书社 2015 年版。
② 屈守元：《李调元学谱序》，詹杭伦：《李调元学谱》，天地出版社 1997 年版。
③ 赖安海：《李调元文化研究述论》，现代教育出版社 2008 年版。

研 究（第三辑）

成功举办，学界对李调元成就及价值的研究与传承取得较大成果，进一步确立了"以其著作、思想与学说为主干，以其生平行事和民间传说的传播与演变、诸多衍生现象的产生和影响为分支，且自成体系的李调元文化"。①"李调元是在经宋元之交、明清之交长期战乱后人口锐减，巴蜀文化一蹶不振，文献图书极其匮乏的情况下，重振文苑蜀学雄风，整理传承乡邦文献，并在各方面为巴蜀文化增光添彩，对巴蜀文化复兴、重光起了重大推动作用的关健人物。"②李调元所刊《函海》丛书及众多著述，极具文献、历史、科学、文学、艺术、教育、民俗等学科资料研究价值。其为学：以传承中华民族文化、复兴蜀学，天下共宝之为己任；其为官："禀介节而含芳，抱清标而自矢"，不畏强权、刚直不阿，忧国忧民，同情劳苦大众，更具爱国爱民的思想教育价值。

（三）故里遗迹及纪念地

醒园：县（区）级文物保护单位。故址在罗江城北七公里调元镇百花村象山，前绕汧水、后枕万松岭与云龙山相连。乾隆八年（1743）邑进士李化楠建，乾隆二十四年、二十九年两次扩修；其子李调元乾隆三十五年、五十年两次增修，为乾嘉四川著名私家园林。嘉庆七年（1802）李调元逝世后醒园衰颓，道光年间在其堂弟、举人李本元的倡议下归入李氏族人宗祠，成李氏家族公产得已保存。民国初荒废，再数十年荡然无存。1992 年文星镇（今调元镇）实施"以文兴镇"战略，据史料重建醒园于云龙坝西潺水之滨文星场：依崖址造亭，临江筑阁，截溪流为池塘；觅故址所遗，集文物以窥旧；塑化楠、调元二公像以供瞻仰。园虽不大，但楼台掩映，远山近水与文星大桥浩然增辉，古风犹存。

李氏宗祠遗址《敦本堂存赜》摩崖石刻：县（区）级文物保护单位。宗祠位于云龙坝扁担湾，乾隆二十四年（1759）建。20 世纪 50 年代初分于原佃户后渐被拆改。原李化楠撰书于祠堂大门的"绍诗礼之传，用光俎豆；聚山川之秀，兆起人文"木楹联今存德阳市博物馆；大门石鼓、李调元佺朝凯中举"文魁"匾、宗祠《垂裕后昆》道光年间刻家规碑移于新建醒园。祠后石崖有咸丰十年（1860）刻《李氏敦本堂存赜》，前为先祖李攀旺传，继为李化楠、李调元、李鼎元、李骥元等李氏二十位科宦名录，后附名派歌序，

① 邓长风：《明清戏曲家考略全编》（全三册），上海古籍出版社 2009 年版。
② 章玉钧：《深化李调元研究开发名人文化资源》，四川省民俗学会编：《李调元研究》，巴蜀书社 2007 年版。

宗祠、祖坟、醒园、族田界址等。2009 年建石步道、砌围墙建亭轩加以保护。

李调元曾祖父李攀旺、祖父李文彩墓位于罗江城北十公里云龙坝扁担湾。近李氏宗祠，背依云龙山，翘首笔架山，西临砚台池，北靠醒园万松岭（今已废）。旧有李攀旺神道碑、李文彩神道碑。

观音岩：县（区）级文物保护单位。位于罗江城北十公里泞水东岸石崖，明为罗江举人、循良吴白崖少时读书处，故名白石崖。乾隆六年（1741）秋，雷雨交加，崖裂，观音石像出，次日隔江李化楠中举，次年连捷进士，众以为灵，遂名观音岩。乾隆三十四年（1769）建庙，五十一年（1786）李调元捐款为倡首重修，竣工作《重修观音岩大殿记》，诗云："风雨号呼山为摇，普陀飞赐一灵石"，"从此文运五家开，连翩三凤齐飞来"。观音岩名声遂大振，场镇兴焉。1993 年，当地政府打造李调元故里文化旅游区，重建。

鹊鸽寺：李调元青少年时期读书处，德阳市市级文物保护单位。位于观音岩北三公里金顶山西南侧支滨临泞水的一座小山上。李调元青少年时期遵父命四次住读寺中，每读必中。他在所著蜀中逸闻趣事集《井蛙杂记》中记载了住读鹊鸽寺期间与癫和尚仅有的交往，后果如癫和尚预言中进士入翰林。1994 年，鹊鸽寺修复后正式对外开放。

景乐宫李调元纪念馆：四川省省级文物保护单位。位于罗江古城江东玉京山。唐建真明寺，宋易释为道改景乐宫。清乾隆五十年（1785）李调元回乡后，常至此与景乐宫道官刘虚静敲棋、弹琴、吟诗。1991 年改为调元公园，1999 年筹建李调元纪念馆，次年开放。2001 年 6 月李调元纪念馆浩然堂（雨村祠）成。2004 年 6 月，历时六年于玉京山临江悬崖所建高二十一米，宽七十米，以"罗江四李"（李化楠、李调元、李鼎元、李骥元）为主体的"文峰函海"大型石刻雕像落成。2010 年充实完善了馆陈。

综上，李调元为清代复兴四川文化的一面旗帜。整理出版李调元著述，加强李调元学术研究与文化传承工作，做好李调元故里遗迹的保护与维修，建设李调元故里文化旅游区，对于传承与弘扬中华优秀传统文化、振兴四川文化和经济具有十分重要的意义。

（作者单位：德阳市罗江区文旅局）

李调元与学人之诗及性灵诗派

谢桃坊

　　四川自明代天启元年（1621）迄于清代康熙二十年（1681），经历了六十年的战乱。到了乾隆时代，随着经济与文化的恢复与发展，四川才出现了较为著名的学者兼诗人李调元。他的《童山诗集》四十二卷，存诗二千余首，《雨村诗话》二十二卷阐述了其诗学理论，它们均在清代诗坛发生过影响，应在清代诗史上占有一席地位的。乾隆时期的诗坛存在三个重要的流派，即沈德潜的格调说，翁方纲的肌理说和袁枚的性灵说。李调元之诗及诗论皆自有特点，与当时的三大流派相异。然而在乾隆六十年（1795）张怀溎编选当代诗人袁枚、王文治、赵翼和李调元四家诗时，力主袁枚的性灵说，以为"乾隆四子"，"其诗皆以性灵为主，又善用典，以写其天趣者也"[1]。此年李调元六十一岁，早已闲居家乡罗江县故家，年老而精神颓唐，对其婿张氏编选之《四家选集》及序言中将其归入性灵派，似乎听之任之，未予辩解；自此诗学界遂以李调元为性灵诗派之成员而成定论。此后朱庭珍攻击性灵诗派时竟以为："若李雨村调元，则专拾袁枚唾余以为能，并附和云松（赵翼），其俗鄙尤甚，是直犬吠驴鸣，不足以

---

[1]　张怀溎：《四家选集·序》，《函海》卷二十九。

诗论矣。"① 我们若细读李调元诗，可见其既是学人之诗，亦是诗人之诗，而且将其诗和诗论与袁枚相比较，便可得出与张怀滢和朱庭珍等人不同的结论。

一

清代初年，学者们在研究经学时采用考据学方法取得了突出的成就。至乾隆和嘉庆时期，考据学蔚然成风，由经学转向史学、诸子学、小学、音韵学、地理学、金石学、图谱学、天文、数学等学术发展。乾隆时期考据学繁荣兴盛的社会文化原因梁启超概括为：汉族学者在清代耻立乎其朝，专致朴学，理学的权威被破坏，学者们自由研究的精神特盛，从而成为清代学术的正统派。② 李调元活动的时代正是乾嘉时期考据学成为学术风尚之际，他所相交的友人如纪昀、赵翼、程晋芳等均是长于考据的学者。我们纵观李调元的著述，他是以学术著作为主的。他编辑的大型丛书《函海》计收著作百余种，并对许多著作加以考订；编辑的《全五代诗》一百卷，对各家诗之资料汇集；撰著的《罗江县志》十卷为精审的地方志。其在经学的研究方面崇尚经古文学派，著有《易古文》二卷、《古文尚书辩异》一卷、《古文尚书证讹》十卷、《三传比》一卷、《春秋职官考》一卷、《礼记补注》五卷、《仪礼古今考》一卷、《周礼辑要》五卷、《十三经注疏锦字》二卷、《春秋左传会要》四卷。此外关于地理、音韵、民俗、艺术等著作尚有多种。近世张舜徽说："由其学有本原，故于序录群书，考论学术之际，于一名一物，悉能穷流溯源，洞究其所以然，谅非空疏不学者，固未能或之先也。"③ 显然李调元在乾嘉学者之中是颇有成就的学者，尤其对蜀学的发展做出了杰出的贡献。同时他也是诗人，以至被认为其诗与袁枚在诗坛相对峙，或与袁枚、王文治、赵翼并称为"乾隆四家"。当我们肯定李调元在多种学术和文艺方面的成就时而给予其历史的定位，他应是学者兼诗人。由此我们可能认识其诗的艺术特征，也才可能发现其诗与性灵诗派的艺术倾向的相异。

李调元的诗具有学人之诗的倾向。清代初年考据学逐渐兴起，学者之诗，即学人之诗亦逐渐出现。清初学者顾炎武与黄宗羲论文学创作形成义

① 朱庭珍：《筱园诗话》卷二，清光绪十年刊本。
② 梁启超：《清代学术概论》，商务印书馆1944年版，第3—4页。
③ 张舜徽：《清人别集叙录》卷七，中华书局1981年版。

理、考据、词章三位一体的文学观①，开始了以学为诗的风气。赵执信说："诗人贵知学，尤贵知道。东坡论少陵诗外尚有事在，是也。"② 李沂说："读书非为诗也，而学诗不可不读书。……诗须力厚，而非读书则不力厚；诗须识高，而非读书则识不高。昔人谓子美诗无一字无来处，由读书多也。"③ 他们皆特别强调诗的创作与学问和读书的密切关系。乾隆时期袁枚是反对以学为诗的，但他谈到了当时的学人之诗的一些情况：

> 陆陆堂（奎勋）、诸襄七（锦）、汪韩门（师韩）三太史，经学渊深，而诗多涩闷，所谓学人之诗，读之令人不欢。④

学人之诗，吾乡除诸襄七、汪韩门二公而外，有翟进士讳灏，字晴江者。⑤

考据学家翁方纲及其弟子凌廷堪是提倡以学为诗的，他们与性灵诗派互不相容。钱锺书举例说："凌次仲廷堪《校礼堂诗集》卷七《绝句四首》有云：'自怯空疏论转严，儒林文苑岂能兼。不闻卢、骆、王、杨辈，朴学曾将贾、孔嫌'；又云：'何若矜张村曲子，翻云腾掷得九成箫'；又云：'删却强颜支饰语，也应唤作小名家'。必为随园（袁枚）而发。次仲为翁覃溪弟子，学人为诗，与随园诗派本相水火。"⑥ 学人之诗重在表现学识，诗人之诗长于表现性情，它们的艺术表现方法和艺术风格均是不同的，几乎处于对立的状态。在乾嘉考据学兴盛之时，李调元治学基本上属于专致名物训诂的汉学——考据学，其诗歌创作是存在学人之诗倾向的，正如翁方纲在诗中大谈金石考古之学一样，李调元也有不少此类的诗。禹碑即岣嵝碑，被附会为夏禹治水时所刻，南宋时何致手模碑文刊行，凡七十字，字体怪异，碑原在湖南衡山，成都有摹刻。李调元《禹碑歌》有云："龙文蠕蠕势万丈，祝融凌炎喷生煅。退之开荒始搜得，石廪腾掷悲声戛。巉巉半空稀草木，紫殿空耸迎晨煅。星粘天柱近可摘，灵风落帽拔鬖髿。穷追夏后登履迹，茸茸蒙塞封含牙。鸾飘凤泊不知处，空想到薙交萌芽。后

---

① 郭绍虞：《中国文学批评史》，上海古籍出版社 1979 年版，第 467 页。
② 赵执信：《谈龙录》，《清诗话》上册，上海古籍出版社 1982 年版，第 313 页。
③ 李沂：《秋星阁诗话》，《清诗话》下册，上海古籍出版社 1982 年版，第 915 页。
④ 袁枚：《随园诗话》卷四，人民文学出版社 1982 年版。
⑤ 《随园诗话》卷九。
⑥ 钱锺书：《谈艺录》，中华书局 1984 年版，第 207 页。

来踵武推允叔，金石考古探幽遐。"① 全诗共五百余字，多用生僻字，意象奇特。咏石鼓之诗有韩愈和苏轼的名篇，后人作者甚多，李调元的杂言诗《石鼓歌》近七百字，极力描摹石鼓文字之形状，诗有云："从甲至癸文百二十字，五百微辨车马鲤鲂凡六言。其余彭亨菌蠢半隐雾，苍薛剥出玉钗刻漏痕。纷如松藤缪辕大蚯圭，坐见草虫皁趯相蠯蟑。冰蛇雪鼠蜷蜿不知数，中有百岁蟠龙昂首喷。古来鸟迹蝌蚪亦半妄，独与铜盘彝鼎光义轩。"② 袁枚批评此题作品说："考据之学，离诗歌远，然诗中恰有考据题目，如《石鼓歌》《铁券行》之类，不得不征文考典，以侈侈隆富为贵。但须一气呵成，有议论、波澜方妙。不可铢积寸累，徒作算博士也。"③ 他虽然指出考据题目之诗的特点，但以为考据学与真正的诗歌本质实无关系。李调元的《秦镜歌》共五百余字，其中叙述古代铜镜制作的情况云："我想轩黄液金作神鉴，凡十有五已沦亡。后人偶或得其一，制度想像犹可详。先以八卦定八极，后以四灵位四方。一十二辰环其外，二十四气罗中央。周汉以后形名异，圆者像天方法地。周天则有廿八宿，拱位三神与八卫。或凤饰而龙蟠，或鳞甲而羽毳。或嘉禾与合璧，或比目鱼与连理。或中虚而谓之挟鑑，或形锐而名之浮水。或肖五岳真形图，或像玉女舞乍起。其余光背花背与满背，嵌金镶银与片子。俱须清莹彻中边，形影不败斯为美。"④ 李调元此类的作品尚有《青羊宫观铜羊歌》《琉球刀歌》《卓文君铜印歌》《观东坡兴龙节侍宴真迹歌》《雷琴歌》《读祝芷塘诗稿》《宋钱歌》《示舍弟龙山临右军法帖歌》《光孝寺南汉刘鋹铁塔歌》《观铁公子草书歌》《预碑歌》《瑞庵草书歌》等。这些古体诗皆是意象怪异，词字冷僻，风格奇险，表现出作者精深的考古知识和渊博的学问，属于典型的学人之诗。袁枚等性灵派诗人是不擅长作此类诗，也不愿作此类诗的。然而李调元的诗作又并非纯粹的学人之诗，他还有许多言情写景，表现出个人性情的和言志的诗人之诗，具体的情形是较复杂的。我们谈到李调元存在学人之诗时，由此可以见到其诗与性灵派诗有着不同的艺术追求。

二

关于认定李调元为性灵派成员的一个重要依据是他与性灵派盟主袁枚

① 李调元：《童山诗集》卷四，《续修四库全书》第 1456 册，上海古籍出版社 2003 年版。
② 《童山诗集》卷七。
③ 袁枚：《随园诗话补遗》卷二。
④ 《童山诗集》卷七。

的一段交谊。然而在他们的交谊中，我们并未发现他们在诗歌创作方面志同道合的事实，也未发现他接受或响应性灵派的诗论的线索。当时诗坛的确出现了将袁枚与李调元诗并提的偶然现象，乾隆六十年（1795）秋学使吴树萱离蜀回京，在新都与李调元相遇，数日后吴树萱寄诗以谢，诗有云："西川江水六朝山，醒园随园差并偶。"① 袁枚退居六朝故地金陵的随园，李调元闲居西川罗江故家醒园。吴树萱将此二家并提，意在恭维李调元，实属偶然现象，因为李调元之诗的成就与影响是远不及袁枚的。在清诗史上袁枚是继王士禛之后主盟诗坛的性灵派的核心人物，他与赵翼和蒋士铨被誉为"江右三大家"，他们推动了清诗的发展，影响非常巨大。袁枚与赵翼、蒋士铨之间交谊深厚，艺术风格相近，诗学主张相同，互相标榜。袁枚为赵翼和蒋士铨诗集作序，他说："晋温峤耻居第二流，而云松（赵翼）观察自负第三人，意谓探花。辛巳（赵翼为辛巳年探花）而于诗，则推伏余与蒋心馀（士铨）二人故也。"② 诗坛则以为赵翼之诗在于三人中应居第二，故相传一位秀才曾作"拜袁、揖赵、哭蒋三图"③。李调元也认为："近时诗推袁、蒋、赵三家……然平心而论，词曲，袁、赵俱不及蒋；诗，蒋俱不及袁、赵。"④ 李调元与袁枚和赵翼有交谊，但与袁枚的交谊最为浅表，并无深厚的联系。

乾隆二十七年（1762）李调元二十七岁在京与程晋芳订交，见其案头有袁枚诗抄一册，遂借阅并甚喜好。乾隆四十三年（1778）李调元在广东学政任时，刻印《袁诗选》以令广东诸生学习。乾隆六十年（1795）李调元六十一岁，因同年王纯一（心斋）携家眷回金陵，遂委托致书信与袁枚并附上诗集和《雨村诗话》。此年张怀湘编选《四家选集》在蜀中刊行。次年，即嘉庆元年（1796）五月收到袁枚回信及奉和诗二首，李调元寄赠《函海》一部并诗二首。嘉庆二年（1797）八月袁枚收到《函海》，于十一月去世。嘉庆三年（1798）李调元得到袁枚之子书信，始知袁枚于去年下世，并言前年其父收到《函海》后于冬月奉函致谢，附寄《小仓山房全集》一部，因覆舟而未寄到。李调元得知噩耗，作《哭袁子才前辈仍用前

---

① 李调元：《童山自记》，《蜀学》第四辑，巴蜀书社 2009 年版。
② 袁枚：《赵云松瓯北集序》，《小仓山房文集》卷二八，《续修四库全书》第 1432 册，上海古籍出版社 2003 年版。
③ 李调元：《得云松前辈观察书寄怀四首》注，《童山诗集》卷四二。
④ 《雨村诗话》（十六卷本）卷一，见詹杭伦、沈时蓉：《雨村诗话校正》，巴蜀书社 2006 年版。

韵二首》。李调元致袁枚的书信及袁枚的回信，均见存于《童山文集》，而未收入《小仓山房文集》。李调元的《雨村诗话》谈到袁枚的佳话、诗作、诗论及交往等二十七则，多为读《随园诗话》之札记，评论其诗者甚少。袁枚则仅于《随园诗话补遗》记述与李调元的交往并称赏其七言古诗一则。从他们两人的交谊可见，他们从未谋面，仅于晚年很短的时间订交；他们的交往仅是一般的诗友情谊，互相表示倾慕而已。

李调元在青年时代读到袁诗时，袁枚的诗以独标性灵而在诗坛居于绝对的优势，影响极大。李调元在广东刻印袁枚诗以示诸生，希望他们学习袁诗。显然他也喜爱袁诗，但从未有学习性灵诗的意愿。他们订交之前，李调元在《雨村诗话》中曾批评袁枚诗"好为大言，亦是一病"；袁诗云"若问随园诗学某，二唐两宋是谁应"，同其"大言"一样"亦英雄欺人语"。他在指责当时尖新之诗风时，仅肯定袁枚咏杨玉环诗"论古最为敦厚"，意为其他的随园诗颇有尖新之失。① 李调元晚年曾偶然从其弟鼎元得知袁枚对童山诗甚称许，因此颇为感激，在致袁枚的书信先谈到诗坛将袁诗与蒋士铨并称，但以为蒋诗实不及袁诗，继而说：

> 先生居金陵，调居绵州，其地相去又万余里远也。先生论诗曰新，调论诗曰爽；先生有《随园诗话》，调有《雨村诗话》，不相谋也，而辄相合，何哉？岂亦珠玉、珊瑚、木难，与夫荔支、葡萄、梨枣之不择地而生欤！我未知得与心余（蒋士铨）驱驰后先否？②

这表明他十余年来的倾慕之情，但论诗主张却不相同，而所谓的"相合"是指相互之间的称许而已。李调元对自己的诗歌的成就是有信心的，故表示在尊重袁枚时，欲与蒋士铨一争先后。在得到袁枚回信后，李调元寄诗有云："子才真是今才子，天赐江淹笔一枝。要与江河同不废，独开今古别成奇。诗名不让少陵（杜甫）占，游屐唯应宗炳（晋代隐士）知。天下传人当首屈，不知附骥更为谁。"③ 这对袁枚推崇极高，并有附骥而显之意。在得到袁枚噩耗，李调元痛哭之余，有诗云："瓣香遥奉是吾师，

---

① 见《雨村诗话》（十六卷本）卷七。
② 李调元：《寄袁子才先生书》，《童山文集》卷十，《续修四库全书》第 1432 册，上海古籍出版社 2003 年版。
③ 《得袁子才书奉寄二首》，《童山诗集》卷三四。

望断龙门百尺枝。"① 诗中的"附骥"与"瓣香"均为古代文人交流中晚辈对尊者崇敬之意，并非现实的师生关系。

关于李调元抄写和喜爱随园诗，并在广东刻之以示诸生，这传闻为袁枚早已知道，直到接李调元致书信及所刊《随园诗》和《童山集》才信以为真。他表示欣赏童山诗的《观钱塘潮》和《登峨眉》七古两首，以为"可想见先生才豪力猛矣""其擅长者以七古为第一"。② 袁枚寄李调元诗有"《童山集》著山中业，《函海》书为海内宗"，又云"醒园篇什随园句，兰臭同心更有谁"③。可见袁枚对李调元亦甚称许，并引为同心相知的。

我们从李调元和袁枚的书信和互赠的诗中，仅见到他们很重视晚年得到的友谊，似遇知音，相互推重；这却不能表明李调元是学习性灵诗的，并成为性灵派的成员的。我们还将从他们的诗论和诗作见到二者之相异。

三

袁枚以"性灵"为诗的本质，主张诗是表现人的性灵的，而且认为诗之可传者即是性灵；因此在其周围有许多诗人受到影响，形成了一个占据乾隆时期诗坛数十年的性灵诗派。他的性灵说在《随园诗话》中有重要的两则：

> 杨诚斋（万里）曰："从来天分极拙之人，好谈格调，而不解风趣，何也？格调是空架子，有腔口易描，风趣专写性灵，非天才不办。"余深爱其言。
>
> 自"三百篇"（《诗经》）至今日，凡诗之传者，都是性灵，不关堆垛。④

当时诗坛是见到袁枚论诗力主性灵的。孙星衍曾经也喜作诗，甚得袁枚的称许，但后来从事于考据学并成为大学者。袁枚为此表示惋惜，他说："余向读孙渊如诗，叹为奇才。后见近作，锋芒小颓，询其故，缘遁入考据之学也。孙知余意，乃见赠云：'等身书卷著初成，绝地通天写性

---

① 《哭袁子才前辈仍用前韵二首》，《童山诗集》卷三六。
② 《随园诗话补遗》卷九。
③ 《奉和李雨村观察见寄原韵》，《童山诗集》卷三四附。
④ 《随园诗话》卷一、卷五。

灵。我觉千秋难第一，避公才笔去研经。'"① 孙星衍推崇袁诗写性灵达于极高的成就，因而自认为难以超越，故去从事经学考据了。清初的诗人商盘，是袁枚佩服的前辈，钱锺书说："子才论诗，于同时甚推商宝意。宝意《质园诗集》卷十《旅窗自订新旧诗四十卷因成长句》有云：'不分畦畛忘年代，别有陶镕属性灵'；两语几可为《随园诗话》之提要钩玄。"② 这以为性灵说是袁枚《随园诗话》论诗之主旨。

在中国诗学批评史上以"性灵"论诗始于刘勰和钟嵘，并在明代公安诗派得以大力提倡，故此说并非袁枚之新创，但他在理论和创作实践中将它发挥到极致。什么是性灵？袁枚对此诗学概念并无明确解释，同时又将它与"性情"相混淆，例如他说"诗分唐宋，至今人犹恪守。不知诗者，人之性情"；又说"诗者，人之性情也。近取诸身而足矣。其言动心，其色夺目，其味适口，其音悦耳，便是佳诗"。③ 他甚至将"诗言志"之"志"也解释为性情，以为"千古善言诗者，莫如虞舜教夔典乐曰'诗言志'，言诗之必本乎性情也"④。"性灵"与"性情"在词义方面并无根本区别，大致指人的气质、性格和情感。袁枚虽然常在概念上混淆，但他是重在"性灵"，就"性灵"而言又重在"灵"。因此我们在考察其性灵说时应作细致的辨识。"诗道性情"是传统的儒家诗学观念，袁枚理解的性灵是有独特内涵的，诗学家陈良运说："他心中的'性灵'是'天性'与'灵机'的融合。所谓'天性'就是人的自然之性，未被'名教'学问扭曲和淹没，而诗人之'性'更在于先天的赋与。"⑤ 文学批评史家郭绍虞以为袁枚倡导之性灵，如果说性近于实感，则灵近于想象；性是情的表现，则灵是才的表现；性近于韵，则灵近于趣，"看到他'真'与'活'和'新'的意义，然后知道他的性灵说处处在这几点阐发"⑥。这两家的辨析是确切的，我们由此可以认识袁枚性灵说的真正内涵，由此也可将它与诗学史上诸家所言之性灵予以区别了。李调元论诗不主性灵说而主传统的儒家性情说。东汉儒者的《诗大序》论及"变风"说："国史明乎得失之迹，伤人伦之废，哀刑政之苛，吟咏性情，以风其上，达于事变而怀其旧俗者也。

---

② 钱锺书：《谈艺录》，中华书局 1984 年版，第 198 页。
③ 《随园诗话》卷六；《随园诗话补遗》卷六。
④ 《随园诗话》卷三。
⑤ 陈良运：《中国诗学批评史》，江西人民出版社 1995 年版，第 541 页。
⑥ 郭绍虞：《中国文学批评史》，上海古籍出版社 1979 年版，第 570 页。

研　究（第三辑）

故‘变风’发乎情，止乎礼义，先王之泽也。”自此确立了儒家正统的诗道性情之说，强调了诗歌的政治教化之作用。李调元论诗正是沿袭了此说，以为：“诗以道性情，自渊明而上溯‘三百篇’，何尝有不可解字句，使人眩惑，而其意之所托，或兴或比往往出人意表，千百载竟无人道破者。……《诗》三为有正有变，后人学焉而各得其性之所近。”① 他又说：“诗非出于情之难，出于情而不失其正之为难，‘三百篇’多出于委巷与妇女之口，其人初未尝学其辞，颇足为法，何也？情之正也。”② 宋代理学家将“性”理解为人所禀赋的天命，即天理，将“情”理解为人后天习染之私欲；人们克制私欲即可复归天理。南宋诗人兼理学家杨万里说：“粹于天理者，性也，驳于人欲者非性也，情也。喜怒哀乐自天理出发，无不和也；自人欲出发，始有不和矣。”③ 李调元论诗有正变，论情有正邪，这正是出自理学家的性情观念。袁枚的性灵说具有反传统儒家诗教的明显倾向，而李调元坚持的正是传统的性情说：这二者在某种意义上应是对立的。

诗学中的“诗材”是指诗的内容题材。社会现实生活是文学创作的主要内容与源泉，但中国诗学谈及诗材，虽然未忽视现实生活，却更强调诗人的才、学、识之间的关系。南宋诗学家严羽说“夫诗有别材，非关书也；诗有别趣，非关理也”，继而批评宋诗说：“近代诸公乃作奇特解会，遂以文字为诗，以才学为诗，以议论为诗，夫岂不工，终非古人之诗也”。④ 他以为诗材与学理无关，主张以盛唐为法重在表现兴趣。然而中国古代的诗歌创作必须从传统的作品中学习艺术表现技巧，必须征服精巧的艺术形式，还必须具备丰富的历史文化知识，这又与学理不能不相联系。这样诗人的文学才能、学问和思想认识便也成为诗材之一。然而才、学、识三者在创作中谁是起到主导作用呢？袁枚说：“作史三长，才、学、识缺一不可。余谓诗亦如之，而识最为先，非识则才与学俱误用矣。”⑤ 他继又强调“才”的意义：“作诗如作史也，才学识三者宜兼，而才为尤先。造化无才不能造万物，古圣无才不能制器尚象，诗人无才不能役典籍运心灵。才之不可已也如是夫！”⑥ 我们从袁枚评诗可见他是以才为重的，甚至

① 《雨村诗话》（两卷本）卷下，见《雨村诗话校正》。
② 李调元：《姜山集序》，《童山文集》卷五。
③ 杨万里：《庸言》，《诚斋集》卷九三，《四库全书》本。
④ 郭绍虞：《沧浪诗话校释》，人民文学出版社 1983 年版，第 26 页。
⑤ 《随园诗话》卷三。
⑥ 《蒋心馀藏园诗序》，《小仓山房文集》卷二八。

特重诗人禀赋的天才。为此，他最反对以学为诗，特举例说："诗境最宽，有学士大夫读破万卷，穷老尽气，而不能得其阃奥者。有妇人女子，村氓浅学，偶有一二句，虽李杜复生，必为低首者。此诗所以为大也。"① 这力图说明诗有别材，与学无关。他尤其憎恶考据学者的学人之诗，以为"人有满腔书卷，无处张皇，当为考据之学自成一家。……近见作诗者，全仗糟粕，琐碎零星，如剃僧发，如拆袜线，句句加注，是将诗当考据作矣。虑吾说之害之也，故续元遗山（好问）《论诗》末一首云：'天涯有客号铃痴，误把抄书当作诗。抄到钟嵘《诗品》日，该他知道性灵时。'"② 李调元论诗材则与袁枚相反，强调学理的意义，他说："严沧浪（羽）云：'诗有别材，非关书也；诗有别趣，非关理也。'然庐陵（欧阳修）文章为有宋一代巨制，刘原父（敞）尚讥其不读书；大苏（轼）诗雄一代，而与程子（颐）言理不合。若非多读书，多穷理，安能善其才与趣乎！"③ 李调元是学者，其诗有学人之风，论诗材是与袁枚的意见完全相反的。

袁枚与李调元的诗歌创作的艺术渊源也是不同的。袁枚力主诗歌表现自我，出自天然，不必学习古人。他说："不学古人，法无一可。意似古人，无处着我。字字古有，言言古无。吐故吸新，其庶几乎。"④ 袁枚力求创新出新，既不宗唐，也不主宋，还称不学任何古人之诗。他与沈德潜论诗云："尝谓诗有工拙而无今古，自葛天氏之歌至今日，皆有工有拙，未必古人皆工，今人皆拙。即'三百篇'中颇有未工，不必学者，徒汉晋唐宋也。今人诗有极工极宜学者，亦不徒汉晋唐宋也。"⑤ 他从性灵说的观念来看待传统的诗歌，只学习他认为那种工致的作品，无视任何时代的权威之论。李调元受清初以来学人之诗的影响，在诗歌渊源上主张以唐宋大诗人李白、杜甫、韩愈、苏轼为学习的对象，他说："诗者，天地之花也。花阅一春而愈新，诗阅一世而益盛。秾桃繁李，比艳争妍，而最高者为梅兰竹菊。唐宋元明分坛列坫，而最大者为李、杜、韩、苏。"⑥ 李调元对杜诗曾经详细批点，特别推崇《秋兴八首》，赞赏其"章法联络之妙"⑦。袁

---

① 《随园诗话》卷三。
② 《随园诗话》卷五。
③ 《雨村诗话》（十六卷本）卷八。
④ 《续诗品》，《小仓山房诗集》卷二。
⑤ 《答沈大宗伯论诗书》，《小仓山房文集》卷一七。
⑥ 《雨村诗话序》，《童山文集》卷四。
⑦ 《雨村诗话》（两卷本）卷下。

枚则说："此八首，不过一时兴到语耳，非真至者也。"① 钱锺书曾发现袁枚之诗学"于名家深而于大家浅"。② 随园诗不主张学大诗人，而却杂取诸名家富于性灵之诗，故对唐宋大家多有批评。由此可见袁枚与李调元诗歌的艺术渊源是大相径庭的。

性灵诗派的三大家——袁枚、蒋士铨和赵翼，他们皆独标性灵，声称个人的独创，反对因袭模拟，而三家之诗又在艺术风格上不尽相同。他们的诗学渊源究竟是什么，他们艺术风格为什么有相异之处？李调元对此看得十分清晰，他说：

> 近时诗推袁、蒋、赵三家，然皆宗宋人。子才学杨诚斋（万里），而能各开生面；此殆天授，非人力也。心余诗学山谷（黄庭坚）而去其艰涩，出以响亮，亦由天人兼之。子才亦自言："余不喜山谷而喜诚斋，心余不喜诚斋而喜山谷。"云松则立意学苏（轼），专以新造为奇异，而稗家小说，拉杂皆来，视子才稍低一格，然视心余，则殆有过之无不及矣。③

这是最具诗学卓识的评论。这三家共同宗尚的是宋诗，但不是宋人以学为诗一派，而是取宋诗中富于"别趣"的。袁枚承认："汪大绅道余诗似杨诚斋。范瘦生大不服，来告余。余惊曰：'诚斋，一代作手，谈何容易，后人嫌太雕刻，往往轻之。不知其天才精妙，绝类太白，瑕瑜不掩，正是此公真处。至其文章气节，本传俱存，使我拟之，方且有愧。'"他又说："蒋苕生与余至相推许，惟论诗不合者：余不喜山谷而喜杨诚斋；蒋不喜杨而喜黄，可谓和而不同。"④ 这可见李调元之评论是有依据的。他不但指出三家诗的渊源的共同之处，亦指出各自相异之源，尤其见到三家独创的风格。袁枚学诚斋诗发展其新奇与趣味而别开生面，蒋士铨学山谷诗之生新而益以流畅奔放；赵翼学东坡诗而发展其以俗为雅的艺术倾向。他肯定这三位诗人皆具诗艺的天才，故能造诗艺之高境。李调元不喜宋诗，却只取东坡言理而有理趣及其诗之豪放风格，主张学诗从李白诗入手，更

---

① 《随园诗话》卷七。
② 钱锺书：《谈艺录》，中华书局 1984 年版，第 212 页。
③ 《雨村诗话》（十六卷本）卷一。
④ 《随园诗话》卷八。

学杜诗之谨严有法，而又时有韩诗之奇险。故其诗之取径与风格皆与性灵派无任何相同之处。

四

我们试将李调元的诗与袁枚的诗粗略地比较，可见童山诗是不属于性灵诗派的。李调元晚年与纪昀书简云："调一生诗不学人，而独于先生辄效之，如平定西域、平定金川诸七律，皆仿先生应制体是也。"① 乾隆十四年（1749）岳钟琪平定西南金川；乾隆二十年（1755）兆惠平定西域准噶尔，李调元均分别作诗八首以歌颂清王朝的武功与皇帝的圣明。这种台阁体的应制诗，他明言是学习纪昀的，因而得体，兹各举一首：

> 蚕丛天险控西隅，杂谷羌夷种落殊。回鹘未通唐职贡，冉駹终入汉舆图。连年议撤金城戍，此日重开玉塞图。圣世羁縻有深意，诸戎甘自触天诛。（《平定金川恭纪》，《童山诗集》卷二）
>
> 执戟登坛总旧勋，倚天长剑靖妖氛。赐骑近接飞龙厩，分卫遥传控鹤军。号令六丁惊霹雳，指挥八阵走风云。何须捣穴临槃木，诸部先愁鼓角闻。（《平定西域恭纪》，《童山诗集》卷六）

这类典雅庄重而无自我性灵的歌颂清王朝的诗，是袁枚不作，也不愿作的。袁枚尖新轻佻的小诗例如：

> 偶卷北窗帘，风吹春色冷。一僧一朵云，同上青山顶。（《卷帘》，《小仓山房诗集》卷一五）
>
> 佳句听人上口歌，有如绝色眼前过。明知与我全无分，不觉情深唤奈何。（《佳句》，《小仓山房诗集》卷三二）
>
> 分明共枕又齐肩，梦醒兰衾冷半边。急起挑灯探消息，儿夫私抱阿谁眠？（《闺怨》，《小仓山房诗集补遗》卷二）

这种纤细新奇而又通俗有趣的诗意最能体现随园性灵诗的特色，它们为古代及唐宋以来诗人从未如此表达过的。李调元是写不出这种诗的。

---

① 《与纪晓岚先生书》，《童山文集》卷十。

我们再以他们同题材的诗试作比较：

> 昆仑山顶星如火，飞落青天路莫探。九派浊流横海内，一条衣带界江南。清虽有日人难待，塞正无时浪正酣。手拔长茭乘月去，满堤官柳碧毵毵。（袁枚《黄河》，《小仓山房诗集》卷八）

> 又醉糟邱酒，临晨问渡来。天浮银星下，地涌画楼开。烟树参差出，风帆顷刻回。中流何用誓，击楫亦悠哉。（李调元《晚渡黄河》，《童山诗集》卷一二）

此两诗皆咏黄河。袁枚诗富于想象，突出古语"俟河之清，人寿几何"（《左传·襄公八年》引逸诗）之人生感慨；李调元诗写现实之景，结尾用晋代志士祖逖渡江北伐于中流击楫之事典，表达一种宏伟的爱国之志。

> 岳王坟上鸟声悲，半是黄鹂半子规。铁像至今长跪月，金牌当日早班师。清宫客少王思礼，前进兵输来护儿。公本纯臣无底恨，可怜慈圣茹斋时。（袁枚《岳武穆墓》，《小仓山房诗集》卷一七）

> 当年和议出君王，大狱深宫实主张。人谓冤如檀道济，我怜功可郭汾阳。金牌十二徽钦死，铁范千秋桧卨当。要识高宗心里事，也应太祖谪孙皇。（李调元《过汤阳县谒岳忠武王祠》，《童山诗集》卷十）

此两诗均以宋代民族英雄岳飞为题。袁枚抒发在杭州岳王墓的感慨，表达惋惜与悲伤的情感。李调元则在河南汤阴岳王祠时以议论为诗，揭露南宋统治集团害死岳飞的阴谋，多用事典，诗意晦涩。诗中檀道济为晋宋之间的名将，宋文帝虑身后难制而杀之。郭子仪为唐代名将，在平定安史之乱中建立卓越功勋。李调元以为岳飞的命运同檀道济一样，而其功绩可与郭子仪相同。他特别谴责了宋高宗、秦桧和万俟卨等密谋处死岳飞的罪行。

> 山冢郁嵯峨，轻车山下过。有诗吟不得，此处古人多。（袁枚《北邙山》，《小仓山房诗集》卷八）

> 有生必有亡，何独此平冈。粉黛啼黄土，英雄聚白杨。四时多杀

气，万古总斜阳。大抵山俱骨，微高是帝王。（李调元《北邙》，《童山诗集》卷十）

此两诗均咏北邙山。山在河南洛阳城东，自汉魏以来帝王、贵族、公卿多埋葬于此。袁枚小诗虽有新意，却轻佻浅薄。李调元诗仍以议论为主，结尾两句寓意尤深，意味帝王生前极尽权势富贵，而死后的墓地仅是比其他之墓高一点而已，这又有何意义呢！

从以上两家三题诗作，不难见到，他们在对题材处理方式，艺术表现和主题阐发等方面都互不相同。此外，李调元对袁枚诗的狂放大言是持极端否定态度的。例如袁枚《予才子歌示庄念农》云：

予才子，颀而长。梦束笔万枝，为桴浮大江，从此文思日汪洋。十二举茂才，二十试明光。廿三登乡荐，廿四贡玉堂。尔时意气凌八表，海水未许入窥量。自期心管乐，致言必尧汤……惟有歌谣偶取将。或吹玉女箫，绵丽声悠扬。或披九霞帔，白云道士装。或提三军往古塞，碧天秋老吹甘凉。或拔鲸牙敲鹿角，齿牙闪烁流电光。发言要教玉皇笑，摇笔能使风雷忙……①

这种言过其实狂妄的自我标榜和夸张，若与李白诗相比则缺乏内在豪情逸致。因此李调元批评云："袁子才诗好为大言，亦是一病……此与英雄欺人之王弇州（世祯）何异！"② 李调元在诗中凡叙述生平事时总是平铺直叙，不作英雄欺人的大言狂语，例如他的《涿鹿感怀三十韵》有云："忆惜癸未春，先子领州牧。旁午理羽书，艰辛阅案牍。旱歉多饘糜，讼庭少鞭朴。父老起讴谣，上吏争拭拂。时调捷礼闱，泥金近报速。先子览之喜，对客笑容掬。谓届贤良对，庶可大吾族……"③ 李调元与袁枚俱入翰林，仕宦出处相似，但李调元的政绩和学识曾受到乾隆皇帝的称道，他却以泰然和平淡处之。袁枚很早厌倦仕途，过着逸豫闲适的生活，却又每每好发大言。这表明他们的生活态度和价值观念的相异，且均表现在诗歌创作之中。

① 《小仓山房诗集》卷一五。
② 《雨村诗话》（十六卷本）卷一。
③ 《童山诗集》卷一五。

李调元之诗的博雅沉稳、严谨爽朗，与其宗尚李白、杜甫、韩愈、苏轼的艺术渊源有关。他论诗不主一家，亦不偏向某一流派，主张立意贵从己出，以意取胜，追求理趣和高远韵味。然而他的诗论和诗作的特点不突出，缺乏理论的独创和艺术的个性，故在清诗史上并无多大建树，难以企及袁枚在诗坛的地位与成就；又因其学者气质，故诗缺乏自由的灵性与优美的诗意。虽然如此，他却能在当时诗坛的格调派、肌理派和灵性派的影响下卓然独立，努力追求艺术高境，因而又是清诗史上不应忽略的一位诗论家和诗人。我们从诗歌理论、诗学渊源和诗歌创作等方面对李调元与袁枚进行了比较，可以说明他们的理论和创作倾向都是不同的，在某些方面还是处于对立的状态。李调元对性灵派三大家有非常清晰的认识，但显然他绝非此派成员。因此，童山诗属于性灵诗派是自张怀湜以来的一种误解。李调元诗学与诗歌创作尚待我们去深入研究。

（作者单位：四川省社会科学院文学研究所）

李调元古籍编刻活动与文献学思想述略

王永波　刘　浪

李调元（1734—1803）是清代乾隆、嘉庆时期著名的藏书家，一生醉心于访书、编书、刻书与藏书事业，编刻了大量的书籍，在清代中后期四川文化传承史上做出了重要的贡献。李调元编刻《函海》撰写了几十篇序跋，这些书跋反映了他的目录版本学思想，具有较大的学术价值。

一、李调元的访求古书与古籍编刻活动

罗江李氏世代藏书，李调元之父李化楠曾在祖居之地云龙坝北象山建筑醒园，专门用来作藏书之处。李化楠（1713—1769），字廷节，号石亭、让斋，四川罗江人。乾隆六年（1741）中举人，乾隆七年（1742）又中进士，历官浙江余姚、秀水知县，迁沧州、涿州知州，宣化府、天津北路、顺天府北路同知。乾隆三十四年（1769）卒于顺天府任上。李调元《先君诰封奉政大夫顺天府北路同知石亭李公墓志铭》云："喜藏书，以川中书少购诸江浙，航来于家，为楼贮之，曰此吾宦囊也。工吟咏，熟韩苏全

集。"① 由此可知，李化楠在江浙任职时，曾经购买过大量的书籍，分批次由水路船运到罗江，建起了藏书楼。据赖安海先生《李调元编年事辑》②可知，乾隆十八年（1753）李调元二十岁时因乡试不售，遵父命赴浙江余姚县游学，在浙江停留两年多，遍访浙中名胜古迹，中途曾回川参加本省乡试，其间可能将李化楠所购之书顺带船运回罗江。乾隆二十三年（1758）五月，李调元随李化楠从浙江至扬州，沿水路返川。这次李氏父子于醒园侧购置田地十亩，增建楼阁，遍植树竹花草，"又将购诸江浙的数万卷善册，为楼贮之。令李调元按经史子集绨帙标题，编写《西川李氏藏书簿》"③。可以说从李调元的二十岁到二十五岁之间，他的访求古书经历主要是在江苏、浙江一带进行，其父李化楠在江浙各处为官，李调元从其父游学，为参加科举考试积聚实力。

乾隆二十八年（1763）二月，李调元在京参加会试，四月参加殿试，五月参加保和殿御试，取得第五名，钦点翰林院庶吉士，开始了为官生涯。此后几年里，李调元历任吏部考功司主事兼文选司、翰林院编修、文选司员外郎等职，活动范围主要在京城北京，这时期李调元的访书以到紫禁城大内书库查看《永乐大典》为主。李调元在《罗江县志序》中说："今百余年来，本朝文教光昌，大开《四库全书》，重修《永乐大典》，于是乎内府秘藏几乎家有其书矣，此县志之所宜亟亟也。"④ 乾隆帝下旨修《四库全书》，其中所取之书多从《永乐大典》中辑佚而得，这为李调元访书提供了极大的便利。在京城几年时间内，李调元利用翰林院庶吉士、翰林院编修职务之便，多次入内府查阅《永乐大典》，从中辑佚出有关巴蜀题材方面的著作十余种，收入《函海》之中。

李调元在大量访求古书的基础上，逐渐萌发出编刻书籍的意愿，这个实践过程贯穿于他的中年到晚年，直到去世前夕不曾放弃，为传承巴蜀文化做出了巨大的贡献。目前能确定李调元最早编刻的一部书是《李太白集》十六卷，时间为乾隆二十九年（1764），时在翰林院庶吉士任上。乾隆甲申年刻本《李太白集》十六卷，是李白集版刻史上第一个由蜀人在四

① 李调元编：《罗江县志》卷八，王云五主编：《丛书集成初编》本，商务印书馆1936年排印本，第88页。
② 赖安海：《李调元编年事辑》卷一，中国文史出版社2005年版，第33页。
③ 赖安海：《李调元编年事辑》卷一，中国文史出版社2005年版，第37页。
④ 李调元编：《罗江县志》卷八，王云五主编：《丛书集成初编》本，商务印书馆1936年排印本，第1页。

川编刻的刻本。之前的宋代有名的宋蜀刻本《李太白文集》三十卷，现存甲本、乙本两种，它的编纂者都不是蜀人，而是由曾巩本衍生而来，在眉山或成都刊刻成书。由宋至清，历代李白集虽大量刊行，但没有一种是四川人编纂的，有鉴于此，李调元编刻了这部《李太白集》。现存乾隆甲申本《李太白集》十六卷，六册，左右双边，单鱼尾，半叶十行二十字，竹纸精印，匠体字。牌记为乾隆甲申岁校刊、太白全集、清廉学舍藏版，据此可知为江油书院刻本。前有李调元《重刻太白全集序》，署乾隆甲申菊月纹江李调元撰；邓在珩《自叙》，署乾隆甲申菊月生日南隆邓在珩漫述。李调元《重刻太白全集序》说："余自束发受书，即喜太白所为诗歌文章，每手一编，朝吟而夕揽之，藏之箧笥有日矣。余友玉斋为彰明广文，即太白所生之地，生平酷嗜太白诗，因帙满来京寓予斋之西，相与把酒联吟，因出所订《太白全集》以示余，而余亦出素所摩挲旧本而忝考之，将付之剞劂，嘱予为序，且曰吾蜀为古今文献风教之祖，迄今而遂沦没，吾虽秉铎于一乡一邑，其何以不广昭先贤之遗风，而使乡之人扬风扢雅，为所从入之路也。"① 由此可知，这部《李太白集》十六卷是李调元与邓在珩在北京编成，由邓叙可知，两个人所藏之旧本大抵相同，但李白集从宋到清从无十六卷本，这就意味着二人在编订李集时，将常见的三十卷本压缩为十六卷本，依旧是分体编排。至于所用底本，李序、邓叙没有交代，极可能是明刻本。李调元在编订李集时所下功夫很大，即以卷二、卷三所收乐府诗，对比王琦《李太白集辑注》竟无一错字，可见文字校勘之精良。

此后李调元从事的古籍编刻项目众多，包括编刻其本人的诗文集与汇刻诗文总集以及其他的经、史、子部与丛编著作，样式繁多。据詹杭伦先生《李调元学谱》中编《著述谱细目》② 统计，有经、史、子集著作五十三种，存疑或待访著述二十五种，丛编两种，这个数量是很可观的。因篇幅所限，这里仅对李调元编刻的几部有影响的集部著作略作述说，从中窥知他对巴蜀文化的继承与传扬。李调元非常看重自己的诗歌创作，多次自编自刻诗集，而且多次删增，例如《看云楼集》《粤东皇华集》等。从现存文献来看，李调元最早自编的诗集当为《看云楼集》二十二卷，孙殿起《贩书偶记》卷十五著录："《看云楼集》二十二卷，罗江李调元撰，乾隆

① 乾隆二十九年（1764）清廉书舍刻《太白全集》卷首。
② 詹杭伦：《李调元学谱》，天地出版社1997年版，第2—5页。

间精刊。调元著有《粤东笔记》《雨村诗话》，撰辑有《函海》。"① 该书中国国家图书馆馆藏一部，《北京图书馆古籍善本书目》集部著录。据李宜家先生《李调元〈看云楼集〉摭谈》② 可知，《看云楼集》四册，半叶十行十九字，左右双边，双鱼尾，前有钱陈群、程晋芳二序，分别撰写于乾隆三十四年（1769）、乾隆三十五年（1770），因而《看云楼集》的成书与刊刻时间当在此之前。这个诗集不属于全集，仅编录李调元从蜀中读书到供职吏部期间的创作，约八百六十首。李调元《雨村诗话》卷十六："乾隆丁酉上元，余在京，忽有朝鲜人柳琴到门云：'我朝鲜副使徐浩修使也，因在琉璃厂肆见尊刻《粤东皇华集》，无心于山谷、放翁，而自合于山谷、放翁，窃意著作必不止此，不知此外尚有几种，乞求数部。'勉恳不已，因令人与之使去。"③《童山诗集》卷八丙戌年（1766）编年诗有《移居看云楼为梁家园特胜同部郎中刘竹轩秉恬有诗因和其韵题曰看云楼者余家楼原名也》，卷十九有《漫言》诗，其曰："漫言皮里有阳秋，时报虞卿著述愁。谁把诗名传海外，《看云楼集》客来求。"从这些材料可以得知，朝鲜诗人柳琴到李调元府上求《看云楼集》，原因是朝鲜副使徐浩修在北京琉璃厂书肆见到《粤东皇华集》四卷，觉得不过瘾，想必还有其他诗集，这样李调元派人送去了部头更大的《看云楼集》二十二卷。乾隆五十九年（1794）李调元六十一岁的时候，编撰《童山诗集》，将《看云楼集》所收诗歌重新编入到《童山诗集》卷一到卷十四中，程晋芳所作《看云楼集序》更名为《童山诗集序》。

《粤东皇华集》四卷是李调元自编的第二部诗集，此集所收诗歌为乾隆三十九年（1774）五月到十一月，李调元奉命副典试广东所作诗，收入《函海》丛书中，有嘉庆、道光、光绪本流传。前有程晋芳《粤东皇华集序》，曰："《粤东皇华集》四卷，雨村李五丈作也。雨村以甲午之夏奉命为广东副典试，往返六阅月，凡所经历，悉记以诗。删汰改易，又二年而刊成，属余为之序。"④ 从程序可知，《粤东皇华集》的编纂成书时间为乾隆三十九年，其间李调元进行部分删改，于乾隆四十一年刊刻成书。这部书问世后，很快引起朝鲜副使徐浩修的注意。他在琉璃厂购得一部后，读

① 孙殿起：《贩书偶记》卷十五，上海古籍出版社 1999 年版，第 376 页。
② 李宜家：《李调元〈看云楼集〉摭谈》，《李调元研究》（第二辑），四川人民出版社 2015 年版，第 38 页。
③ 詹杭伦、沈时蓉：《雨村诗话校正》卷十六，巴蜀书社 2006 年版，第 368 页。
④ 詹杭伦：《李调元学谱》下编《评论谱》，天地出版社 1997 年版，第 233 页。

第一篇 李调元与文学

完评论说:"即以《皇华》诸篇观之,超脱沿袭之陋,一任淳雅之真,非唐非宋,独成执事之言,而若其格致之苍健、音韵之高洁,无心于山谷、放翁,而自合于山谷、放翁,亦可谓欧阳子之善学太史公,三复之余,不胜惊叹。"① 李调元晚年自编《童山诗集》时,将《粤东皇华集》四卷所收诗歌放入卷十五、卷十六中,与《看云楼集》卷次相连续。

李调元晚年回归故里后,开始整理《童山诗集》。乾隆五十九年(1794)李调元初编《童山诗集》四十卷,刊成后曾将此书寄给袁枚,袁枚收到赠书后作《答李雨村观察书》说:"伏读《童山全集》,琳琅满目,如入波斯宝藏,美不胜收,容俟卒业后,当择其尤者补入《诗话》,以光简篇。"② 袁枚所说的诗话指《随园诗话》十六卷,后来他通读《童山诗集》后补了一则,评论李调元七古《观钱塘潮》,收入《随园诗话补遗》卷九中。根据詹杭伦先生的研究,他认为:"《童山诗集》初编本所收诗当断自乾隆甲寅年(1794)以前,为调元六十岁前所作诗,即今传四十二卷本《童山诗集》的前三十二卷。调元六十岁后所作诗,先是编成《童山续集》,今传本《童山诗集》卷三十九庚申年(1800)诗有《和严丽生题童山续集原韵二首》和《和吴寿庭先生见题续集原韵》,即是明证。最后合编成四十二卷本《童山诗集》,收诗至嘉庆七年壬戌(1802)十一月止。"③ 四十卷本《童山诗集》今不存,《童山续集》有一卷本,嘉庆、道光本《函海》中所收的《童山诗集》为四十二卷本,是李调元去世后由李鼎元校订而成,是李调元一生诗歌创作的总结。在编刻《童山诗集》的同时或者稍后,他还编纂了《童山文集》二十卷,收入《函海》中。李调元《答祝芷塘同年书》:"近日脚力不健,绝不出门,日惟删改旧诗,已经付梓,共刻成《童山诗集》四十卷、《文集》二十卷。"这是李调元晚年回到家乡罗江后所进行的编刻自己诗文集的活动,查《童山自记》甲寅所记:"乾隆五十九年正月初,侍御李尚菁回蜀,得祝芷塘同年书,始知在松江掌教,久不得消息,为一快云。"④ 可知李调元写这封《答祝芷塘同年书》回信时当在乾隆五十九年,所谓"共刻成《童山诗集》四十卷、《文集》二十卷"恐有夸大成分,因《童山文集》卷十中所收书信多为嘉庆年间所

① 詹杭伦:《李调元学谱》下编《评论谱》,天地出版社1997年版,第235页。
② 詹杭伦:《李调元学谱》下编《评论谱》,天地出版社1997年版,第231页。
③ 詹杭伦:《李调元学谱》中编《著述谱》,天地出版社1997年版,第185页。
④ 李调元:《童山自记》,载《蜀学》第四辑,巴蜀书社2009年版,第276页。

作，应该是乾隆五十九年时《童山诗集》四十卷刻成，《童山文集》二十卷编成，《文集》的刊刻成书当在嘉庆五年（1800）之后。前有李调元《童山文集自序》一篇，署嘉庆四年十一月初十日，全书按照类别编排，收入赋、论、序、记、传、书、说、考、跋、祭文、墓志铭、行述、四六文等多种题材的文章，卷末补遗收录嘉庆七年所作《捐修绵州城碑记》。张舜徽《清人文集别录》卷十对《童山文集》评价颇高："由其学有本原，故于序录群书，考论学术之际，于一名一物，悉能穷流溯源，洞究其所以然，谅非空疏不学者所易为。乾嘉中四川士夫之有文才而兼治朴学者，固未能或之先也。"[①] 这个评价李调元当受之无愧。

二、李调元对蜀中文献的收集整理与刊行

李调元从青年时代起便有收集、整理蜀中先贤著作的宏志，乾隆二十九年他三十一岁的时候，即与邓在珩合编《李太白集》十六卷刊行，此后一发不可收拾，在编刻蜀中文献方面做出了很大的贡献。

蜀中历来诗风很盛，诗家与诗作都数量庞大，历代编刻蜀诗总集者众多。现存蜀诗总集主要有宋代袁说友等编《成都文类》五十卷、明代杨慎编《全蜀艺文志》六十四卷、清代费经虞编《蜀诗》十五卷、清代孙桐生编《国朝全蜀诗钞》六十四卷等，都是很具代表性的蜀人编蜀诗总集。李调元在前人的基础上编纂成《蜀雅》二十卷，是一部专门选编清代前中期蜀诗的总集，在收录诗人、诗作上很有代表性。前有李调元《蜀雅序》："我朝自鼎休息百余年来，英才蔚起，而岷峨之气又磅礴而郁积之，故往往铄古切今，不少鸿章巨制轩轾奋飞，和声以鸣太平之盛。而以巴为嫚，多不入采风之听，则是钟期亡而伯牙之弦绝，獿人没而匠氏之斤辍，非作之难，知之难也。若不为之网罗而表彰之，有不泯于荒烟蔓草者几何？余束发授书以来即矢此志，广搜远采，靡不收录，披沙拣金，阅有岁时，汇为一册，统名曰《蜀雅》。"[②] 该书的编排主要按照所录诗人以科第先后为等次，没有登科者则以生活年代为秩。每卷收录作品多寡不一，先古体后近体，先五言后七言。卷一收入吕大器、胡世安、李鉴、柳寅东、王范、

---

　① 张舜徽：《清人文集别录》卷七，《张舜徽集》本，华中师范大学出版社 2004 年版，第193 页。
　② 李调元：《蜀雅》，王云五主编：《丛书集成初编》本，商务印书馆 1936 年排印本，第 2页。

宗敦一六人诗歌，多的像吕大器收录《晚至阆中》《昭化县》《五凉郊行》《采石矶晚眺》等二十一首，少的如宗敦一仅收《即事》一首。每个诗人下有小传和评论，详略不一，如王范小传云："范字慕吉，内江人，崇祯辛未进士，官至浙江巡按御史。蜀乱不仕，国朝寓居丹阳。"① 新繁费氏为蜀中名门望族，费经虞所编《蜀诗》主要收录明代至清初蜀诗，李调元编选《蜀雅》时曾参考过该书，故他对新繁费氏诗歌收录颇多。例如卷三收录费密各体诗六十首，如《古意》《咏史》《北征》《冬菊》《杜宇》《沔县村居》《阻风三江口》《元夕雨中见雁》等；又如卷五至卷八收录费锡璜诗一百六十八首，所收诗歌篇幅是单个诗人最多的一位。对于同时代的诗人，李调元也多有收录，卷十八便采录其父李化楠诗二十五首。受费经虞《蜀诗》卷十四、卷十五收录释道、闺秀诗歌体例的影响，李调元也在卷二十收录释道、闺秀之作，其中有李调元妾万氏诗作一首。《蜀诗》卷十三收录费密诗歌五十三首，《蜀雅》卷三收录费密诗六十首，此外两书都收录吕大器、柳寅东、费经虞等人的诗作，说明二书在诗歌采辑来源与体例编排上有传承关系，即李调元在选编《蜀雅》二十卷时参考过费经虞《蜀诗》二十卷。

唐哀帝天祐四年（907）唐朝灭亡后，朱温在东京开封府建立后梁，到后周世宗柴荣显德六年（960）赵匡胤发动陈桥兵变，篡后周建立北宋，这段时期被称为五代十国时期。在唐末五代及宋初，中原地区之外存在过许多割据政权，其中吴、前蜀、吴越、楚、闽、南汉、荆南（南平）、后蜀、南唐、北汉等十个割据政权，先后相续七十余年。为了躲避战乱，很多诗人纷纷流寓四川，形成了独特的唐末五代巴蜀流寓诗人群体，尤其是在前蜀（907—925）、后蜀（934—966）时期更为明显，著名的花间词派即发生于此。李调元发愿编刻《全五代诗》，收集全五代十国时期的诗歌，保存此期诗坛作品，以供后人参阅。李调元《程鱼门以诗乞余所编全五代诗依韵奉答兼索异书》："五代本无诗，多附唐末朝。亦或入宋初，九牛才一毛。譬如采兰菊，弥望皆烟苕。况复蒿与艾，其品益不高。我生好吟咏，嗜古如甘醪。自汉魏以还，钞校不惮劳。唐宋各全集，汇疏颇有条。中间五十年，缺略匪一朝。思虑勤补缀，日夜肇自摇。丛书获只字，喜若

---

① 李调元：《蜀雅》卷一，王云五主编：《丛书集成初编》本，商务印书馆1936年排印本，第7页。

逢琼瑶。只取备文献，不在格卑超。手录垂三年，几脱十甕毫。鸡窗耿灯火，牙签风雨飘。遗文遭断简，聚讼空相熬。君昔在中秘，寄赠亦屡叨。编成付装赙，百轴锦鸾翘。再索亦不吝，诗逋惭隔宵。倘更异书借，聊当砖先抛。"①据《童山自记》可知，程晋芳来信在乾隆四十七年（1782），《童山诗集》卷二十三附录程晋芳原诗曰："子诚有心人，采掇弗惮劳。全体若单词，理之俾有条。考核必精诣，注释连昏朝。衰然四大峡，锦错珠光摇。昨者举赠我，宝之敌琼瑶。一月读未尽，六时神已超。"②结合程晋芳、李调元二诗所透露出来的信息，可以得知至迟在乾隆四十七年，李调元已经将《全五代诗》编刻好，分装四函以馈赠师友。程晋芳于乾隆三十六年（1771）中进士，授翰林院编修，《四库全书》总目协勘官，为李调元在京城时期的同僚。写这封信时程晋芳在陕西巡抚毕沅幕下，可见李调元在北京所刻《全五代诗》已经传播到陕西，所以程晋芳才写信索求。

《全五代诗》一百卷，前有李调元自序，其曰："五代诗向无全本，编诗者皆附之唐末宋初之间，并少专辑，惟新城王尚书渔洋有《五代诗话》，而所载者事迹，诗或缺焉。窃尝论之，梁、唐、晋、汉、周，历五代十三君，共五十二年。其间或缙绅，或隐逸，代不乏人。然各事其主，判若町畦。"③先是交代了该书所收录的年代主要是五代，时间跨度为五十二年，接着述说选录标准和体例："有五代而为前人附入唐末宋初者，俱一一归还之。或应入某代，或应入某国，各按其时其事。而更于每人姓氏之下，缀以小传，皆据各书采录，非臆说也。盖不如是则不足以成五代之诗也。更于五代后附以十国，凡有断章摘句，靡不收入，统名之曰《全五代诗》。共计诗九十卷。自乙未春二月至戊戌春正月，积三年而始成。"自序后署："大清乾隆四十五年庚子八月朔日，赐进士出身，奉直大夫，钦命提督广东学政，吏部考功司员外郎，兼翰林院编修，绵州李调元雨村甫谨序。"从乾隆四十年二月到四十三年正月，正好是李调元任职吏部考功司员外郎时期，他利用在京城查阅图书方便的机会，编纂了这部大书。但自序作于乾隆四十五年八月，则刊刻当在此时之后，乾隆四十七年之前。《全五代诗》原本九十卷，后补遗十卷，合计一百卷，嘉庆本《函海》所收《全五代诗》为九十卷本，光绪本《函海》所收则为一百卷。

① 李调元：《童山诗集》卷二十三，《续修四库全书》本，上海古籍出版社1995年版。
② 《童山诗集》卷二十三，《续修四库全书》本，上海古籍出版社1995年版。
③ 李调元：《全五代诗》卷首，上册，何光清点校，巴蜀书社1991年版，第1页。

全书以五代十国的朝代国别分卷，计梁八卷，唐二卷，晋二卷，汉二卷，周三卷，吴六卷，南唐十六卷，前蜀十七卷，后蜀四卷，南汉一卷，楚四卷，吴越九卷，闽十三卷，荆南十二卷，北汉一卷。朝代国别之下，按作者官爵、隐逸、道释等身份为序。书首有《凡例》十四条，其十三曰："诗有古今各体。此书之辑，每一人必先乐府，次四言，次五古，次七古，次五律，次五排，次七律，次七排，次五绝，次七绝。各国皆仿此。"卷四十到五十六所收前蜀诗歌颇全，从王建、王衍，到韦庄、贯休、唐求、杜光庭等人，几乎网罗无遗。书前罗列参考书目约三百余种，从大量诗话、笔记小说、史志中收集五代诗歌，对研究唐宋之际五代十国的历史、文学、艺术等，具有重要的参考价值。

李调元花费精力最大，编刻时间跨度最长的一部书是大型丛书《函海》四十函及《续函海》六函，从乾隆壬寅李调元首版《函海》的编刻，到光绪辛巳钟登甲重刊《函海》，前后持续一百多年，版刻情况较为复杂。对于编纂《函海》的动机，李调元在《函海总序》中说："余不能化于书而酷有嗜书癖，通籍后，薄游京师，因得遍访异书，手自校录。然自《汉魏丛书》《津逮秘书》而外，苦无足本。幸际圣朝，重修《永乐大典》，采遗书，开《四库》，于是人间未见之书骈集麇至，石渠天禄，蔑以加矣。余适由广东学政任满，蒙特恩，监司畿辅，去京咫尺，而向在翰林同馆诸公，又时获鳞素相通，因以得借观天府藏书之附本。每得善本，辄雇胥录之。始于辛丑秋，迄于壬寅冬，袞然成帙，真洋洋大观矣。有客谂余所好，劝开雕以广其传，遂欣然为之。余蜀人也，故各书中于锦里诸耆旧著作，尤刻意搜罗，梓行者居其大半。而新都升庵博学鸿文，为古来著书最富第一人。现行世者除《文集》《诗集》及《丹铅总录》而外，皆散佚不传，故就所见已刻未刻者，但睹足本，靡不收入。书成分二十函，自第一至十皆刻自汉而下以至唐宋元明诸人未见书。自十一自十四，皆专刻明升庵未见书，自十五至二十，则附以拙刻。冀以仰质高明，名曰《函海》。"[①]其《函海后序》又说："余所刻《函海》书共三十集，其前十六集皆古人丛书也。而己书亦附焉。盖用后体例也。小卷不计，总全卷共一百五十

① 转引自邓长风：《〈函海〉的版本及其编者李调元——美国国会图书馆读书札记之五》，《明清戏曲家考略全编》上册，上海古籍出版社 2009 年版，第 367 页。

种。书始于戊戌春，迄于壬寅冬，阅五年而成。"① 从李调元的二序可知，《函海》的编纂从乾隆四十三年到四十七年，前后五个年头。初刻本为二十函，前十函专门收录汉代至明代的巴蜀稀见文献，第十一到十四函专门收录杨慎的著作，第十五到二十函收录李调元本人的著作。补刻本为三十函，收书总数约一百五十种。嘉庆六年李调元重订《函海》，由三十函增加到四十函。

《函海》丛书最主要的价值在于保存了大量的历代蜀人著作，例如《华阳国志》十二卷、张唐英《蜀梼杌》二卷、陈亮《三国纪事》一卷、唐庚《三国杂事》二卷、赵汝适《诸藩志》二卷、李心传《建炎以来朝野杂记》四十卷、王象之《蜀碑记》十卷、李调元《蜀碑记补》十卷、黄休复《益州名画录》三卷等都是蜀人撰写的历史地理著作。此外，明代著名学者、诗人杨慎的著作，因《函海》收录较全而得以保留下来，彭东焕《〈函海〉编刻与杨慎著作的流传》② 一文专门探讨了李调元《函海》对杨慎著作流传的贡献以及存在的问题，可以参考。李调元及其父李化楠的著作，也因收录到《函海》得以保存下来，詹杭伦《〈函海〉各本收录李调元著作表》③ 以详尽的资料展示了不同版本《函海》所录李调元著作的书名、卷数，分门别类极具参考。

从编纂《蜀雅》《全五代诗》大型总集到编刻《函海》大型丛书，李调元对于巴蜀文献的整理与传承做出了巨大的贡献。有些书因他的辑佚传刻得以流传至今，例如他依据《永乐大典》辑佚出二十三种书收入《函海》，《永乐大典》后来绝大部分遭到毁灭，这些书就因收录到《函海》流传下来，这是李调元文献整理的功劳。《清史列传》卷七十二《李调元传》说："其表彰先哲，嘉惠来学，甚为海内所称。"④ 李调元是当得起这个评价的。

三、从《函海》序跋看李调元的目录版本学思想及特点

李调元编纂《函海》时认真阅读收录的每一部书，写下了几十篇序

---

① 李调元：《函海总序》，刊光绪七年（1881）钟登甲乐道斋刻本《函海》，人民出版社 2012 年影印本。以下凡引用《函海》李调元序跋，皆出此本，不再另作注。
② 彭东焕：《〈函海〉编刻与杨慎著作的流传》，《李调元研究》（第二辑），四川人民出版社 2015 年版。
③ 詹杭伦：《李调元学案》中编《著述谱》，天地出版社 1997 年版，第 221 页。
④ 佚名：《清史列传》卷七十二，中华书局 1987 年版，第 5917 页。

跋，这些文字极具学术价值，从中可以窥探李调元的文献学思想及其古籍校勘的治学特点。李调元编刻古籍很注重版本，尤其是罕见之本，凡所见必想方设法借来作为底本刊刻，以广其流传。李调元曾任翰林院编修，得以进入内府书库调看《永乐大典》等珍贵典籍，借此机会他从《永乐大典》中辑佚了不少书。《函海》收录的梁元帝萧绎《古今同姓名录》二卷、南唐刘崇远《金华子杂编》二卷、宋徐总干《易传灯》四卷、宋赵善湘《洪范统一》一卷、宋赵汝适《诸藩志》二卷、宋张行成《翼玄》十二卷、宋高晦叟《珍席放谈》二卷、宋潘时𬷕《月波洞中记》一卷、宋阙名《产育保庆集》二卷、宋崔敦礼《刍言》三卷、宋李心传《旧闻证误》四卷、宋李邦献《省心杂言》一卷、宋吴箕《常谈》一卷等二十三种书，即是李调元从《永乐大典》中辑佚单独成书，因收入《函海》流传至今。如果没有李调元当年从《永乐大典》中辑佚的话，上述二十三种著作极有可能随着《永乐大典》的销毁而散佚。李调元公事之余，积极在京城访书，凡是他遇到的罕见之书，无论刻本还是钞本，总是想尽办法重录一遍，尤其是巴蜀先贤的著述。《函海》收录唐人苏鹗《苏氏演义》二卷，前有李调元《苏氏演义序》说："陈振孙称其考究书传，正订名物，辨讹证误，有益见闻。尤果溪以家藏本刻之，尤本传布绝少，予数求之不得，忽从友人处借得钞本，因急为梓行。"又如《函海》收录宋代蜀人爰驹撰写的《采石瓜洲毙亮记》一卷，李调元序曰："陆梅谷云是书向无刊本，钞误甚多，偶于马云衢斋头借得善本，又云此书不啻左氏之传春秋，又云阅古人传记最苦史笔庸下，此乃铁中铮铮者，其推崇可谓至矢。《函海》一书意在表彰乡先辈，故梓行之。"这两部书都是李调元在京城中访得，由于极其罕见，因而他才收录到《函海》中，编修《函海》这部大书，李调元在收书范围和底本的选择上的确是下了很大的功夫，绝非简单见书就收。

在这些序跋中，很多都是书目解题性质的文字，反映了李调元的目录版本学思想。如《程氏考古编序》："《考古编》者，宋程大昌所杂论经义异同及记传谬误而作也。大昌字泰之，休宁人，绍兴二十一年进士，历官权吏部尚书，出知泉州，以龙图阁直学士致仕。卒，谥文简，事载《宋史》本传。大昌深于经术，学问湛深，于诸经皆有论说，于易学尤精，所著有《易原》一书，苦思力索，四年而成，其学力可知矣。此书于各经皆反复推阐，多明大义，如论刑官之家魏，张掖之鲜水以及《荀子》子弓之非騄臂，后汉章怀太子之注段颎，皆确有典据，非泛为摭拾，与郑樵辈之横议相去不知几何！其于洪迈《容斋随笔》固不相亚也。大昌所著尚有《演繁露》十六卷，续六卷，已有刊本，惟是本互相传写，故先校行云。"这篇序是一篇标准的书目解题，得陈振孙、晁公武之真传，介绍了著作者生平事迹与学术、本书之优点，使读者对其一目了然。《乌台诗案序》："《乌台诗案》一册，宋陈振孙《直斋书录解题》作《乌台诗话》十二卷，蜀人朋万九录东坡下御史狱公案，附以初举章疏及谪官后表章、书启、诗词等而成之者，今所得宋本合为一册，不分卷次。按《百川书志》载《乌台诗案》一卷，云宋祠部员外郎直史馆知湖州遭时群小，构成诗祸拘禁之卷案也。据此则是书流传有二本，此本遇朝旨等字俱抬头，其为宋人足本无疑。谪官后文乃后人附益之耳，盖此为《百川书志》所见之本，非《直斋书录解题》所见之本也。"李调元在这里辨析《乌台诗案》本有二种，但《直斋书录解题》所著录的是《乌台诗话》十二卷，与《百川书志》著录的《乌台诗案》一卷，从内容到卷数显然不是同一种书。今《乌台诗话》十二卷散佚，《乌台诗案》一卷则因李调元据宋本收录到《函海》而留存，的确是幸事。

在不少序跋中李调元纠正了前人的失误，反映了他渊博的见闻和深厚的学识。萧绎《古今同姓名录》一书，《隋书·经籍志》著录为一卷，后来唐代陆善经、元代叶森分别加以续补，收录在明代的《永乐大典》中。李调元编修《函海》时收录该书，由一卷改为三卷。书中列古代同姓名的计三百八十二个，共一千三百零七人。李调元《古今同姓名录序》说："《古今同姓名录》见于《梁书》本纪及《隋书·经籍志》，皆作一卷，此题三卷者，合陆善经所续、元叶森所补而名也。夫司马迁不知有两子我，故以宰予为预天恒之乱。不知有两公孙龙，故以坚白同异属之孔门弟子，然则此录非但缀琐，闻供谈资，亦读史之要务也，较宋陈思之《小字录》，郭万里之《别号录》，亦有功史学，岂待问哉？至如明余寅撰《同姓名录》十二卷，周应宾又补一卷，近日王廷灿又补八卷，虽较此加详适形，其赘椎之始，则舍此无由。"在序中先是交代《古今同姓名录》由一卷改为三卷的缘由，接着批评司马迁在撰写《史记》时由于不知古代人名有同名者导致人物事迹错误，说明此书的重要性。最后又将《古今同姓名录》与其他同类著作相比较，揭示出该书的价值。两百余字的短序中透露出如此多的内容，看似轻描淡写，实则是李调元深厚学养的展现。又如《金石古文跋》："杨用修《金石古文》十四卷，刻于明嘉靖年，有永嘉省庵孙昭序。

按，升庵是编释碑石鼓及秦汉诸刻，搜罗最富，然其中有因讹传误，不可不为订正者。如以史晨碑之夫子冢为大子家，鲁公冢为鲁公家，此承洪适《隶释》之讹也。以张迁碑之筹策为萧何，承都穆之讹也。今碑刻俱在可验。又如韩勒碑阴，升庵颇讥《隶释》之误，今考汉碑文与《隶释》所载本相合，而碑之两侧尚有题名，适固未载，升庵偶未之考也。"李调元对杨慎《金石古文》一书中出现的错讹，条分缕析地进行辨析，显现出他深厚的金石学学养，因此这条跋语极具学术性。

再如《龙洲集序》："《龙洲集》非《斜川集》也，客曰如是则序龙洲是矣，而又言斜川何也？曰一以正书贾伪本，一以存党叔之集名也。《斜川集》十卷见《文献考》，世无传本，王渔洋《香祖笔记》称康熙乙酉有书贾来益都之颜神镇，携《斜川集》仅二册，价至二百金，惜未得见之。今不可知此本染纸作古色，补镂乌丝，假镂虞山汲古阁毛晋印章，世皆信为斜川真集久矣，不辨其伪矣。考晁说之作苏过墓志，过卒于宣和五年，此集中所称乃嘉泰开禧年号，且周必大姜尧章韩侂胄俱南渡后人，过何以见之？其乖刺不辨而知。客曰然何人集也？曰此宋刘过之集也，书贾因过同名冒题为斜川以渔利也，所以辨斜川之集名且皆宋人文集也，读者只作龙洲集读之足矣，余于是有深惑也。"《龙洲集》为宋人刘过的文集，但刘过的名气没有苏过的大，于是书贾将《龙洲集》冒充为《斜川集》兜售，王世禛曾在《香祖笔记》中记录过。李调元通过考察《斜川集》中的人物事迹，发现与苏过年代迥不相及，认定是刘过的《龙洲集》，书贾以此冒充宋本《斜川集》，而且假冒明末汲古阁毛晋印章，由此才真相大白，也可以看出李调元的版本学造诣之高深。

有些序跋可以看出李调元的考据学功底，如《张氏可书序》："《张氏可书》一卷，《宋史·艺文志》、陈振孙《解题》、晁公武《读书志》俱不载，只《文渊阁书目》载有一册，而不著其名，惟《爱日斋丛钞》引其中司马光、文彦博论僧道一事，称为张知甫《可书》，亦不知何许人也。今考所记有仆顷在就京师因干出南熏门事，又有见海贾鬻龙涎香于明节皇后阁事，是在宣和之初，尝官汴京，复有绍兴丁巳戊午及刘豫僭号事，则由中原入南渡二十年矣，盖其人生于北宋末年，犹及见汴梁全盛之日，故都逸事目击颇详。迨其晚岁追述为书，不无沧桑今昔之感，故于徽宗时朝廷故实纪录尤多，往往意在鉴戒，其余琐闻轶事多他书所未见，足备考覈，盖亦孟元老《东京梦华》之流也。"宋人张知甫所著《可书》一卷，陈振孙《直斋书录解题》、晁公武《郡斋读书志》以及《宋史·艺文志》等公私书目中都无著录，更不知作者年代、事迹，李调元通过《可书》中所记录的汴京事迹等内证，考证出作者张知甫的具体年代，分析出他撰写此书的初衷，辨析有力，极具说服力，可以看出李调元在编刻《函海》时是逐部通读所著录之书的，故而他撰写的序跋质量很高。再如《吴中旧事序》："《吴中旧事》一卷，元陆友仁撰。友仁字辅之，吴郡人，此书盖记其乡之轶闻旧迹，以补地志之阙者，其体例则小说家流也。其中如辨吴会、吴下之名及陆贽墓、张籍宅和今坊高民碑之类，皆足以资考证。又如记陈长方潘兑事亦足以资法戒。其他如范纯佑慕容品卿事，颇为不经，李璋事亦颇猥琐。然古人杂记之书，类多如此，不足为友仁訾也。惟所载《鹿苑台铭记》云永和七年陆玑建碑王羲之书，则二人时代邈不相及，殊失之于不考耳，友仁尝著《研北杂志》一书久行于世，惟此书传本绝稀。自序称参记旧闻一百余事，今所存只九十三条，且字句时有伪脱，谨于其可考者，各校正之，存备说部之一种，固愈于他小说之荒唐悠谬不轨于理者焉。"这条序言先评论元代陆友仁《吴中旧事》的史料价值，继而指出该书中的缺失，包括道听途说未经考证的故事。对于这本书的价值李调元是肯定的，因此花了很大的功夫逐一校理文字，尽量保存元人所著笔记小说。同样，对于蜀中相关历代琐事、杂记，李调元本人也是极有兴趣，《函海》中所收《井蛙杂记》十卷，就是他自己辑录的一部有关历代蜀中奇闻异事的著作。《井蛙杂记序》："《井蛙杂记》者，蜀中历代琐事轶闻，李子辑之而别为此书也。蜀自献贼之乱，书籍残毁，青羊一劫，衣冠涂地，承平之后，岁缀拾遗文，纂修省志，赖有当代诸公而搜觅，珊瑚铁网难尽，又或传闻互错，不免混淆，因不揣固陋思拾遗而补缀之，而苦无载籍可考。自癸酉余省亲大人于浙东一舸南下，始获遍游名山大壑，身所经历，凡有古迹碑版，无不手摹而录之。既而先人以薄俸购书万卷，载以归来，又从而一一考核。继复奔驰南北，一官京师又数十年，每逢明窗獭祭之下，未尝不手自钞写。今裒然成帙矣，其间或得之旧志，或得之新闻，或得之山径石室，或得之小说稗官，要之有关于华阳之典故，文献之考证，事多为正史所不载，及案头所未数见者，辄为一集，不分鸿荒而上耳目之前，玉屑金沙，奇奇怪怪，皆入野史丛编，因随时纪录，故无次第，非敢谓赅悉无遗，足以订前人之阙也。"李调元通过大量的访求古迹碑铭，将有关蜀中逸闻趣事的文字收集，亲自进行考订，编纂成《井蛙杂记》十卷，为保存史料做出了贡献。

其他的《函海》序跋也极有价值，例如在《旧闻证误序》中论说李心传此书对宋代朝章典制考证的特点，《金石故跋》中论述多种金石著作版本的区别以及著录金石错误的原因，《蜀碑记补序》中考订碑帖版次文字疏漏，等等，皆具有辨章学术，考镜源流的特点。要之，《函海》中李调元所作的几十篇序跋，都是他在编刻中认真阅读原书后留下的心得，涉及目录版本学的各个方面，有些解题性质的文字具有较高的学术价值，值得加以研究。

（作者单位：四川省社会科学院文学研究所、西南民族大学信息与技术教育中心）

音韵意识与文学意识的双向贯注

——论李调元声韵之学的体系及其特征[①]

黄金灿

在清代学术史上，李调元是一位兼有文献学家、音韵学家、诗学家、诗人等多重身份的重要学者。由于学科间固有壁垒的存在，如果单从某一学科门类入手，很难体会李调元学术的丰富意蕴。作为其学术成就典型代表的音韵学与文学，自然也都会遭到严重遮蔽。在对李调元的音韵学加以文学观照的同时，对其文学加以音韵学的观照，不失为一种突破壁垒的可行路径。蒋寅先生在论述清代诗歌声韵研究的前驱李因笃时曾指出，李因笃并没有像顾炎武那样对音韵学"做许多专门的研究"，"更多的是在诗歌评点中贯注了音韵研究的意识"，并指出李因笃"将汉诗音注放置到一个科学的基础之上"的努力，"无论在理学内部还是诗学中甚至在音韵学史上或许都是有历史意义的，值得音韵学史加以考察"。[②] 就这一点而言，李调元与李因笃的学术路径颇为类似。不同的是，李调元不只是在文学研究的某一方面"贯注了音韵研究的意识"，而且在文学研究、文学实践、图书刊刻等多个方面都"贯注了音韵研究的意识"；不仅如此，即便其音韵

① 本文是为参加四川省第三届李调元学术研讨会而专门撰写，同时也是笔者中国博士后科学基金资助项目"历代韵书型类书研究"（2020M672665）的阶段性成果。

② 蒋寅：《清代诗学史》（第一卷），中国社会科学出版社 2012 年版，第 398 页。

学研究本身也具有明确的文学考量。

从广义上说，李调元的声韵之学可以分为四类：第一类是与文字、训诂相伴而生的字音训释之学，属于严格意义上的音韵学；第二类是其诗学著作对历代诗歌押韵艺术的总结，不妨称之为李调元的声韵诗学；第三类是李调元本人诗歌创作的押韵实践，是对其声韵诗学的具体运用；第四类是对前人音韵著作的校订刊刻，通过有选择性的校订刊刻他人音韵著作来展示自己的音韵理念，也是李调元声韵之学的一大特色。这四类具体表现形态构成了李调元声韵之学的完整体系，并彰显了其音韵意识与文学意识双向贯注的鲜明学术特征。

一、李调元音韵学的文学考量

李调元在文字学、音韵学、训诂学领域都有很高的造诣。所撰《通诂》二卷、《方言藻》二卷、《六书分毫》三卷、《十三经注疏锦字》四卷、《奇字名》十二卷等都是文字、训诂专书，而《卍斋璅录》十卷、《剿说》四卷、《燃犀志》二卷、《粤风》四卷、《淡墨录》十六卷等笔记著作中也包含大量的文字、训诂内容。李调元训释文字经常从字音入手，诠解各类词汇也经常综合运用各种音韵知识，因之李调元的音韵学造诣也能在这些文字、训诂著作中得到较为充分的展示。不仅如此，李调元还有一部音韵学专著，即《古音合》二卷，专门研究古代的多音字。通观这些著作会发现，李调元具有沟通传统小学与文学的强烈意识，尤其注意发掘传统小学的文学价值。

首先，李调元认为"深于训诂"有益于"词章之学"。他在《十三经注疏锦字序》中指出：

> 训诂之文非词章之学也，而深于训诂者，词章亦不外是焉。汉、唐儒者一生精力悉耗之注疏中，至有一字一言之微，累千百言解之而不能尽者，学者病其繁重，兼谓治经之外无所复施，几于高阁庋之。不知其诠释名物，研芳撷艳，洵屈、杨（扬）、班、马无以过，岂专讲经而已乎？①

① 李调元：《童山文集》，《丛书集成初编》，第2515册，商务印书馆1936年版，第46页。

调元深知训诂与词章各有专门，但他同时又强调"词章亦不外是"，表明他对"训诂之文"之于"词章之学"的积极作用也有独特的理解。汉、唐儒者解经固有繁重、寡用之弊，但在调元看来，汉、唐注疏之学的价值是多元的，并非只是"专讲经而已"，它们还具有"研芳撷艳"的文学特征与"洵屈、杨（扬）、班、马无以过"的文学成就。所谓"锦字"，就是十三经注疏中的"标新领异之语"，调元认为将之摘出"与词章作料"，对文学创作十分有益。

不仅如此，李调元还认为文字学与文学密切相关，故而主张"能作文必先识字"。他在《六书分毫序》中说：

> 唐颜元孙作《干禄字书》……以"干禄"名者，以其取便临文，为应举者所资也。惜其文不广，中多纰漏，余庚寅间以丧居家，家弟子咸来问字，余教以能作文必先识字，因时摘其舛误为之辨正，遂推类以及其余，作《六书分毫》一册。①

调元认为《干禄字书》以"干禄"命名，是因为它具有"取便临文，为应举者所资"的作用，所言便临文、资应举都是就这部著名字书的文学功能而言的。而其"能作文必先识字"的心得更是将文字之学看作文学创作的基本前提。

此外，李调元对于方言与诗词创作关系的认识也特别值得注意。他在《方言藻序》中对二者的关系进行了详细的阐述：

> 方言藻者，古今诗词中所用之方言也。非方言不可以言文，而文非方言则又不能曲折以尽意。故不知方言者，不可以言文也。……扬子《方言》炳于世矣，而兹复从诗词中求所谓方言藻者，何也？方者鄙俗之谓，方言而适于文之用，则谓之藻也故宜。②

相较于扬雄以训释字义为主的正统方言之学，调元的方言之学可谓别具一格。他的关注点并不在于方言的解诂，而在于方言的华藻，亦即方言

---

① 李调元：《六书分毫》，《丛书集成初编》，第 1075 册，商务印书馆 1936 年版，第 1—2 页。
② 李调元：《方言藻》，《丛书集成初编》，第 1182 册，商务印书馆 1937 年版，第 1 页。

的文学性。故而他所谓的"方言藻"，实际就是"古今诗词中所用之方言"。他认为方言虽与文学不同，但方言的巧妙使用却有助于文学表达的成功实现。只要方言的使用能够做到"自然流露""天籁自鸣"，那么它就与"文言"无异。据此可见，调元的方言之学主要立足于诗词之学的基础上。

既然李调元已经充分认识到传统小学的文学价值，并对之抱有浓厚的研究兴趣，那么他将传统小学中的音韵学与古典文学中的诗学加以沟通，并在音韵学的研究中注入诗学的考量也就顺理成章。

首先，李调元研究古音有着"供拈吟之用"的诗学考量。一般而言，古音研究的主要目的是为了探寻古代语音演变的规律，但调元《古音合》一书的编撰目的却与之不尽相同，他还想借之为文学的创作与研究服务。正如调元在自序中所言：

> 经术兴，小学废，缙绅先生有不误"蹲鸱"而解读"雌霓"者，曾有几人？字一也，音则随所用而为之变，若执此字以读彼音，则音义俱失，甚且误以押韵而不觉者，虽在通人不免焉。余暇日辄取韵书之一字而音韵相借者，合而录之，名《古音合》，非止供拈吟之用，亦使初学者知所考焉。[①]

调元所言之"误以押韵而不觉"的现象，正是基于诗赋创作时对韵字的使用。对此李调元还有进一步的说明，他自言《古音合》的编撰目的有二，一是"供拈吟之用"，一是"使初学者知所考"。所谓"供拈吟之用"即是供拈韵吟诗之用，明确表达了《古音合》一书为诗歌创作服务的目的。调元又强调诸字都是从韵书中搜罗而来，而韵书本来就是诗人作诗押韵的重要参考，这也从侧面反映出此书的编撰是出于指导作诗押韵的诗学考量。

其次，李调元对字词音义的训释有浓厚兴趣，尤其关注字词音义的"临文"使用之道。他在《卍斋璅录序》中指出："夫古人虽远，而古人之字书、韵书具在，可考而知也。"[②] 在这里调元将文字的形与声视作文字学

---

① 李调元：《古音合》，《丛书集成初编》，第 1254 册，中华书局 1991 年版，第 1 页。
② 李调元：《卍斋璅录》，《丛书集成初编》，第 353 册，商务印书馆 1936 年版，第 1 页。

研究的主要内容，主张由"古人之字书、韵书"入手来考订"古文之道"，表明他对字学、音学及二者的密切关系有着明确的认知，而这样的认知主要是基于对前人文学实践的总结。调元在序中详叙自己对"卍"字的关注曰：

> 卍字不入经传，惟释藏中有之。释家谓佛再世生，胸前隐起卍字文，后人始识此字。宣城梅氏不入《字汇》，自钱塘吴任臣作《元音统韵》，末卷始行补入。然后人临文用之者绝尟，五代和凝始入诗云："卍字阑干菊半开。"而苑咸诗亦有"莲花卍字总由天"句。近见朝鲜人《村居》诗，有"卍字柴门宛古文"之语，心喜之，每作书斋，辄作卍字窗棂，障以碧纱，为其宛似古文，而因以名斋也。①

可见调元不仅关注文字的源流，还关注它们被诗人"临文用之"的情况。如果纯粹为了研究文字学，大可不必关注文字在诗歌创作中的使用情况，李调元由文字转入诗歌的思路表明，他对文字与诗歌创作的关系有着浓厚的兴趣。序文中的理念贯穿于《卍斋璅录》全书。例如，书中释"釭"字音义不仅引谢朓诗句"但愿置樽酒，兰釭当夜明"为证，还指出以金釭为灯"乃诗人误用"，都表明李调元对"釭"字音义的诗学兴趣；②又如，书中释"撞犁"之"撞"曰"按撞与搪同，韩愈《月食》诗'赤龙黑乌烧口热，翎鬣倒侧相搪樘'是也"。③亦在对"撞"字的训释中显示了其诗学的兴趣。

第三，李调元在音义训释过程中引名家诗句为证并不是偶发现象，而是一种带有明显诗学趣向的论述模式。在《卍斋璅录》中，李调元引谢朓诗句证"釭"字音义，引韩愈诗句证"撞"字音义，体现了他字音之学中的诗学质素。类似的例子笔者在《卍斋璅录》中共觅得六十余处，所引诗句多出自历代名家名作，除广泛征引《诗经》《楚辞》外，还引证了张衡、陶渊明、张说、王维、李白、杜甫、白居易、刘禹锡、李绅、李贺、李商隐、苏轼、苏辙、陈与义、范成大、赵孟頫等二十多位诗人的诗句。在征引的历代诗句中，唐人诗句居多，其中尤以杜甫、白居易的诗句最多，列

① 李调元：《卍斋璅录》，《丛书集成初编》，第 353 册，商务印书馆 1936 年版，第 1 页。
② 李调元：《卍斋璅录》，《丛书集成初编》，第 353 册，商务印书馆 1936 年版，第 6 页。
③ 李调元：《卍斋璅录》，《丛书集成初编》，第 353 册，商务印书馆 1936 年版，第 3 页。

举如下：

杜甫："今朝汉社稷，新数中兴年""白花檐外朵，青柳槛前梢""青袍也自公""花妥莺梢蝶""堑抵公畦棱""苔卧绿沉枪""天吴及紫凤""天子呼来不上船""乘兴还来看药阑"。①

白居易："弥得纵疏顽""户大嫌甜酒""红阑三百九十桥""四弦不似琵琶声，乱写真珠细撼铃""忽闻水上琵琶声，主人忘归客不发""飓风千里黑，藜草四时青"。②

这些诗句多数是作为字音、用韵研究的证据，还有一些更是直接以解决相关诗句内的字音为目的。综合这些诗例可见，调元除非常推崇《诗经》《楚辞》之外，对唐、宋诗人诗作最为关注，唐代诗人杜甫、白居易的诗作引用频率最高，宋代引用频率最高的则是苏轼。至于其他唐宋诗人如韩愈、刘禹锡、范成大的诗句也不止一次出现。可见，李调元对字词音义的兴趣，有相当一部分是来自他阅读历代诗歌文本的实际经验。至于不同诗人的不同引述频率，则反映了调元的诗歌欣赏品味与诗学取法路径。

第四，李调元对音韵原理与韵学历史的探讨也具有明确的诗学追求，甚至还明确提出将"通知声律"作为"咏歌太平之先资"的主张。调元《童山文集》卷二收录策论五篇，其五就是一篇韵学专论。在这篇韵学专论中，调元对"韵"字的起源，韵学与上古诗歌的关系，四声、七音、等韵、反切等概念的内涵，都进行了较为细致的剖析，并最终将韵学的现实功能与清朝的"道一风同之化"结合起来：

> 如以都为猪，以得为登，五方之风土使然。吴楚轻清，燕赵重浊，关陇去声似入，梁蜀平声似去，故昔人谓音、语当以中州为极则者，亦非定论也。我朝同文之盛，凡殊方异域莫不审音知义，以归道一风同之化，生斯世者，其可不通知声律，以为咏歌太平之先资欤！③

调元从政生涯主要是担任学官，在策论中详述韵书的历史与韵学的原理，表明他对通盘地知晓声律之学的现实意义有清醒的认识，基于这样的

---

① 李调元：《卍斋璅录》，《丛书集成初编》，第 353 册，商务印书馆 1936 年版，第 9—10 页、第 11、29、31、31、40、41、62、74 页。

② 李调元：《卍斋璅录》，《丛书集成初编》，第 353 册，商务印书馆 1936 年版，第 12、19、36、46、46、61 页。

③ 李调元：《童山文集》，《丛书集成初编》，第 2515 册，商务印书馆 1936 年版，第 28 页。

认识他就更想通过自己的努力使更多人"通知声律",这也是这篇策论的主要创作动机。调元认为之所以要"通知声律",是因为声律之学作为音韵学的一种文学表现形态,可以成为"咏歌太平之先资";"咏歌"云者,主要指的就是诗歌这一中国古典文学的代表体裁。这表明调元对音韵原理与韵学历史的探讨具有明确的诗学追求。

二、李调元诗学的声韵建构

李调元不仅有一系列的传统小学著作,还有《诗话》二卷、《赋话》十卷、《词话》四卷、《曲话》二卷等一系列诗学或泛诗学著作;此外,他纂辑的《全五代诗》一百卷中也多有前人及自己的论诗之语,《淡墨录》等笔记著作也包含大量诗坛掌故与诗学见解。可见李调元不仅精通文字、音韵、训诂之学,在诗学方面也有很高的造诣。他在《诗话序》中谓:"古人诗话,类多摘句,以备采取,唐宋而降,指不胜屈矣。余非敢然也。但自念生平于诗有酷嗜,而以日以月,总觉前此之非。……今择摘可以为法者,略举一二以课儿,与俗殊酸咸,在所不计也。"① 可见,调元"生平于诗有酷嗜"是他所以能够宣称自己的诗学观"与俗殊酸咸,在所不计"的信心源泉。在调元"与俗殊酸咸"的诗学观的建构过程中,声韵诗学在其中发挥了重要作用。

李调元在《重刻太白全集序》中曾就李白诗歌的艺术成就提出自己的独到见解:

> 以太白之仙才,文质炳焕,发为诗歌,无体不备,无体不精。当其时,使无子美,则后之人寻思玩绎,于摆脱骈俪、轶荡不群之外,求其声律,固自有轨辙之可遵,亦何至怖如河汉也。②

李白诗歌向以一片天机、想落天外见长,与杜甫诗歌重视声律不同,这是普遍的看法,但是调元认为如果没有杜甫的诗歌,后人"寻思玩绎"李白诗歌,"求其声律,固自有轨辙之可遵",这确实是一个易被忽视的事实,而调元之所以能在重刻《李太白集》时提出来,与他一贯重视诗歌声

---

① 李调元:《诗话》,《丛书集成初编》,第2597册,商务印书馆1935年版,第1页。
② 李调元:《童山文集》,《丛书集成初编》,第2515册,商务印书馆1936年版,第58页。

律之学的态度分不开。

对赋体声韵的探讨是李调元诗学声韵建构的一个重要维面。赋者，古诗之流也。赋体作为介于诗文之间的一个特殊文体，其与诗歌最相近的一点就是讲求声律，尤其在押韵技法上更是可通之于诗。因之，调元在《赋话》中屡屡谈及赋体押韵问题，既是其赋学的重要内容，也是其诗学体系的重要方面。调元在《赋话序》中曾言：

> 予视学粤东，经义之外，与诸生讲论，尤津津于声律之学。凡岁试月课之余，有兼工赋者，莫不击节叹赏，引而启迪之，而苦未有指南之车也。因于敝麓中，见杭郡汤稼堂前辈刻有《律赋衡裁》一书，颇先得我心。爰出予少时芸窗所艺习者，并列案头，以日与诸生相指示。①

调元自言"尤津津于声律之学"，这正是他深厚的音韵学殖与浓厚的声韵兴趣的典型表现。赋体尤其是律赋之体对声律的要求极为严格，熟谙声律是律赋创作的基础，所以他才会在论及声律之学后转而就谈"工赋"之事。当然，调元也深知熟谙声律并不等于就能够创作出真正优秀的律赋作品，所以他对仅限于作为"帖括之津梁"的前人赋选并不满意。可见，在李调元的赋学建构过程中，声律之学具有基础性的地位。

据笔者统计，仅调元《赋话》的"新话"编就有三十余处论及赋体声律特别是押韵问题。例如调元对赋体押韵规则的历史源流有着系统深入的研究，对律赋限韵的变化情形，更是进行了细致归纳：

> 唐人限韵，有云以题为韵者，则字字叶之，以题中字为韵者，则就中任用八字，不必字字尽叶也。唐郑锡《正月一日含元殿观百兽赋》率用题字，而独遗"月"字不叶，于两者皆不合。至其典丽而雄伟，则律赋中煌煌大篇矣。②

调元将唐人律赋的限韵规则分为二类：一类是"以题为韵者"，要求

①　李调元：《赋话》，《丛书集成初编》，第 2622 册，商务印书馆 1936 年版，第 1 页。
②　李调元：《赋话》，《丛书集成初编》，第 2622 册，商务印书馆 1936 年版，第 29 页。

是"字字叶之";另一类是"以题中字为韵者",要求是"就中任用八字，不必字字尽叶"。调元不仅总结出了唐人律赋用韵的一般规则，对于不符合规则的特例也别为留心，所举郑锡《正月一日含元殿观百兽赋》"率用题字，而独遗'月'字不叶，于两者皆不合"，即是其例。更可贵的是，调元并未因此赋不符合一般规则就弃之不顾，对于其"典丽而雄伟"的艺术特征，他同样给予了高度赞赏。律赋多有以题为韵者，但题中字的使用顺序也有不同的情形。对此调元也进行了详细的归纳：

> 唐人赋韵，有云次用韵者，始依次递用，否则任以己意行之。晚唐作者取音节之谐畅，往往以一平一仄相间而出，宋人则篇篇顺叙，鲜有颠倒错综者矣。唯唐无名氏《望春宫赋》，无"次用韵"三字，而后先不紊。其做"望"字警句云："伟凤阙之楼台，万邦仰止；盼龙鳞之原隰，五稼惟时。"[1]

调元结合唐宋律赋的具体实践，将"以题为韵"的韵字顺序分为三种情形：第一种情形是唐人的一般规则，即"有云次用韵者，始依次递用，否则任以己意行之"；第二种情形是晚唐出现的变例，即"往往以一平一仄相间而出"；第三种情形是宋人约定俗成的一般规则，即"篇篇顺叙，鲜有颠倒错综者"。如此归纳，可谓要言不烦。

对于敢于打破规则，勇于创体的名家，调元也予以了特别的关注。例如他认为"唐时律赋，字有定限，鲜有过四百者"，而元稹与白居易则"驰骋才情，不拘绳尺"，创作出了一系列"踔厉发扬，有凌厉一切之概"的律赋杰作，这与他们"沾沾自喜，动辄百韵"的排律创作趣味是一贯的。[2] 李调元又指出赋体押韵的"一韵到底"之格创自苏轼：

> 古人作赋，未有一韵到底，创之自坡公始。《老饕赋》题涉于游戏，而篇幅不长，偶然弄笔成趣耳。元人于《石鼓》等作，动辄学步，刺刺数百言不休，直如跛鳖之追骐骥矣。[3]

---

① 李调元：《赋话》，《丛书集成初编》，第 2622 册，商务印书馆 1936 年版，第 18 页。
② 李调元：《赋话》，《丛书集成初编》，第 2622 册，商务印书馆 1936 年版，第 31 页。
③ 李调元：《赋话》，《丛书集成初编》，第 2622 册，商务印书馆 1936 年版，第 40 页。

调元认为是苏轼首先将一韵到底的古诗押韵之法引入赋体，但其尝试之作的《老饕赋》篇幅并不长，尚有"偶然弄笔成趣"之妙；至于元人的模仿之作"刺刺数百言不休"，难免拙劣之讥。至于将诗歌创作中习见的次韵追和之法引入赋体，调元认为始于李纲：

> 宋李纲《浊醪有妙理赋》次东坡韵云："醇德可美，颂瓢瓢于刘子；醉乡不远，记风土于无功。"又云："霞散冰肌，谢仙人之石髓；潮红玉颊，殊北苑之云腴。"可与原唱竞爽，而豪荡之气，微不逮矣。通篇次韵到底，创见于忠定此篇。①

调元认为，李纲《浊醪有妙理赋》次东坡赋韵，这种"通篇次韵到底"的押韵形式，"创见于忠定此篇"，对探索次韵追和手法在赋体中的运用情况有重要参考价值。调元还特别擅长文本分析，往往能够结合具体文本对前人成功的押韵经验进行总结。例如他对"赋押虚字"特别重视，曾多次论及：

> 唐高郢《佝偻丈人承蜩赋》云："期于百中，则啼猿之射乎？曾不子遗，殊慕鸿之弋者。"无名氏《垓下楚歌赋》云："两雄较武，焉知刘氏昌乎？四面闻歌，是何楚人多也？"一点一拂，摇曳有神，皆因韵限虚字而然，非故作折腰龋齿之态也。宋范仲淹《铸剑戟为农器赋》云："前王锋镝，不得已而用之；此日镃基，有以多为贵者。"以子对经，铢两悉称，流丽之至，倍见庄严，押虚字者，此叹观止矣。②

调元认为即便赋作限以难押的虚字，只要押得巧妙，就能收到"一点一拂，摇曳有神"的艺术效果，甚至还能达到"流丽之至，倍见庄严"的艺术极致。针对具体的虚字使用情况，调元既认为"赋押虚字，惟亦字最难自然"，又进一步指出"赋押于字最难生别"：

> 赋押虚字，惟亦字最难自然。如侯喜《秋云似罗赋》以"兰亦堪

---

① 李调元：《赋话》，《丛书集成初编》，第 2622 册，商务印书馆 1936 年版，第 42 页。
② 李调元：《赋话》，《丛书集成初编》，第 2622 册，商务印书馆 1936 年版，第 7 页。

采"为韵，赋末押"一言有以，千秋只亦"之类。又赋押于字最难生别，相于、所于之外，不见可用者。唐陈章《水轮赋》"磬折而下随怂彼，持盈而上善依于"，生别而弥复自然也。①

可见调元认为，"亦""于"字虽难押，但只要善于构思，同样能做到"生别而弥复自然"。上述诸例足以表明调元对赋体押韵问题特别重视，至于对名作名句押韵稳惬的鉴赏更是屡见不鲜，不再赘述。调元重视赋体声律一方面与赋体的科举实用性有关，但主要还是由其宏观的诗学建构意图所决定的。调元在《赋话序》中曾开宗明义地指出"古有诗话、词话、四六话而无赋话"，可见他对赋体的探索正是出于弥补学术空白的考虑，这正是他努力建构"与俗殊酸咸"的诗学观的体现。

当然，调元在《诗话》中并不是没有涉及声韵问题，比如他说"三代以前，诗即是乐，乐即是诗"，将"识字"与"易诵读"视作诗歌的基本功，评诗重"声如律吕，气若江河"之作等等，都是涉及声韵问题的重要见解。更为重要的是，调元对诗歌声韵问题的重视虽未在《诗话》中有集中的体现，但是却通过其他撰述形式展示了出来。这些撰述形式典型的代表有二：一是《全五代诗》，一是《淡墨录》。《全五代诗》中有二十余处关于诗人诗歌声韵问题的记载。例如，卢多逊《新月应制》诗以"儿"字作韵脚，调元引《后山诗话》介绍其创作背景曰："太祖夜幸后池，对新月，置酒，召使赋诗。请韵。曰：'些子儿。'其诗云云。太祖大喜，尽以坐间饮食器赐之。"② 比较《苕溪渔隐丛话》所引《后山诗话》可知，调元并不是简单的抄录，而是既有隐括又有根据总集体例的调整。调元为了与《全五代诗》的体例相搭配，有意对所引材料中的诗歌进行了省略。对其他陈述性语句也进行了改写，无论这种改写是出于有意的隐括还是出于无意的误记，都表明调元对这些材料是先理解后转述，这其中就有一个前代文献在自己的知识体系中重新熔铸的过程。如此一来，这些材料就可以用于从侧面反映调元自己的诗学观。

至于《淡墨录》一书，涉及声韵知识的亦有二十余处，涵盖语音、韵书、音韵学家、限韵、次韵唱和、科举声律等诸多方面。例如卷五"潘

---

① 李调元：《赋话》，《丛书集成初编》，第2622册，商务印书馆1936年版，第32页。

② 李调元编：《全五代诗》，《丛书集成初编》，第1769册，商务印书馆1937年版，第256页。

末"条引《制科杂录》曰：

> 潘耒，字次耕，吴江人，师事顾炎武，故诗文皆有原本。康熙十七年己未，以博学鸿词试，取五十人，上上卷为一等，上卷为二等。及拆卷，上问众大臣曰："诗、赋韵，亦学问中要事，何以都不检点？赋韵且不论，即诗韵在取中者，亦多出入。有以冬韵出官字者，此何说也？"众答曰："此缘功令久废，诗、赋非家弦户诵，所以有此。然亦大醇之一疵也，今但取其大焉者耳。"上是之，仍取中二等第二名。拆卷即耒卷也。①

本则材料讲述了师事顾炎武的潘耒因应试诗押韵合辙被康熙皇帝取中的故事。其中康熙皇帝与大臣的问答，显示了"诗、赋韵"的重要性与研究的迫切性。尤其是康熙帝"诗、赋韵，亦学问中要事"的观点，有力地支持了调元对诗赋押韵之学的研究。或许正是因此，调元在卷十四"丁丑会试始去表用诗"条才能颇有会心地解读乾隆二十二年（1757）功令的价值：

> 乾隆二十二年，上以乡试二场，止试经文四篇，而会试则加表文一道，良以士子名列贤书，将备明廷制作之选，声韵对偶，自宜研究。今思表文篇幅稍长，难以责之以风檐寸晷，且所拟不过数题，不无倩代强记，究非核实之道。②

本则材料是调元对乾隆二十二年正月庚申上谕的转述，论中"声韵对偶，自宜研究"体现了乾隆皇帝的诗学观，这种自上而下的重视态度使研究声韵对偶一时成为风气。据沈德潜为徐商徵、沈文声所辑《唐人五言长律清丽集》所作之序记载："丁丑春，皇上念科场论判雷同之弊，命改试五言八韵唐律，作人雅化，云汉昭回，海宇喁喁，讲求声韵之学。"③ 这种研究声韵的风气与调元诗学重视声韵的建构是一致的。调元在《淡墨录》中特意详细记述"丁丑会试始去表用诗"的重大科举调整，主要是因为他

---

① 李调元：《淡墨录》，《丛书集成初编》，第3997册，商务印书馆1939年版，第75—76页。
② 李调元：《淡墨录》，《丛书集成初编》，第3998册，商务印书馆1936年版，第216页。
③ 徐商徵、沈文声辑：《唐人五言长律清丽集》，乾隆二十二年刊本，卷首。

看出了这个事件对于声韵诗学的发展具有推动作用。正如蒋寅先生所言："乾隆二十二年功令试诗不仅激发了清代诗歌创作的普遍风气，同时也以对试帖诗艺的细致揣摩促进了诗学的全面繁荣和加速发展。"[①] 对试帖诗艺的细致揣摩自然离不开对声韵问题的探讨，而一直致力于声韵诗学研究的李调元，既已敏锐地发现了这一研究的学术价值，同时也清楚地认识到了这一研究为科举服务的现实意义。

三、李调元诗歌的押韵实践

虽然李调元"生平于诗有酷嗜"，但是由于对学术有着广泛的兴趣，故而诗歌创作于他而言更多的是被当作一种将生活艺术化的工具。这一点与致力于创造一种新诗体或提倡一种风格类型的诗人不同。例如致力于"诚斋体"创作的杨万里，就明确反对步人原韵的和韵之作："李、杜之集，无牵率之句，而元、白有和韵之作，诗至和韵而诗始大坏矣！故韩子苍以和韵为诗之大戒也。"[②] 杨万里如此反对次韵唱和与"诚斋体"追求语言与构思的独创性是一贯的。而提倡神韵诗学的王士禛，也同样反对次韵唱和："王士源序孟浩然诗云：'每有制作，伫兴而就。'余生平服膺此言，故未尝为人强作，亦不耐为和韵诗也。"[③] 渔洋既然推崇"伫兴而就"的创作方法，自然不喜束缚手脚的和韵诗，这与他推崇神韵的态度也是一贯的。调元则不同，他不仅不反对次韵唱和，由于他对音韵学的兴趣、对诗歌声律的关注，使他对次韵唱和反而更有兴趣。《童山诗集》四十二卷，各体兼具，形式多样，与同时人的次韵唱和之作及对前人诗作的次韵追和之作所占比重颇高，这些都是其诗歌押韵实践的典型表现。

调元的诗歌创作中有丰富的押韵现象。据笔者统计，调元与时人的次韵唱和之作共有二百九十余首，次韵追和前代诗人之作有近七十首，分韵赋诗之作有三十余首。可大致细分为以下数类：（一）用己韵，如《喜晴二首》，自注"仍用前韵"，指用之前的《苦雨》二首韵；（二）和人韵，如《雨夜和郭秀才韵》《新春苦雨次陆渔六韵赠天宁寺僧》《沧州署中和同年检讨张鹤林见怀元韵》等都是和友人之韵，其中可再细分出和人题壁诗

① 蒋寅：《科举试诗对清代诗学的影响》，《中国社会科学》2014 年第 10 期，第 154 页。
② 杨万里著，辛更儒笺校：《杨万里集笺校》，中华书局 2007 年版，第 2841—2842 页。
③ 王士禛：《渔洋诗话》，《清诗话全编》（康熙期六），上海古籍出版社 2018 年版，第 4230 页。

韵一类，如《过良乡县驿馆和吴白华使黔回京题壁韵》《北峡关和大司寇钱香树先生题壁韵》等皆是；（三）往复叠韵，如《奉和祝芷塘移居接叶亭诗》《芷塘有诗再叠前韵》《三叠前韵》《四叠前韵》为与同一友人一次性叠韵唱和的组诗；（四）分韵、拈韵、限韵赋诗，如《六月初一日雨后偕侍讲周稚圭成进士邀集舍人沈南雷斋中分韵作歌得灯字》《喜什邡宁湘维明府枉驾见过分韵牌集诗二首》《王荔裳将之赵州送别得来字》《春初与玉溪同赋梨花限鱼字》等皆是；（五）百韵长诗，如《送别王梦楼先生由翰林侍读出守临安一百韵》《哭陈蕴山一百韵》等作皆是；（六）用前人韵，如《杂忆诗十首用元微之韵》《登八境台用东坡韵八首呈虔州吴鸑堂太守》《峡中二首用范石湖韵》等皆是。此外，《奉和相国尹望山先生晚香园杂咏用杜工部游何将军山林韵十首》《和编修祝芷塘同年留题醒园用杜少陵游何将军山林韵十首》等诗既是和时人韵又是用前人韵。

赋诗分韵的发生环境一般是文学聚会，须有一定规模的参与者。可以直接从韵书中选不同的韵字分派给不同的创作者，也可以从前人成句中选择一个字作为韵脚字分派给创作者。要求诗作必须以该字作为韵脚字，同时其他韵脚字要和该字同属一个韵部。这种具有合作性、临时性、随机性的创作方式，既可以将作者与他人联系起来，对作者本人的才情也有很高的要求。即便才情不高的人，也能在这种形式中磨炼诗艺。《王敏亭以韵扇见遗作诗谢之并和其韵序》介绍了这种艺术形式的一次有趣实践：

> 韵扇者，内府铜版所刻《佩文斋诗韵》也，字如蝇头，粘于便面，以便作诗检韵。一日，同游北郊福建馆小酌，孟石轩以松笺乞余书，敏亭创逐字限韵法，余遂随指锋、饔、供三韵，限茶罢各成七绝。敏亭诗先成，余诗亦就，遂以书笺。既而敏亭以扇见赠。①

此处所言韵扇是指便面上印有诗韵的纸扇，所印内容即"内府铜版所刻《佩文斋诗韵》"，其用途是"以便作诗检韵"。友人所创"逐字限韵法"，是指在韵扇上随意检出按顺序排列的一组韵字，要求在作诗时必须依次用上这些韵字。调元依此法"遂随指锋、饔、供三韵"，这就规定了所作之诗只能是首句入韵的绝句，所以才有"限茶罢各成七绝"的进一步

---

① 李调元：《童山诗集》，《丛书集成初编》，第 2313 册，商务印书馆 1936 年版，第 451 页。

规定。调元所作七绝为："笔扫千军未脱锋，昨宵深愧饱官饔。韵虽便取诗才退，只恐难将筋力供。"① 诗正是依次押锋、饔、供三个韵字。诗中"韵虽便取诗才退，只恐难将筋力供"之句虽是调元自谦之言，但也表现了他通达的诗韵观：韵扇虽能为取韵提供便利，但能否作出好诗关键还是得靠作者的"诗才"。关于次韵唱和的情形，调元《红梅八首序》也有详细的展示：

> 　　陆生见麟家，有红梅一株，大可拱把，色分深浅，盖燕支、点绛二种接成也。每年春开，烂若赤雪，生曾分二本贻余，余红梅书屋所由名也。今年乙卯人日，自携家乐，邀何九皋同观，主人置酒其下，听演《红梅传奇》，为作一律。异日州尊庐陵王云浦，首以诗寄和，既而绵竹令清江杨实之，什邡令会稽宁湘维，彰明令河阳马海门，陆续继和。于是远近闻之，自仕宦、缙绅，以致释道、女媛，和者不下百余人。余亦自和，叠至八首，遂成红梅诗社，可为此花生色矣。②

　　可见，这次轰动一时的次韵唱和活动实际的发起人正是调元。仅他一人前后就用同一组韵字创作了八首诗，其他和者更是"不下百余人"，可谓盛况空前。在反复的次韵唱和中，原本不难押的韵字也会变得越来越难，因为参与者必须力求翻新出奇，避免与前作出现语义的重复，这对诗人的才学是很大的考验，在这一动态的创作过程中，对诗人的诗艺也是一种强化锻炼。

　　用前人韵作诗是一种借助次韵与前人对话的艺术形式，体现了诗人对前人典范作品押韵技艺进行揣摩的意愿，能使诗人在自觉地与前人作品的对话中提高自己的诗歌创作水平，尤其是押韵水平。据笔者调查，调元用前人韵诗共十九题六十六首：其中用王勃诗韵一题一首（《同王敏亭游圣泉用王勃韵》），用杜甫诗韵五题二十四首（《奉和相国尹望山先生晚香园杂咏用杜工部游何将军山林韵十首》《清明（自注：二首用杜工部韵）》《和编修祝芷塘同年留题醒园用杜少陵游何将军山林韵十首》《中江斗山山长王敏亭邀游玄武山用杜甫题玄武禅师屋壁韵》《再游泰山题泰安令何瑞

① 李调元：《童山诗集》，《丛书集成初编》，第 2313 册，商务印书馆 1936 年版，第 451 页。
② 李调元：《童山诗集》，《丛书集成初编》，第 2313 册，商务印书馆 1936 年版，第 459－460 页。

菴草书杜少陵望岳碑遂用其韵》），用元稹诗韵一题十首（《杂忆诗十首用元微之韵》），用苏轼诗韵八题二十六首（《哭亡儿汪官用东坡哭干儿韵二首》《再用东坡次叶涛见和诗韵二首》《登黄楼（自注：用苏东坡韵简唐芝田）》《登八境台用东坡韵八首呈虔州吴裦堂太守》《赣州总戎吴梯岑明府卫松崖招登八境台再用东坡韵八首》《再游峡山飞来寺赠禅乐长老用东坡韵》《谒南海庙登浴日亭用东坡韵二首》《二月初一日蒙恩发伊犁当差是日出狱再用东坡韵寄墨庄二首》），用范成大诗韵一题二首（《峡中二首用范石湖韵》），用陆游诗韵一题一首（《玉书送至武连废县同游觉苑寺看诸碑刻用陆放翁旧韵赋别》），用胡濙诗韵一题一首（《祥符寺读明胡濙诗碑因和其韵》），用杨慎诗韵一题一首（《游丹景山用杨升庵韵赠圆密大师》）。这些作品在诗歌经典化与诗歌接受史方面的价值是不言而喻的；就押韵技巧而言，揣摩前人典范作品的用韵，有助于提升押韵技能。通观上述诗作，以用唐、宋诗人诗作之韵最多，唐代以用杜甫诗韵最多，宋代以用苏轼诗韵最多。用杜甫诗韵《何将军山林十首》两次都是被动和人之作，而用苏轼诗韵八题二十六首多是主动追和，可见在用杜韵与用苏韵中，后者更受青睐。不妨就以用苏韵之作为例分析之。苏轼曾作《清远舟中寄耘老》一首：

小寒初度梅花岭，万壑千岩背人境。

清远聊为泛宅行，一梦分明堕乡井。

觉来满眼是湖山，鸭绿波摇凤凰影。

海陵居士无云梯，岁晚结庐苕水湄。

山腰自悬苍玉佩，野马不受黄金羁。

门前车盖猎猎走，笑倚清流数鬓丝。

汀洲相见春风起，白蘋吹花覆苕水。

万里飘蓬未得归，目断沧浪泪如洗。

北雁南来遗素书，苦言大浸没我庐。

清斋十日不然鼎，曲突往往巢龟鱼。

今年玉粒贱如水，青铜欲买囊已虚。

人生百年如寄耳，七十朱颜能有几？

有子休论贤与愚，倪生枉欲带经锄。

天南看取东坡叟，可是平生废读书。①

　　全诗共二十八句，首六句一个韵段，两个韵脚"境"字、"影"俱属梗韵；第二个韵段共六句，换韵后第一句用韵，所以本韵段共四个韵字及所属韵部分别为："梯"字属齐韵，"湄"字、"羁"字、"丝"字，属支韵，齐韵与支韵属于邻韵通押；第三个韵段共四句，韵字及所属韵部分别为："起"字、"水"字属纸韵，"洗"字属荠韵，纸韵与荠韵邻韵通押；第四个韵段共六句，"书""庐""鱼""虚"四个韵字同属鱼韵；第五个韵段只有两句，"耳"字属纸韵，"几"字属尾韵，亦是邻韵通押；最后一个韵段共四句，三个韵字及所属韵部分别为："愚"字属虞韵，"锄"字、"书"字属鱼韵。此诗押韵的特色有：换韵时多次邻韵通押，自由、新颖；第五个韵段只有两句，节奏富于变化；但求表情达意，不惮两用"书"字押韵。调元《再游峡山飞来寺赠禅乐长老用东坡韵》一诗正是次东坡此诗之韵，用韵形式一依东坡原作：

　　　　昔年曾度大庾岭，二禺峡中得幽境。
　　　　刺天碧有万巉岏，仰视苍苍如坐井。
　　　　恍疑误入佛仙国，手探苍龙佩含影。
　　　　凌云欲步无飞梯，禅老迓我江之湄。
　　　　千岩万壑量筋力，尻轮坤马无辔羁。
　　　　仙山无缘留不得，归来两鬓嗟成丝。
　　　　揭朝羊角搏风起，吹动曹溪半篙水。
　　　　至德不到今三年，峰色依然翠如洗。
　　　　故人喜见须眉舒，相邀直上山头庐。
　　　　溅溅鸣泉响笙筑，飒飒涧风香木鱼。
　　　　袖出新诗为洛诵，彷佛环珮闻步虚。
　　　　人间蓬瀛妄语耳，访道崆峒能有几。
　　　　采芝服药何其愚，不如荒圃时携锄。
　　　　倦来高卧松间石，草屩蓬头读道书。②

　　① 王文诰辑注、孔凡礼点校：《苏轼诗集》，中华书局 1982 年版，第 2557 页。
　　② 李调元：《童山诗集》，《丛书集成初编》，第 2311 册，商务印书馆 1936 年版，第 267 页。

细读可见，此诗虽严格次东坡诗原韵，但立意、句式都力求创新，在所有的以韵字为中心组合而成的短语中，除"访道崆峒能有几"句的"能有几"短语与东坡诗"七十朱颜能有几"句相同外，其他短语都能别出机杼，不受东坡原有诗句的束缚。像"湄"字、"丝"字这样相对难押的韵字，虽然调元的"江之湄""两鬓嗟成丝"与东坡的"苕水湄""数鬓丝"在语义上相似度较高，但也努力在句式上做到了突破。这表明李调元在诗歌创作中不仅乐于尝试各式各样的押韵形式，而且也有意在与前人诗作的次韵对话中提升自己的诗歌技艺。

四、李调元刻书的诗韵选择

李调元编辑刊刻的大型丛书《函海》共收书一百五十种，所刻直接与音韵学相关的著作除自己的《古音合》二卷外[①]，还有明人杨慎的《升庵韵学七种》、《古音骈字》五卷、《古音复字》五卷、《石鼓文音释》三卷、《均藻》四卷、《古文韵语》一卷和杨贞一的《诗音辨略》二卷。杨慎的《升庵韵学七种》包括《转注古音略》五卷（附《古音后语》一卷）、《古音丛目》五卷、《古音猎要》五卷、《古音附录》一卷、《古音余》五卷、《奇字韵》五卷、《古音略例》一卷。调元蜀人，故对蜀地文献有特殊的感情，对于同为蜀人的明代大学者杨慎的著作更是刻意搜罗，正如他在《函海序》中所言：

> 余蜀人也，故各书中于锦里诸耆旧著作，尤刻意搜罗，梓行者居其大半。而新都升庵，博学鸿文，为古来著书最富第一人。现行世者，除《文集》《诗集》及《丹铅总录》而外，皆散轶不传，故就所见已刻、未刻者，但睹足本，靡不收入。书成，分为三十函。自第一至十，皆刻自晋而下，以至唐、宋、元、明诸人未见书；自十一至十六，皆专刻明升菴未见书。[②]

调元刻书首选"锦里诸耆旧著作"，在此之中"为古来著书最富第一人"的杨慎著作又是首选中的首选，他刻书时对于杨慎的著作是"但睹足

　　① 按《清续文献通考》《八千卷楼书目》皆著录李调元撰《汇音》二卷，《八千卷楼书目》复注明为《函海》本，查《函海》中似只有《古音合》二卷，而无《汇音》，"合"与"汇"同义，疑为同书之异名，《清续文献通考》《八千卷楼书目》俱属误录，待考。
　　② 李调元：《童山文集》，《丛书集成初编》，第2515册，商务印书馆1936年版，第36页。

本，靡不收入"。这种存理乡邦文献尤其是促成著名乡贤著作流传的强烈愿望，调元在《升菴著书总目序》也进行了集中表达，其所以如此孜孜不倦，是由于"恐千载而下，终归散失，并此而不可得也"的强烈使命感。①调元特别重视杨慎的著作，一方面是出于仰止先贤的浓厚情结，另一方面更是因为他非常认同杨慎的学问路径。例如，他在《均藻跋》中对杨慎的韵学有很高的评价，对《均藻》一书的编纂目的也有深入的体会：

> 杨升菴《说文先训》云："古字无韵字，均即韵也，从禹愠切。按《鹖冠子》曰：'韵，均也，均不同声也。'"升庵平生精于韵学，而此书则虽依韵编次，单为词翰设，不言韵也。大抵非词藻古艳者不录，故曰《均藻》。与《哲匠金桴》书异而体同，但彼则摘其对偶，此则摘其散句，彼取之各人文集，此取之经、史、子各书。故彼以人名注，此以书注，微不同也。每条亦小有注释，或别引书以为证，皆先生原本云。②

调元准确地指出"平生精于韵学"是杨慎学术的一大特征。《均藻》即《韵藻》，其宗旨是"大抵非词藻古艳者不录"，与调元的《十三经注疏锦字》《方言藻》的编纂理念如出一辙，表明李调元校刻杨慎著作的确与其对杨慎学术本身的认同有密切关系。此跋中所提及的杨慎另一部著作，即与《均藻》"书异而体同"的《哲匠金桴》一书也是一部"韵书型类书"，《四库全书》即收入存目"类书类"，并谓其乃是"采摘汉魏以后诗隽句及赋颂之类，分韵编录"而成。③调元不仅刊刻了此书，还亲自撰序揄扬：

> 《哲匠金桴》，抉艳词林，搜奇笔海，上溯《邱》《索》纬书，旁及释老小说，凡可入韵语者，靡不罗括殆尽。在先生著述中，虽沙界之一沤，实泛诗涛者之仙槎也。向有焦竑刊本，原序谓得之先生手录，复加厘正，最称善本，惜传布不广，学者恨之。余从周书仓大史斋头获见焦本，因亟借刊之，以广其传。④

① 李调元：《童山文集》，《丛书集成初编》，第2515册，商务印书馆1936年版，第36页。
② 李调元：《童山文集》，《丛书集成初编》，第2516册，商务印书馆1936年版，第162页。
③ 永瑢、纪昀主编，周仁等整理：《四库全书总目提要》，海南出版社1999年版，第705页。
④ 李调元：《哲匠金桴》，《丛书集成初编》，第183册，商务印书馆1939年版，第1页。

调元将是书视为"泛诗涛者之仙槎",正是基于其作为一部"韵书型类书"在诗歌创作方面独特的价值。前此虽有焦竑刊本,但流传不广,学者罕觏,所以调元才从周永年处"亟借刊之,以广其传",这也表明调元刊刻杨慎此书并非仅仅出于保存乡邦文献目的,而是对其本身的诗学价值有着深刻的认识。

调元为所刻之书作序时,不只是介绍概述的版本与体例,往往还借机表达自己的文艺观。例如他在《古音略例序》中曰:

> 天地有自然之文章,即有自然之声韵,故六经中多韵语,不独《诗》为然也。第古今风土异宜,出语发声有迟速、清浊、轻重之差,是以古韵容有不合于今者。①

论中"天地有自然之文章,即有自然之声韵"之说,将声韵与自然规律相联系,对声韵原理研究颇具启发意义。对于无视古音演变规律的后人"率改古韵以就沈韵"的现象,杨慎"力排众论,而供其说之无征"的努力,得到调元的高度赞扬。调元认为循《古音略例》以求,不仅"可以探古人声韵之元(原)","还能不为后起之说所愚"②,不仅是对《古音略例》价值的判断,也体现了调元本人追本溯源、求实求真的学术理念。

调元刻书有时会亲自撰序,有时则径用原序。《函海》所收明杨贞一《诗音辨略》有凌一心《刻诗音辨略序》一篇,调元就是全文收录而未另作序,序中有云:

> 夫古人于《书》云读,而于《诗》云诵,明乎可歌可咏,要之理性情而声调未谐,意味何有?深笑世人以今韵读古诗,而一二述作名流,犹余尽善者以待今日,今日其或有兴乎?③

如此重视声调、诗韵的态度,调元一定是颇为认同的。既然前人已经说出自己想说的话,自然没有另外作序的必要。如果说刊刻杨慎的一系列

---

① 李调元:《古音略例》,《丛书集成初编》,第 1242 册,商务印书馆 1936 年版,第 1 页。
② 李调元:《古音略例》,《丛书集成初编》,第 1242 册,商务印书馆 1936 年版,第 2 页。
③ 杨贞一:《诗音辨略》,《丛书集成初编》,第 1240 册,商务印书馆 1937 年版,第 1 页。

韵书与杨慎著作宏富有关，那么刊刻杨贞一《诗音辨略》则主要是出于对该书研究《诗经》用韵的成就的赞赏。《诗音辨略》一书与一般音韵学著作考而不论的呈现方式不同，它是论、辨结合，颇具理论色彩。例如卷上"干旄"条曰：

> 沈韵分析过严，唐人任意合并数部，一时文人墨士，尽侑其中，民可使由，不可使知，于同文亦得矣。然经典具存，声律未泯，古今谐否，识者自明。而况触类引申，又有不容尽泥者。①

类似的通达之论在书中比比皆是，往往能够追源溯流。所论多不局限于《诗经》用韵本身，而是就韵学的关键问题给出自己的意见。对此，调元肯定是欣赏的，书中又频繁征引杨慎的观点：

> 杨用修尝慨世儒尊今卑古，谓《春秋》，"三传"之祖也，反以"三传"疑《春秋》，《孟子·班爵禄》章，《王制》之祖也，反以汉人《王制》、刘歆《周礼》而疑之，《诗》《楚辞》，音韵之祖也，反以沈约韵而改古音以合之。②

书中像这样以杨慎之说为据的例子不胜枚举，这理当也是调元选择刊刻此书的原因之一。杨贞一与调元一样，既对韵学有独到理解，又推崇杨慎韵学，二人可谓异代同调，可见调元将其《诗音辨略》刻入《函海》有着鲜明的学术意识。

综上所述，李调元在音韵学方面颇有创获，他像别的音韵学家一样，能将音韵学与文字学、训诂学结合起来，解决传统小学中的诸多难题；更可贵的是，他还能在音韵学中融入文学的考量。由于他对音韵学有浓厚的兴趣，且有丰富的积累，所以在他的文学研究与诗歌创作中时时能看到音韵素养的影响。不仅如此，即便是在刊刻书籍时，遇到音韵著作，特别是那些于诗学有益的音韵著作，他也有着强烈的推广传播意愿。这些都可以从整体上彰显其声韵之学的独特价值。可以说，李调元的声韵之学不仅具

---

① 杨贞一：《诗音辨略》，《丛书集成初编》，第 1240 册，商务印书馆 1937 年版，第 9 页。
② 杨贞一：《诗音辨略》，《丛书集成初编》，第 1240 册，商务印书馆 1937 年版，第 10 页。

有完整的体系，更体现了音韵意识与文学意识双向贯注的鲜明学术特征，这与局限于某一学科门类的学者大有不同。无论是在音韵学、文学领域还是在二者的交叉领域，李调元的学术贡献都值得进一步深入研究。

（作者单位：华南师范大学文学院）

李调元与魏晋六朝隋文学史料

李剑锋

  李调元（1734－1803），字羹堂，号雨村，又号童山、蠢翁、墨庄、鹤洲、赞庵等，四川罗江县（今四川省德阳市罗江区调元镇）人。乾隆二十八年（1763）进士，曾任翰林院庶吉士，考功司员外郎，后罢官回乡居住二十余年。事迹见《清史列传》卷七二。著有《童山文集》《蠢翁词》《雨村诗话》等，与张问陶（张船山）、彭端淑合称"清代蜀中三才子"，虽"其自著童山诗文集亦不甚警策，词则更非所长"①，但他藏书丰富、读校勤奋，是一个百科全书式的人物，著述宏富，除了诗文小说创作之外，编辑出版了《函海》这部大型丛书。光绪间仿万卷楼原本《函海》共40函，收书163种，多为川蜀先贤著述。其中，一至十三函为晋至唐、宋、元、明诸人未见之书；十四至二十二函，为明代杨慎所著之书；二十三至四十函，为自著之书及流传不广之书，内容总杂，有诗文、史论、音训、剧话、曲话、词赋、民歌、俗谚等。其中辑有影响深远的《全五代诗》、民歌集《粤风》等。在所有这些著述中，涉及魏晋六朝文学史料主要有收

① （清）丁绍仪：《听秋声馆词话》卷十二，唐圭璋编：《词话丛编》第三册，中华书局1986年版，第2720页。

第一篇 李调元与文学

入《函海》第一函的《华阳国志》、第二十九函的《赋话》《雨村诗话》、第二十一函的《世说旧注》及未收入《函海》的《新搜神记》等，此外，还有一些零散篇章片段。这些史料对于研读魏晋六朝文学具有重要的参考价值。此梳理考察如下，以引起相关学者的注意。

一、《赋话》述赋

李调元的《赋话》包括《新话》六卷、《旧话》四卷两部分，《新话》六卷先行独立刊刻，最早为清乾隆间瀹雅斋校刻本，后编入《函海》第二十九函，与《旧话》四卷合并为《赋话》，《新话》位置在前，《旧话》居后。按，据《中国丛书综录》，《函海》版本有：（1）清乾隆中绵州李氏万卷楼刊嘉庆十四年（1809）李鼎元重校本。（2）清道光五年（1825）李朝夔补刊印本。（3）清光绪七年至八年（1881—1882）广汉钟登甲乐道斋重刊本，四十函，后据以刊印者所见两种：《函海》四十册，宏业书局影印本；《函海》十册，人民出版社 2012 年版。据杨家骆《景印函海序》，他所见到的还有"乾隆四十九年李调元自印本"①；《函海》又有《丛书集成初编》本，1935 年至 1937 年上海商务印书馆版和中华书局 1985 年版排印。《赋话》仿诗话写作形式，内容主要是从正史、笔记中辑录赋坛佚事掌故，也偶或进行简注、评赏。《赋话》卷七、卷八是《旧话》头两卷，专辑唐前赋话；另卷一《新话》开头有七条论及庾信、沈约、谢庄、张正见等人辞赋。

李调元的《赋话》是最早集中辑录、评赏辞赋的专门笔记之一。何沛雄以为"赋之有话，殆始于李调元之作（《雨村赋话》）。厥后则有王芑孙之《读赋卮言》，林联桂之《见星庐赋话》，魏谦升之《赋品》，孙奎之《赋苑卮言》，刘熙载之《赋概》，浦铣之《复小斋赋话》等"②。如果以面世时间论，李调元的专门"赋话"并非最早者，有学者考论应该是浦铣的《历代赋话》，③《历代赋话》二十八卷，其后附录《复小斋赋话》二卷，清乾隆五十三年（1788）刻印。《历代赋话》分正集、续集各十四卷；正集辑录正史所及历代赋家有关作赋的佚事，续集主要辑录历代赋论资料；浦铣往往加按语对所辑辞赋史料进行考订评论。其中正集卷四、卷五、卷

①　（清）李调元：《函海》，宏业书局 1968 年影印光绪原本，序言第 1 页。
②　何沛雄：《赋话六种·编者序》（增订本），三联书店 1982 年版，序言第 3 页。
③　参何新文：《浦铣及其赋话考述》，《文献》1997 年第 3 期。

六、卷七辑录三国至隋代的赋话，续集卷三、卷四、卷五辑录三国晋南北朝赋话。《复小斋赋话》以谈唐宋赋为主，偶及六朝谢朓、谢惠连、颜延之等人辞赋。

李调元《赋话》与浦铣《历代赋话》正集之间当不存在相互影响的关系。后者三国晋南北朝隋赋话的辑录范围止于正史，即包括《三国志》（《魏书》《蜀书》和《吴书》）、《晋书》、《宋书》、《南齐书》、《梁书》、《陈书》、《南史》、《魏书》、《北齐书》、《后周书》和《隋书》，不涉及子书、别集、总集等；而《赋话》则涉及《文心雕龙》《诗品》《文章流别论》等诗文评，还涉及《文士传》《世说新语》及刘孝标注、《文选》李善注、赋家别集、诗话、笔记等更为总杂的范围。它们辑录的条目因此也就互有出入。从正史中辑录者多相同，而《历代赋话》较详；从正史外辑录者，《赋话》往往具有独特性。因此，两部赋话可以相互补充。如《赋话》辑录中古赋论四条，分别出自刘勰《文心雕龙·总术》、钟嵘《诗品》、《文心雕龙·铨赋》和挚虞《文章流别论》，其内容为《历代赋话》所忽略，但《诗品》一条却可以与《历代赋话》所辑互补：

> 钟嵘《诗品》：鲍令晖歌诗往往断绝清巧；韩兰英绮密甚有名篇。齐武谓韩云，使二媛生于上叶，则"玉阶"之赋、"纨素"之辞，未足多也。①
>
> 妇人，吴郡韩兰英，有文辞。宋孝武时献《中兴赋》，被赏入宫。宋明帝时用为宫中职僚。及武帝以为博士，教六官书学。以其年老多识，呼为"韩公"云。（《历代赋话》辑录于《南史·武穆裴皇后传》）②

《赋话》所辑为《历代赋话》所漏，即使专从正史外典籍记录资料的《历代赋话续编》也没有辑录该条；《历代赋话》辑录的韩兰英条也为《赋话》漏辑。

李调元《赋话》"旧话"部分涉及汉末（建安）魏晋南北朝隋的赋话共128条，除上述评赋四条外，此将其他124条所涉及赋家及其作赋情况

---

① （清）李调元辑：《赋话》，中华书局1985年版，第53页。
② （清）浦铣著，何新文、路成文校证：《历代赋话校证》，上海古籍出版社2007年版，第45页。

粗列如下：1．祢衡《鹦鹉赋》，2．曹操"登高必赋"，3．曹丕《柳赋》（附录南朝陈陆从典《柳赋》），4．曹丕《临涡赋》，5曹植《铜雀台赋》，6．曹植《洛神赋》，7．卞兰《赞太子赋》，8．王粲《登楼赋》，9．曹丕《典论》论王粲、刘桢赋，10．曹丕《戒盈赋》、陈琳与阮瑀《止欲赋》，11．邯郸淳《投壶赋》，12．刘桢《瓜赋》，13．何晏《景福殿赋》，14．刘劭《赵都赋》《许都赋》《洛都赋》，15阮籍《东平赋》《猕猴赋》，16．杨修《孔雀赋》，17．嵇康《琴赋》，18．费祎《麦赋》、诸葛恪《磨赋》，19．陈琳《武库赋》，（以上卷七）20．傅玄《紫花赋》，21．傅玄《乘舆马赋》，22．傅玄《斗鸡赋》，23．张华《鹪鹩赋》24．孙楚《杕杜赋》，25．庾敳《意赋》，26．挚虞《思游赋》，27．束皙《饼赋》等，28．夏侯湛《秋可哀赋》，29．潘岳《西征赋》《闲居赋》等，30．陆机《豪士赋》《文赋》，31．崔君苗《登台赋》，32．陆机《咏德赋》，33．陆机友人《嘉遁赋》、陆机《应嘉赋》，34．陆机《叹逝赋》，35．陆云《南征赋》《东征赋》《西征赋》《北征赋》，36．成公绥《孝鸟赋》《天地赋》《啸赋》，37．张载《濛汜池赋》、张协《洛禊赋》，38．张翰《首丘赋》，39．左棻《离思赋》40．左思《齐都赋》，41．左思《三都赋》，42．又左思《三都赋》，43．再左思《三都赋》，44．何桢《许都赋》，45．孙绰《天台山赋》，46．孙绰《遂初赋》，47．又孙绰《遂初赋》，48．郭璞《江赋》《南都赋》，49．顾恺之《筝赋》，50．袁宏《东征赋》，51．又袁宏《东征赋》，52．袁宏《北征赋》，53．庾阐《扬都赋》，54．褚陶《鸥鸟赋》，55．傅亮《感物赋》，56．陶潜《闲情赋》，57．鲍照《舞鹤赋》，58．鲍照《芙蓉赋》，59．鲍照《芜城赋》，60．颜延之《赭白马赋》，61．袁淑、谢庄《赤鹦鹉赋》，62．谢庄《月赋》，63．谢灵运《撰征赋》《山居赋》，64．谢惠连《雪赋》，65．谢庄、江淹联赋，66．沈璞《旧宫赋》，67．何承天《木瓜赋》，68．傅亮《感物赋》，69．萧子良《高松赋》、萧俭《和高松赋》、谢朓《奉竟陵王教作高松赋》，70．张融《海赋》，71．木华《海赋》，72．潘尼《琉璃碗赋》，73．沈约《酬德赋》，74．王融《应竟陵王教桐树赋》《风赋》，75．梁高祖（萧衍）《围棋赋》《净业赋》《赋体》，76．梁武帝（萧衍）《孝思赋》，梁简文帝（萧纲）《筝赋》，77．萧绎《玄览赋》，78．萧统《铜博山香炉赋》，79．江淹《恨赋》《别赋》《去故乡赋》《待罪江南思北归赋》，80．江淹《倡妇自悲赋》等二十三赋，81．沈约《郊居赋》，82．王筠《芍药赋》，83．陶弘景《水仙赋》，84．丘迟

《思贤赋》，85. 任昉《答陆倕知己赋》《赋体》，86. 刘孝仪《叹别赋》、刘孝威《白雀颂》，87. 何逊《穷鸟赋》、王规《新殿赋》，88. 刘体元《水仙赋》，89. 周兴嗣《休平赋》《舞马赋》、到溉《舞马赋》、张率《舞马赋》《待诏赋》，90. 吴均《吴城赋》《八公山赋》，91. 萧子显《鸿序赋》，92. 萧子云《元圃园讲赋》，93. 刘杳《林庭赋》，94. 张缵《南征赋》，95. 王僧孺《赋体》，96. 陈后主《夜亭度雁赋》，97. 徐陵（未涉及其赋篇名），98. 陈炯《归魂赋》，99. 江总《修心赋》《女峡赋》《南越木槿赋》，100. 张正见《哀桃赋》，101. 虞世基《讲武赋》，102. 袁枢《月赋》，103. 顾野王《日赋》，104. 蔡凝《小室赋》，105. 高允《鹿苑赋》，106. 庾信《哀江南赋》《枯树赋》，107. 庾信《华林园马射赋》，108. 庾信《小园赋》《伤心赋》《愁赋》等十五赋，109. 邢邵《新宫赋》，110. 魏收《南狩赋》《庭竹赋》《聘游赋》，111. 刘昼《六合赋》，112. 隋代卢思道《孤鸿赋》，113. 阳休之（未涉及其赋篇名），114. 李德林《思春赋》，115. 薛道衡《宴喜赋》，116. 于宣敏《述志赋》，117. 潘徽《述思赋》，118. 杜元正《白鹦鹉赋》，119. 王贞《江都赋》，120. 卢子行《孤鸿赋》，121. 张俨《犬赋》、张纯《席赋》、朱异《弩赋》，122. 卞彬《枯鱼赋》《蚤虱赋》《蜗虫赋》《蛤蟆赋》，123. 诸葛勋《云中赋》，124. 刘璠《雪赋》。（以上卷八）

可见，《赋话》搜罗魏晋南北朝赋家赋话可称宏博，对于这些赋话，基本按赋家生活时代先后罗列。涉及赋家一百一十多人，赋作一百九十多篇。这些赋话除了照录与赋有关的佚事外，还涉及赋家相关生平、作品、赋的原文、辑录者注评等，不但是研读该期辞赋资料的渊薮，也有助于具体赋作的读解。如卷八引《姚旅露书》云："王勃尝于庾信赋中作贼，盖《滕王阁序》'落霞与孤鹜齐飞，秋水共长天一色'，实偷子山《华林园马射赋》'落花与芝盖同飞，杨柳共春旗一色'也。"李调元认为姚氏所摘，"实皆警句"。① 这对于认识庾信相关赋作的警策和影响具有直接的启示意义。

二、《雨村诗话》论诸家诗

李调元的《雨村诗话》在现代最流行的是曾经收入《函海》的《清代诗话续编》本，该本仅两卷。实际上，《雨村诗话》还有十六卷和《雨村

---

① （清）李调元：《赋话》，中华书局 1985 年版，第 77 页。

诗话补遗》四卷，总共二十二卷。今人詹杭伦、沈时蓉有《雨村诗话校正》（巴蜀书社2006年版）将此三种汇总校正，可资参阅。该书所收两卷本以清乾隆四十七年《函海》初刻本为底本，校以《清诗话续编》本；十六卷本以清嘉庆六年刊《续函海》本为底本，校以绵州李氏万卷楼初刻本和蔚文堂翻刻本；补遗四卷以《续函海》本为底本。《雨村诗话》两卷本"话古人"，十六卷本"话今人"，[①] 补遗四卷也绝多话今人。因此，与魏晋六朝相关的诗话主要在两卷本中。具体而言，直接的诗话是卷上从第二十四条到第二十九条，共六条。此移录如下：

论诗首推汉、魏，汉以前无专家。至魏，曹操、植（子建）一家继美，以沉雄俊爽之音，公然笼罩一代，可谓"文妖"矣。王粲、陈琳、刘桢、徐幹、应场、应璩起而和之，阮籍、嵇康辈皆渊渊乎臻于大雅。故论诗者以汉、魏并论，不诬也。

晋如张华之博物，束晰之补亡，陆机、陆云之抗衡汉、魏，潘岳、左思之渊冲高旷，张载、张协之叶声埙箎，刘琨、卢谌之音节悲凉，皆大家也。王羲之不以诗见长，然《兰亭集诗》已非诸君所及；又有逸句云："争先非吾事，静照在忘求。"几于一字一金矣。陶渊明生于晋末，人品最高，诗亦独有千古，则又晋之集大成也。

渊明清远闲放，是其本色，而其中有一段深古朴茂不可及处。或者谓唐王、孟、韦、柳学焉，而得其性之所近，亦有见之言也。

沈确士云："渊明以名臣之后，际易代之时，欲言难言，时有寄托，不独《咏荆轲》一章也。"是为确论。钟嵘云"其原（源）出于应璩"，真小儿之语矣。

诗之绮丽，盛于六朝，而就各代分之，亦有首屈一指之人。如梁（应为"宋"）则以鲍照（明远）为第一，其乐府如五丁开山，得未曾有，谢瞻辈所不及也。齐则以谢朓（玄辉，应为"玄晖"）为第一，名句络绎，俱清俊秀逸，武帝、简文帝所不及也。梁则以江淹（文通）为第一，悲壮激昂，何逊犹足比肩，任昉辈瞠乎后矣。陈则以阴铿为第一，琢句之工，开杜子美一派，徐陵、江总不及也。至北周则

---

① （清）李调元：《雨村诗话》十六卷本《序》，詹杭伦、沈时蓉：《雨村诗话校正》，巴蜀书社2006年版，第26页。

惟庾信子山一人而已，不但诗凌轹百代，即赋启四六，上下千古，实集大成，宜为词坛之鼻祖也。

庾子山诗对仗最工，乃六朝而后转五古为五律之始，其造句能新，使事无迹，比何水部似又过之。武陵陈允倩谓"少陵不能青出于蓝，直是亦步亦趋"，则又太甚矣。名句如《步虚词》云："汉帝看桃核，齐侯问枣花。"《山池》云："荷风惊浴鸟，桥影聚行鱼。"《和宇文内史》云："树宿含樱鸟，花留酿蜜蜂。"《军行》云："塞迥翻榆叶，关寒落雁毛。"《法筵》云："佛影胡人记，经文汉语翻。"《酬薛文学》云："羊肠连九阪，熊耳对双峰。"《和人》云："早雷惊蛰户，流雪长河源。"《园庭》云："樵隐恒同路，人禽或对巢。"《清晨临汛》云："猿啸风还急，鸡鸣潮欲来。"《冬狩》云："惊雉逐鹰飞，腾猿看箭转。"《和人》云："络绎无机织，流萤带火寒。"《咏画屏》云："石险松横植，岩悬涧竖流。""爱静鱼争乐，依人鸟入怀。"《梦入堂内》云："日光钗影动，窗影镜花摇。"少陵所云"清新"者，殆谓是也。①

李调元所论者，有几点值得注意。一是魏代以后才出现诗歌专门作家，或者说魏代以后才出现有个性的作家，此与现代论魏晋为文学的自觉时代在思理上多有相合之处。个性化的诗人是文学自觉的产物，所以调元论诗尤注意揭示诗人诗作的个性特点、风格特点。如指出"潘岳、左思之渊冲高旷，张载、张协之叶声埙箎，刘琨、卢谌之音节悲凉"，谢朓"名句络绎，俱清俊秀逸"，江淹"悲壮激昂"等。二是注意揭示一个时代的大家及其贡献、特点等，即重视诗歌史上的代表作家和他们的独特地位和贡献。如指出鲍照、谢朓、江淹、阴铿和庾信等四人分别为宋、齐、梁、陈和北周五个朝代的"第一"，在五个人中又特别推重庾信"凌轹百代"的"集大成"地位；专门不辞烦琐地摘句批评庾信造句"清新"、开启五律的特点和贡献。三是重视陶渊明的独特文学地位及其文学特点。李调元论诗看重人品与诗品统一的作家，而陶渊明无疑是最优秀的代表，所以他说："人品最高，诗亦独有千古，则又晋之集大成也。"提出"晋之集大成"在陶渊明接受史上应该属于首次，这一论断未必确切，但对于我们在

① 詹杭伦、沈时蓉：《雨村诗话校正》，巴蜀书社 2006 年版，第 9—11 页。第 23 条涉及魏晋南朝乐府诗，不录。

第一篇　李调元与文学

晋代整体文学史中认识陶渊明的独特地位和价值是有启发意义的。为此，李调元认同了陶诗"清远闲放"与"深古朴茂"一体两面、相反相成的艺术特点，认同了沈德潜等人论陶寄托易代难言之愤的观点。他不但认同苏轼以来"唐王、孟、韦、柳学焉，而得其性之所近"的观点，体会出"陶靖节以下，至于乏昌龄、王维、孟浩然、高适、岑参、韦应物、储光羲、钱起辈，俱发言和易，近乎正者也"，还进而提出李白诗本于陶渊明：

> 李诗本陶渊明，杜诗本庾子山，余尝持此论，而人多疑之。杜本庾信矣，李与陶似绝不相近。不知善读古人书，在观其神与气之间，不在区区形迹也。如"问余何事栖碧山，笑而不答心自闲。桃花流水杳然去，别有天地非人间"。（剑锋按，此为李白《山中问答》诗）岂非《桃源记》拓本乎？①

李调元自白"余于诗酷爱陶渊明、李太白、杜少陵、韩昌黎、苏东坡"，②沉潜日久，便发现他们之间的渊源关系。他借助李白《山中问答》诗与陶渊明《桃花源记》所写意境的比较，提出陶诗跟李白诗神气相似，这真是破天荒的论断。这个论断能否成立，还需要进一步论证，但陶、李诗之间的确有相似性，除了李调元所说的神气，他们在自然率真、诗意惊奇方面也很相似。李调元说："诗以道性情，自渊明而上溯《三百篇》，何尝有不可解字句，使人眩惑，而其意之所托，或兴或比，往往出人意表，千百载竟无能道破者。余尝谓古之诗文，句平而意奇，后人句奇而意平，可笑也。"③陶渊明诗"句平而意奇"，"句平"即自然，只是陶诗倾向于平易的自然，李白是倾向于传奇的自然，但在率真而发、追求"意奇"上，他们的精神又是一致的。

三、所撰《四桂先生传》《新搜神记》与《尾蔗丛谈》等对中古文学的接受

李调元在文学创作中注意汲取中古文学的营养。除了典故语词的使用之外，还有整篇、全书写作思路受到直接影响者，这主要表现在文学性、

---

① 詹杭伦、沈时蓉：《雨村诗话校正》，巴蜀书社 2006 年版，第 13 页。
② 詹杭伦、沈时蓉：《雨村诗话校正》，巴蜀书社 2006 年版，第 14 页。
③ 詹杭伦、沈时蓉：《雨村诗话校正》，巴蜀书社 2006 年版，第 18—19 页。

自传性传记《四桂先生传》和志怪小说集的写作上。

李调元《四桂先生传》曰：

> 四桂先生，不知何许人。慕五柳先生之为人，因指亭前四桂以号焉。……顾性喜丝竹，不能寂居。又工乐府小令，家有数僮，皆教之歌舞。尝畜黑驴一头，亦谙音乐，每遇家僮登台演剧骑之，甫唱便旋转而行，唱完即卓然而止。疾徐俯仰，能应节凑，人皆异之。先生兴来，辄携数僮，跨黑驴，遍游名山大川，或经年乃归，归则仍独居楼上，不与人见。人或见经年不见黑驴与伶僮之出游也，又多疑其为仙云。
>
> 赞曰：逍遥自乐之人，其天定也。不为利疚，不为威惕。所谓养其浩然之气，而不动心者乎？托身优伶之内，放荡山水之间，以著书自适，其殆鹿皮、抱犊之流欤？①

李调元是戏曲理论家，一生酷爱戏曲。传记中的"四桂先生"俨然是一幅自我画像。故有读者评云："此似为李调元先生自喻也。"② 陶渊明的《五柳先生传》，自沈约《宋书·陶潜传》以来，多认为是一篇"自况"之作，与司马迁《史记》以来的正史传记的写实之法不同，《五柳先生传》是在玄学、隐逸风气影响下的一篇写意尚虚的传记，其目的不是突出传主的功业德行，而是烘托出传主脱俗高士的风神。因此，写意尚虚、传神写照、言简意长、灵动不拘是它的特点。《五柳先生传》作为个性化的自我传记写得非常成功，从南朝到清代一直受到读者喜爱，从隋代王绩的《五斗先生传》开始，后世模仿之作不绝如缕。李调元《四桂先生传》就是这些模仿之作中的一篇。陶传云："五柳先生者，不知何许人也，亦不详其姓字，宅边有五柳树，因以为号焉"，李传云："四桂先生，不知何许人。慕五柳先生之为人，因指亭前四桂以号焉。"其用语、语气、取号思路，一望便知模仿前者。其后行文举例，直到"赞曰"，结构上可谓步趋神似。至于"性""尝""辄"等字领起写事写人写性情，也与陶传细节神似。此外，风格的幽默、灵动，也是喜剧自嘲的调子，寓含着漠视世俗、自得其

---

① （清）李调元：《童山文集》卷九，中华书局 1985 年版，第 106—107 页。
② 邓运佳编著：《中国戏曲广记》，四川大学出版社 2015 年版，第 1122 页。

乐的自由精神。然而四桂先生爱好的是戏曲和旅游，与五柳先生嗜酒等习性有区别。《四桂先生传》与陶传可谓和而不同，其中的四桂先生是李调元塑造的自我个性形象，不是对《五柳先生传》的照抄照搬。此外，李调元的《左撇子传》也是一篇写意性人物传记，传记先介绍"左撇子"号的由来，再以幽默之笔介绍他的嗜好怪癖，最后加"赞曰：左撇子者，其陈抟之流欤"云云，①承续《五柳先生传》之风甚为明显。

李调元撰写的《新搜神记》与《尾蔗丛谈》两种志怪小说继承了魏晋《搜神记》《搜神后记》等志怪小说写实主义的余绪。

《新搜神记》不知何故没有收入《函海》，是清嘉庆年间独立刊刻的。据周明考察，有七种：（一）《新搜神记》十二卷，三册，清嘉庆万卷楼刻本，国家图书馆藏，有缩微胶卷。（二）《新搜神记》十二卷，十二册，清嘉庆李氏万卷楼刻本，福建省图书馆藏。（三）《新搜神记》十二卷，十二册，清嘉庆六年绵州李氏万卷楼刻本，重庆市图书馆藏。（四）CALIS 联合目录公共检索系统收录清中后期石印本《新搜神记》（作者雨村居士，即李调元）一种，十二卷，三册线装："10 行 19 字，白口，单黑鱼尾，左右双边，卷一板框高 13.1cm，宽 9.4cm。"武汉大学图书馆藏。（五）《新搜神记》十二卷，清抄本，一册，辽宁省图书馆藏。（六）《新搜神记》十二卷，清影印本，二册，广汉市图书馆藏。（七）《新搜神记》十二卷，缺版本信息和册数，日本内阁文库（国立公文书馆）藏。②小说史家介绍说：《新搜神记》"今有嘉庆二年（1797）万卷楼刻本，无卷数，共一百二十四篇。书前自序称其书'大抵以人事为先，而非以神道设教'，说明作者记神而不信神的意图。书中记康熙、乾隆间江浙、川蜀及北京等地传说神怪故事。有的借鬼怪事阐发无鬼论思想。如'程鱼门谈鬼'记二小儿一年幼不信鬼而能安然入睡，另一稍长信鬼而屡遭鬼扰，'徐无鬼'记徐心中作祟，不能分清眼前真人是人是鬼等，均意在说明鬼由心生的道理。有的描写打鬼除妖的故事。如'枯柳精'记杨化翠火烧树妖，'明伦堂僵尸'记牟柄勇除僵尸作怪，'土地充军'记皂隶打烂土地神的故事等。有的以神怪故事讽刺封建弊政。如'题神'以题神讽刺士人下笔千言而未能破题的

① （清）李调元：《童山文集》卷九，中华书局 1985 年版，第 106 页。
② 其中国家图书馆、武汉大学藏本乃笔者所注意者，其余五种参考周明《李调元〈新搜神记〉概说》，收入《四川省第三届李调元学术探讨会论文集》，四川省民俗学会等 2020 年 9 月内部编印，第 130 页。

故事，说明八股科举入试的害人。'黄许镇土地'揭露纳监生的制度弊端等。书中很多故事构思新颖，匠心独运，加之作者文笔娴熟，下笔流畅，颇能表达其信人不信神之旨。堪称清代志怪小说佳制。"①

《童山文集》卷四里收录了《新搜神记序》，全文如下：

> 晋干宝作《搜神记》，而所记不尽皆神。盖昔之所谓神，非今之所谓神，故出处生辰多略而不载。兹书所纂鬼神独多，然必据正书，而核其原委，考其事迹，大抵以事人为先，而绝不以神道设教，亦敬远之义也。向余所著二十卷，分天、地、人、物，苦其卷帖浩繁，因删为十卷，别名《新搜神记》。其曰神考者，但摘取今时所祭祀之神，而一以正书证之，以便观览。其所以仍其名而言新者，思以补干宝之遗也。知此者即知鬼神之德，庶免民鲜能久之叹矣。②

任继愈主编的《宗教词典》介绍说："《新搜神记》……于道教及民间信仰诸神多所考证，各地神怪灵异亦多记载。"③ 李调元既然说"思以补干宝之遗"，显然是受到《搜神记》的直接影响，或者说是《搜神记》诸多续书中的一种。李调元记述志怪故事采用的是新闻实录的态度，而不是唐传奇、聊斋虚构渲染的态度，所以他说："必据正书，而核其原委，考其事迹"，这种写实主义的态度也可见六朝志怪精神的影响。但毕竟不同，六朝志怪类似新闻纪实，而李调元更近于学术整理，这在他的《神谱序》中表达得很清楚，他认为神并不能"祸福于人"，"神亦有气数"，"神之穷达亦有命"，不同地域和时代有不同的神，如指出："六朝前祠庙多祀城阳王、蒋侯，加帝称，亨之如明堂；其次项羽神，卞山赫然烝尝，后来时代改，气焰皆消亡。"为了消除世俗对神的由来的"茫然莫晓"，于是追溯神的"原本"，作《神谱》。④《神谱》也可以看作是六朝志怪小说的流裔。

《尾蔗丛谈》也是李调元撰的一种志怪小说集。今有《函海》第九函本、《丛书集成初编》据《函海》排印本、《李雨村所著书》本等。书前有作者自序。关于其内容，小说史家介绍说："书中所记不外鬼怪奇异故事，

① 宁稼雨：《中国文言小说总目提要》，齐鲁书社 1996 年版，第 338 页。
② （清）李调元：《童山文集》卷四，中华书局 1985 年版，第 55 页。
③ 任继愈主编：《宗教词典》修订本，上海辞书出版社 2009 年版，第 1014 页。
④ （清）李调元：《童山文集》卷六，中华书局 1985 年版，第 78—79 页。

第一篇　李调元与文学

而立意却能与俗不同。如'控马奴'、'柳妖'、'卖鬼氏'为几则不怕鬼的故事，角度均与前人不同。'鬼头王'记明代王某所买一妾美而贤慧，颇有妇德，后被二婢发现为无头之鬼。似含有人鬼虽可相密，而毕竟殊途的意思。'冯小二'记管思易为官时梦见冤魂诉苦，遂据以破案，也有一定现实性。'献贼初生事'记李自成出生时奇异之事，未见他书记载，颇可广见闻。其记事或短或长，松散自如。文笔也随事而赋，得心应手。"①

李调元《尾蔗丛谈序》云："予生平官游所历，足迹几遍天下，所至之处，辄访问山川、风土、人物，采其事之异乎常谈，并近在耳目之前、为古人所未志者，辄随笔记载，以为麈谈之资。……要取其有据，不取其无稽。"② 不学聊斋"以惊奇绝艳之笔，写迷离惝恍之神"，不作凿空之谈，而是"访问山川、风土、人物，采其事"，"要取其有据，不取其无稽"，向六朝《搜神记》等志怪实录传统回归，这与《新搜神记》的写实主义写作态度是一致的。

李调元撰的其他笔记也偶或涉及魏晋六朝文学史料。如《函海》第三十三函所收《井蛙杂记》十卷即是。其卷一辨《出师表》"五月渡泸"之"泸"水非在泸州，而是金沙江；③ 卷二辨左思《蜀都赋》"赤斧巴人"（第5307页），辨陈寿《三国志》与《后出师表》所记赵云卒年矛盾（第5344页）；卷三录晋惠帝蜀中谣谶语（第5348页）；卷四录王褒《赠周处士诗》、梁萧撝《和武陵王遥望道馆诗》（第5402—5403页）；卷四记述云"'昔欲居南村，非为卜其宅。'渊明诗也。罗江县北三十里，亦有南村，山明水秀，为一邑冠。其民敦诗书，说礼乐，亦有栗里风"。（第5446—5447页）；卷六记述到"王右军半月橘帖，忠州库有涪翁题跋"（第5520页），左思《蜀都赋》所记"武义、虎威、宣化、崇礼诸名，今俱不存"（第5537—5538页）；卷八录诸葛亮《白鹄篇》诗（第5505—5506页）；卷九引述到《水经注》（第5648页）等。《函海》第二十六函李调元辑录《博物要览》卷四著录王羲之《官舍》《尚书》二帖等。诸如此类可为治六朝文学者竹头木屑之用。

李调元的诗文创作喜用六朝典故。如其骈文《冰清玉涧集序》提到的

① 宁稼雨：《中国文言小说总目提要》，齐鲁书社1996年版，第338页。
② （清）李调元：《尾蔗丛谈》，中华书局1991年版，序言第1页。
③ （清）李调元：《井蛙杂记（按，影印本版心作"纪"）》，《笔记小说大观（十九编）》，新兴书局1967年版，第5280—5281页。版本下同，下文仅加注页码。

六朝人物有谢安、谢鲲、陶渊明、江淹、庾信等人："然南村晨夕，长忆渊明……焚香扫石，堪弹谢傅之棋……夫一邱一壑，谢幼舆置身岩中；半水半山，仲长统心游物外……六朝体丽，有开府之清新……江淹已老，愁无梦里之花。"① 又《奉和祝芷塘德麟移居四十韵》《题绵竹少尉姚愚谷尊人静岩先生遗照》《听何体斋弹琴》《晓发渭城逢家应宿以武闱落第归西山隐居沽饮为别放歌》《题朱海客携琴图二绝句（之二）》《题家桂山秋江载书图》《前蜀学使吴寿庭树萱任满回京道过新都邂逅话别后至绵驿复寄长句求余拙诗依韵答之》《朝天关登舟至广元午炊晚至昭化县宿道中得绝句四首（之一）》《题醒园图有感六首（之三）》《鳌峰至醒园不作诗既去戏作长句》《偕曹玉田柴豹文杨峙西至吴村饯送张芗圃之西藏回舆过灵印石席地莤饮薄暮乃归》《寒食同杜耐庵张玉溪唐畹亭汪水门游张园十首（之三）》《偕余云溪潘东庵张云谷李珠庭游鲁园和署观察吴寿庭先生原韵》《满庭芳（袅袅亭亭）》《樵夫笑士赋》《姜山集序》《答王莲府编修书》等诗文用到"渊明""五柳""桃源"等典故。

四、所录晋常璩《华阳国志》、杨慎《世说旧注》等他人著述

《函海》共收录三种魏晋六朝图书，即（1）《函海》第一函所收《华阳国志》，（2）《函海》第二函所收明人编晋郭象撰《翼庄》一卷，（3）《函海》第二函所收梁萧绎撰、唐陆善经续、元叶森补《古今同姓名录》二卷。

晋常璩所著《华阳国志》是魏晋六朝时期现存的一部最早、保存比较完整的地方史志，主要记载了公元四世纪中叶以前今川、滇、黔三省及甘、陕、鄂部分地区的历史、地理，不但是一部重要的史籍，在文学上也有它独特的价值。学者指出："乾隆中，学者丁杰（字小疋）得钱谷所藏之另一抄本，为之校勘。后举以赠绵州李调元，李于乾隆四十七年刻入《函海》。此本卷十不分上、中、下，文字则与钱氏手抄本大同，而丁、李又别以刘、李（一公）、吴、何（镗）诸家之异同分注于有关字句之下，甚便于对勘阅读。"② 研读《华阳国志》，《函海》本仍然是值得重视的一种版本。

---

① （清）李调元：《童山文集》卷十九，中华书局1985年版，第210—211页。
② （晋）常璩撰、刘琳校注：《华阳国志校注》，巴蜀书社1984年版，第11页。

杨慎《世说旧注》一卷收入《函海》第二十一函，有《丛书集成初编》据以影印本（商务印书馆 1936 年版、又中华书局 1985 年版）。杨慎在该书前小引说："刘孝标注，《世说》多引，奇篇奥帙，后刘须溪删改之，可惜！孝标全本，予犹及见之，今摘其一二以广异闻。"① 共十五条，李调元《〈世说旧注〉跋》称其"虽篇页无多，可宝也"②。与今本《世说》刘孝标注相较，偶有可以校勘之处。此举一例：

> 《语林》曰："浩于佛经有所不了，故遣人迎林公，林乃虚怀欲往。王右军驻之曰：'渊源思致渊富，既未易为敌，且己所不解，上人未必能通。纵复服从，亦名不益高。若佻脱不合，便丧十年所保。可不须往！'林公亦以为然，遂止。"（《世说新语·文学第四》第 43 条刘孝标注引）③

> 《语林》曰："殷浩于佛经有所不了，故遣人迎支道林，林乃虚怀欲往。王右军驻之曰：'仲源思致渊富，未易可当，且己所不解，上人未必能通。纵复服彼，亦名不益高。若不合，便丧十年所保。'林公乃不往。"（《世说旧注》第三条）④

后者简洁，称呼相异，其所不同，孰为合理，孰先孰后，值得进一步考察。

又《函海》第二十二函收录杨慎《古今风谣》《古今谚》。前者录王粲《邺城童子谣》以下魏晋六朝风谣计一百零五首（一题按一首计，重题者亦计算在内），后者也录及嵇康集、葛洪《抱朴子》等少量谚语。《函海》第六函所录宋吴可《藏海诗话》有论陶诗话三则：

> 凡装点者好在外，初读之似好，再三读之则无味。要当以意为主，辅之以华丽，则中边皆甜也。装点者外腴而中枯故也，或曰秀而不实。晚唐诗失之太巧，只务外华，而气弱格卑，流为词体耳。又子

---

① （明）杨慎：《世说旧注》，中华书局 1985 年版，该影印本原第 1 页。
② （清）李调元：《童山文集》卷十四，中华书局 1985 年版，第 164 页。
③ 余嘉锡笺疏，周祖谟、余淑宜、周士琦整理：《世说新语笺疏》，上海古籍出版社 1993 年版，第 229 页。
④ （明）杨慎辑：《世说旧注》，中华书局 1985 年版，该影印本原第 1 页。

由《叙陶》诗："外枯中膏，质而实绮，癯而实腴"，乃是叙意在内者也。①

东坡豪，山谷奇，二者有余，而于渊明则为不足，所以皆慕之。②

山谷诗云："渊明千载人，东坡百世士。出处固不同，风味要相似。"③

此类史料也是研读魏晋六朝文学所可注意者。

此外，《函海》所录宋人唐庚《三国杂事》二卷、陈亮《三国纪年》一卷、李调元所辑《全五代诗》一百卷等也是可资参考、有助魏晋六朝文学研读的史料。如五代诗人罗隐、李山甫、胡宿、李中、王操、陈陶、曹松、沈彬、韩溉、王贞白、李建勋、徐铉、贯休、徐夤等对陶渊明都有接受，从中可以看到陶渊明及其作品的影响情况。王贞白《书陶潜雨醉石》云："片石陶真性，非为曲蘖昏。争如累月醉，不笑独醒人。积叠莓苔色，交加薜荔根。至今重九日，犹待白衣魂。"④ 这是最早咏赞陶渊明醉石的诗歌之一，联系晚唐诗人张固、陈光也有醉石诗咏及陶渊明，我们可以蠡测晚唐读者对于陶渊明的仰慕态度。

（作者单位：山东大学文学院）

---

① （宋）吴可：《藏海诗话》，丁福保《历代诗话续编》，中华书局 2006 年第 2 版，第 331 页。
② （宋）吴可：《藏海诗话》，丁福保《历代诗话续编》第 339 页。
③ （宋）吴可：《藏海诗话》，丁福保《历代诗话续编》第 339 页。
④ （清）李调元编、何光清点校：《全五代诗》，巴蜀书社 1992 年版，第 646 页。

李调元与袁枚

郑家治

　　袁枚（1716—1797），清代诗人、散文家。字子才，号简斋，晚年自号仓山居士、随园主人、随园老人。钱塘（今浙江杭州）人。袁枚是乾嘉时期代表诗人之一，与赵翼、蒋士铨合称"乾隆三大家"。袁枚少有才名，擅长诗文，乾隆四年（1739）二十四岁中进士，授翰林院庶吉士。乾隆七年外调做官，曾任沭阳、江宁、上元等地知县，推行法制，不避权贵，颇有政绩，很得当时总督尹继善的赏识。乾隆十三年辞官养母，在江宁购置隋氏废园，改名"随园"，筑室定居。袁枚晚年曾游历南方诸名山，与诗友交往。生平喜称人善、奖掖士类，提倡妇女入学，广收女弟子，为当时诗坛所宗。

　　在性灵派三大家中，李调元所受袁枚的影响最大，他的十六卷本《雨村诗话》与四卷本《雨村诗话补遗》带有诗纪事性质，且多采录欢爱、幽怨等情感的闺媛诗，对情诗艳诗持赞赏态度，都受袁枚的影响。而且采录袁枚诗歌最多，计有四十五处，一百一十八首或联，包括袁枚的长篇杂言《子才子歌》、七言长诗《为补山作平南歌》、长篇五言《送别诗》。但李调元与袁枚却从未谋面，属于真正的神交。下面拟从三个方面研究李调元与袁枚的关系。

一、李调元与袁枚交往及其诗文解读

（一）《袁诗选序》。李调元涉及袁枚的文字最早当在乾隆三十八年（癸巳，1773），时年四十岁，袁枚时年五十七岁，已经归隐随园二十五年。《正月朔高白云先生由华亭令行取礼部主事来京，先生本辛未庶常，今仍还京职，出和袁子才蒋心馀两前辈诗见示》之一："后堂不到几多时，觌面方惊两鬓丝。喜接春风容再坐，细听夜雨话相知。袁宏文笔千秋仰，蒋诩高名二仲随。怪道词坛无敌手，曾同两老角雄雌。"① 恩师锦江书院掌教进士金堂高白云先生将其和袁子才、蒋心馀二人之诗见示，于是李氏的此诗诗歌题目中即尊袁、蒋二人为前辈，诗中赞扬袁枚如汉代的袁宏而"文笔千秋仰"，蒋士铨则有蒋诩一样的高名，这说明当时袁、蒋名声已经如日中天。因为恩师高白云曾经与袁、蒋两老"角雄雌"，因此也是雄视"词坛无敌手"的名家。

不过李调元此诗对袁枚的赞美还属于借花献佛，他对袁枚的高度赞扬始于乾隆四十三年（1778）。李调元时任广东学政，刊行《袁枚诗选》五卷，以供生员参阅，并作《袁诗选序》：

> ……予幼随先君宦浙，得其制艺，伏而读之，不忍释手。后从内翰程鱼门处，得其《小仓山房诗集》，亦伏而读之，不忍释手。适余有粤东提学之命，不敢自秘，因梓而行之，以为多士式。诸生勉乎哉。余诗不足学，诸生其学袁诗可也。②

这是李调元诗文中最早的直接赞美袁枚的文字，书信前大部分见《李调元的诗歌创作论》，文中提出反传统的"诗富而工"论，前面已有相关分析论述。李调元当时为何要编选袁枚之诗，且作为生员的参考书？其原因主要有：一是写诗与论诗都有一些共同点；二是袁枚之诗已经风靡全国，李调元作为一个刚出道不久的青年诗人，对其自然产生倾慕感；三是袁枚的诗平易清新，易于为生员所接受与仿效。李调元对此事多有记载，后来写于嘉庆元年（丙辰，1796）的《寄袁子才先生书》（《童山文集》卷

---

① 《童山诗集》卷十四，《丛书集成初编》，中华书局 1985 年版。
② 《童山文集》卷五，《丛书集成初编》，中华书局 1985 年版。

十）中有记载，《雨村诗话》亦谓："袁子才与余前后同馆，读其诗，常慕其人，曾于视学广东时，刻其诗五卷以示诸生。"① 后面叙述他倾慕袁枚，以及刊行《袁枚诗选》的原因与经过：当年（乾隆十九年）他20岁时随父亲李化楠到浙江读书，得袁枚的制艺，便"伏而读之，不忍释手"，后来又从"程鱼门处，得其《小仓山房诗集》，亦伏而读之，不忍释手"，因此24年后有刊行《袁枚诗选》之举。其实他接触袁枚并喜欢其诗歌应该更早，因为他晚年有"六七岁时曾读集，八十年来始报章"② 之说，时当在乾隆四年、五年（1739—1740）之间，当时袁枚正在翰林院，诗歌尚未编集流传。乾隆十年（乙丑，1745）任江宁令时门下士谈毓奇为刻《双柳轩诗文集》二册，是袁枚诗文首次编集付梓。《诗话补遗》卷四："余宰江宁时，门下士谈毓奇为刻《双柳轩诗文集》二册。罢官后，悔其少作，将板焚毁。后《小仓山房集》中，仅存十分之三。"③ 因此李调元的"六七岁时曾读集"之说当不甚准确，所以此诗句《童山诗集》又作"六七月间始通讯，八十老来犹报章"。当以《童山诗集》所说为好，但李氏少年时在家乡曾经读过袁枚的诗歌却是有可能的。

（二）《三弟检讨墨庄自楚回里以出峡草见示，言此行于金陵得见袁子才，于杭州得见祝芷塘为快事，为题二首》：

去冬方出峡，今夏始归绵。
却怪风波里，如从平地旋。
客怀同负米，市易择新钱。
纵有文如锦，应难换粥饘。

穷本饥驱去，诗翻满载归。
秋风何太速，夜雨久相离。
咏史逢袁虎，谈文忆祝龟。
兹游良不负，得见两名师。④

李调元此诗作于乾隆五十五年（庚戌，1790）。前一首诗歌主要写堂

① 詹杭伦、沈时蓉：《雨村诗话校正》，巴蜀书社2006年版，第371页。
② 詹杭伦、沈时蓉：《雨村诗话校正》，巴蜀书社2006年版，第373页。
③ 袁枚：《随园诗话》补遗卷四，人民文学出版社1982年版，第655页。
④ 《童山诗集》卷二十八，《丛书集成初编》，中华书局1985年版。

弟平安归来，旅途不易。第二首则首先赞扬墨庄不为贫穷而改其志，吟咏
不辍，"诗翻满载归"。其次转写二人在秋风中离别，在夜雨中重逢相会，
感慨时光易逝与情谊之深。第三联转而赞扬袁子才与祝芷塘，说明墨庄不
负此行。诗中以"咏史逢袁虎"来比喻袁枚，称其为名师，致弟子之意。
此时离刊行《袁枚诗选》已经整整十二年了，归乡也近六年，他写诗赞扬
袁枚，但却并未直接致信袁枚，大概是李氏虽然已经成名，但成就与名声
却远不如袁枚大，于是便有些矜持而不愿主动去信表示倾慕。

（三）　《雨村诗话》记录李鼎元拜访袁枚事。乾隆六十年（乙卯，
1795）从弟李鼎元来信告知李调元他与袁枚交往事。《雨村诗话》说：

> 乙卯（乾隆六十年，1795）夏五，余弟墨庄自京中寄余书云：
> "弟有《登岱图》一幅，系黄司马名易号小松者所画。又写意一幅，
> 带雨景过江，得袁简斋为首唱，现在名人题者已四十余家，吾兄有
> 兴，可遥题一首见寄否？前见简斋，闻吾兄为彼搜诗上刻，甚感，伊
> 已觅得《粤东皇华集》入彼《诗话》，为相报之意。若遇便，吾兄可
> 将己作《童山全集》寄彼一部，即索其全集，想无不报命。"余答云：
> "此公神交已久，刻入余《诗话》者甚多，况我两老人相知，原不在
> 区区结纳间也。"①

这则诗话中，墨庄说他的一幅山水画因"得袁简斋为首唱"，所以前
后名人题画已经多达四十余家，说明袁枚平易近人，且确实风雅。又说他
已经将李调元编刻《袁枚诗选》之事告知了袁枚，袁枚"甚感"，并且
"已觅得《粤东皇华集》入彼《诗话》，为相报之意"，说明袁枚没有大名
士的傲气，如世人所谓生平喜称人善、奖掖士类，因此便劝李调元主动去
结交，方法是"将己作《童山全集》寄彼一部，即索其全集"。李调元却
认为真正的相知，尤其是饱经沧桑与世态炎凉的老人相知，重在心神相
交，而不在以物质或者互相采录作品入《诗话》之类的"区区结纳"，委
婉加以拒绝。这说明李调元确实有较高的人格情操，不仅不愿意巴结权
贵，连倾慕已久的名士诗人也不愿意随便结交，似乎这是俯首相就。这事
说明当时名士文人间互赠诗文，互相采录对方的诗歌入诗话已经是一种常

---

① 　詹杭伦、沈时蓉：《雨村诗话校正》，巴蜀书社 2006 年版，第 257—258 页。

态，其正面的意义是互相交流切磋以提高诗艺，也结交诗友或者朋友，其负面的意义便是互相标榜甚至吹嘘，以至结成文艺小圈子或者朋党。根据下月他主动去信联系结交的事实，可以看出，他将与袁枚的交往看得很神圣，必待条件成熟，也就是具有对等性，才主动去信结交。

（四）《寄袁子才先生书》。乾隆六十年（乙卯，1795）年六月，《雨村诗话》十六卷成，李调元主动寄给袁枚第一封书信，并寄呈《童山全集》《雨村诗话》各一套。《寄袁子才先生书》云：

> 合浦之珠，于阗之玉，波斯之珊瑚、木难，产不一乡也。南方之荔枝，西国之葡萄，青绛之波梨、火枣，产不一邑也。而古之珍重者，必合而共称之，且分而夸耀之者，何也？以其宝皆不世出之宝也，以其材皆不恒见之材也。如先生之与蒋心馀是已。然其间亦有高下焉。先生居金陵，心余居铅山，其地相去甚远也。而今称诗者，必曰袁蒋。然蒋实不敌君也。蒋工于词曲，而诗则间出其奇，然微逃于释。先生工于诗律，而词则稍逊其长，然骈体皆精，故外之人多后蒋而先袁。何也？亦犹学者先杜而后李，先苏而后欧也。然天之生人，不一而足。而地之生才，亦不一而足。先生居金陵，调居绵州，其地相去又万余里远也。先生论诗曰新，调论诗曰爽。先生有《随园诗话》，调有《雨村诗话》，不相谋也，而辄相合。何哉？岂亦如珠玉、珊瑚、木难与夫荔枝、葡萄、梨枣之不择地而生欤？我未知得，与心余驱驰后先否也。所惜者，调生也晚，音同锺子，面阻韩荆。惟时于舍弟检讨墨庄处闻先生称调不绝口，惟此歉然而已。然而调之倾慕先生者，已十余年于今矣。记调初选庶常时，与新安程鱼门订交，见案头有先生诗抄一册，读而好之，因借携出入，不忍释手。戊戌岁，视学岭南，遂录付梓人，名曰《袁诗选》，以示诸生。然终未得见也。今年蜀中同年王心斋纯一挈眷回金陵，因取旧刻《童山集》托其转呈，恳乞删削重刊，乃草此一书，起居左右，以代面谈。原拟作诗寄怀，而行人匆遽，不及握笔。然思白乐天诗有云"已为海内有名客，又占世间长命人"二语，非先生不足以当之，可以代拙笔矣。先生今年八十八，调今年六十六，老皆至矣。书从今日去，未知何日回也。①

---

① 《童山文集》卷十，《丛书集成初编》，中华书局 1985 年版。

书信说明因"蜀中同年王心斋纯一挈眷回金陵",便"取旧刻《童山集》托其转呈,恳乞删削重刊",并附带本书信。王心斋,四川华阳人,李调元锦江书院学友,同科举人,曾官广东怀宁令,以事系狱,李调元任广东学政时为之缓颊。王心斋回川经商常往来于南京,李氏晚年与袁枚交往,往来书信、书籍都由其贩药的红花客船转送,因此王氏可称李、袁二人忠实的信使。

去信的原因一是素来倾慕。二是因便而捎信赠书,因此这次主动去信示好也就显得真诚而又自然了。信中首先比较评价袁枚、蒋士铨的诗歌成就与地位,认为"后蒋而先袁"是公论。其次,列出他与袁枚的诗学观,所谓"先生论诗曰新,调论诗曰爽",说明二人的艺术旨趣相近而又有别,有隐然并列的意思,也隐含着他的几分矜持。三是表达自己的倾慕之情,所谓"音同钟子,面阻韩荆","调之倾慕先生者,已十余年于今矣"。四是说明编选《袁诗选》的因由是"初选庶常时,与新安程鱼门订交,见案头有先生诗抄一册,读而好之,因借携出入,不忍释手",后便在"视学岭南,遂录付梓人,名曰《袁诗选》,以示诸生"。五是叙述致信送书之事与原因。最后说"拟作诗寄怀,而行人匆遽,不及握笔",于是便以白乐天诗"已为海内有名客,又占世间长命人"相赠,其实白居易这两句诗歌表达了李氏的心声与对袁枚的评赞,还有羡慕对方有名又有寿的意思。文中的袁枚八十八岁,他自己六十六岁,其实袁枚只有八十岁,李氏则只有六十二岁,是为吉利而有所增添。

(五)《雨村诗话》记载袁枚回书。次年(1796)得袁枚回信,《雨村诗话》记载其事说:

> 袁子才与余前后同馆,读其诗,常慕其人,曾于视学广东时,刻其诗五卷以示诸生。然蜀、吴各天,无由通信。客岁,王心斋同年回金陵,曾肃寸楮候问。嘉庆元年五月十四日,忽于心斋处接得子才书云:
> "枚顿首雨村观察老先生阁下:忝叨同馆,久切钦迟,只以吴、蜀睽违,爱而不见。二十年前,有东诸侯来访者,道阁下视学粤东,曾选刻拙作以教多士云云。仰见阁下不弃葑菲,聆音识曲,乐取于人,以为善之意。枚虽感深肺腑,而沾接无由,至今翘首云天,不知

向何处一申拜谢。忽客岁，令弟墨庄太史过白门，得通悃款，方知蜀中五色云见，自生司马长卿后，又应在君家昆季也。立春前五日接手书，娓娓千言，回环雒诵，如接光仪。惟是奖饰逾情，有庞士元称引人才每逾其分之虑，且感且惭。伏读《童山全集》，琳琅满目，如入波斯宝藏，美不胜收，容俟卒业后，当择其尤者补入诗话，以光简篇。惟是区区之心，有不能已于言者。大集开首一卷，题俱古乐府，非不侈侈隆富，足登作者之堂，然而规仿太多，似乎有意铺排门面，未免落套，恐集中可传之作，正不在此。汉惠帝使夏侯宽为乐府令，武帝命之采诗，其中有因声而造歌者，有因歌而造声者，有有声有词者，有无声无词者。古乐府已忘其音节，久不可考，故元微之《乐府古题序》云：'由乐以定词，非选词以配乐。'最为定论。太白所作乐府，亦只偶借古题，自写己意而已。此外，杜甫、白香山、王建诸人竟作新乐府，自树一帜，真豪杰之见解也。至于咏物一门，古人亦不过兴之所至，偶咏数题，便足千古。诗中如咏岭南草木，物物有诗，似可不必编入尊作。《诗话》精妙处，与老人心心相印，定当传播士林，奉为矜式。枚今年八十有一，颓光暮景，料无相见之期，仅以文字因缘，一通悃款，为之怃然。兹特奉上拙刻数种，另单开呈，统祈教削，知不以老耄而弃我也。所要心余、瓯北二集，枚皆有之，多被人借去，现存者只梦楼先生一集，寄上一览，其奇横排奡处，虽不如蒋、赵，而细筋入骨，神韵悠然，实为过之，知老作家自有定评也。再启者：尊著《函海》洋洋大观，急欲一睹为快，虽卷帙浩繁，一时无从携带，倘有南来便船，望与选刻拙作五卷，一齐惠寄，是所恳切。上元后四日枚再拜。"

以数十年倾倒未见之人，一旦得闻馨咳，不胜狂喜，因作二首奉寄云：

仙山无路得登龙，忽接随园书一封。
七集寄来如拱璧，千言读罢若晨钟。
天分吴蜀何时聚，人是东南一大宗。
只合黄金铸袁虎，几多名士瓣香供。

子才真是今才子，天赐江淹笔一枝。
要与江河同不废，随拈花草别成奇。

高轩半是公卿过，游屐惟应宗尚知。

天下传人当首屈，不知附骥更为谁？①

　　这则诗话首先简述对袁枚的倾慕，所谓"袁子才与余前后同馆，读其诗，常慕其人"，及编选《袁诗选》之事。其次，述说自己去年致信袁枚，袁枚于是于"上元（即元宵节）后四日"回信，托从金陵回川的王心斋带回，收到的时间是同年五月十四日。第三，照录了袁枚的回信②，袁枚的书信首先叙述了他与李调元交往的经过与欣喜之情，接着评价《童山诗集》，重点是评价《童山诗集》中的古乐府。袁枚总结出汉乐府的四种情况，非常有见地，概括性也很强。又认为唐代乐府创作为两类，一是李白为代表的借古题写己意的拟古乐府，二是杜甫、王建、白香山"即事名篇，无复依傍"的新乐府，且认为创作新乐府是"自树一帜，真豪杰之见解"，说明他对杜甫、白居易新乐府的高度肯定与赞扬。袁枚对比李白、杜甫、白居易的乐府，认为李调元《童山诗集》开篇的古乐府"规仿太多，似乎有意铺排门面，未免落套"，"咏岭南草木，物物有诗，似可不必编入尊作"，这种评价当是有识之见，切中肯綮。第三是赞美《雨村诗话》"精妙处，与老人心心相印，定当传播士林，奉为矜式"，说明二人论诗有相似之处。第四是希望继续交往，自己"奉上拙刻数种"，同时也希望得到《函海》与"选刻拙作五卷"。

　　李氏的这则诗话在记录袁枚来信后表示了收信后的喜悦："以数十年倾倒未见之人，一旦得闻謦咳，不胜狂喜。"并附上自己的赠诗。此诗《童山诗集》有载，题目为《得袁子才书奉寄二首》，序言云：

　　　　钱塘袁子才前辈，己未馆选，宰溧阳，调江宁，遂解组不出，于金陵筑随园以终老。余尝读其诗，想见其人。曾于视粤学时，刻其诗示诸生。乙卯，余同年王心斋纯一回金陵，乃肃楮候问。今年五月十四，下江红花客船到，从心斋信得接子才书。娓娓千言，不啻觌面，兼寄近刻七种，并索余《函海》。以素所倾慕之人，一旦得闻謦咳，不胜狂喜，因作二诗奉寄。③

①　詹杭伦、沈时蓉：《雨村诗话校正》，巴蜀书社 2006 年版，第 371 页。

②　此《答李雨村观察书》，今《小仓山房文集》不载。

③　《童山诗集》卷三十四，《丛书集成初编》，中华书局 1985 年版。

第一篇　李调元与文学

序言首先叙述袁枚的生平，接着表示自己的倾慕，所谓"读其诗，想见其人"，神往已久，于是便有编选《袁枚诗选》示诸生之行，再叙述书信交往，说其信"娓娓千言，不啻觌面"，还"兼寄近刻七种，并索余《函海》"，寄来的书籍不少，欲索的也甚多，说明双方关系已经非常亲切自然了。如此美事与好心情，自然应该有诗相赠。所录的诗歌与《雨村诗话》所载有小异，如"千言读罢若晨钟"作"千诗读罢若撞钟"，"只合黄金铸袁虎"作"只合黄金铸临汝"，"随拈花草别成奇"作"独开今古别成奇"，"高轩半是公卿过，游屐惟应宗尚知"作"诗名不让少陵占，游屐惟应宗炳知"。对比《童山诗集》与《雨村诗话》，十六卷本《雨村诗话》刻成于乾隆六十年（1795）六月，四十卷《童山诗集》刻成于同年稍后，后世补入二卷。二者的先后不易确定，仅就这两首诗歌的文字看，《雨村诗话》所载多较好，"千言读罢若晨钟"作"千诗读罢若撞钟"，二者各有千秋，"作晨钟"稍胜。"只合黄金铸袁虎"作"只合黄金铸临汝"，则用籍贯临汝来代袁虎，《世说新语·文学》："袁虎少贫，尝为人佣载运租。谢镇西经船行，其夜清风朗月，闻江渚间估客船上有咏诗声，甚有情致；所诵五言，又其所未尝闻，叹美不能已。即遣委曲讯问，乃是袁自咏其所作《咏史诗》。因此相要，大相赏得。"[①] 当以"只合黄金铸袁虎"较佳。"随拈花草别成奇"作"独开今古别成奇"，"随拈花草"说袁枚善于写景寓情，寓有袁枚"拈花惹草"诗多写艳情之意，而"独开今古"则是对其诗歌的总体的高度赞扬，二者各有千秋。"高轩半是公卿过，游屐惟应宗尚知"据诗意应该是"半是过公卿高轩，惟应知宗尚游屐"，说的是袁枚高朋满座，只终日如六朝名士一样到处游览，所谓"宗尚知"用的是何晏的典故。《世说新语·文学》"何晏为吏部尚书"刘孝标注引《文章叙录》曰："晏能清言，而当时权势，天下谈士多宗尚之。"[②] 改成"诗名不让少陵占，游屐惟应宗炳知"后则赞扬袁枚诗名堪比杜甫，也像宗炳一样到处游览，对仗更为工稳，不过袁枚与杜甫无论思想与诗风都不大沾边。因此当以"半是过公卿高轩，惟应知宗尚游屐"为贴切。

（六）李调元《寄袁子才八十用尚书毕秋帆沅前韵兼以奉寄》。当年袁

① 《世说新语·文学》，齐鲁书社2007年版，第67页。
② 《世说新语·文学》，齐鲁书社2007年版，第48页。

枚八十大寿，李调元有《寄袁子才八十用尚书毕秋帆沅前韵兼以奉怀》：

　　　　　夙仰奇文万丈光，君于李杜别生芒。
　　　　　六七月间始通讯，八十老来犹报章。
　　　　　才吏何妨官百里，散仙不在展三长。
　　　　　如今耄耋行将过，仍说披吟日夜忙。

　　　　　寄到云笺万口传，蜀中人竟写新篇。
　　　　　若仍对策同梁灏，倘使同舟或郭仙。
　　　　　地占六朝多胜迹，天教一老享高年。
　　　　　问君颐养遵何术，莫是曾餐太华莲。①
　　　　　何人不识小仓山，独我无缘未款关。
　　　　　老始接谈徒纸上，向曾选句遍坊间。
　　　　　也贪花酒偏多寿，尽有交游不碍闲。
　　　　　自叹问奇空有志，天涯无奈鬓毛斑。

　　　　　真是磻溪一隐沦，飞熊不梦梦长生。
　　　　　迟方得子真英物，晚序同人半大宾。
　　　　　文遍鸡林通异域，诗传娥黛满江滨。
　　　　　有名有寿君兼占，借问从来有几人。②

　　《雨村诗话》卷十六记祝寿事云：

　　袁子才今年八十一矣，自七十以上，四海文人以诗遥祝者甚多，而以毕秋帆先生为第一，曾有《寄祝随园前辈七十诗四首》云：

　　　　　岿然江左一灵光，星宿罗胸句出芒。
　　　　　山水静留真岁月，烟霞绚染好文章。
　　　　　何人御李思怀刺，此事推袁果擅长。
　　　　　春到杖头元不老，双丸物外任他忙。

---

　　①　自注：君曾检发陕西，以县令用，未补即归。
　　②　《童山诗集》卷三十四，《丛书集成初编》，中华书局 1985 年版。

元相才名出禁传，鸡林纸贵艳新篇。

笔雄绣虎诗兼史，影落飞凫吏即仙。

缘（或当作绿）字养心花养性，碧山同寿鹤同年。

回思上表成婚日，曾撤明光宝炬莲。

园里楼台江外山，盍簪曾记款云关。

地兼绿野平泉胜，人在青莲玉局间。

官职抛才全福占，诗名成为半生闲。

别来未取红衫浣，犹带仓山冷翠斑。

十入（八）名场半隐沦，鹿衔芝草伴长生。

六朝风骨余金粉，五岳真灵作主宾。

燕喜尊开兰渚会，凤箫声（笙）远洛川滨。

祝鸠寄语须珍重，己未词臣有几人。

　　四首褒奖如分，无一谀词浮语，非子才不足以当之，洵杰作也。今春忽得子才书，余因用其韵补《祝八十诗四首》：

谁有奇文万丈光，君于李杜别生芒。

六七岁时曾读集，八十年来始报章。

才吏何妨官百里，散仙不在展三长。

如今耄悼行将到，仍说校雠日夜忙。

寄到云笺万口传，蜀中人竟写新篇。

若仍对策同梁灏，倘使同舟或郭仙。

地占六朝多暇日，天教一老享高年。

问君颐养遵何术，莫是曾餐太华莲。

何人不识小仓山，独我无缘未款关。

老始接谈徒纸上，向曾选句遍坊间。①

---

① 自注：余视学广东，曾刻选前辈诗以示多士。

也贪花酒偏多寿，尽有交游不碍闲。

自叹问奇空有志，天涯无奈鬓毛斑。

真是蟠溪一隐沦，飞熊不梦梦长生。

迟方得子真英物，晚序同人半大宾。

文遍鸡林通异域，诗传淑女满江滨。

有名有寿君兼占，借问从来有几人。①

　　《诗话》中所记诗歌与《童山诗集》有小异，如"君于"作"君子"，二字均可通。而"六七月间始通讯"作"六七岁时曾读集"，则"六七月间"为有据，都当从《童山诗集》。文中袁枚是八十一岁，而诗歌中却是八十岁，这是周岁与虚岁之别。袁枚当时隐然文坛泰斗，朝野仰慕，士林文坛更是宗奉至高，所以"自七十以上，四海文人以诗遥祝者甚多"，这种祝寿诗歌弄不好就称颂过分而近谀，李调元虽对袁枚素来有仰慕之情，但十年来并未凑这种热闹。现今因为有诗文交往，并且互赠书籍，关系颇为密切，又见毕秋帆《寄祝随园前辈七十诗四首》，觉其诗"褒奖如分，无一谀词浮语，非子才不足以当之，泂杰作也"，便"用其韵补《祝八十诗四首》"，言下之意是既为袁枚祝寿，又恰如其分地评价袁枚。不过这组祝寿诗歌似乎并未寄给袁枚，因为袁枚没有回信及和诗，当然也可能是祝寿之诗太多，已经八十岁的袁枚和不过来。

　　这组诗歌第一首首先总写自己的仰慕之情，赞美对方"奇文万丈光"，且在诗仙诗圣之间别开生面，独树一帜。接着叙述二人的交往，有相见恨晚却情谊极深的意思。后面转写袁枚身为才吏为官却止于县令，只能做散仙而未能展现三长，有为之抱憾之意。最后写对方老来"披吟日夜忙"，以诗文名世，沾溉后进，值得仰慕与赞扬。第二首先写袁枚书信与诗文传到巴蜀，人们竞相传诵与写和诗的盛况。接着赞美对方老而才华不衰，潇洒不凡，如同梁灏与郭仙。后面称颂对方身居金陵六朝胜地，养颜有术，独享高年。第三首前半主要写他未能结识并拜袁枚为师，实在是一大憾事。次联写二人的文字交往，所谓"向曾选句遍坊间"，"老始接谈徒纸上"。第三联转而描述袁枚的生活，所谓"也贪花酒"却"偏多寿"，"尽

第一篇

李调元与文学

---

　① 詹杭伦、沈时蓉：《雨村诗话校正》，巴蜀书社 2006 年版，第 373 页。

有交游"却"不碍闲",言下不无艳羡之情。尾联感叹自己"空有志"却"无奈鬓毛斑",也兼为对方感叹,有惺惺相惜之意。第四首先赞扬对方是"磻溪一隐沦",却不能实现平生志向而只能长生高寿。接着写袁枚老年得子,还经常为有名的诗人作序。第三联继续写对方的诗文传遍异域及美女之口,值得艳羡。最后赞扬对方"有名有寿",与《寄袁子才先生书》所引白乐天诗歌"已为海内有名客,又占世间长命人"相似。这组诗歌当是李氏精心结转而成,既描写对方的情趣追求与生活,赞扬对方的成就,又表现了自己的仰慕艳羡之情,在同类作品中无疑是上乘之作。

（七）袁枚《奉和李雨村观察见寄原韵》。嘉庆二年（丁巳,1797）八月。袁枚收到李调元所寄《函海》及未刊的手抄《续集》,以及赠诗二首,随即题写《奉和李雨村观察见寄原韵》二首。诗云:

> 访君恨乏葛陂龙,接得鸿书笑启封。
>
> 正想其人如白玉,高吟大作似黄钟。
>
> 《童山集》著山中业,《函海》书为海内宗。
>
> 西蜀多才今第一,鸡林合有绣图供。
>
> 蓬岛仙人粤岭师,栽培桃李一枝枝。
>
> 何期小稿蒙刊正,竟示群英谬赏奇。
>
> 面与荆州尚未识,音逢钟子已先知。
>
> 醒园篇什随园句,兰臭同心更有谁?①

《雨村诗话》卷十六有记载云:

> 嘉庆三年戊午（1798 年）四月二十七日,接江宁王心斋同年书,言去年八月,接到《函海》及尊诗二首寄去,子才当即写书和诗,兼寄《小仓山房集》,于九月交红花客畬九寄来,不料舟至巫峡覆溺,仍旧带回,见袁函已开,尚不模糊,因录子才原诗奉寄,诗题为《奉和李雨村观察见寄原韵》……

① 《童山诗集》卷三十四附,《丛书集成初编》,中华书局 1985 年版。此二诗今《小仓山房诗文集》不载。

随又接一书云："子才已于丁巳年十一月十七日病故，并送少君通书及讣闻。"余闻大恸，向南哭之，仍用前韵奉挽云：

悬知老子是犹龙，不谓俄成马鬣封。
江上冯夷停鼓瑟，山中师旷不调钟。
六朝风月教谁管，万里云天失所宗。
自恨彦先悭一面，生刍一束向南供。

瓣香遥奉是吾师，望断龙门百尺枝。
诗比渔洋声更大，老游粤海集尤奇。
可能虎贲中郎似，若个驴鸣武子知。
接罢和章兼接讣，文章万古更推谁？

两书到日适季夏连雨，亦渗漉不能读，仍用前韵寄答心斋，诗云：

长江岂有爱诗龙，浪打袁诗要拆封。
总为文名惊水府，故迟岁月到林钟。
红花异客原难信，丹桂同年实可宗。
到底来书遭雨渗，只宜沉浸当茶供。

此老峨峨百世师，无端千尺倒松枝。
书看虎子生成肖，寄到骊珠死后奇。
交晚难登名士传，年衰料得故人知。
锦江不少吴船泊，此后邮筒舍子谁。①

这则诗话说明李氏同日前后不久接到王心斋两封书信，第一封转告袁枚书信、和诗及文集一事。收信的时间是嘉庆三年（戊午，1798）四月二十七日，说"言去年八月，接到《函海》及尊诗二首寄去，子才当即写书和诗，兼寄《小仓山房集》"，且"于九月交红花客赍九寄来，不料舟至巫峡覆溺"，因为"见袁函已开，尚不模糊，因录子才原诗奉寄"，即袁枚的和诗是王心斋抄录转交的。袁枚的和诗第一首先写接到书信的欣喜之情，

---

① 詹杭伦、沈时蓉著：《雨村诗话校正》，巴蜀书社 2006 年版，第 374 页。

接着赞美对方"高吟大作似黄钟",于是进而推想对方"人如白玉"。第三联赞美《童山全集》与《函海》是名山大业与海内宗师。尾联赞美李调元是多才之乡西蜀当今的第一才子,所以诗歌流传海外。第二首先赞美李调元如蓬岛仙人,暗寓其是像李白一样的诗仙,在粤岭为学政,奖掖后进,指导生员,所谓"栽培桃李一枝枝"。次联对李调元刊行《袁枚诗选》作为生员学习材料表示感谢与谦虚,第三联写他与李调元虽未相识却成了知音。最后说二人同心,诗文亦相匹敌,所谓"醒园篇什随园句,兰臭同心更有谁"。这两首诗歌表现了袁枚的谦虚与善于奖掖后进,作为当时的宗师,其对李调元的赞扬,如"《童山集》著山中业,《函海》书为海内宗","西蜀多才今第一","醒园篇什随园句"等,可称当时人对李氏的最高褒奖与评价,其虽不无溢美之词,但仍值得重视与研究。

王心斋的第二封信则告诉袁枚辞世的消息,并转送袁枚之子的通书及讣告。李调元用原韵作悼诗二组四首。《童山诗集》卷三十六有载,前二首题目为《哭袁子才前辈仍用前韵二首》,序言云:"今年四月二十七日,接江宁随园袁子才前辈少君通书及赴闻,言子才已于丁巳年十一月十七日辰时病故。并言前岁蒙贲函海,远贻先严。当即肃函申谢,并寄《小仓山房全集》一部,用答雅贶,并和见寄诗二首。不料托带书人遇风覆舟,将札及书均被水浸,漫漶不可复识,仍行寄回。此去年冬十月杪事也。现在苦垩之中,检理旧稿,尚未觅得云云。闻之大恸,向南哭之,仍用见和前韵二首,聊寄奉挽。"① 后二首题目为《同日接江宁王心斋书仍用前韵奉寄二首》,序言云:"来书云:简斋先生于去年八月接到《函海》及尊诗二首,当即写书和诗,兼寄小仓山房集及外集,于九月交红花客佘九,从水路带来。不料至巫峡舟陷溺水,书札皆湿,仍旧带回。见袁函已开,尚不模糊,因录诗奉寄云云。与袁少君所言无异。但此书到日,适季夏连雨,亦渗漉不能读。因仍用子才见和前韵戏答之。"② 《童山诗集》与《雨村诗话》所载诗歌相同。

这两组诗歌都是李调元得知袁枚辞世后的伤悼之作,一是表示二人的知心,以及深沉的伤悼与怀念之情,如所谓"江上冯夷停鼓瑟,山中师旷不调钟","接罢和章兼接讣",此后他的诗文集中再无有关袁枚的信息,

---

① 《童山诗集》卷三十六附,《丛书集成初编》,中华书局 1985 年版。
② 《童山诗集》卷三十六附,《丛书集成初编》,中华书局 1985 年版。

因此可称盖棺论定，所谓"六朝风月教谁管，万里云天失所宗"，"瓣香遥奉是吾师"，"诗比渔洋声更大"，"文章万古更推谁"，"此老峨峨百世师"，褒奖可称无以复加。

从上面的记载与考察可知李调元有关袁枚的评价始于乾隆四十三年（戊戌，1778），时任广东学政，刊行《袁枚诗选》五卷，以供生员参阅，并作《袁诗选序》，其后乾隆五十五年（庚戌，1790）李调元有《三弟检讨墨庄自楚回里以出峡草见示，言此行于金陵得见袁子才，于杭州得见祝芷塘为快事为题二首》，对袁枚有评赞。乾隆六十年（乙卯，1795）从弟李鼎元来信将他与袁枚交往之事告知李调元，并劝李调元主动去信深相结纳，但李调元婉言拒绝了。可知李氏倾慕袁枚达十八年之久，却并未主动结纳交往。

李调元给袁枚的第一封书信在乾隆六十年六月，托王心斋代交。次年（嘉庆元年，丙辰）立春前五日袁枚接到来信，回信的时间是上元后四日。李调元收信的时间是当年五月十四日，有《得袁子才书奉寄二首》，并随即回信，同时寄去《函海》《雨村诗话》等。本年李调元又有《寄袁子才八十用尚书毕秋帆沅前韵兼以奉寄》，但似乎没有寄给袁枚。嘉庆二年（丁巳，1797），八月袁枚接信后有和诗《奉和李雨村观察见寄原韵》，且赠书籍七种，但因红花客船沉没巫峡，李调元在嘉庆三年（戊午，1798年）四月二十七日方才得到王心斋转达的消息及袁枚的和诗，同日又收到王心斋的第二封信，及袁枚之子的通书及讣告，有和诗二组四首。袁枚从嘉庆元年丙辰立春前五日收信，到嘉庆二年十一月十七日辞世，前后时间不足两年。双方互致书信一封，和诗一次，李调元有祝寿诗四首，袁枚死后有和诗四首。这就是二人正式的文字交往。

但李调元阅读袁诗却很早，《寄袁子才八十用尚书毕秋帆沅前韵兼以奉寄》说"六七岁时曾读集"，则时间当在乾隆五年（1739）左右，袁枚当时仅仅二十三岁，见十六卷本《雨村诗话》卷十六，《童山诗集》本句作"六七月间始通讯"。《寄袁子才先生书》说"调初选庶常时，与新安程鱼门订交，见案头有先生诗抄一册，读而好之，因借携出入，不忍释手"①。庶常即庶吉士，《书·立政》："太史、尹伯，庶常吉士。"② 明代置

① 《童山文集》卷十，《丛书集成初编》，中华书局 1985 年版。
② 《书·立政》，《尚书正义》第二十一，阮元十三经注疏本。

庶吉士，取义于此，清因以"庶常"为庶吉士的代称。时间在乾隆二十九年（1764），袁枚时年四十八岁。

评价袁枚的诗歌始于编选《袁枚诗选》并为之作序之时，但集中采录评价袁枚之诗却在编写十六卷本《雨村诗话》之时。考十六卷本《雨村诗话》的内容，大致以写作年代为序，即随写随成卷，文中所载也大致以年代为序，但到后来所载的年代则较为模糊，记录任广东学政编选袁枚诗之事记载在第九卷末，而十六卷本《雨村诗话》第一卷即有对袁枚的评价。十六卷本《雨村诗话》的写作始于何时，不得而知，但据序中有"前以话古人，此以话今人"看，是在二卷本《雨村诗话》写定之后才开始的，而二卷本《雨村诗话》又看不出作年，故此只可以其刊刻于乾隆四十七年（1782）为最终写成时间，那么十六卷本《雨村诗话》当于稍后开始写作，而毕于乾隆六十年（乙卯，1795），此为十六卷本《雨村诗话》作序之时，最后的第十六卷记有嘉庆三年戊午之事，当是后来补入。即其集中研究评价袁枚的诗歌大约始于乾隆四十七年（1782）通永道任上，而终于袁枚逝世之后一年，即嘉庆三年（1798），前后约十六年。

从上面的介绍考证可以看出，李调元与袁枚的神交可分为三个阶段：第一阶段，李调元少年即阅读袁枚之诗，至少在三十岁任庶吉士时便研读袁枚之诗，终于乾隆四十三年（1778），前后约十四年，可称阅读欣赏袁枚诗歌阶段；第二阶段始于乾隆四十三年编选《袁枚诗选》，终于乾隆六十年（乙卯，1795），前后约十七年，为研读阶段；最后三年为深入交往阶段。在长达十六年的十六卷本《雨村诗话》写作期间，李调元对袁枚的评价前后是有差别的。前期批评较多，后期赞扬较多，与袁枚正式交往期间则颂扬更为明显。

二、李调元对袁枚及其诗歌的介绍与评价

李调元编写"话今人"的十六卷本《雨村诗话》随写随编辑，大致以写作时间为序，但观察第一卷，记载的多是名人权贵，即印象深者先写，隐约具有纲领的意思，如第二条即提出他的诗歌三字诀，以作为评价的理论依据，又如他重视性灵派，所以第四、五、六等三条都采录评价袁枚，第十一条则综合比较评价性灵派三大家，第三十、三十一、三十二条重点评价蒋士铨，第四十五、四十六、四十八、四十九、五十二、五十三条重点评价赵翼，三大家几占第一卷百分之八十的篇幅，此后则较为零散。下

面拟以专题概括李调元对袁枚的评价。

（一）综合比较评价袁枚

李调元说："近时诗推袁、蒋、赵三家，然皆宗宋人。子才学杨诚斋，而能各开生面，此殆天授，非人力也。心余学山谷，而去其艰涩，出以响亮，亦由天人兼之。子才亦自言：'余不喜山谷而喜诚斋，心余不喜诚斋而喜山谷。'云松立意学苏，专以新造为奇异，而稗家小说，拉杂皆来，视子才稍低一格，然视心余，则殆过者而无不及矣。"① 这段话首先肯定当时排定的乾隆三大家，其实也就是性灵派三大家，三人是当时最杰出的诗人，然后追溯三人诗歌的渊源与创新，但"然皆宗宋人"却有批评之意，因为李氏尚唐抑宋的倾向一直很明显，不仅二卷本《雨村诗话》中这种倾向十分明显，而且其他评论中也多持这种观点。他认为袁枚学杨万里，但"能各开生面"，就是有所创新，这种创新主要得自"天授"，即源自先天的个性气质与才华，这种观点与性灵说强调天才与性情相近。相比而言，蒋士铨学黄庭坚虽然也有特点与成就，但却是"天人兼之"，与主要是"天授"相比，就等而下之了。而赵翼的诗歌虽比蒋士铨好，但其优点与缺点都很突出，所以比袁枚也"稍低一格"。

李调元又说："然平心而论，词曲，袁、赵俱不及蒋；诗，蒋俱不及袁、赵。而诗词俱兼者，断必推丹徒王梦楼先生。"② 这段话比较评价性灵派三大家的成就及地位，认为综合而言，平心而论，蒋士铨更长于词曲，是乾隆时期最有成就与影响的戏曲家，但诗歌却不及袁枚、赵翼，诗歌成就的排行当是袁枚、赵翼、蒋士铨，综合文学成就则另当别论。李调元的这个比较评价当是较为准确的。

李调元晚年还持这种观点。《寄袁子才先生书》："如先生之与蒋心馀是已。然其间亦有高下焉。先生居金陵，心余居铅山，其地相去甚远也。而今称诗者，必曰袁、蒋。然蒋实不敌君也。蒋工于词曲，而诗则间出其奇，然微逃于释。先生工于诗律，而词则稍逊其长，然骈体皆精，故外之人多后蒋而先袁。"③ 文中袁、蒋并称，但认为二人有高下之分。总体而言，是蒋不如袁。具体而言，则蒋"工于词曲，而诗则间出其奇，然微逃于释"，即诗有奇横过度之弊，且还"微逃于释"而与儒家思想有龃龉冲

---

① 詹杭伦、沈时蓉：《雨村诗话校正》，巴蜀书社 2006 年版，第 33 页。
② 詹杭伦、沈时蓉：《雨村诗话校正》，巴蜀书社 2006 年版，第 42 页。
③ 《童山文集》卷十，《丛书集成初编》，中华书局 1985 年版。

突；袁枚则"工于诗律"，即诗歌艺术精湛，诗律精细，当然就长于律诗绝句了，而且还精于骈文，于是世人公论是"后蒋而先袁"。

他的《得赵云松前辈书寄怀四首》之四说："赵袁媲唐白与刘，蒋于长庆仅元俦。自注：时有程秀才创为拜袁揖赵哭蒋三图。一生此论常偏袒，万口称诗让倚楼。"① 此诗写于嘉庆七年（壬戌，1801），袁枚、蒋士铨都已经逝世很久了。诗歌认为袁枚、赵翼与唐代的白居易、刘禹锡相似，袁枚近乎白居易，赵翼近乎刘禹锡，说明袁枚不仅学习宋代的杨万里，而且上溯而至白居易，既有杨万里那种活泼机灵之风，也有白居易闲适诗那种清新平易恬淡之风。而蒋士铨则与元稹有相似的地方，和元稹与白居易并列但成就及影响却稍逊于白一样，蒋士铨也稍逊于袁枚。

综合而言，袁枚诗歌学杨诚斋而参以白居易，其特点突出，顺应世风，所以风靡数十年，诗学观点鲜明，影响极大。作为性灵派领袖而兼风流才子的袁枚名声最大，赵翼学苏轼、陆游而参以吴梅村、查初白，优点与缺点都较突出，更以史学家著称，蒋士铨学黄山谷而参以韩愈、苏轼，有奇横之风，但更以戏曲及词取胜。李调元对三人的比较评价当是较为准确到位的。

（二）介绍袁枚

袁枚作为主宰乾隆一朝近半个世纪诗坛的诗人兼诗学家，其对士林的影响是巨大的，李调元少年时便读袁枚诗歌，青年时又研读之，对袁枚的生平、行事比较熟悉，十六卷本《雨村诗话》大量采录袁枚的诗歌，并介绍与诗歌有关的背景与故事，尤其对袁枚的风流逸事非常感兴趣，进而多有记录，下面拟择要介绍之。

一是记录袁枚及随园。

钱塘袁太史枚，字子才，荐博学鸿词，登乾隆己未庶吉士，散馆，以不娴国书，改沐阳令，调江宁，解组，遂不出。寓居金陵郭外，筑菟裘以老，名曰"随园"，四面无墙，每春秋佳日，任士女往来游观，不禁也。有绿净山房二十三间，非相识不能到。自题集唐句联云："放鹤去寻三岛客，任人来看四时花。"又联云："不做公卿非无福，命终缘懒难成仙。"既爱诗书，又好花。其园门李鹤峰先生赠

① 《童山诗集》卷四十二，《丛书集成初编》，中华书局 1985 年版。

一联云:"此地有崇山峻岭茂林修竹,是能读三坟五典八索九丘。"人多传颂。园有二十四景……①

这是十六卷本《雨村诗话》第四条。这则诗话前面可称袁枚的小传,籍贯、姓字、科举、仕宦经历、隐居,甚至改任县令的原因是"不娴国书"等都介绍得十分清楚。接着介绍描写随园:"四面无墙,每春秋佳日,任士女往来游观,不禁也。有绿净山房二十三间,非相识不能到。"随园景色的优美与自然,游观的自由,春秋佳日士女成群结队莺歌燕舞一派诗酒风流的江南名园景象,以及隐秘的房间等,都以简洁的文字描写得非常生动准确,可谓如诗如画,有声有色。接着以袁枚自题对联来表现景色特点与主人的志趣爱好,又以"既爱诗书,又好花"总结之,再以他人的对联来申说之。后面则列举了二十四景的名称,照录了袁枚的《答人问随园绝句》十八首,通过这些名称与诗歌来继续描写随园的景色特点,表现主人的情趣志向。综合而言,这则诗话确实是一则诗纪事性质的诗话,因为它主要采录了袁枚的绝句十八首,又记录了三幅联语。但它又是一篇写景兼写人的妙文,尤其是前面所引的一段,既简介了袁枚的平生履历,又描写了随园,且描写角度不同:既有直接描写,又引用对联来间接描写。更为精彩的是它描写表现了看透官场、勘破世俗而又悠游于世俗之中的追求声色名誉的诗酒风流的江南大才子、大名士形象,他"解组,遂不出",《雨村诗话》所载的对联"不做公卿非无福,命终缘懒难成仙",意思是既不想做官,又不想成仙成佛,志趣在于追求世俗的自由与幸福。但该联对仗不工,《雨村诗话》记载采录有误,应该是"不作高官,非无福命只缘懒;难成仙佛,爱读诗书又恋花"。袁枚的意思是:我没有做上高官,不是因为没有福命,而是因为懒惰,或者说是懒于追求世俗的权势;反之,难以修炼成为仙佛,是因为我"爱读诗书又恋花",追求的是高雅的世俗之乐。

所以袁枚筑园而名"随园","随园"者"随缘"也,又"遂愿"也,其"随"表现为"四面无墙",且任士女往来游观而不禁,其"既爱诗书,又好花",其诗多是写景抒情之诗,其文多是描写女性与鬼怪的小品,"花"则既指自然美景,又指如花的美女。李调元以优美的文笔、欣赏的

① 詹杭伦、沈时蓉著:《雨村诗话校正》,巴蜀书社 2006 年版,第 28 页。

心情来描写表现袁枚与随园，其中也暗寓了他自己的向往之情与仿效之志，他愤而隐居与袁枚相似，在家乡罗江建困园、醒园，办戏班修改剧本，写《新搜神记》，在诗话中大量采录女性的诗歌，也与袁枚相似，所以吴寿庭的"西川江水六朝山，醒园随园差并偶"① 是道出了李调元与袁枚的相似之处的，因为袁枚在前，李氏在后，所以李氏当是仿效袁枚。不过，李调元并未完全忘怀时事，在声色享乐上与袁枚的程度差别也不小。

李调元还介绍袁枚的名声与生活，说：

> 袁子才住金陵六朝之地，为诗坛主，四方客至，坐花醉月，尊俎殆无虚日。一日大开东阁，客至五百人。赵云松方游栖霞，招之，竟不往，贻以诗云："名纸填门奉坫坛，随园豪举欲留餐。灵山五百阿罗汉，一个观音请客难。"袁得诗大笑。②

以金陵为代表的江左地区自六朝以后就逐渐成为中国的经济文化中心，自然也是富贵温柔之乡。袁氏选中此地，建随园以悠游终老，他自称"好味，好色，好葺屋，好游，好友，好珪璋彝尊，名人字画，又好书"③，其实还好名、好客，好名而至成为诗坛盟主，随园有货、有味更有色，自然以文士为主的客人便不少，文中的"四方客至，坐花醉月，尊俎殆无虚日"是最简洁准确的描写，而一次"客至五百人"则为历代文人家少有，大约只有宋代的姜夔可勉强与之相比。诗坛盟主的这种诗酒花月并美的盛会，一般人自然不请自到，趋之若鹜，但也有少数不到者，这人便是赵翼。虽然袁枚与赵翼同为性灵派的主将，但二人的生活习性与价值观不一样，所以赵翼"招之，竟不往"，还贻诗取笑。赵翼所谓"名纸填门奉坫坛"，说奉诗坛盟主之命来请他赴宴的书信与请柬很多，以至多到"填门"的程度了；次句承上，写填门之名纸都是一个内容：随园豪举欲留餐。宴会客至五百，自然是"豪举"，只有袁枚才有这等雅兴，才有这等号召力，才有这种财力。第三句以调笑的口吻，写袁枚这个诗坛盟主有似西方的佛祖，弟子众多，仰慕者不少，蹭饭者大概也不少，犹如佛祖手下有五百阿

---

① 《童山诗集》卷三十四附，《丛书集成初编》，中华书局 1985 年版。
② 詹杭伦、沈时蓉：《雨村诗话校正》，巴蜀书社 2006 年版，第 360 页。
③ 《小仓山房文集》卷二十九《所好轩记》，周本淳标校《小仓山房诗文集》，上海古籍出版社 1988 年版，第 1775 页。

罗汉一样。末句说他自己虽然也属于佛教一脉，但却与独来独往的观音一样，不愿去凑这个热闹。诗歌调笑中暗寓得体的讽谏，大度的袁枚自然是"得诗大笑"。

二是记录袁枚招收女弟子：

> 墨庄弟癸丑（乾隆五十八年，1793）南游，谒袁简斋于随园，始知近日于西湖收女弟子甚众，皆能诗。袁日登坛讲诗，女弟子围侍，其善解悟者，袁乃抚摸而噢咻之，众女以为荣，女悉宦家良子也，因录其诗寄余。言庚戌春暮，袁子才回杭，拜祭先茔，寓西湖孙氏宝石山庄，女公子张秉彝、徐裕馨、汪姁等十三人以诗受业，大会于湖楼，子才以《随园雅集图》遍令题之。临行赋诗纪其事云："红妆也爱鲁灵光，问字争来宝石庄。压倒三千桃杏树，星娥月姐在门墙。"……此公一生享诗之福，四方执贽请谒者，桃李盈门，而晚年并收及闺媛，奉杖屦者多至，有女如云，可谓乐事矣。以视毛西河收女弟子徐昭华，不得专美于前矣。①

这则诗话源自李墨庄的转述，说他癸丑南游在随园拜谒袁枚，见闻袁枚收授女弟子的佳话逸事：在杭州西湖举办女子诗会，弟子都是宦家良子，"袁日登坛讲诗，女弟子围侍，其善解悟者，袁乃抚摸而噢咻之，众女以为荣"。李墨庄还"录其诗寄余"，说袁枚回杭州拜祭先茔，寓西湖孙氏宝石山庄，于是有"女公子张秉彝、徐裕馨、汪姁等十三人以诗受业，大会于湖楼，子才以《随园雅集图》遍令题之"。袁枚庚戌年作《庚戌春暮寓西湖孙氏宝石山庄临行赋诗纪事》十二首之十一以记其事："红妆也爱鲁灵光，问字争来宝石庄。压倒三千桃李树，星娥月姊在门墙。自注：女公子张秉彝、徐裕馨、汪姁等十三人以诗受业，大会于湖楼。"② 诗歌与李调元所载略有不同。袁枚召开湖楼诗会无可非议，向女弟子授业也确有胆量，亦有一些反传统的意义，但"乃抚摸而噢咻之"确实近乎不雅。李调元并没有目睹这次盛会，但他在《雨村诗话》中详细记录这件事，采录了袁枚及女弟子的诗歌与书信，可补充研究袁枚史料的不足。后面他评述

---

① 詹杭伦、沈时蓉：《雨村诗话校正》，巴蜀书社 2006 年版，第 89—90 页。
② 《小仓山房诗集》卷三十二，周本淳标校《小仓山房诗文集》，上海古籍出版社 1988 年版，第 916 页。

袁枚说：此公一生享诗之福。这个福既包括精神的，也当包括物质的。"四方执贽请谒者，桃李盈门"，收入不菲，礼节极隆，尊崇极高，名声极大，而"晚年并收及闺媛，奉杖屦者多至，有女如云"，则主要是精神幸福了。李氏总结说"可谓乐事矣"，露出了羡慕之情。清代文人中大概袁枚隐居后的日子过得最为舒心适意，有名、有钱，还有美女如云，他人羡慕也是人之常情。但当时确乎有"老树著花之诮"。

钱泳《履园丛话》记载：

> 昔毛西河有女弟子徐昭华，为西河佳话。乾隆末年，袁简斋太史效之，刻十三女弟子诗，当时有议其非，然简斋年已八旬，尚不妨受老树著花之诮。近有士子自负才华，先后收得五十三女弟子诗，都为一集，其中有贵有贱，杂出不伦，或本人不能诗，为代作一二首以实之，以夸其桃李门墙之盛。此虽从事风流，而实有关名教。曩余在三松堂，客有艳称其事者，潘榕皋先生叹曰："此人死后必转轮女身，自亦工画能诗，千娇百媚，而长安游侠公子王孙为其所惑者，当十倍之，必得相于到五百三十人，方能抵其罪过。"余笑曰："公竟先为阎罗王定案耶。"①

李调元又说：

> 袁子才除读书、种花外，百无所嗜，独喜近红裙，虽老犹然，盖其天性也。歌场酒席，每多题咏，尝于苏州题旧识任氏扇，诗云："小市长陵路狭斜，当檐一树碧桃花。果然六十非虚度，半醉天台玉女霞。"其四妹亦以扇求题，云："玉立长身窈窕姿，相逢从此惹相思。云翘更比云英弱，知是琼台第四枝。"后姐妹逢人即歌此曲。又四年。任氏卒，其姊翠筠见袁，出旧扇，纸已破矣，犹装裹护持，为袁唱曲，因有感，题二绝云："四年前赠扇头诗，多谢佳人好护持。不是文君才绝世，相如琴曲有谁知。""为侬重唱玉珑玲，呖呖莺声绕画屏。一曲清歌人一世，那堪头白客中听。"大有杜牧之风。②

---

① （清）钱泳：《履园丛话》卷二十一《笑柄》之《先为阎罗王定案》，中华书局1979年版。
② 詹杭伦、沈时蓉：《雨村诗话校正》，巴蜀书社2006年版，第140页。

李调元
研究（第三辑）

106

这则诗话介绍了袁枚的嗜好：除读书、种花外，百无所嗜，独喜近红裙，虽老犹然。李氏认为这是天性，说白了就是天生风流种子，因而处处留情，常见的方法便是"多题咏"。后面采录了袁枚给老相好任氏扇的题诗，进而又为其四妹题诗，诗歌因此成为二女自高身份的保留曲目，所谓"逢人即歌此曲"，与白居易《与元九书》中"妓大夸曰：'我诵得白学士《长恨歌》，岂同他哉？'由是价增"① 如出一辙。相隔千年的歌女所唱的都是情诗，不过此二女歌唱的是韵味悠长的短篇情诗，而唐代歌伎唱的是白居易蕴意深厚复杂的叙事兼抒情的长诗。又记载任氏死后，其姊翠筠见袁枚，"出旧扇，纸已破矣，犹装裹护持"，足见情感之深，然后"为袁唱曲"，袁枚因此再题二绝句。李调元认为袁枚"大有杜牧之风"。袁枚与杜牧确实有相似之处，相似之处在都纵情声色，处处留情，但亦有不同之处：一是杜牧处于唐末衰乱之世，眼见大厦将倾，不得已而纵情声色，麻醉自己，而袁枚则处在所谓康乾盛世，世事尚还可为，但袁枚却嗅出了盛世掩盖下的腐败气息，且生性好此，于是如此；二是杜牧虽然风流，但却颇有几分英雄气，所谓"十年一觉扬州梦，赢得青楼薄幸名"②，洪亮吉说："中唐以后，小杜才识，亦非人所及。文章则有经济，古今体诗则有气势。倘分其所长，亦足以了数子。宜其薄视元白诸人也。"③ 而袁枚则地地道道的风流才子，是生性使然。

三是记录袁枚好男色：

> 江宁刘霞裳秀才，姿容绝世，望之如处女。学诗于袁子才，出笔敏捷，兼聪慧善体人意，袁深爱之，每出游必携与之俱，为小友，相与唱和。如天台山、仙霞、九华、黄山、武夷，远而东粤，近而西湖，无不从也。霞裳家贫，初受业时，严子进、陶怡园两公子代馈修贽，并牵羊引进。子才却曰："如此好门生，为老人山水伴足矣。何必贽也！"即约为天台之游，赠诗云："觥觥问字子云家，奕奕风神动绛纱。似汝琼枝来立雪，一时愁杀后堂花"……次年霞裳方就婚汪氏，子才又约游黄山，而婚以五月尚不出。子才赋诗调之，兼呈新妇云……霞裳虽日从子才游，而少年性情不惯孤衾独枕，时有狭斜之

---

① 白居易：《白居易集》卷四十五，中华书局 1979 年版，第 936 页。
② 杜牧：《遣怀》，《全唐诗》卷五百二十四，中华书局 1960 年版，第 5998 页。
③ 洪亮吉：《北江诗话》卷二，《丛书集成初编》，中华书局 1985 年版。

行，子才亦听之不禁。在武夷时，霞裳随舆夫至屏风馆茶肆茆亭，有张氏女者，见而悦之，遂宿其家。其女怜其单寒，并代出缠头交阿母，临别泣下，霞裳亦为堕泪。子才作《屏风馆》七古吟其事，有"冶容易惹天花染，莫再他生作宋朝"之句。又在粤东时，有袁郎名师晋，年十七，明慧善歌，为吴明府司阍。乍见霞裳，推襟送抱，苦不得沾接。再三，谋得私约。某日，两情可狎，忽主人奉大府檄，火速啓行，郎不得留。别时，泪如缠绵。子才以两雄相悦，数典殊希，作诗以补《国风》之变云："珠江吹断少男风，珠泪离离堕水红。缘浅爱能生顷刻，情深谁复识雌雄？鄂君翠被床才迭，荀令香炉座忽空。我有青词诉真宰，散花折柳太匆匆。"亦善谑也……①

这则诗话很长，记载袁枚与姿容绝世的江宁秀才刘霞裳始交到终别的故事，其中记载了袁枚赠刘霞裳及其新妇的诗歌绝句律诗十五首，刘霞裳的和诗四首，根据对事情的记载与采录的诗歌可以推演为一部小说或者戏剧来：袁枚深爱刘，"每出游必携与之俱，为小友，相与唱和"，且免其修贽而收为门生弟子，约为天台之游；刘结婚不满五月，袁枚即催其陪伴游黄山，还"赋诗调之，兼呈新妇"，刘有和诗四首。后刘有狭斜之行，风流之事，袁枚有《屏风馆》七古吟其事。再后，刘与吴明府司阍袁师晋两情相狎而不得，袁枚作诗相戏。最后袁枚又将其荐与九江观察福公，且有别诗。《小仓山房诗集》卷二十八首有《赠刘霞裳秀才约为天台之游》六首，即《雨村诗话》所引，其后有《戏霞裳》等，终于三十七卷之《谢霞裳寄药方兼讯病中光景》二首，共计十七题、三十五首，可能不算袁枚诗集中赠酬怀念之最多者，但绝对是后期赠酬怀念最多者，且《小仓山房外集》有《刘霞裳试序》，《随园诗话》中也多次提到刘霞裳。《随园诗话》说："余弟子刘霞裳有仲荣之姣，每游山，必载与俱。赵云松调之曰：'白头人共泛清波，忽觉沿堤属目多。此老不知看卫阶，误夸看杀一东坡。'"②这则诗话所记载的故事实在不怎么光彩：风流名士袁枚不仅好女色，而且好男色，见江宁秀才刘霞裳姿容绝世，望之如处女，便免其修贽而收为弟子，且终日相随，远近游览"无不从也"；且刘婚后不满五月就催逼其相

①　詹杭伦、沈时蓉：《雨村诗话校正》，巴蜀书社 2006 年版，第 45—47 页。
②　袁枚：《随园诗话》卷二，人民文学出版社 1982 年版，第 46 页。

从，最终又将其荐赠给达官贵人，且多次作调笑之诗相赠。这里的袁枚实在出格，似乎好男色始终不懈，而且还将其赠送给权贵，这事放在古今中外任何时候任何地方都是一件不大光彩的事，断不能以所谓反传统、反封建礼教来解释与赞扬。那位刘秀才既被身为大名士的老师玩弄，却又婚后不久即时有狭斜之行，以至干脆宿于茶馆女之家，甚至还好男色，自己被人调戏侮辱却又调戏侮辱人家，最终不免被赠送权贵，实在是既可悲又可恨。故事还告诉我们，当时即便是下笔敏捷的秀才，如果无钱无权且持身不正，便有既被名士玩弄，也被权贵玩弄的可能。故事还告诉我们：所谓康乾盛世，尤其是乾隆后期，社会道德沦丧，下层文人狭斜无耻，大名士无耻，如福公之类的权贵更无耻，社会焉得不乱？李调元津津有味地记载了这个故事，采录了这些调笑诗歌，肯定有欣赏的成分，他评论袁枚的这些诗歌是"亦善谑也"。袁枚之诗确实有"善谑"者，里面似乎也有"性灵"，但却不是袁诗中的佳作。李调元诗歌中也偶有调笑之作，如《宿赵家渡有馆人为子纳姻而欲易余榻戏答之》"老夫正要蟾宫住，玉杵今宵听捣霜"①，《童山诗话》卷六也有记载，可谓津津乐道，当不足为训。袁枚认为："诗者，人之性情也。近取诸身而足矣。其言动心，其色夺目，其味适口，其音悦耳，便是佳诗。"② 诗歌的本质是抒情的说法固然不错，将情禁锢在儒家伦理道德上也失之偏颇，好诗确实应该动心、夺目、适口、悦耳，但如倒过来说凡动心、夺目、适口、悦耳的诗都是好诗则未必，因为写狭斜之情的诗歌也可能动心、夺目、适口、悦耳。

对于袁枚的"好味、好色、好货"，还有好名、好玩、好客等，一般人自然是羡慕的，也持赞扬态度。但当时也有不以为然者，据传赵翼便曾经戏为控词，说袁枚"园伦宛委，占来好水好山；乡觅温柔，不论是男是女"，并下了判决："来世重则化蜂蝶以偿凤债，轻也要复猿猴本身逐回巢穴。"③ 同时的章学诚则对袁枚招收女弟子深恶痛绝，他在《丙辰札记》中指责道："近有无耻妄人，以风流自命，蛊惑士女，大率以优伶杂剧所演才子佳人惑人。大江以南，名门大家闺秀多为所诱，征刻诗稿，标榜声名，无复男女之嫌，殆忘其身之雌也。此等闺娃，妇学不修，岂有真才可

---

① 《童山诗集》卷三十三，《丛书集成初编》，中华书局 1985 年版。
② 袁枚：《随园诗话》补遗卷一，人民文学出版社 1982 年版，第 565 页。
③ 梁绍壬：《两般秋雨盦随笔》，上海古籍出版社 1982 年版，第 3 页。

取？而为邪人播弄，浸成风俗。人心世道，大可忧也。"① 清末的朱庭珍评述袁枚："袁既以淫女狡童之性灵为宗，专法香山、诚斋之病，误以鄙俚浅滑为自然，尖酸佻巧为聪明，谐谑游戏为风趣，粗恶颓放为豪雄，轻薄卑靡为天真，淫秽浪荡为艳情，倡魔道妖言，以溃诗教之防。"② 章氏与朱氏的评论有一定道理，但未免过分，且确实有卫道之嫌。近来不少论者则褒扬有加，认为袁枚是反封建礼教的勇士，袁枚招收女弟子讲授诗艺，编诗话广泛搜罗默默无闻的女子所作单篇只句，力予阐扬，重其声名，反映出他对女子异乎寻常的尊重。这在封建时代，是需要睿智和勇气的，他对女士怀着深切的同情，幻想着要改变她们的悲忧命运，"他生愿作司香尉，千万金铃护落花"③。这种说法也有一定道理，但"抚摸而噢咻之"确乎不雅，且他要做司香尉而"千万金铃护落花"并非保护女性，而是说他要做个护花使者，一生都在花丛中穿行。在色的问题上，现在有人认为袁枚痛恨扼抑人性的理学腐谈，提倡追求自然、合理、欢乐的情感和爱情生活，虽也不免含有某些任意放纵享乐欲望之过，但决不是煽扬轻浮放荡。不过袁枚好色是男女通吃：于女色则小妾成群，两个陶姬、方聪娘、陆姬、金姬……还有不计其数的女弟子，七十多岁时还有女色绯闻，于男色也绯闻不断，计有李郎、庆郎、桂郎、曹郎、吴郎、陆郎，与前面所说的吴秀才。这确实过了。

李调元记载了这些故事，采录了有关诗歌，对其行为与相关诗歌却不加评论，似乎含有默许的意思，又似乎含有不满，需要进一步研究。

不过李调元同时也记载袁枚的宁静与恬然。他说："人当去官，多作不平语。袁子才《江宁罢官诗》独和平，诗云：'曳紫拖青笑蛤鱼，年年户限最难居。未能闭阁常思过，且乞还山再读书。杨素无儿供洒扫，潘安有母奉花舆。一湾春水千竿竹，容得诗人住草庐。'颇得随遇而安之乐。"④

总之，袁枚以"好色、好吃、好诗"的名士派头行走江湖，亦正亦邪，亦方亦圆，也交权贵，也纳后学，是一个性格复杂的人物。后世对其应当辩证地评价，既不可过分贬斥，视为洪水猛兽，也不必曲为之饰。

① 章学诚：《丙辰札记》，中华书局 1986 年版，第 98 页。
② 朱庭珍：《筱园诗话》，郭绍虞：《清诗话续编》，上海古籍出版社 1983 年版，第 2366 页。
③ 袁枚：《随园诗话》卷九，人民文学出版社 1982 年版，第 311 页。
④ 詹杭伦、沈时蓉：《雨村诗话校正》，巴蜀书社 2006 年版，第 170 页。

（三）对袁枚诗歌的评价

（1）直接批评袁枚的诗歌。

李调元对袁枚诗歌的批评主要集中在《雨村诗话》前二卷中。

首先是批评袁枚之诗"宗宋人"。他说："近时诗推袁、蒋、赵三家，然皆宗宋人。子才学杨诚斋，而能各开生面，此殆天授，非人力也。"① 宋代以后即有宗唐宗宋之争，说明宋诗自有特点与优势，可以与唐诗一争高下，但多数人主张宗唐，即便主张宗宋者也不敢菲薄唐诗。唐诗、宋诗的优劣此处不作评价，但单就成就与影响而言，应该说多数人的观点较为合理。性灵派三大家皆宗宋人，即李调元所说袁枚宗杨万里，蒋士铨宗黄庭坚，赵翼宗苏轼。对于宗宋，袁枚自己也认同，他说："不甚喜宋人，双眸不盼两庑旁，惟有歌诗偶取将。"② 李调元是典型的宗唐者，二卷本《雨村诗话》评论推崇唐诗的条目达三十五条之多，而评论宋诗者仅仅有十一条，且他评论宋诗的第一句话便是"余雅不好宋诗而独爱东坡"，足见其对宋诗的不满之情。这则诗话认为袁、蒋、赵三家是近时诗坛翘楚，但其后的断语是"然皆宗宋人"，不满之意溢于言表。他认为袁枚学杨万里，而又能有所创新，是准确的，且认为其原因主要是"天授"，即天生的性格才气相近，这种分析也是准确的。当时人认为袁枚的诗歌宗杨万里而上溯至白居易，李调元也同意这种看法，所以他对袁枚有近似白居易的评价。他说："有问袁子才如何人，余诵白乐天句云：'已为海内有名客，又占世间长命人。'此一联可以贻赠。"③ 这段话主要评价袁枚与晚年白居易的名声与命运相近，但也含有诗歌的内容与风格相似的意思。李调元对宋诗是"独爱东坡"，那么其不爱者就包括杨万里。他评价杨万里说："杨诚斋理学经学俱不可及，而独于诗非所长。如《不寐》云：'翻来覆去体都痛。'复成何语？至其用笔之妙，亦有不可及者，如'忽有野香寻不得，兰于石背一花开'，又'青天以水为铜镜，白鹭前身是钓翁'，皆有腕力。"④ 杨万里的诗歌特点十分鲜明，即多写景咏物，长于捕捉转瞬即逝变化无穷的景象，想象奇特，幽默风趣，语言通俗清新而又活泼流利，如弹丸脱手，号称"诚斋体"，但其也有凝重深沉的作品，如《初入淮河》。李

① 詹杭伦、沈时蓉：《雨村诗话校正》，巴蜀书社 2006 年版，第 33 页。
② 袁枚：《子才子歌示庄念农》，周本淳校：《小仓山房诗文集》，上海古籍出版社 1988 年版，第 318 页。
③ 詹杭伦、沈时蓉：《雨村诗话校正》，巴蜀书社 2006 年版，第 128 页。
④ 《雨村诗话》卷下，郭绍虞：《清诗话续编》，上海古籍出版社 1983 年版，第 1534 页。

调元认为杨万里"经学俱不可及，独于诗非所长"的评价不尽恰当，但他批评其"翻来覆去体都痛"之类率滑、俚俗的诗歌，其"忽有野香寻不得，兰于石背一花开"是正宗的诚斋体，"青天以水为铜镜，白鹭前身是钓翁"之类则含蕴较深而且有腕力，即有笔力，这却是较为准确的。古今之人多认为袁枚学杨万里而上溯至白居易，而李调元却"雅不好宋诗而独爱东坡"，杨万里就在其"不好"之列，还认为杨氏"于诗非所长"，言下之意是袁枚不仅取径较窄，而且效法其中便得其下了。简言之，对袁枚诗歌的总体评价不高，这可能有些偏颇，但确实有一定道理。考察袁枚的全部诗歌，尤其是其隐居之后的诗歌，不仅题材较为狭窄，而且风格少有发展变化，可读之作较多，但第一流的佳作大作却几乎没有，他的诗坛盟主的身份主要依靠其诗学观与综合名气而得。

其次是批评袁枚"好为大言"。

> 袁子才诗好为大言，亦是一病。如五言云："不敢吞云梦，休登黄鹤楼。"七言云："仰天但见有日月，摇笔便知无古今。"未免太狂。又自作《子才子歌》云："……"此与英雄欺人之王弇州何异?①

这是《雨村诗话》第一卷第六条，第一句话便毫不客气地断定袁枚诗"好为大言，亦是一病"。所举的第一个例子"不敢吞云梦，休登黄鹤楼"写阔大高耸之景象而寓雄豪之情，似乎来自孟浩然的《临洞庭》之"气蒸云梦泽，波撼岳阳楼"②，但描写欠生动，语言较生硬，情景联系不紧密，形象板滞无神，寄寓的情怀便虚浮无根，与孟浩然的《临洞庭》和杜甫的《登岳阳楼》之"昔闻洞庭水，今上岳阳楼。吴楚东南坼，乾坤日夜浮"③相比，何啻天壤。第二个例子"仰天但见有日月，摇笔便知无古今"语出《除夕读蒋苕生编修诗即仿其体奉题三首》之二，如果解作师法自然而重创新，则值得肯定，如果解作自己的诗歌超越古今则有些大言炎炎了。诗歌大约想学李白，表现一种超越时空且目空一切的狂豪之情，似乎想表现如杜甫"独立苍茫自咏诗④"一类的境界，但蕴意浅薄，形象僵而虚，狂

① 詹杭伦、沈时蓉：《雨村诗话校正》，巴蜀书社 2006 年版，第 30—31 页。
② 《孟浩然集》卷二，《四部丛刊》影印本。
③ 杨伦：《杜诗镜铨》，上海古籍出版社 1980 年版，第 952 页。
④ 杜甫：《乐游园歌》，杨伦《杜诗镜铨》，上海古籍出版社 1980 年版，第 44 页。

则有之，豪则没有，只流于狂号。所以上述两例不仅仅是李调元所说的自视过高而"未免太狂"，而且更在于艺术表现的不成功。

第三个例子是袁枚的《子才子歌》，该诗作于隐居随园十一年之时，时年四十四岁，正是名声蒸蒸日上之时，诗歌叙述自己的经历生活，抒发情怀，诗题就有自命不凡之意，称自己为"子才子"，诗既是一首才子歌，更是一首狂士歌。诗歌开始一段云："子才子，颀而长，梦束笔万枝，为桴浮大江，从此文思日汪洋。十二举茂才，二十试明光，廿三登乡荐，廿四贡玉堂。尔时意气凌八表，海水未许人窥量。自期必管乐，致主必尧汤。"诗歌表现的思想感情颇有些像杜甫《奉赠韦左丞丈二十二韵》的前一部分，又有些像《壮游》前几句，整首诗的风格则明显地效法李白的歌行体，如《将进酒》《梦游天姥吟留别》等，不过其以时为序炫耀科举功名则显得非常俗气，而"自期必管乐，致主必尧汤"则将诸葛亮的自比管乐①与杜甫的"致君尧舜上，再使风俗淳"②结合，自诩能文能武，有治国平天下的雄略高才，这就太过了，因此可以说古代敢于大言炎炎的文士无过于袁枚了。后面诗中又有"骈文追六朝，散文绝三唐"之类的自我评价，最后说："就使仲尼来东鲁，大禹出西羌，必不呼子才子为今之狂。既自歌，还自赠，终不知千秋万世后，与李杜韩苏谁颉颃？大书一纸问蒙庄。"言下之意是他可以立德超越孔子，立功超过大禹，立言超越李杜韩苏，狂诞自在又超越庄子，这种"英雄欺人"可称前无古人后无来者，王弇州岂敢望其项背！

综上可知，李调元所说的袁枚"好大言"一指其喜欢描写阔大的景象，以表现豪放的情怀，二指其目空一切说大话。目空一切，狂放不羁是诗人的本性，尤其是浪漫主义诗人就更应该如此，前代的庄子、屈原、李白、苏轼、辛弃疾，也包括青年杜甫，都有这种情怀与表现这种情怀的诗歌。自宋代以后，浪漫主义诗人少了，狂放不羁的诗人及诗歌就更少了，袁枚敢于表现阔大的景象、雄放的情怀，有狂气，本身就是一件迥乎时流的好事。遗憾的是袁枚在思想胸怀情感个性与上述诸人有质的差别，笔力的差距也不小，于是他的诗歌中所表现的大象与大言就显得有些滑稽可笑，宜乎被人批评与嘲笑。

---

① 陈寿：《三国志·诸葛亮传》："亮身长八尺，每自比于管仲、乐毅，时人莫之许也。惟博陵崔州平、颍川徐庶元直与亮友善，谓为信然。"
② 杜甫：《奉赠韦丞丈二十二韵》，杨伦《杜诗镜铨》，上海古籍出版社1980年版，第25页。

第三是批评袁枚不学前人之说。

> 袁子才曾有句云："若问随园诗学某，二唐二宋是谁应？"亦英雄欺人语，集中不尽然也。……大抵句法无有不学前人者，所谓幼而习之、壮而行之也，虽前人亦然。……辗转相学，亦不足为病也。[①]

性灵派重视性灵，其性灵包括性情、灵气、灵巧与灵感，其中性情是本，诗歌表现性情之说来自儒家诗学，只不过儒家的性情首重社会关怀，次重个人关怀，当然也包括爱情，主张"情志一体"，但又认为表现爱情应该有节制，所谓"发乎情，止乎礼义"[②]。倡导以抒情为本，因为情感人人不同，且时时不同，所以写真情就意味着创新。至于作者主体的灵气、写作时的灵感，与表现出来的灵巧等都指向创新，所以说袁枚的性灵说主张创新，而反对效法古人、堆垛典故是准确的。他说："自三百篇至今日，凡诗之传者，都是性灵，不关堆垛。"[③] 又说："双眼自将秋水洗，一生不受古人欺。"[④] 问题是学问与堆垛虽有联系，但却是性质不同的两回事，仿古效古与学习前人也是两回事。换言之，创新并不是不读书学习，也不是不需要学问，其他人如此，袁枚亦如此。

袁枚的"若问随园诗学某，二唐二宋是谁应"是说他谁也不学，这就偏颇片面了。一则从理论上看，创新与学习是相辅相成的，创新离不开学习继承，学习继承是创新的基础；二则从实践上看，学习模仿是必然的，生下来就创新且全部创新的人是没有的。但是学习与法古效古有本质的区别，即学习继承是手段，而创新才是最终目的，仿效古人不过是学习的手段而已，所以以效法古人为学习的目的是本末倒置，南辕北辙。青少年时期通过仿效古人来学习提高是可以的，也是必要的，但学习的目的是创新，学习的同时也要追求创新，此后更要时时刻刻追求创新，并且从理论上倡导创新。因此如果袁枚说他成年成名之后不学唐宋，这是可以的，如说他一生都不学唐宋则不可以。且从事实上看，古今都一致认为袁枚学杨诚斋，进而上溯到后期的白居易，从题材、内蕴、风格、语言等方面都有

---

① 詹杭伦、沈时蓉：《雨村诗话校正》，巴蜀书社 2006 年版，第 45 页。
② 《毛诗正义》卷一，阮元刻十三经注疏本。
③ 袁枚：《随园诗话》卷五，人民文学出版社 1982 年版，第 146 页。
④ 袁枚：《随园诗话》补遗卷三，人民文学出版社 1982 年版，第 638 页。

近似之处，袁枚的成功处在于学杨万里与白居易"而能各开生面"，李调元认为这种学习而重创新，最终形成独特风格的原因是"殆天授，非人力也"，即他所谓"渊明清远闲放，是其本色，而其中有一段深古朴茂不可及处。或谓唐王、孟、韦、柳学焉，而得其性情之所近"①。因为袁枚的自许既不合理，又不合事实，于是便被李调元逮住痛脚，断言其"亦英雄欺人语"，再举出其学习仿效的实例以证明之。举例之后李调元有一段论述："大抵句法无有不学前人者，所谓幼而习之、壮而行之也，虽前人亦然。"意思是学习是可以的，具体而言有学有不学，艺术表现手法、风格个性、精神内蕴等是不可学的，其实也是学不到的，而诗歌的句法、格律等是可学的，且"幼而习之、壮而行之"，自然融合到创作中了，这符合文学创作有法而无定法之俗话，因此即便是"辗转相学，亦不足为病"。

第四是批评袁枚的恶人敏捷：

> 诗有捷才，殆天赋也。古有七步八叉，本朝自宫詹张南华鹏翀而外，指不多屈，目见者唯广汉玉溪一人而已。乃袁子才最不喜人敏捷，曾有《箴作诗》句云："物须见少方为贵，诗到能迟转是才。"此余所不解也。②

李调元是才子便当然有才，尤其是有捷才，这是当时文人所公认的，所以李调元对捷才评价颇高。这则诗话认为捷才是天赋之能，古代有曹植七步成诗、温庭筠八叉成诗之美谈，而后世不多见。他对袁枚不喜欢捷才，有"物须见少方为贵，诗到能迟转是才"之说感到不解。袁枚之诗为《箴作诗者》："倚马休夸速藻佳，相如终竟压邹枚。物须见少方为贵，诗到能迟转是才。清角声高非易奏，优昙花好不轻开。须知极乐神仙境，修炼多从苦处来。"③袁枚此诗首联认为倚马可待，下笔千言不值得夸耀，文思迟缓的司马相如作品胜过邹阳、枚乘便是证明。其实这只是一方面，捷才而提笔立就者亦有不少佳作，如刘禹锡的《酬乐天扬州初逢席上见赠》便是即席而就的千古名篇，曹植七步成诗、温庭筠八叉成诗更是捷才成诗

① 《雨村诗话》上卷，郭绍虞《清诗话续编》，上海古籍出版社 1983 年版，第 1523 页。
② 詹杭伦、沈时蓉：《雨村诗话校正》，巴蜀书社 2006 年版，第 69 页。
③ 袁枚：《箴作诗者》，周本淳标校《小仓山房诗文集》，上海古籍出版社 1988 年版，第 555页。

的佳话。颔联前一句以物以稀为贵说明诗歌当独创而具特异性，特异者即稀有者，有一定道理；后一句认为诗歌创作"能迟方是才"则未必，因为只要能创作出好诗便是有才，而不论其迟速。从创作心理学的角度看，才思与写作的迟速是相对的，迟缓者有快速时，即便是迟缓者，如积累深厚又触景生情而灵感突来，也顷刻可成佳作；反之快速者亦有迟缓时，如情景不偶而灵感不生，则下笔艰涩，难以成文。颈联转写优秀作品之不易与稀少。尾联说最高境界多从勤苦修炼而来，这话有理，但文学创作的成功因素很多，苦练只是其中一个必要条件，还有另一个同样重要的必要条件是天资，而天资与创作迟缓或迅速虽有一定关系，但并不成正比例。

（2）直接赞扬袁枚的诗歌

一是赞扬袁枚之诗曲尽人情。李调元说：

> 袁子才《生女诗》云："堕地无人贺，遥知瓦在床。为谁添健妇，懒去报高堂。妄想能招弟，伴欢且为娘。江干有黄竹，惯作女儿箱。"若不经意，而曲尽人情。[①]

袁枚论诗重性灵，性灵的基本要素就是性情，所以袁枚主张诗歌要抒发性情。袁枚说："提笔先须问性情，风裁休划宋元明。"[②] 又说："品画先神韵，论诗重性情。蛟龙生气尽，不如鼠横行。"[③] 提出只要写真情实感，诗歌便有生气。他说："诗家两题，不过写景言情四字。我道：景虽好，一过目而已忘；情果真时，往来于心而不释。孔子所云'兴观群怨'四字，惟言情者居其三，若写景，则不过可以观一句而已。"[④] 认为诗应以言情为主，只有真情才易动人而且经久不忘。理论上如此，诗歌创作实践中自然也比较重视性情的抒发，即李调元所说的"曲尽人情"。情有种种，大而言之有偏于社会关怀者，如忧国忧民之情，有偏于个人关怀者，如爱情、亲情、友情。综合而言，袁枚虽然不仅有妻，有小妾若干，还有不少颇为暧昧的女弟子，但因其生性风流，处处留情，所以就没有留下多少表现男女真情的佳作，如上文所引他赠给刘霞裳的诗歌，就是李调元所谓

① 詹杭伦、沈时蓉著：《雨村诗话校正》，巴蜀书社 2006 年版，第 73 页。
② 袁枚《答曾南邨论诗》，周本淳标校：《小仓山房诗文集》，上海古籍出版社 1988 年版，第 73 页。
③ 袁枚：《品画》，周本淳标校：《小仓山房诗文集》，上海古籍出版社 1988 年版，第 769 页。
④ 袁枚：《随园诗话》补遗卷十，人民文学出版社 1982 年版，第 819 页。

"善谑"，说不上真情流露。相比而言，他很重视友情，对性灵派的赵翼、蒋士铨等人的情谊非常重视，相互诗文中表现较深的情感，对其他文士及弟子也如此，其友沈凤司死后，因无后嗣，袁枚每年为他祭坟，三十年未曾间断，对友人的情义深重，令人感动。他似乎更重视亲情，其妹袁机于乾隆二十四年卒，袁枚八年后写成的散文代表作《祭妹文》哀婉真挚，流传久远，古文论者将其与唐代韩愈的《祭十二郎文》并提，李调元所采录评论的《生女诗》也是表现亲情的佳作。

袁枚的《生女诗》首联写女儿降生后贺客冷清、父母冷淡的情景，所谓"遥知瓦在床"，写他连去看新生女儿一眼的心情都没有。颔联承上，写女儿不能接续香火，支撑门庭，今后只能嫁与他人之家做一个操劳家务、侍奉公婆的健妇，所以令人心灰意懒而不去报告父母亲。颈联转写他希望生此后能生儿子，于是便给女儿取名为招弟，还佯装高兴，以安慰高堂老母。尾联写出了他对女儿的不屑：权且将她养大吧，反正也费不了多少钱财，江边的黄竹将来就可以作她的嫁箱。诗歌不是表现对女儿的深情，也不是表现女儿出生时的欣喜之情，而是表现他又生女儿的厌烦不屑之情，立意不足取，但却表现了当时如他一样未能免俗的渴望苦望生儿子的父亲的情感与心理，非常真实，也非常典型，而语言却非常平易，表现得非常自然，所以李调元评其"若不经意，而曲尽人情"。"若不经意，而曲尽人情"应该是很高的艺术境界，甚至是最高的艺术境界，历代诗歌之典范者如汉末无名氏的《古诗十九首》，陶渊明的诗歌，遗憾的是袁枚这类诗歌并不多，尤其是爱情诗歌。

二是赞扬袁枚之诗"论古最为敦厚"：

> 温柔敦厚，诗之教也，余最不喜尖新。在浙时，有人遗《商氏家集》，有孝廉商和《新丰》云："行人树里见新丰，鸡犬归来万户同。为问安居诸父老，可知叱咤欲烹翁。"太尖新矣。尝读袁子才《玉环》云："可惜云容出地迟，不将谰语诉人知。《唐书》新旧分明在，那有金钱洗禄儿。"论古最为敦厚。[①]

沈德潜等格调派标举儒家的"温柔敦厚"。袁枚反对之，他说："孔子

---

① 詹杭伦、沈时蓉：《雨村诗话校正》，巴蜀书社 2006 年版，第 157 页。

论诗可信者，'兴观群怨'也；不可信者，'温柔敦厚'也。"① 他又说："诗家两题，不过写景言情四字，我道景虽好，一过目已忘；情果真时，往来于心而不释。孔子所云'兴观群怨'四字，惟言情者居其三，若写景，则不过可以观一句而已。"② 所谓"兴观群怨"指表现对象或者客体，也指诗歌表现的功能。袁枚认为其中三者都是情，只有一者是景，况且景主要用来寓情，因此儒家诗学是主情的，而"温柔敦厚"则是后世儒家提出的抒情规范，所谓"发乎情，止乎礼义"，也即抒情要止于"温柔敦厚"，或者说追求"温柔敦厚"，因此"温柔敦厚"又是儒家追求中和之美在诗学领域的表现。袁枚论诗主张直抒胸臆，写出个人的"性情遭际"，以"真、新、活"为创作追求，这就与表现有所限制而追求"温柔敦厚"的儒家诗教有一定冲突，不过却并没有本质的矛盾。通观袁枚之诗，真正出格的作品极少，即便是表现爱情或者暧昧之情的诗歌，比起《诗经》的郑卫之风来也含蓄得多，当然以统治严密，文禁森严的乾隆朝，也不允许有真正出格的作品。袁枚的所谓出格也不过是耍小性子，讨小妾，亲近女弟子，喝花酒，有时写写个人性灵，做个盛世陪衬而已。追求"真、新、活"，过度了便缺乏深厚的意蕴与深长的韵味，也就是李调元所不满的尖新，也就是朱庭珍所批评的"尖酸佻巧为聪明"。③

商和的《新丰》前二句写新丰今日安居祥和的景象，所谓"鸡犬归来万户同"；后二句转而追溯历史，问而今安居的父老可曾知道当年"叱咤欲烹翁"之事（你们的祖先刘邦为夺取天下，与项羽大战不利时，吆喝着"吾翁即若翁"的无赖之语）。诗歌的前三句都很平实厚道，但尾句之问出乎意外，确乎十分新奇，但是也过于尖酸刻薄，所以李调元认为"太尖新矣"。李调元接着引用袁枚的《玉环》诗，认为古今传说的杨玉环作风不正，"金钱洗禄儿"等都属于子虚乌有，因为新旧《唐书》有明确的记载。李调元认为袁枚"论古最为敦厚"。其实袁枚的怀古诗不多，在诗歌史上也不著名，因为他本质上是一风流才子，缺乏赵翼那样的史学精神与见识，但他对唐代李隆基与杨玉环的爱情故事及悲剧却很感兴趣，写下几首有关的怀古诗歌。按理，风流才子的袁枚对李杨艳情及悲剧肯定会附和传闻，大写其艳情秘史，发尖新之论，但袁枚却非常厚道地为之辩护，大概是所谓为尊者讳吧？

---

　① 袁枚：《再答李少鹤》《小仓山房尺牍》卷十，上海新文化书社 1934 年版。
　② 袁枚：《随园诗话》补遗卷十，人民文学出版社 1982 年版，第 819 页。
　③ 朱庭珍：《筱园诗话》，郭绍虞《清诗话续编》，上海古籍出版社 1983 年版，第 2366 页。

袁枚的另一首《马嵬》立意甚高。李调元评论说："马嵬诗古今赋者甚众，至本朝袁子才而绝，句叹观止矣。近日见川东观察、丹徒严筱亭士紘七律诗尤出其上，诗云：'弄权不似韦皇后，窃国宁同武则天。若得函关严锁钥，肯教蜀道走烽烟。将军龙武威何在，天子蛾眉葬可怜。漫把蒙尘罪妃子，开元谏草隔多年。'起二句何等议论，何等笔力。"[1] 袁枚写于早年的《马嵬》四首之四云："莫唱当年《长恨歌》，人间亦自有银河。石壕村里夫妻别，泪比长生殿上多。"[2] 诗歌将帝王贵妃的悲剧同石壕村百姓的苦难作对比，说明人间普通夫妻离别的痛苦更值得人们的同情，是袁枚少量同情百姓疾苦的作品之一，以至被多种选本选入。这首诗便不仅"论古最为敦厚"，而且立意甚为高远深刻，表现出袁枚的另一面。李调元所录严筱亭的诗歌应该更具史识，诗歌首联以对句起，认为杨贵妃既不弄权，又没有窃国，因而值得同情。颔联认为安史叛军攻入长安，祸及黄河流域，唐玄宗逃亡入四川，几乎亡国的原因是朝廷军事不修、军队战斗力不强。颈联转写龙武将军陈玄礼发兵诛除奸佞，其威风体现在逼迫天子令绝世美人杨贵妃自尽，杨贵妃自尽后安葬马嵬，确实可怜。尾联认为天子蒙尘、国家残破的罪责不在杨贵妃，而在玄宗昏庸，没有继续开元广纳忠言良策的好风气。这首诗歌确实不错，不仅仅"起二句何等议论，何等笔力"，全诗亦如此。袁枚的《马嵬》之四亦如此，诗歌使用对比方法，帝王贵妃与百姓对比，从广阔的时空来审视，立意高远深刻，笔力可称入木三分。

三、介绍评价袁枚的诗学

李调元对袁枚的诗学只有零星的介绍，却并无专门的评价。这些介绍虽然零星，却将袁枚诗学的要素包括殆尽，从这些论述中可以看出李氏的诗学与袁枚有同有异，而且异大于同。下面拟分别论述之。

（一）不参死句，扫尽粗豪，追求灵活：

　　　　子才有《论庸堂集诗》云："莫将死句入诗中，此诀传来自放翁。扫尽粗豪见灵活，庸堂真比稼堂工。"[3]

---

① 詹杭伦、沈时蓉：《雨村诗话校正》，巴蜀书社 2006 年版，第 386 页。
② 周本淳标校：《小仓山房诗文集》，上海古籍出版社 1988 年版，第 171 页。
③ 詹杭伦、沈时蓉：《雨村诗话校正》，巴蜀书社 2006 年版，第 91 页。

李调元采录了袁枚这首著名的论诗诗，原诗为《仿元遗山论诗》之八①，论清代诗人潘稼堂、黄石牧。袁枚认为诗歌中既有死句，就必有活句。所谓活句有两层意思，主要是描写生动形象，所谓栩栩如生，使人有如见其人如闻其声的感觉，有身临其境的感觉，生动形象则新，这与袁枚论诗主张"新"追求"新"的美学旨趣是相通的。而死句则反之。李调元说："罗两峰自言能见鬼，尝画《鬼趣图》，袁子才题云：'画女必须美，不美情不生。画鬼必须丑，不丑人不惊。美丑相轮回，造化即丹青。……'"② 袁枚原诗为《题两峰鬼趣图》之二③，袁枚的题诗强调无论画人画鬼，表现美与表现丑都必须生动形象，具有典型性，"画女必须美"，"画鬼必须丑"，否则便"情不生"，"人不惊"，即没有情感冲击力与审美感染力。袁枚还认为美与丑是相互轮回的，对照的，因此应该使用对照的方法，使美丑通过对比而更为生动形象，至于如何使美与丑的刻画描写生动形象，袁枚认为最为关键的是师法自然造化，所谓"造化即丹青"。李调元说："吴寿庭有《秧马诗》云……写来声色如绘。"④ 对强调表现描写对象之"活"，李调元与袁枚的意见是一致的。

所谓"活句"还指句子活，用字活，只有词句灵活多变，才能使诗歌这一最高的语言艺术实现其审美功能，也才能使描写表现的对象生动形象。简言之，表现手法与表现对象都活，才是真正的活句。李调元说："作诗须讲句法，有句法，则着字皆活，所谓'文章切忌参死句'也。如曲江句云：'一水云际飞。'若俗手，必作'一云水际飞'也。放翁句云：'山从飞鸟行边出。'若俗手，必作'鸟从山边出'矣。知此，方可与言诗。"⑤ 这里强调诗歌的句法之活，句活则字活，反之亦然。后面所举的例子都是调换字词次序使句法灵活多变，使人产生新奇之感。所谓"文章切忌参死句"就是诗歌创作不能呆板地学习模仿前人的成句，或者虽变而不新不活。他又说："安庆督抱雪与费此度论诗云：'论诗何所据？人各有诗肠。但悟十分活，先除一字忙。云烟无卤莽，花鸟费商量。其意果能得，知希亦不妨。'此度答云：'老去才华尽，篇章久不关。群公出高论，使我一开颜。彩笔从时变，遗篇未易扳。只愁年代远，更复几经删。'观二公

① 周本淳标校：《小仓山房诗文集》，上海古籍出版社 1988 年版，第 688 页。
② 詹杭伦、沈时蓉：《雨村诗话校正》，巴蜀书社 2006 年版，第 91 页。
③ 周本淳标校：《小仓山房诗文集》，上海古籍出版社 1988 年版，第 684 页。
④ 詹杭伦、沈时蓉：《雨村诗话校正》，巴蜀书社 2006 年版，第 99 页。
⑤ 詹杭伦、沈时蓉：《雨村诗话校正》，巴蜀书社 2006 年版，第 38 页。

诗，深得旨趣。"① 昝抱雪认为诗人应该有个性，诗歌也应该有个性，所谓"人各有诗肠"，"诗肠"的关键在"活"，如何实现达成这个"活"呢？要点有二：一是"先除一字忙"，即推敲字词，讲究句法，二是表现描写生动形象细致到位，即所谓"云烟无卤莽，花鸟费商量"。如果表现了这种情意，达到了这种境界，则"知希亦不妨"。费密的观点是"彩笔从时变，遗篇未易扳"，即表现手法，包括字法、句法都应该与时俱进，但对前人的佳作遗篇，包括其字法、句法不能随便改变。李调元认为二人的说法"深得旨趣"，是说对表现手法，包括字法、句法当有变有不变，有创新，也有继承，这一点与袁枚不尽相同。李调元认为不仅当字活、句活，还应该"对活"。他说："诗有活对，可开无限法门。"② 这与袁枚也不大相同。

　　袁枚还认为当"扫尽粗豪见灵活"，这既涉及创作，即摒弃粗豪之语而使用灵活生动的语言及句法，也涉及美学，即不满粗豪的风格，而追求表现作者灵气而显示的灵活之美，即今人总结的袁枚追求"真、新、活"，"真"是表现对象，是前提，"新、活"是表现效果，也就是此处的"灵活"。全面考察袁枚的诗歌，可见他确实是不满粗豪而青睐灵活或者曰新活，但创作却未必，前面所的《子才子歌》就是典型的粗豪之作。朱庭珍谓以其以"粗恶颓放为豪雄"，就是指这类作品，其余类似作品还有，但不多。李调元《雨村诗话》中采录此诗，便说明他赞同袁枚的观点，但他却区别豪放与粗豪，标举与提倡表现"英气"与"豪气"，追求风骨与气骨，多次标举赞赏"浑厚朴茂"，"坚浑雄博"，"高健雄浑"，"精深老健，魄力沉雄"，"奇峭生崒"等风格美，赞赏杜甫沉郁顿挫的诗风，还标举雄丽、壮丽，以及"沉雄俊爽"，"气必雄浑，词必典丽"一类阳刚阴柔相兼的风格美③。他说："永川李孝廉桂山天英，工诗，豪放中时有古音。如《皖江》云：'山添一夜雨，绿过大江来。'《梅花》云：'一片月横水，十分香到人。'皆有丰骨。"④ 这段话评价李天英的诗歌，《皖江》诗之一联极力形容夸张皖江夜雨的气势和绿遍大江两岸的效果，诗歌以"一夜"对"大江"，造成奇横悬绝的对比，又使用形容词动化的方法，使诗歌极具动势，确实是写阔大之景象而寓豪放之情。《梅花》诗之一联写水月映衬下

---

① 詹杭伦、沈时蓉：《雨村诗话校正》，巴蜀书社 2006 年版，第 50 页。
② 詹杭伦、沈时蓉：《雨村诗话校正》，巴蜀书社 2006 年版，第 97 页。
③ 参见本书《李调元的诗歌审美论》。
④ 詹杭伦、沈时蓉：《雨村诗话校正》，巴蜀书社 2006 年版，第 96 页。

梅花浓郁的香气，本是一种静止的柔和的景象，但作者以"一片"对"十分"，造成悬绝的对比，又用"横"字来形容月照水面，再加上"一片月——横水，十分香——到人"的较为奇特的句式，整联就具有豪放的风格，不失为描写梅花的佳句。李调元赞赏这两联诗句"皆有丰骨"，"丰骨"义近风骨，但与主要追求力度的风骨又有区别，即丰腴、丰满而有骨力、骨气，即他所谓"豪放中时有古音"，也就是豪而不粗，豪放而又有古雅之韵味，或者是豪放而又敦厚。

总之，李调元虽与袁枚一样都不参死句，扫尽粗豪，追求灵活，但也有区别，即李调元认为不应该参死句，却可以参活句，在继承的前提下创新，要扫尽粗豪，却不废豪放，追求豪放与古雅的融合。

（二）诗无常师，不分唐宋，惟取其是。

袁子才尝云："吾诗无常师，惟取其是。"有《遣兴诗》云："爱好由来落笔难，一诗千改始心安。阿婆还是初笄女，头未梳成不许看。""但肯寻诗便有诗，灵犀一点是吾师。夕阳芳草寻常物，解用都为绝妙词。""平生作字类涂鸦，况复年衰腕力差。争奈家家索亲笔，不容老树不开花。"又《题天台卓笔峰》云："孤峰卓立久离群，四面风云自有神。绝地通天一枝笔，请看依傍是何人。"皆夫子自道也。[①]

这段话采录了袁枚重视独创的言论，与表现独创的论诗诗。袁枚所谓"吾诗无常师，惟取其是"，是说作诗有师但无常师，不仅仅只是学习历史上某大诗人、某重要流派或者某时代的诗歌，而是多方撷取，酿花而成蜜，撷取的方法是"惟取其是"，即应该学习者，值得学习者，还含有我愿意学习并能够学习者，这是一种正确的学习方法与途径。李调元赞成这种方法，他说："编修上元朱元英师晦，作《学诗金丹》一卷，言诗有祖宗、父母、妻等各色十六条。所谓祖者，言《三百篇》为诗祖；宗者，言大宗则陈思王、陶渊明、谢灵运、杜甫、李白之类；小宗则张、陆、庾、鲍、王、杨、卢、骆之类，言学诗不可不宗一人，可谓奇矣。至父，则己诗之所出也，母则己诗之所育，妻则与己齐者也，更为纰缪。《论语》曰：'夫子焉不学，而亦何常师之有？'《三百篇》后无虑数百家，将谁氏之从？

①　詹杭伦、沈时蓉：《雨村诗话校正》，巴蜀书社 2006 年版，第 350 页。

必执一人以为宗，岂不谬乎？"① 明确反对诗宗一人或者一派的观点。李调元所引袁枚的《遣兴诗》第二首认为只要努力寻找诗材便一定会找到，且创作出好诗来，所谓"但肯寻诗便有诗"，学诗的最好方法与方向是"师心"，即所谓"灵犀一点是吾师"。至于诗材，则不愁找不到，"夕阳芳草寻常物，解用都为绝妙词"，关键在"解用"，即知道怎样寻找与使用诗材，也就是实现客体主体化与主体客体化的结合，只要有诗心而善于寻找与体会，则万物皆诗。第一首论创作，认为诗歌要反复修改，所谓"一诗千改始心安"，且即便成了老手宿将，也像初笄女一样，没有修改好决不示人。第三首也论创作，以写字作比喻，认为形势逼迫也是创作的动力之一，所谓"争奈家家索亲笔，不容老树不开花"。《题天台卓笔峰》写景兼论诗，前二句描写卓笔峰卓然独立小视群峰以及四面风云的风神，暗寓诗人当卓然不群，富有特色与个性。后二句继续写景兼论诗，说真正的诗人当如卓笔峰一样"绝地通天"，一枝独立，谁也不依傍，谁也不仿效学习。李调元认为这些诗歌都是袁枚"夫子自道"，也赞成这种诗人当独立不群、敢于创新的观点，但他并不否定必要的学习，因为学习继承与创新是相辅相成的，这是一种被实践与理论证明的常识。

李调元说："袁子才《读蒋苕生诗》云：'俗儒硁硁界唐宋，未入华胥先做梦。先生有意唤醒之，矫枉张弓力太重。沧溟数子见即嗔，新城一翁头更痛。我道不如掩其名姓只论诗，能合吾意吾取之。优孟果能歌白雪，沧浪童子皆吾师。不然《三百篇》中嚼蜡者，圣人虽取吾不知。'此公论诗毕竟高人一层。"② 李调元重视学习，袁枚也不否定学习，于是便产生了学谁的问题。自元代开始中国诗坛便有了宗唐宗宋之争，以至形成流派，争论不休。袁枚认为只有俗儒才有宗唐宗宋之分，这些人"未入华胥"却先做升堂入室成为名家的梦。他认为蒋士铨有意矫正唤醒这些宗唐宗宋的梦中人，只是有矫枉过正之嫌，他也因此而得罪前辈，所谓"沧溟数子见即嗔，新城一翁头更痛"。袁枚认为辨别好诗的方法是"掩其名姓只论诗"，不论是唐是宋，不论时代先后，不论名气大小，"能合吾意吾取之"。如此则优孟一类也可能写出好作品，普通童子也可能成为我的老师，反之则"《三百篇》中嚼蜡者，圣人虽取吾不知"。袁枚反对划分唐宋，认为当

① 詹杭伦、沈时蓉：《雨村诗话校正》，巴蜀书社 2006 年版，第 233 页。
② 詹杭伦、沈时蓉：《雨村诗话校正》，巴蜀书社 2006 年版，第 130 页。又见周本淳标校：《小仓山房诗文集》，上海古籍出版社 1988 年版，第 466 页。

就诗论诗，能合吾意的就是好诗，还敢于正视甚至轻视儒家经典，具有一定的反传统精神。李调元认为袁枚"论诗毕竟高人一层"，说明他也反对划分唐宋之论。但就他的整个诗学观而言，又有明显的崇唐抑宋观点，二卷本《雨村诗话》论述赞扬唐诗者很多，论述宋诗者很少且评价偏低，还明确宣布"余雅不好宋诗而独爱东坡"，十六卷本《雨村诗话》也多以唐诗为参照，这些都是有力的证据。他还多次倡导学唐诗，学李白杜甫，他说："诗学唐人，须要脱去唐人面目。"① 又说："学杜而处处规抚，此笨伯也，终身不得升其堂，况入其室？唐人升堂者，惟义山一人而已，尝诵其'池光不爱草，暮气欲沉山。江海三年梦，乾坤百战场'，举以问唐尧春曰：'此唐何人诗？'曰：'少陵也。'余曰：'此非少陵，乃善学少陵之义山也。'盖义山自立门户，绝去依傍，方能成家。黄山谷名为学杜，实从义山入手，故犹隔一层；然戛戛独造，亦成江西一派。此古人脱胎换骨，不似今人依样葫芦也。"② 他认为崇尚唐诗是可以的，学习唐诗也是必要的，但关键要以创新为宗旨，且一定要"脱去唐人面目"。崇尚杜甫是可以的，学习杜甫也是正常的，二卷本《雨村诗话》中有关杜甫的论述记载达二十多条，占"话古人"篇幅四分之一，居清代以前诗人之首，且评述研究最细致到位，又无批评之语。他还说"不但诗宗杜，诗题亦应宗杜"③，关键在不能"处处规抚"，且以李商隐学杜甫而"自立门户，绝去依傍，方能成家"，黄庭坚学李商隐进而上溯杜甫但戛戛独造，自成一派为例，证明学习继承与创新的重要性与相辅相成的关系。他的这种观点有融合格调说与性灵说的趋势，其理论的独创性与冲击力不如袁枚，但其合理性与操作性却比袁枚强。

李调元论诗如此，作诗亦如此。李调元的诗歌中有一些表现性灵的小诗，但也有讲究格调、注重社会关怀的作品。他明确倡导学诗当从李白入手，所以其古体与绝句有李白诗歌的影响。他对杜甫研究最深，论赞最多，其表现时事的新乐府与五律、七律等也受杜甫的影响，苏轼的豪放飘逸风格在他的诗中也有影响。自然，李调元诗歌的模仿之作也较袁枚多，所以袁枚批评他说："大集开首一卷，题俱古乐府，非不侈侈隆富，足登作者之堂，然而规仿太多，似乎有意铺排门面，未免落套，恐集中可传之

124

---

① 詹杭伦、沈时蓉：《雨村诗话校正》卷四，巴蜀书社 2006 年版，第 110 页。
② 詹杭伦、沈时蓉：《雨村诗话校正》，巴蜀书社 2006 年版，第 94 页。
③ 《雨村诗话》卷下，郭绍虞《清诗话续编》，上海古籍出版社 1983 年版，第 1527 页。

作，正不在此。"① 其实袁枚的文学创作也注重学习仿效，《子才子歌》说："骈文追六朝，散文绝三唐。不甚喜宋人，双眸不盼两庑旁，惟有歌诗偶取将。"② 说他的骈文学习六朝而追赶六朝，散文学习三唐而超越三唐，相比而言，他"不甚喜宋人"，但在诗歌上却"偶取将"，李调元也认为袁枚"皆宗宋人"，具体而言是主要学习杨万里，因为在抒发性情，捕捉灵感，表现灵气，显现灵活等方面与其有相似之处，又上溯白居易，因为白居易中晚年的闲适与诗酒风流与袁枚有相似之处。

就诗歌整体成就而言，李调元不亚于袁枚，袁枚的诗歌题材集中而且特点明显，李调元的诗歌则取径较宽而题材较广。袁枚诗歌的名气与影响大于李调元，其原因一是袁枚是风靡乾嘉近五十年的诗坛领袖，而李调元则不是；二是袁枚的诗论风靡当时，其诗是其论的实践，迎合了时风与士风，诗以论显；三是后世江浙文人掌握了文坛话语权，袁枚是文坛领袖，只是散兵的李调元当然不能与其相比。

（三）论诗总纲，曰新曰爽。李调元《与袁子才先生书》：

> 先生论诗曰新，调元论诗曰爽；先生有《随园诗话》，调元有《雨村诗话》，不相谋也，而辄相合，何哉？岂亦如珠玉、珊瑚、木难与夫荔枝、葡萄、梨枣之不择地而生欤？③

这则诗话总结袁枚的纲领是"新"，自己的纲领是"爽"，且有分庭抗礼的意思。其实此处所谓"新"与"爽"既有联系，又有区别，下面试作申论。

李调元说："近时诗推袁、蒋、赵三家，然皆宗宋人。子才学杨诚斋，而能各开生面，此殆天授，非人力也。心余学山谷，而去其艰涩，出以响亮，亦由天人兼之。子才亦自言：'余不喜山谷而喜诚斋，心余不喜诚斋而喜山谷。'云松立意学苏，专以新造为奇异，而稗家小说，拉杂皆来，视子才稍低一格，然视心余，则殆过者而无不及矣。"④ 认为三人之诗称雄当时，"然皆宗宋人"，微露不满之意。他认为袁枚"学杨诚斋，而能各开

---

① 詹杭伦、沈时蓉：《雨村诗话校正》，巴蜀书社 2006 年版，第 371 页。
② 詹杭伦、沈时蓉：《雨村诗话校正》，巴蜀书社 2006 年版，第 30 页。
③ 《童山文集》卷十，《丛书集成初编》，中华书局 1985 年版。
④ 詹杭伦、沈时蓉：《雨村诗话校正》，巴蜀书社 2006 年版，第 33 页。

生面", 是准确的, 其原因是所谓"天授", 即性情性格使然, 也是准确的。他对蒋士铨诗"学山谷, 而去其艰涩, 出以响亮"、赵翼诗"立意学苏, 专以新造为奇异, 而稗家小说, 拉杂皆来"的评价也是较为准确的。对三大家的诗歌, 时人尚镕在《三家诗话》中说: "(袁、蒋、赵)三家生国家全盛之时, 而才情学力俱可以挫笼古今, 自成一家, 遂各拔帜而起, 震耀天下, 此实气运使然也。子才之诗, 诗中之词曲也; 苕生之诗, 诗中之散文也; 云崧之诗, 诗中之骈体也。子才如佳果, 苕生如佳谷, 云崧如佳肴。子才学杨诚斋而参以白傅, 苕生学黄山谷而参以韩、苏、竹垞, 云崧学苏、陆而参以梅村、初白。平心而论, 子才学前人而出以灵活, 有纤佻之病; 苕生学前人而出以尖锐, 有粗陋之病; 云崧学前人而出以整丽, 有冗杂之病。"① 尚镕认为三家诗的成就及其特色的形成是所谓"气运使然"与个人"才情学力"结合的结晶, 这个论断更为全面准确。他认为袁枚之诗是"诗中之词曲也", 即以抒发个人性情为主, 有清新通俗之风; 蒋士铨的诗歌乃"诗中之散文也", 有醒豁奇横自由之风; 赵翼之诗则为"诗中之骈体也", 较为严整有气势。他还认为三人之诗不仅仅学宋, "子才学杨诚斋而参以白傅", 杨万里的诗歌本就生新活泼, 如弹丸脱手, 袁枚更别开生面, 突出一个"新"字, 所谓"参以白傅", 即学习白居易的闲适诗恬淡清新通俗之气, 而蒋士铨则兼学宋代的苏、黄与唐代的韩愈及清代的朱彝尊, 赵翼也兼学宋代的苏轼、陆游和清代的吴梅村、查初白。

简言之, 袁枚之诗生新, 蒋士铨之诗响亮, 赵翼之诗豪纵奇峻。李调元的诗歌应当受三家的一些影响, 其诗有清新者, 也有豪纵奇峻者, 而音节则追求响亮。他说: "诗有三字诀, 曰: 响、爽、朗。响者, 音节铿锵, 无沉闷堆塞之谓也; 爽者, 正大光明, 无嗫嚅不出之谓也; 而要归于朗, 朗者, 冰雪聪明, 无瑕瑜互掩之谓也。言诗者不得此诀, 吾未见其能诗也。"② 他所谓响, 就是响亮, 既指音节铿锵, 掷地有金石声, 又指诗意及语言清爽, "雄整而出以流丽"③, 没有"沉闷堆塞"之弊。所谓爽, 指的诗的精神情感正大光明, 分言之则是人格要高尚正直, 性情要健康向上, 即所谓"正大光明", 气势要充沛, 即韩愈所谓"气盛宜言", 也就是人要开朗、豪爽, 表现在诗文中要痛快, 直接醒豁, 没有"嗫嚅不出"的弊

① 尚镕:《三家诗话》,《清诗话缩编本》, 上海古籍出版社 1983 年版, 第 1920 页。
② 詹杭伦、沈时蓉:《雨村诗话校正》, 巴蜀书社 2006 年版, 第 27 页。
③ 詹杭伦、沈时蓉:《雨村诗话校正》, 巴蜀书社 2006 年版, 第 180 页。

研究(第三辑)

病，有一种爽快之风。所谓朗，是居于响亮与爽之上的审美感念，所谓"而要归于朗"。他解释"朗"说："朗者，冰雪聪明，无瑕瑜互掩之谓也。"所谓冰雪聪明，指诗歌充分表现了作者的聪明才智，或者才华出众，也含有高洁之意；所谓"无瑕瑜互掩"，即艺术上趋于完美。合起来就是所谓"洁"。他说："诗尤贵洁。金在沙必拣其砾，米在箕必簸其秕，理也。若拣金而不去砾，簸米而不去秕，则尘饭土羹，知味者必不食；以瑕掩瑜，善鉴者必不观矣。"① 此所谓"洁"，就是"冰雪聪明，无瑕瑜互掩之谓也"，要达到这个目标，披沙拣金，吹糠见米，在艺术上进行不懈的追求。

　　李调元论诗以一个字概括便是"爽"，即所谓"调元论诗曰爽"，主要强调在精神情感上的正大光明，气势充沛。他标举的"响、爽、朗"三者是互相联系的，响亮与爽快相连，相互生发与升华：诗歌的精神感情要爽快，表现要爽快，要有一种爽快之风，就必然音节响亮铿锵，掷地有金石声，且诗意及语言清爽，"雄整而出以流丽"，反之音节响亮，语意清爽，则必然精神情感爽快，在二者结合与相互生发的基础上就能达到他所谓"朗"的最高境界，或曰"朗洁"的境界。综合而言，李调元论诗追求的是爽朗响亮，其诗歌创作便是这种美学追求的体现，这与袁枚追求的清新有近似的一面，但也有区别。简言之，所谓"新"主要是表现真性情，捕捉新鲜新奇的意象，如此则表现对象新，要求创作主体有"灵气"，有灵气则新，审美之"新"就是"活"，就是清新，主要体现为"灵巧"与"灵活"。不过只注重这些，就可能新巧有余而深度、力度不足，因此袁枚的诗歌愉悦性较强，但感染力与冲击力则不足。李调元的不少诗歌确实正大光明，气势充沛，而又音节响亮铿锵，语言清爽，有一种爽快之风，但清新灵巧则不如袁枚。李调元的诗歌受性灵派与格调派的一些影响，但更受巴蜀前辈大诗人李白苏轼及杜甫的影响，而后自成一家。但李白杜甫产生于盛唐时代，因为时代已过，积极入世而又豪放不羁的时代精神不再，且李氏没有李白那种狂豪的个性与情感，也没有杜甫那种深厚的忧国忧民情怀、坚忍不拔的精神、家国危亡之痛及曲折复杂的经历，他只是一个才子兼学者，又生当政治高压与思想禁锢并重的所谓康乾盛世，是一个忠君的干员循吏，所以其诗与李白、杜甫在精神气质上差别很大。他也没有如

---

① 詹杭伦、沈时蓉：《雨村诗话校正》，巴蜀书社 2006 年版，第 71 页。

苏轼那样几起几落饱经仕宦起伏与饱尝人生痛苦，还没有苏轼那种儒释道兼容的博大思想，所以其诗与苏轼比在内蕴的丰富复杂上，豪放飘逸恬淡的风格上也有很大的差别。不过他能"学而得其性情之所近"，有自己的特点，在清代诗坛上占有一席之地，这也就足够了。

（四）既重性灵，又重学问。作为性灵派首领，袁枚自然强调性灵，他说："自三百篇至今日，凡诗之传者，都是性灵，不关堆垛。"① 袁枚说："提笔先须问性情，风裁休划宋元明。"② "我道古人文，宜读不宜仿。读则将彼来，仿则以我往。面异斯为人，心异斯为文"③ 他提出，只要写真情实感，诗就有生气："品画先神韵，论诗重性情。蛟龙生气尽，不如鼠横行。"④ 他强调性灵，而相对轻视学问，且因此而讥讽神韵派是"贫贱骄人"，格调派是"木偶演戏"，肌理派是"开骨董店"，宗宋派是"乞儿搬家"。他说："抱韩、杜以凌人，而粗脚笨手者，谓之权门托足。仿王、孟以矜高，而半吞半吐者，谓之贫贱骄人。开口言盛唐及好用古人韵者，谓之木偶演戏。故意走宋人冷径者，谓之乞儿搬家。好叠韵、次韵，刺刺不休者，谓之村婆絮谈。一字一句，自注来历者，谓之骨董开店。"⑤

要论述这个问题，必须先回顾一下性灵及性灵说的产生与发展。性灵一词始见于六朝。庾信《赵国公序》说："含吐性灵，抑扬词气。"⑥ 《南史·文学传叙》说："自汉以来，词人代有，大则宪章典诰，小则申抒性灵。"⑦ 此性灵与性情大致同义，但也含有灵气的意思。唐段安节《乐府杂录·琵琶》说："朱崖李太尉有乐吏廉郊者，师于曹纲，尽纲之能事。纲尝谓侪流曰：'教授人亦多矣，未曾有此性灵子弟也。'"⑧ 此所谓性灵是指聪明或者灵气。后世所谓性灵则多是这二者的结合，即指性情与灵气。

后世以性灵论诗文的代有其人。明代后期，公安三袁首先以性灵来论述诗歌创作。他们反对前后七子的复古模拟，主张"独抒性灵，不拘格套"。三袁主将袁宏道说自己的诗歌创作是"信心而出，信口而谈"，其

① 袁枚：《随园诗话》卷五，人民文学出版社 1982 年版，第 165 页。
② 袁枚：《答曾南邨论诗》，周本淳标校：《小仓山房诗文集》，上海古籍出版社 1988 年版，第 73 页。
③ 袁枚：《读书二首》，周本淳标校：《小仓山房诗文集》，上海古籍出版社 1988 年版，第 111 页。
④ 袁枚：《品画》，周本淳标校《小仓山房诗文集》，上海古籍出版社 1988 年版，第 769 页。
⑤ 袁枚：《随园诗话》卷五，人民文学出版社 1982 年版，第 148 页。
⑥ 《全上古三代秦汉三国六朝文》《全三国文》卷十三，严可均校辑，中华书局 1958 年版。
⑦ 《南史·文学传叙》，百衲本二十四史。
⑧ 《中国古典戏曲论著集成》第一册，中国戏剧出版社 1959 年版，第 51 页。

研　究（第三辑）

《序小修诗》评其弟袁中道之诗"大都独抒性灵，不拘格套。非从自己胸臆流出，不肯下笔。有时情与境会，顷刻千言，如水东注，令人夺魄。其间有佳处，亦有疵处。佳处自不必言，即疵处亦多本色独造语。然余极喜其疵处，而以为佳者，尚不能不以粉饰蹈袭为恨，以为未能尽脱近代文人习气"。① 他的这段话可称性灵派与性灵说的纲领。其总纲领便是"独抒性灵，不拘格套"，其具体内涵则是：一是抒发真情实感，即真性情；二是作者要有灵气，写作时灵感泉涌，风格要灵巧；三是重视独创与自然本色，反对模拟。其实早于三袁三十年的张佳胤即有有关性灵说的论述。他说："夫二仪既判，宫商并生，体物缘情，声诗是尚。苟呫墨之徒，矜重强闻，驰夸典囿，猎名鸑藻，不因性灵，斯太音沉响，风义微矣。《虞书》曰：'诗言志。'孔子曰：'可以兴。'要在直寻，何资补假哉。"② 他又说："若乃雕拟不施，性灵洞见，方诸元亮，天趣虽同，而制作之该备，遭会之昌隆，勋名之骏烈，又元亮所不能兼者。"③ 他还说："其诗典富平正，根极性灵，命意准体，往往合辙。曾未尝求工一字间，亦未尝有法外语。即儒家能言之士，操觚白首，何以加诸。公于诗诚深矣。"④ 张氏所说的"性灵"与三袁意思相同或者相近，只不过没有得到后人重视罢了。至清代中期的袁枚将其发展为性灵说。袁枚以性灵论诗，其要点一是内容上要表现真实性情，但他的性情偏于男女之情；二是创作上提倡灵活风趣的艺术风格，即所谓"灵机"或灵巧，具体而言就是创作者应具有诗人的灵性，创作时要有灵感，写出的作品要显示出巧妙灵动之美，要有风趣。从性灵说的这些基本论述上可以看出它受儒家诗歌"吟咏性情"的影响，及抒发真实感情与追求辞达的影响；而道家重视个性自由、张扬个性、追求自然之美的影响也很明显，也可以看出其语源学上的意义。

李调元亲近性灵派，也强调性灵。李调元有关性灵的论述有两处。《郑夹漈遗集序》称赞莆田郑樵之："诗文遗稿各一卷，发抒性灵，素位自乐，蔼然吾道之言。及其献书陈词，绷中肆外，概然以文章经济为己任。读之，令草茅增长气色，所谓言大而非夸者欤？"⑤ 文中赞扬其诗文"发抒

---

① 《袁中郎全集》卷一，钟敬伯增定本。
② 张佳胤：《山阴王诗集序》，《居来先生集》卷三十四，民国亦岁寒斋校辑万历甲午留都本。
③ 张佳胤：《大总制张元洲诗集序》，《居来先生集》卷三十六，民国亦岁寒斋校辑万历甲午留都本。
④ 张佳胤：《余将军诗集序》，《居来先生集》卷三十二，民国亦岁寒斋校辑万历甲午留都本。
⑤ 《童山文集》卷十三，《丛书集成初编》，中华书局 1985 年版。

性灵，素位自乐，蔼然吾道之言"，又赞扬其献书陈词，"绅中肆外，概然以文章经济为己任"，这说明他将文字写作分为抒情自乐的诗文与经济文章两类，前者当"发抒性灵"，这里的性灵与袁枚的性灵义近，即抒发性情，展示主体的灵气与灵感，表现为灵活、灵巧之美，后者主要指用于经邦济世、经世济用的实用文章，包括"献书陈词"等。二者之间从抒情与审美的角度看，有本质的区别，但也有联系，即在主要发抒性灵的诗文中也会间接表现反映其经邦济世的思想与策略，反之，在主要表现经邦济世的思想及策略的实用文章中也会流露作者的性灵。中国古代文人往往以天下为己任，重视社会关怀而忧国忧民，立德立功不成才立言，立言时也还忘不了经邦济世的思想与策略，只重视个人生命关怀者极少，李调元就是这样。袁枚早年亦有经济之志，只不过难于实现，于是便急流勇退而主要写作发抒性灵的诗文罢了。

不过李调元更强调性灵与学问并重。他又说："太仓唐东江孙华……至康熙戊辰中进士，年已五十五。尝论诗以为学问、性灵缺一不可，有学问以抒性灵，有性灵以融学问，而后可与论诗。其言如此，与严沧浪之言相合，询艺苑家之金丹大药也。"① 这段话讨论的是诗歌创作中学问与性灵的关系，文中引述唐孙华（1634—1723，字实君，别字东江，江苏太仓州人，吴伟业的同乡晚辈）的论诗观点，认为学问与性灵缺一不可，二者各有作用而相辅相成，即有学问才可以抒发性灵，反之，有性灵才可以涵容学问。此处的性灵与学问对举，说明此性灵是诗歌的表现对象，即性情或者感情，学问则当包括诗歌艺术表现的方法技巧等。李调元认为唐氏之说的确是"艺苑家之金丹大药"，且与严羽之言相合。严羽提倡妙悟说，反对宋诗以文字为诗，以议论为诗，以才学为诗，但他同时也重视学问。严羽说："夫诗有别材，非关书也；诗有别趣，非关理也。而古人未尝不读书、不穷理。"② 李调元赞成严羽的观点，他说："严沧浪云：'诗有别才，非关书也；诗有别趣，非关理也。'然庐陵文章为有宋一代巨制，刘原父尚讥其不读书；大苏诗雄一代，而与程子言理不合。若非多读书、多穷理，安能善其才与趣乎？"③ 认为只有多读书、多穷理才能完善其才与趣，发挥其才与趣，这里的才与趣主要指袁枚所说的性灵，因此李调元重视学

---

① 詹杭伦、沈时蓉：《雨村诗话校正》，巴蜀书社 2006 年版，第 356 页。
② 《沧浪诗话·诗辨》，乾隆刻本《诗人玉屑》卷一。
③ 詹杭伦、沈时蓉：《雨村诗话校正》，巴蜀书社 2006 年版，第 188 页。

问，强调性灵与学问并重的倾向非常明显。他又说："述庵云……又云：'士大夫略解五七字，辄以诗自命，故诗教日卑。吾之言诗也，曰学、曰才、曰气、曰调，学以经史为主，才以运之，气以行之，调以举之，四者兼而弇陋生涩者，庶不敢妄厕于坛坫乎？'其论如此，今观所著《述庵诗钞》，清华典丽，经史纵横，然学、调其长，而才、气略短，总之近体胜于古体，七律胜于五律，而七律尤以《从军》诸诗为最。盖身列戎行，目所经历，故言之亲切而痛快也。"① 李调元赞同王氏的观点，认为论诗、作诗当学、才、气、调并重，具体而言当"学以经史为主，才以运之，气以行之，调以举之"，如此才能避免"弇陋生涩"而写出好诗，才能立足诗坛。李调元以王氏的理论来衡量其作品，认为其诗歌有特点，即所谓"清华典丽，经史纵横"，但亦有缺点，即所谓"学、调其长，而才、气略短"。重视"才、气"近乎性灵派的观点，重视"学、调"则近乎格调派的观点。袁枚性灵说的灵机灵气、灵感与灵活都是才华的显现，而性情则是气，沈德潜的格调说强调学习继承，重视学问，还强调格高调雅，这里的格调既指诗歌的格调，也包含人的格调，也就是重视儒家温柔敦厚的诗教原则，强调襟怀学识直接关系到诗歌的品位，与发挥诗歌的美刺作用，在神韵之外还重视风格、风骨等审美范畴，论诗强调辨体，注重诗歌的体法声调，欲通过规模前人来把握诗歌的创作方法，崇尚唐人雄浑宏壮的风气，但却有复古之嫌。翁方刚的肌理说受乾嘉学派的影响，强调义理、考据、词章三位一体，偏重于学问。性灵说与格调说都重视气，但性灵说的气主要指创作时的灵气与灵机，而格调说的气则主要指儒家的骨气正气。

李调元性灵与学问兼重的观点，较之偏重性灵，或者偏重学问，应该更为合理。因为从诗歌本质的角度看，诗歌固然应当以抒情为主，以审美为根本。但是性情与学问并不对立。所谓学问有广义与狭义之分。广义的学问主要指诗歌写作的文字功底、才学，即以文化知识与语言功底和技巧为主，又包括诸如诗歌的体法声调，诗歌的艺术表现方法技巧，尤其是语言技巧，当然也包括使用文化意象，即典故。狭义的学问则指源自《孟子·滕文公上》："吾他日未尝学问，好驰马试剑。"② 后来指各种知识。狭义的学问在诗歌写作中指典故的应用与议论的使用。如果指狭义的学问，

① 詹杭伦、沈时蓉：《雨村诗话校正》，巴蜀书社 2006 年版，第 209 页。
② 朱熹《四书集注》，中华书局 1983 年版，第 253 页。

诗歌以抒情为本而确实与其有些矛盾，即典故多了会影响性情的抒发，议论也会影响诗歌的意境美。但如指广义的学问，说学问与性情对立，则会推出一种谬论：即诗歌都是没有文化知识的人，或者是不识字的人创作的，或者只有这些人才能创作出好诗歌来，换言之，抒发性情的诗歌不需要文化知识，不需要高超的方法技巧与书面语言功底，只要抒发了性情就是诗歌，甚至就是好诗，这就非常偏颇可笑了。因为诗歌创作需要一定的文化、语言功底，也需要包括使用文化意象等技巧方法，这些都是实现诗歌抒情本质与审美特性的要素，没有这些要素便没有诗歌的成熟与发展，甚至没有诗歌，因此可以说没有广义的学问便没有诗歌，至少是没有好诗歌。从诗歌发展实际的角度看，即便是上古先民的歌谣，也产生于当时最有文化的人之口，而不是反之；后世的名诗人、大诗人无一不是有较高文化或者学问的人。明代李贽倡导"童心说"，王国维也倡导"赤子之心"，但他们所谓"童心"与"赤子之心"指的是不受世俗功名利禄污染之心，而不是指儿童之心与文盲之心。

（作者单位：西华大学文学与新闻学院）

研　究（第三辑）

李调元的人格美初论

李宜家　李　哲

人格美是伦理美学的中心范畴，"长期以来，我国学术界对自然美艺术美研究较多，而对于伦理美学的人格美研究较少"①。至于对李调元的人格美研究几成空白，这不能不说是一个应该引起关注的问题。

本文试图在讨论人格与人格美蕴涵及其特点等问题的基础上，就李调元人格美的生成根源、他的人格美的基本架构和李氏人格美的重大价值作一初步探索。不当之处，请不吝赐教。

一、人格与人格美的简要辨析

李调元人格美问题的讨论必然涉及人格美理论，应该对其作一简要辨析，从而避免讨论中出现诸多阙疑。

（一）人格美的蕴涵及其主要特点

1. 人格美的蕴涵

人格一词源于拉丁文 persona，原意是演员戴的面具。后来，马可·图留斯·西塞罗为人格作出四重规定：个人对个人的印象，个人在生活中

———————

①　金哲主编：《世界新科学总览》，重庆出版社 1987 年版，第 332 页。

扮演的角色，个人品质的总和，个人的优越和尊严。再后来，人格蕴涵更加繁复，演变成一个跨学科范畴，学术界再也没有普遍认可的蕴涵。

"在中国古典哲学中，有独立的人格思想"[1]，"从秦汉末直到清末，一直有独立人格的知识分子"[2]。但是古代汉语中没有人格一词，只能找到人品、品德、品格等词与之对应。显然，古代的人格蕴涵应该是品德、品格、品行的意思。

现代汉语人格范畴从日文引入，而日文又是从英文 personality 意译。现代汉语人格的蕴涵可作如下理解："人的性格，气质，能力等特性的总和（心理学角度的人格）；个人的道德品质（伦理学角度的人格，人格高尚）；人的能作为权利、义务的主体的资格（法律角度的人格）。"[3]

现代汉语大辞典对人格的界定是："人的性格、气质、能力特征的总和；人的道德品质；人作为权利和义务主体的资格。"这些关于人格蕴涵的理解或界定，整合了古代与当代人格理论的成果，蕴含着道德人格、心理人格和法律人格的多重属性，如果再将审美人格和哲学人格融汇进来，对于科学地规定人格的蕴涵是有一定参考价值的。

2. 人格的主要特点

社会性是人格的首要特点。人的社会性表明人格是在一定社会历史条件下产生和发展的，它是一定的社会关系在个体人身上的内化和综合体现。

独立性是人格的重要特点，系指人格主体具有不依赖任何外力的独立自由的意志和特有的人的尊严，在人生道路上始终坚持自觉、自爱、自律、自主和自强。

整体性和稳定性也是人格的重要特点。它说明一方面人格是多重质素构成的有机整体，不能从中抽取任何质素代替整体人格；另一方面长期形成的人格是一个集合，偶然的人格质素不能成为人格的表征。

"人格是一个具有社会意义的各种特性的统一体，各种特性的配合形式。"[4] 我们要从人格本质特征的内容来认识和把握人格的本质特征，有待另文讨论。

① 张岱年主编：《中国古典哲学中的人格概念》，江苏教育出版社 1982 年版，第 6—7 页。
② 张岱年主编：《中国古典哲学中的人格概念》，江苏教育出版社 1982 年版，第 6—7 页。
③ 仓道来：《人格美的塑造》，北京大学出版社 1988 年版，第 5—6 页。
④ 仓道来：《人格美的塑造》，北京大学出版社 1988 年版，第 5—6 页。

（二）什么是人格美？它的主要特点是什么？

人格与人格美是既有区别又有联系的两个范畴。一般认为，人格是人格美的基础，人格美是人格的反映。

1. 什么是人格美

人格美是作为美的三大形态之一的社会美的核心，是人格主体的思想、品德、情操、气质、风度、情趣、能力、智慧等的外化的形象呈现。它随着人格主体的社会实践而产生与发展，是人格主体发展的动力和源泉。

恰如上述，人格美即内在美蕴含着人性的诸多质素，是人的主体精神的升华，它属于人的内心世界之美。但是，人体美即外在美也是在长期的社会实践中形成的，是内在美即人格美的外化，它们共同构成了人的美。因此，在加强人格美研究的同时，也要注意研究人体美，这必然推进人格美的研究和塑造。

2. 人格美的主要特点

人格美的首要特点是形象性。"美就是理念的感性显现。"① 这就是说，人格美是以感性的形式呈现的，离开人格美鲜明生动的形象，人们是不可能感受到人格主体之美的。

人格美的次要特点是创造性，它是人格主体在社会实践中自由自觉地创造而逐步形成的，这就要求人们终其一生地追求和塑造，从而进入最高的人生境界。

人格美的整体性和稳定性的特点，与人格的相关特点的说明同理，在此不赘。

以上是我们对人格与人格美的一些初步理解。下面，本文将以李调元的道德人格为中心，围绕其心理人格与审美人格，考察李调元氏浩然伟健人格的问题。

二、浩然伟健人格美的生成根源

李调元构建了浩然伟健的人格美，有其主客观的缘由。这里着重谈三个方面。

---

① ［德］黑格尔：《美学》（第一卷），朱光潜译，商务印书馆 1984 年版，第 142 页。

（一）自然与人文的陶冶

李调元的故乡是古城罗江县（今德阳市罗江区）。这里山河锦绣，历史悠久。历代骚人墨客留下不少诗文，赞颂或优美或壮美的江山胜迹；这里处处桑麻，民康物阜；"三高"声名远播，人文之风蔚起。史载李调元出生地罗江县南村坝"山明水秀为一邑之冠，其居民敦诗书，说礼乐，有粟里风"①。

古人云"地灵人杰"，俗话说"一方水土养一方人"。这样美好的自然与人文环境必然给年轻的李调元以心灵的滋养，给老年的（归隐的）李调元以心灵的抚慰。具体而言，年轻的李调元朝气蓬勃、青春焕发、胸襟开阔、思维敏捷、志趣高雅、品德高尚、开拓进取，李调元老年仍壮心不已，自强不息、篆刊经典、醉心戏曲、广藏典籍、重建书楼、著作等身，与故乡美好的自然和人文环境似有必然联系。

（二）家教与家风的培育

李氏家族有严谨的家教与淳朴忠厚的家风，也十分重视家教家风的教育。曾经遭遇九死一生的李调元的曾祖父李攀旺立下的家训是："惟愿世世代代子孙无以变诈为心，吾外无求矣。"②被乡人誉为"李善人"的李调元的祖父李文彩立下了这样的家训："吾家世本布衣，今逢圣主，得叨一命幸矣！惟作好官可以报国，好官必以清为主，我虽年老，粗食淡饭尚自不缺，无需禄养，尔其勤劳王事，毋玷清白以辱尔主。"③

李氏祖辈不但重视言教，更注重对子孙的身教。曾祖父李攀旺用自己惨痛的人生经历让子孙感到：为人要善良勤劳，忠厚老实；待人要友善诚实，坚决反对欺诈；立家要艰苦创业，艰苦奋斗。祖父李文彩用自己的生活经历向子孙证实：要把自己培养成一个有道德、有知识、有情趣的人，就要"嗜读书，明事理，通大义，好施舍"④，等等。祖辈的言传身教让李调元感动不已，促使他用这些蕴含着丰富的人格美精神的家教家风指导自己的一生。

父亲李化楠对李调元人格的培育更是呕心沥血。凡是在李调元的人生关键时期，他总是无微不至地给予具体指导，既提出严格要求，又循循善

---

① 嘉庆《罗江县志》卷三十五，载于《中国地方志集成》第 22 卷，第 262 页。
② 李化楠：《石亭文集·美实公传》。
③ 李化楠：《石亭文集·美实公传》。
④ 李化楠：《石亭文集·美实公传》。

诱，促使李调元在构建人格美的道路上不断前进。

有人说，李调元一生是他父亲的翻版，这个论断是有一定道理的。[①]
李化楠十分重视建构人格之美，力求保持刚直浩然的人格正气，激励自己
的责任感和使命感，以"治国平天下"奋斗终生，他为实现"安社稷，济
苍生"的政治理想，重民亲民；他为官清正，政绩卓著，还有思想性艺术
性俱佳的诗文行世。李化楠被乾隆帝誉为"强项令"，为百姓誉称为"青
天"，他又是州县的名儒、乡贤，像他这样品格高尚、情操高洁的清官能
吏，真不愧是人格之美的典范。[②] 李调元在他的言传身教下，怎能不成为
一个浩气勃郁、品德崇高的一代英才呢？

（三）人格主体的历练

人格美生成是长期而艰苦的过程，要求人格主体通过自身学习与历练
来建构完美的人格。

首先，研习经典，提高理论修养。

"君子学以致其道。"（《论语·子张》）认真研习人格美经典，提高人
格美理论修养。以孔孟荀为代表的儒学学派，创立了内涵丰富博大精深的
人格美经典。李调元在求学期间就熟读了这些典籍，从政到归隐期间也不
曾中断，这就大大提高了他的人格美的理论修养，极大地提高了他建构人
格美的自觉性，始终把构建人格美放在首位。

李调元不仅认真学习人格美理论，还努力向人格完美的先贤学习。他
仰慕中华文化史上的先贤，表示要以他们的懿德嘉行为榜样，做到学习先
贤，超越先贤。有人认为李调元与杜甫同志，与李白同调，与陶渊明同
趣，这一论断无可置疑。[③] 李调元正是在学习先贤的基础上，超越先贤，
把自己的人格之美提升到一个新的高度。

其次，努力磨炼人格，成就人格之美。

"知行合一。"李调元在学习人格美理论的同时，也努力用之指导自己
的社会实践，力求在政治生活、社会生活、文化生活中反复历练自己的人
格之美。他的志立高远、自强不息的品格，仁民爱物、忧乐天下的品质，
勤政廉政、刚正不阿的品德等，都是他在漫长的社会实践中历练出来的。

---

① 郑家治等：《李调元戏曲理论研究》，巴蜀书社 2011 年版，第 39 页。
② 赖安海：《李调元编年事辑》，现代教育出版社 2005 年版，第 21 页。
③ 田耕滋：《论李调元的哲学思想与其诗歌精神的悲剧性》，《绵阳师院学报》（哲社版）
2014 年第 9 期。

在李调元二十二年的从政生涯中，遭遇了官场腐朽势力的一系列诬陷和打压，诸如"宦官索贿""议稿落职""伊犁戍边""捐复陷阱"。（《童山自记》）面对朝廷黑恶势力的迫害，他总是高举人格美的旗帜，与之进行你死我活的抗争，从而历练了他高标独立的人格之美，逐步成就了他浩然伟健的美的人格。这种美的人格闪烁着人格美的光辉，放射着人格美的异彩。

三、浩然伟健人格美的基本架构

李调元构建的浩然伟健的人格美，其基本架构是由人格美的共同特质与个人特质组成的。本文只从个人特质讨论这一问题。

（一）志存高远，自强不息

志存高远、自强不息是李调元人格美架构的首要特质，也是他的人格美的重要表征。

1. 志存高远

李调元曾用"对句"的艺术形式，以"蚯蚓无鳞欲变龙"巧对"蜘蛛有网难罗雀"（《童山自记》）来表明少年之志；青年时代曾以"他年伯乐如垂顾，看我来修五凤楼"（《童山诗集》）的诗句又一次表明他的高远志向。他用美文"以利天下，以济民生，乃不怍于人，不愧于天"来表达他的宏大志向。归隐后仍然雄心勃勃，壮志不泯，决心"不为势撼、不为利诱、不为欲迷、不为境迁、不为邪惑、不为气摇"（《童山文集》）。"作生活之强者，庶几无愧乎先贤"，坚守他的高远宏大的志向。

2. 自强不息

李调元无论是在人生的哪个阶段，也不管在人生的顺境和逆境，始终坚守积极进取自强不息的人格美精神。

归隐没有改变李调元积极进取自强不息的价值取向。从政阶段，他是通过"立功"报效国家，公余之暇参与文化活动（立言），实现"修齐治平"的人生理想；归隐后，他是把参与传承和弘扬巴蜀文化（中华文化）的伟大文化事业，把"立言"作为万世不朽的伟大事业，全心全意投入其中。为此，李调元刊刻优秀文化经典，广藏文化典籍，扩建万卷楼。书楼被毁以后，又克服了难以想象的困难，转移《函海》丛书版片到成都储藏，重修小万卷楼。特别要指出的是，没有他积极进取自强不息的精神，绝对不可能完成从立功到立言的人生重点的转移。

逆境没有改变李调元的人生方向。他遭遇了朝廷贪腐势力一次又一次的诬陷和打压。诸如宦官索贿、议稿落职、留放伊犁、捐复陷阱，但他面对邪恶势力绝不退让妥协、改变思想观点和政治言行，而是坚持公理与正义，坚持自立自强，冒着灭顶之灾抗争到底。

（二）仁民爱物，忧乐天下

仁民爱物、忧乐天下是李调元人格美架构的中心特质，也是他人格美的重要表征。

1. 仁民爱物

仁民爱物是儒学学派道德哲学的核心，它主张圣贤治国、实施仁政、实行德治、重民亲民、造福百姓，这是人格美思想的重要内容，也是人格美的传统精神。李调元思想主导方面是儒学学派的，道释思想只是他的思想的必要补充。他赞同和奉行儒学学派的政治主张。

李调元在他的论文《君相论》一文中指出："相无私则忠，君无私则圣，私者万民之怨也……君相者，持天下之平，亦丛天下之怨者，吁，可畏也！"（《童山文集》）反对君相以权谋私、与民争利，倡导圣贤治国、仁民亲民、藏富于民、强国富民，这实质上是对康乾盛世由兴盛走向衰败的政治批判。在《龙洞》一诗中他咏叹道"呼吁天生民，岂必在鞭扑……德政化顽梗，宽仁变局促"①。这深情地表现和反映了他反对暴政推行仁政的良好愿望，表达了他仁民爱物的思想感情。

2. 忧乐天下

忧乐天下是爱国主义的情怀，是人格美精神的伟大传统，激励着千百万仁人志士奋斗终生。

李调元心系江山社稷，秉承"安社稷，济苍生"的政治理念，从政生涯中政绩卓著，功不可没；他凭借文化自觉、自信、自强的文化理念，为传承和弘扬巴蜀文化（中华文化）做出了巨大的贡献；他挥动彩笔描绘了祖国的锦绣河山，激发了强烈的爱国主义精神。这一切都表现了李调元的爱国主义情怀和伟大的爱国主义精神。

（三）勤政廉政，刚直不阿

勤政廉政、刚直不阿是李调元人格美架构的另一个中心特质，也是他的人格美的另一个表征。

---

① 罗焕章：《李调元诗注》，巴蜀书社 1993 年版，第 590 页。

1. 勤政廉政

李调元勤政廉政的事例不胜枚举。他在吏部秉公办事，勇往直前，政绩卓著；在岭南培育人才，呕心沥血，硕果累累；在通永道上执行公务功不可没。李调元二十二年的从政生涯，真可谓勤于政务，毫不懈怠，曾得到乾隆帝的赞许，也得到部属的"铁员外"的好评。[①]

2. 刚正不阿

刚正不阿是李调元最宝贵的人格之美。前面已谈到，朝廷贪腐势力炮制了一系列危及李调元身家性命的严重事件。面对诬陷和打压，他总是毫不妥协退让，誓死与这些邪恶势力顽强抗争，这集中表现了李调元光明磊落、刚强正直的完美人格。

李调元在漫长的人生道路上特立独行，他爱奇嗜博、遨游四方，酷爱诗赋、醉心戏曲，刊刻经典、著述宏富，广藏典籍、重建书楼，革故鼎新、开拓创新等五大方面，连同前述的他的人格架构的三大方面，构成了浩然伟健人格美的大厦。

四、浩然伟健人格美的重大价值

李调元构建的崇高人格美的精神大厦，直如一座历史丰碑，千秋万世矗立在我们的精神世界，它的重大价值是永远都不会磨灭的。

（一）历史价值

李调元的人格美精神的历史价值，获得了有清一代数十位学者作家艺术家的首肯。诗坛盟主，诗人兼诗歌评论家袁枚热情地咏叹道："正想其人白如玉，高咏大作似黄钟。童山集作山中业，函海书为海内宗。西蜀多材今第一，鸡林合有绣图供。"[②] 袁枚在这里肯定了李调元的人格美及其辉煌成就。著名书画艺术家余集赞颂道："老前辈与随园老人正如华岳二峰，两相对峙。"这里，余集赞颂了李调元的人格美及其历史地位。著名学者、诗人程晋芳高度评价李调元的人格之美，指出："吾友李雨村……发为诗歌，嵚奇磊落，肖其为人。"在李调元逝世之后，著名学者、文学家姚鼐致哀联文是："生前忠节，似松凌霜雪；死后高风，如日月照天。"姚鼐全面评价了李调元的人格美，赞颂他的人格像青松凌霜傲雪，像日月经天，

---

① 詹杭伦：《李调元学谱》，天地出版社 1997 年版，第 37、56、63 页。
② 袁枚：《奉和李雨村观察见寄原韵二首》，《童山诗集》卷三十四，商务印书馆 1936 年版，第 70 页。

江河行地，与世长存。著名史学家赵翼无限深情地哀悼："遗世文章多卓见，平生事业足千秋。"对李调元人格美和历史功绩做了综合评价，他们的悼文可谓盖棺定论。

我们认为，李调元是古代人格美的范型。一是李调元道德高尚，情操高洁，品格崇高；二是他的思维敏捷，知识渊博，智慧超群，才华横溢；三是他审美高超，情趣雅致，求真向善，追求完美。考察李调元一生的懿德嘉行，他的道德人格、心理人格、审美人格等可以认定是很完美的，李调元人格美的认识价值、教育价值和审美价值是毋庸置疑的，他被誉称为有清一代的"蜀中三杰"，实质上是时人对他的人格美及其辉煌成就最高的历史评价。

（二）当代价值

李调元人格美精神是新世纪构建人格美的珍贵文化资源，它已经或正在发挥重要作用。

1. 借鉴价值

李调元志存高远、自强不息的人格精神，与当代倡导的刚健有为，自强不息的民族精神是一脉相承的；他的仁民爱物，忧乐天下的人格精神与当代倡导的爱国主义精神息息相通。当代倡导的改革创新的时代精神则是李调元革故鼎新，开拓进取人格精神的继承和发展。

我们认为，人格美是人格的诸多优秀质素有机融汇，它们之间有着紧密的内在的联系，是继承和发展的关系，只有站在时代高度创造性地继承和创新性地发展，转化为新时代人格美的成分，才能创建新时代人格美的英才。为此，我们应该而且必须珍视和借鉴这一人格美的优秀文化遗产。

2. 参照价值

李调元在构建人格美的过程中，展现了构建人格美的途径和方法。这种人格美的精神以及构建人格美的历史经验，必将给我们很多启迪。只要认真研究这些途径和方法，遵循构建人格美的规律和原则，提高自觉性，克服盲目性，就能在建构人格美的过程中少走弯路，培育出千百万人格完美的新时代的建设者。

李调元被评为四川省第二批历史名人。这是李调元氏二百多年前被时人誉为"蜀中三杰"之后，首次进入当代人的瑰丽的精神家园。这表明李调元巨大的人格魅力及其辉煌的历史功绩为当代人普遍认同，也表明当代人对他的深切缅怀和敬仰。我们一定要认真保护和深入发掘这份珍贵的人文资源，热切期盼李调元的精魂融入当代人的精神家园，培育对中华文化的自觉，自信和自强的理念，提升中华文化的软实力，为中华民族的伟大复兴，造就一批又一批人格完美的新时代的英才。

（作者单位：四川省德阳中学、四川师范大学新闻传媒学院）

第二篇
李调元与戏剧

浅论李调元在戏曲（剧）
理论及川剧形成中的建树与贡献

赖安海

四川多地（包括罗江县）东汉崖墓出土的陶乐伎俑、陶优伶俑展示出东汉时流行于蜀地的戏曲艺术。晋代左思《蜀都赋》有"羽爵执竞，丝竹乃发，巴姬弹弦，汉女击鼓"的记载。唐代"蜀戏冠天下"，广唱竹枝词。宋、元、明季四川戏剧活动繁荣。北宋蕲州禅宗五祖法演（绵州人）操蜀音作打瓦鼓式演唱罗江《巴歌》教化僧众；宋祁镇蜀时常于府内"命歌舞间以杂剧，纵乐达晨"而"民间首府畿县""优伶之戏甚盛"。元代四川，不但有优唱鼓吹，"四方奇技，幻怪百变"，"有川嗓、有堂声，皆合破箫管"。明代朱椿于洪武二十三年（1390）就藩成都，"独以礼教守南陲"，带动并促成了官宦人家的嗜爱戏曲之好。明代新都状元杨升庵在家乡自办家班演戏，并作杂剧《洞天元记》《太和记》等。明代陈铎有《嘲川戏》："一声蛮了一声畲，一句高了一句低"，"士大夫见了羞，村浊人见了喜"。记载民间戏曲之通俗。明嘉庆年间，四方寺庙广修乐楼，乡土演戏活动成了民俗时风，四川灯戏在乡镇酬神赛会中活动频繁。明代中叶后，传奇剧目流入四川，"伶人莫不唱《红梅花》"。以上所言四川戏曲非指后来形成的川剧。明末清初四川战乱不休，"人烟断绝凡千里"，"存者百仅一二"。康熙时，颁《招民填川诏》，湖北、湖南、江西、安徽、广东、福建、陕西第十七省向四川移民。至乾隆时，人口剧增，形成了"五方杂处""土客错居"的繁荣局面，各种南北声腔剧种亦相继流播四川各地。正由于南北各地多声腔的先后流入，并在长期发展演变中，与方言土语、民风民俗、民间音乐、舞蹈、说唱曲艺、民歌小调的融合，逐渐演变为具有四川地方特色的声腔艺术，从而促进了由昆曲、高腔、胡琴、弹戏、灯调等五种声腔组成的川剧的形成与发展。五种声腔中，除灯调系本土外，其余均为外地传入而逐渐演变。

　　川剧的形成，始于清代乾隆年间，定型于清末。然而，在川剧形成过程中，不得不谈到四川罗江人、清乾嘉时期复兴蜀学的全才大学者、诗人，巴蜀第一位最具影响的戏曲（理论）家、民俗学家、川剧导源人李调元（1734—1803，号雨村、童山）。他在中国戏曲理论上的建树及川剧形成中的贡献主要表现在：第一，传存和构建戏曲理论框架；第二，移植剧目、编写剧本，致力戏曲川化实践；第三，培养伶僮、组建戏班，逾州越县巡回演出；第四，与四川名伶魏长生（1744—1802）等结交，探讨戏剧表演艺术；第五，记录四川戏曲流布，寺庙道观乐楼戏台、乡间戏场设施，酬神赛会场境，褒掖伶人，"正鼓吹之盛事"，卓有成效地推动川剧的形成。本文拟就李调元戏剧观的形成、戏曲理论上的建树、推动川剧形成的贡献作如下浅谈。

一、戏曲情缘

（一）种下戏根

　　雍正十二年（1734）腊月初五，李调元出生于罗江县上村。时值"湖广填四川"大移民后期，"五方杂处""土客错居"，四川经济、文化复苏，日趋繁荣。修会馆、建庙宇，酬神演戏、节庆赛会尤为时新，地处蜀都门户金牛古道要隘、得江河灌溉之利的罗江此风尤盛。在这一环境中成长，善趣对的李调元打小就对戏曲有着极大的兴趣，开启了人生感悟、社会认识的心灵天窗。乾隆十三年（1748），十四岁的李调元写下一组《杂兴》诗，发出"人生一小天，天道固难晓"，"楚王爱细腰，饿死了不畏。太真号肥婢，临死犹涕泪。无盐入齐宫，转反人所弃。昭君在汉室，反使走胡地。有爱眇目者，反怪双目备。有爱半面者，转笑全妆累。人情好女色，爱憎亦多异。无怪忠奸互倒置"，"自以为是者，安望传后世"，"长笑土木偶，相争两非是"，"失者多由智，得者多由愚"，"流芳须百世，前愆乃可盖。遗臭万年者，恐不如儿辈"的感叹。标志着他的戏曲观的萌发，成为他后来戏曲研究的源泉与戏剧实践的动力。

（二）昆曲濡染

乾隆十七年（1752），李调元年十八，州、县院试具第一，取为诸生，遂为秀才。赴浙江父亲李化楠余姚县任所读书，再随父任转读于秀水。六年中（其间曾回川应乡试），李调元先后从浙江解元、姚江书院山长李祖慧学经术，举人俞醉六、名士陈学川、归乡的翰林院编修徐君讳习举子业，从归班候选的进士查梧冈、归乡在籍食尚书俸的诗老钱香树学诗，从画家陆宙冲习丹青。浙东余姚为明代思想家王阳明、黄宗羲故里，浙中兰溪又是前清具有中国戏剧理论始祖之称、以《十种曲》称著的李渔故乡。宋、明以来浙江文风鼎盛，听曲弄雅习为官绅所好。李调元问学浙江期间，一是痴书，凡川中未见之书皆央父亲购买；二是常同学友听演昆曲，尤喜李渔《十种曲》，颇得李渔戏曲理论、作品之精髓。发达的江南文化熏陶、雅部昆曲濡养，成就了他的人生观与戏曲观。乾隆二十三年（1758），李调元告别浙江回川前，再游杭州，作《南宋宫词》百首"记宫中行乐""无不讥讽征词，半借风谣规戒"。《清史列传·李调元》称："《南宋宫词》百首，论者谓不亚于厉鄂。"清代符葆森《寄心庵诗话》评云："可媲唐之王建，而与樊榭之《南宋杂事诗》并垂不朽。"

（三）京师票友

乾隆二十六年（1761）春，李调元赴京参加会试，副总裁观补亭收落卷，得李调元《礼经·鸣鸠拂其羽》文、《贤不家食》诗冠全场，拟前列，房考赵检斋坚持不肯，遂下第。但为正总裁刘统勋、副总裁于敏中所器，以副榜取为内阁中书，改学录。乾隆二十八年（1763），李调元再赴会试，中二甲第十一名，钦点翰林院庶吉士。翰林唱和三年，散馆，任吏部主事，擢考功司员外郎。在京的十六年中，李调元博览群书，广交名士，以才思敏捷、学识渊博为同僚称道。著有《看云楼集》《扈从集》，曾扈从乾隆东巡，所作《登泰山》诗，得乾隆首肯。这一时期，李调元痴书，好吟咏，并有听演戏曲之癖。不仅京中戏班，凡各省赴京戏班演出，无论雅部、花部，南昆、北弋，东柳、西梆，凡闻佳者皆往听演。乾隆三十九年（1774），四川名伶、金堂魏长生（字宛卿，因排行第三，人称魏三），率领秦腔戏班入京。魏长生唱西秦腔，"以胡琴为主，月琴伴之"，有别于"以梆子为板"的秦腔，扮小旦"善于传情"，又创化妆梳水头、贴片等。

首演《滚楼》引起轰动。先是，李调元听演其戏得以相识，力赞其艺，于京中翰林诸友中竭力推介。据《啸亭杂录》载："魏长生甲午岁（乾隆三十九年）入都，凡王公贵位，以至词垣粉墙（翰林院），无不倾掷缠头数千百，一时不得识魏三者无以为人。"魏长生在京期间，李调元常与其探讨戏剧演出的创新及声腔变化，至是结下深厚的情谊。这一时期，李调元与京中名伶多所接触，熟悉京中各戏种、剧目、角色、唱腔和流派。他的戏剧观走向全面成熟。

（四）沉潜粤风

乾隆四十二年（1777）秋，李调元外放广东学政。广东三年，李调元进入著书立说的高峰期。除编刊《袁枚诗选》五卷、著《雨村赋话》十卷课训广东生员外，还辑成《全五代诗》九十卷（后增至一百卷）、著录《岭南视学册》。视学广东各府州县期间，李调元十分重视地方民俗风情的调查与采录，对列入禁书的屈大均《广东新语》加以增删，辑成《南越笔记》十六卷。他对戏曲音乐美学情有独钟，对广泛采录民间男女对唱的情歌进行了整理，辑成《粤风》。李调元所辑《粤风》是广东、广西各族情歌集，也是中国第一部地区性的各族民间情歌专集。歌集收录了汉族（客家）情歌五十三首、瑶歌二十三首、俍歌二十九首、壮歌八首，分别编为粤歌、瑶歌、俍歌、壮歌四卷。《粤风》在中国各民族的文学史上占有一定地位，是民族学、民俗学、语言学等的重要研究资料。

（五）蜀赣才子戏曲契

李调元在京不仅与花部魁首四川名伶魏长生等交往，且与乾隆朝第一戏剧家、诗人、江西才子蒋心馀相交最契。蒋心馀，名士铨，号藏园，江西铅山人。乾隆二十二年（1757）成进士，改庶吉士。散馆授编修，充武英殿修撰官。乾隆二十九年（1764）乞假奉母南归。主讲蕺山、崇文、安定三书院。乾隆四十三年（1778）进京补官，供职国史馆，记名御史。患风痹症乞归。乾隆五十年（1785）卒于南昌藏园。乾隆中，蒋心馀与袁枚、赵翼以诗齐名，并称"三大家"，被誉为清代早期戏曲家李渔之后乾隆时期戏曲作家第一人。

乾隆二十六年（1761），李调元与赵翼同科会试。李落第，以副榜补国子监学录。赵中进士一甲第三，授翰林院编修。李调元为之执鞭（助教），交谊甚笃。赵翼为蒋心馀友，李调元得与之交。因共同的好吟咏、癖戏曲，"相交最契"。共同听演戏曲，品评京师花、雅各部，探讨元季以来戏曲走向与作品。乾隆二十八年（1763）李调元进士及第入翰林为庶吉士，次年蒋心馀奉母迄归。乾隆四十二年（1777）秋，李调元赴广东学政任，道出南昌，蒋心馀约李调元相晤，旋因蒋北上补官未能相见，遣子送杂剧、传奇《空谷香》数种。李调元舟中一一批点，作《新淦舟中江明府来谒，得蒋心馀太史士铨书，蒋于余相左于南昌，遣人以〈乐府〉追寄，藏园其诗稿也》诗记云："卧听邮签报水程，开窗已见挂铜疟。半篙绿水舟初动，一片青山树上行。空谷香中人去远，藏园稿里句堪惊。友生聚散真无定，又见澹台在武城。"乾隆四十七年春，李、蒋二人相别十六年后终于再次相见于北京顺城门抚临馆，遂为永别。李调元后来著《雨村诗话》《雨村曲话》评蒋心馀诗、戏曲及记其交往事五则，以《雨村曲话》所述最详，卷下第四十七则云：

> 铅山编修蒋心馀士铨曲，为近时第一。以复有诗书，故随手拈来，无不蕴藉，不似笠翁辈一味优伶俳语也。余往粤东，过南昌，其时蒋已入京，其子知廉来谒。问其诗，已付水伯。以所著《空谷香》《冬青树》《香祖楼》《雪中人》四本见贻。余诗曾有"《空谷》香中人去远"之句，盖怀心馀也。舟中批点一过，不觉日行数百里，但见青山红树，云烟奔凑，应接不暇，扬帆直过十八滩，浑忘其险也。心馀与余交最契。其在补官也，为贫而仕，非其本怀。壬寅（乾隆四十七年）相见于顺城门之抚临馆，欢甚。曾许题余《醒园图》。未几，病痹，右手不能书。今已南归矣，然闻其左手撰十五种曲，未刊。蒋与武陵袁枚，时人有两才子之目。晚年俱落落不得志。余尝选二家诗为《袁蒋探骊》，不果。袁诗曾为选刊粤中。蒋诗竟弃波滔，良可惜也。

李调元与乾隆"三大家"袁枚、赵翼、蒋心馀皆有所交，与袁、赵皆重以诗文。与蒋独以戏曲观相近而最相契。

二、古今一场戏

乾隆四十六年（1781）正月，李调元广东学政任满回京复命，"奏对称旨"。乾隆命赴直隶通永道任。通永道道署设通州，去京咫尺。时乾隆修《四库全书》，全国各地未见之书骈集麋至，编辑者姚鼐等多为李调元京中翰林旧友，得借天府藏书之副本，对蜀中诸耆旧著作，刻意收罗，每得善本，且雇胥抄录。本年秋，李调元购枣木，着手刊刻《函海》丛书，以为复兴蜀学之举。乾隆四十七年，《函海》开雕。是年李调元撰成《雨村词话》《雨村诗话》（二卷本）《雨村曲话》《乐府侍儿小名录》，辑成《剧话》《弄谱》，一并附于壬寅刊本之后。《曲话》《剧话》将清代戏曲（剧）研究推向了新的高度，从而开创了戏曲（剧）全新的美学思想，奠定了李调元在戏曲研究史上的领先地位。

（一）著《曲话》二卷

李调元《曲话》二卷。上卷评论元代作家作品，下卷评论明清作家作品，卷首载《自序》。该书首刊于乾隆四十七年秋开雕的壬寅《函海》本。同年十二月，李调元因送《四库全书》黄箱沾湿，与永平知府相互攻讦罢官入狱。次年三月出狱，《函海》二十函本刻于是年。《曲话》下卷最后一条载蒋心馀事，据此，《曲话》当在四十七年春相会后数月《函海》已开雕、因攻讦入狱前完成。《曲话》一开曲论风气之先，详述曲之社会功能，曲之审美价值取向。

其在《自序》中首以"予辑《曲话》甫成，客有谓予曰：'词，诗之余；曲，词之余。大抵皆深闺永巷，春伤秋怨之语，岂堂堂学士之所宜有！况夫雕肝琢肾，织心淫荡，亦非鼓吹之盛事也，子何为而喷喷不休也？'"李调元假客（士大夫）之口谓曲为"深闺永巷，春伤秋怨之语""织心淫荡，非鼓吹之盛事"设问立论。对以上士大夫中对曲普遍存在的错误观点，批驳道："然不夫尼山删诗，不废《郑》《卫》；辅轩采风，必及下里乎？夫曲之为道，达夫情而止乎礼义者也。凡人心之坏，必先由于无情，而后惨刻之祸作。若夫忠臣孝子，义夫节妇，触物兴怀，如怨如慕而曲生焉。出于绵渺，则入人心脾；出于激切，且发人猛醒。故情长情短，莫不于曲寓之。人而有情，则士爱其缘，女守其介，知其则而止乎礼义，而风醇俗美；人而无情，则士不爱其缘，女不守其介，不知其则而放乎礼义，而风不醇、俗不美。故夫曲者，正鼓吹之盛事也。彼瑶台、玉砌，不过雪月之套辞，芳草、轻烟，亦郊原之泛句，岂是以语于情之正乎？此予之所以不能已于话也。而何诮之深也？"继针对其诡辩："是则善矣，子之言未必其无弊也，乃执月且以平章曲府，司三寸管低昂之，得无过当乎？"再驳云："人之善，非己之善也；人之恶，非己之恶也。双眸具在，亦视乎其人之眊与不眊而已矣。"

李调元的《曲话·序》，是对《曲话》上下卷的提炼和总结。以孔子编选《诗经》三百零五篇，不废《卫风》讽刺贵族腐化堕落的习俗之歌，不废《郑风》反映民间爱情生活之歌论起。孔子编选商周时期流传下来的诗歌，集成《诗经》，大多都采自里巷民间。李调元论曲，强调"曲之为道""达夫情""寓人有情""入人心脾""发人猛醒""止乎礼义""醇风俗美"的"正情"说，"正鼓吹之盛事"。反对"风花雪月""郊原泛句"之所谓的"情正"说。其在《曲话》中指出："作曲需体贴人情""最忌出情理之外"是作曲必须遵守的准则。李调元"正鼓吹之盛事"，醇社会之风气、美民俗之大化的"正情""教化"学说，阐明了戏曲的功能、规范了戏曲的发展方向；"作曲需体贴人情""最忌出情理之外"的文艺美学论，规定了戏曲创作原则。李调元戏曲论，对于今天坚持文艺工作"为人民服务、为社会主义服务""二为"方向，以及"宣传正能量"、纯净社会风气无不具有指导意义。"醇风美俗"自是全面建成小康社会的必然。

（二）辑编《剧话》二卷

《剧话》二卷。上卷多引前人论述，漫谈戏剧之制度改革；下卷则杂考各剧本事出处。书中关于"弋腔""秦腔""吹腔""二黄腔""女儿腔"等新兴地方剧种腔调的记述，为戏剧史尤其是川剧史的宝贵材料。该书收入李调元《函海》四十七年（壬寅）和四十九年（甲辰）本。乾隆四十七年秋李调元撰成《曲话》将付梓，觉论戏曲之《曲话》未能尽道戏剧之要旨，乃辑所见浙江仁和举人翟灏《通俗编》卷十九、卷二十所载戏剧沿革、戏种、流派、剧目、角色、腔调、行当、器乐等八十一则辑汇为《剧话》二卷，以"序"总领，阐述自己的戏剧论。对戏剧予以定义，说明其性质、功能、特点及在社会教化中的作用，开宗明义"古今一戏场"的戏剧唯物美学史观，进一步升华了他的"人生如戏"的戏剧理论。其序曰：

> 剧者何？戏也，古今一戏场也。开辟以来，其为戏也多矣：巢、由以天下戏，逄、比以躯命戏，苏、张以口舌戏，孙、吴以战阵戏，萧、曹以功名戏，班、马以墨戏；至偃师之戏与鱼龙；陈平之戏也，以傀儡；优孟之戏也，以衣冠。戏之为用，大矣哉！孔子曰："《诗》可以兴，可以观，可以群，可以怨。"今举贤奸忠佞，理乱兴亡，搬演于笙歌鼓吹之场，男男妇妇、善善恶恶，使人触目而惩戒生焉。岂不亦可兴、可观，可群、可怨乎！夫人生，无日不在戏中，富贵、贫

贱、夭寿、穷通。攘攘百年，电光石火，离和悲欢，转眼而毕，亦如戏之倾刻散场也。故夫达而在上，衣冠君子戏也；穷而在下，负贩小人戏也。今日为古人写照，他年看我辈登场。戏也，非戏也。尤西堂之言："《二十一史》，一部大传奇也。"岂不信哉！夫百间之屋，非一本之材也；五侯之鲭，非一鸡之跖也。书不多不足以考古，学不博不足以知今，此亦读书者之事也。予恐观者徒以戏目之而不知有其事，遂疑之也，故以《剧话》实之；又恐人不徒之因有其事，遂信之也。故仍以《剧话》虚之。故曰：古今一戏场也。

在艺术上，英国莎士比亚（1564—1616）虽早在李调元一百七十年前就提出"世界为舞台，人类为俳优"的论断，但不可能在李调元生活的时代传入中国。"古今一戏场"的提出，当是李调元在编《函海》，刊杨慎著作《异鱼图赞》时受到的启发。杨慎在卷一《鲲》中说："余曾谓天地乃一大戏场，尧舜为古今第一大净，千载而下不得其解。皆矮人观场也。元儒南充范无隐有是说，而余推衍之。"元朝四川南充人范无隐所言早莎士比亚百年。李调元据杨慎之论更推衍之，发扬光大其论。"古今一戏场""夫人生无日不在戏中"是李调元戏剧思想的核心。他说："剧者何？戏也。"是说"剧"是艺术上的虚构，"故以《剧话》虚之"。又说："剧者，非戏也。"是说"剧"不是假的，普遍存在于人世间，是光怪陆离的社会生活的重现，来源于现实生活。他所说的戏剧"实之"，乃指社会生活于有形；他所说的戏剧"虚之"，乃指舞台艺术上的虚构再现。特别指出的是，他把戏剧的作用与《诗经》相提并论。指出：戏剧不是邪门歪道，而是宣扬忠孝节义、礼义廉耻，齐家治国平天下的经国大道。所说"举贤奸忠佞、理乱兴亡，搬演于笙歌鼓吹之场""使人触目而惩戒生焉"。拿今天的话说，诸如：权者勤政为民戏，清正廉洁戏；贪腐、买官卖官受贿戏；弄虚作假、作秀戏，图谋升迁戏；扶贫戏；艺人中之戏中戏；等等。世上有，戏上有。彰善惩恶、弘扬正能量，乃戏剧之要旨。"古今一戏场"，人生无日不在戏中。天地大舞台，舞台小天地。"今日为古人写照，他年看我辈登场。"李调元"古今一戏场"的戏剧思想，可谓振聋发聩，实戏剧美学理论之集大成者，前追古人、后启来者，"正鼓吹之盛事"，发前人之未发，实过于前清李渔。其戏剧论堪称后世戏剧创作垂范之指南，戏剧、歌舞、影视等文艺创作上的矜式，使人在美的艺术享受中生情、感悟，不自觉地在"情"中受到教化，规范行为，"醇风美俗""大矣哉"！

三、川剧导源人

乾隆五十年（1785）四月底，李调元归居罗江（已改绵州）的醒园。先是，乾隆三十九年，李调元任吏部考功司主事，掌进呈百官升降记注循环簿时，革除陋规，拒绝向内呈太监高云从送礼，招高责难，李扭其见圣上，高逡巡而去，自此私窥礼遂去。此事后被乾隆所知，查出高泄露百官升降事被诛，大员牵连者众，众官服其刚直。次是，乾隆四十一年冬，李调元吏部考功司员外郎任因补官画押事，查出乾隆允准奏折，坚持将原画押销去，得罪掌印司官满人永保，大学士舒赫德和阿桂强令李调元补画，遭李拒绝。舒、阿令永保拟折以李调元受贿送刑部制罪未果，年终京察，舒、阿以李顶撞大员填入"浮躁"被免官。按制，京官被免后当引见圣上。乾隆在审看年度京察罢免的官员名单时，见李调元名，令军机处大学士傅恒转吏部堂官回奏，大学士程景伊复查后回奏李调元不画押顶撞上官事，并无别情，且办事勇往。旨下复官，京中官员皆称其为铁员外。再是，乾隆四十七年，李调元通永道任上奉钦差送《四库全书》一份至盛京（沈阳），因遇雨沾湿黄箱，李调元欲追究卢龙知县郭棣泰失职及永平知府弓养正不听调遣之责。直隶按察使郎若伊与弓、郭皆山西人而徇庇，时李调元死敌永保已升任直隶布政使，趁机怂恿，暗示弓、郭等相与合谋搜集可治李调元罪之凭据。永保又挑唆和珅妻子的外祖父、大学士兼直隶总督的英廉，命弓养正与李调元相互攻讦。英廉与前暴卒的大学士舒赫德本为同党，早欲置李调元死地而后快。不等查实，英廉即参李调元罪。乾隆闻奏怒，旨下，李调元被收监，充军伊犁；弓养正革职发往军台效力、郭棣泰亦罢官，永保坐收一箭双雕之利。时英廉调任回京，郎若伊暴卒。复任直隶总督的袁守侗素知李调元，面禀乾隆帝，以李调元为四川才子，其母老，愿以金赎罪。得圣允准，并准其复官。李调元出狱后，变卖家产，四处借贷，交纳赎金白银两万两。乾隆虽准其复官，由于和珅当权，复官当以贿进，李调元拒绝行贿入和党，逗留通州书院教书。乾隆四十九年（1784）十一月，李调元得吏部照，准于回乡。

李调元归乡后，"不为利疚，不为威惕"，力于四川文化复兴。一是著书立说，继续编刊《函海》；二是课训伶僮，移植搬演剧目、编写剧本，逾州越县巡演，"醇风美俗"，推进昆曲、高腔、胡琴、弹戏与地方灯调的融合，走向川化。

（一）课教伶僮

初回乡时，李调元招募伶僮，一面讲授文化课，一面教习昆曲。聘侨寓成都的江苏人、著名伶师邹先生于醒园课僮。自吟云："世事无非戏，何妨偶作谈。先生实苏产，弟子尽川孩。书塾兼伶塾，英才杂俊才。小中堪见大，此亦费栽培。"（《戏作》）回乡之初，他一度经济拮据，曾感叹道："但使笙歌续，焉知米瓮残。朝来一鼓吹，又缺半年餐。"（《移居醒园》）李调元回乡之初除办伶班外，谢绝了锦江书院之聘，于醒园还办了个儒学班，收门生九人，曾欣作《喜门生董睿昌试得案头》诗："谢绝锦江书院聘，却来村塾振金声。乘闲巧试春风手，高掇难居化雨名。康海席前皆乐府，马融帐前尽门生。他年造就若不负，定说真才自我成。"从其学的董睿昌、夏之时、颜名典、陆康、张士慊一年而成诸生（秀才），诸生蔡晓声、李怿一年而补廪。惜李调元志在潜心著述，力于四川戏曲的革故鼎新。经济状况好转后，他停办了儒班。碑刻《醒园遣兴》诗二首："笑对青山曲未终，倚楼闲看打鱼翁。归来只在梨园坐，看破繁华总是空。""生涯酷似李崆峒，投老闲居杜鄠中。习气未除身尚健，自敲檀板课歌僮。"

（二）搬演、移植剧目，编写剧本

经过几年的伶僮培训，李调元在此基础上组建起戏班，先后移植搬演了李渔的昆曲《奈何天》《比目鱼》《蜃中楼》《怜相伴》《风筝误》《慎鸾交》《凤求凰》《巧团圆》《玉搔头》《意中缘》，友人蒋心馀歌颂民族英雄文天祥的《冬青树》及《空谷香》《香祖楼》《雪中人》等。他在搬演、移植剧目中，尽可能加以川化。又亲自编写并自导排演了弹戏《春秋配》《梅绛袍》《花田错》《苦节传》四大本。现代著名文学戏剧史论家、散曲作家、剧作家卢前（1905—1951），在1935年出版的《明清戏曲史》中评价说："绵州李雨村调元，曾作四种，犹临川之有四梦（汤显祖《牡丹亭》《紫钗记》《邯郸记》《南柯记》）。雨村不用一神仙，尝引以自豪。其作《春秋配》时，至贼掳女上山时，无以解围。见窗外寒梅，忽有所得。于是托女索媒证于贼。悬崖有梅花一株，贼方折枝登树，女投石而贼坠，女遂逸去。其叙女之门第，词尚洁：'客问：你家住哪里？'女曰：'家住在、陆郡庄，奎星楼下。门墙外，有几株，桃李交叉。'又问：'尊父何人？'曰：'我的父，字姜尧，字德化。为家贫，苦生计，贸易天涯。'云云。此'三三四'十字句法者，花部所习用者也。不若南北曲之有定调，使俗士为之，往往不能成文。凡所著录，皆此中之雅词也。"李调元《春秋配》

中的奎星楼、陆郡庄之名皆采自罗江。罗江南街奎星楼，为其父李化楠乾隆三十一年（1766）从天津北路同知任回乡丁母忧时，协助罗江知县杨周冕所修，今仍存。陆郡庄为醒园北南村坝乡绅陆见麟庄园，园有古红梅树一株，花开二色，远近闻名。至于剧中的乌龙岗、青石洞皆位于醒园不远处。李调元故里至今流传着有关他在编写《春秋配》至《掀涧》一节时，坚持"最异情理之外"的创作原则，煞费苦心却未所得，一日牵小孙外出踱步，见陆氏园梅花盛开顿生灵感的故事。《春秋配》《梅香褒》《花田错》《苦节传》为川剧弹戏经典，由于今未见李调元著述中有关以上四大本的记载，学界列入存疑，但公认至少是经过李调元改编而成。继卢前后，1943 年第一卷第二期《戏剧月报》刊黄艺刚的论文《川梆子的导源人——李调元先生》更对李调元推进川剧的形成予以了充分肯定。

在剧本的编写上，李调元坚持"情之正""人之妍，非己之妍也""人之媸，非己之媸"的戏曲创作原则。对沽名钓誉作秀的官宦更是嗤之以鼻。乾隆五十七年（1792）春，李调元前往少时曾从其学的已故翰林、原锦江书院掌教高白云先生旧居访其后人。金堂陈知县闻蜚声文坛剧苑的李翰林到县，亲邀游观金堂名胜，又设宴演戏隆重款待。宴饮间，陈县令恬不知耻恳请李调元为其作《陈青天传奇》，借以诓世扬名。李调元当即推却，作诗相劝道："云顶召见已遍游，行縢何意又攀留。虚名每愧陈蕃榻，佳句谁得李白楼。祸福无凭皆自召，功名自定只看优。若将我辈登场演，粉面何人可以侔。"李调元离去，陈知县不听劝，乃自为之。此被上所知，罢职去任。金堂陈县令自撰《陈青天传奇》被免官事传出，四川文坛剧苑皆引李调元诗为佳话。

（三）逾州越县巡回演出

李调元在培养伶僮的基础上办起伶班两部（雅部、花部），乡人称翰林班。从他的记述中得知，优秀者有班伶书官、钱官，优僮贾长官、陈忠、戴富顺，最出挑的一名叫九儿。乾隆五十四年（1789），李调元堂弟李鼎元由京师回乡丁父忧，曾观看堂兄伶班演出，赞兄之"伶僮九儿善歌"（李鼎元《师竹斋集》）。

李调元伶班侧重习昆曲（雅部），兼演高腔、弹戏（花部）。据资料，李调元伶班先后排演了《红梅记》《十五贯》《汉贞烈》古典剧，李渔的昆曲十种，蒋心馀的《冬青树》等四种，自己编导的《春秋配》等四大本，逾州越县演出。其在《雨村诗话》卷九中说："余家有二园（醒园、囷园），忽涌《冬心》绝句云：'御红千盏抵千团，园主轻抛客恶滩。三载归来归便去，花开却让别人看。"又，前锦江书院学友、乾隆二十四年同科举人、乾隆二十五年进士、官至礼部员外郎，崇尚理学的锦江书院掌教姜尔常举荐李调元代己，邀寄云："三年奚不到蓉城，高居吟坛作主盟。一席锦江君就否？歌声听罢又书声。"李调元作诗谢绝云："野鹤山猿不易收，只宜林下任悠游。少年从未居函丈，老命何堪换束修。况有笙歌蛙两部，难离奴婢桔千头。函诗寄往姜夫子，病马如今不受鞭。""傅粉涂朱满面描，当年同院本轻佻（此忆乾隆二十四年锦江书院事）。谁客绛帐兼携乐，肯为皋比遣爱娇。能坐岂无时雨化，出行常畏朔风飘。迩来更难人为暖，只恐书生认宋朝。"从李调元答姜尔常诗，可知李调元的"笙歌蛙两部"，即雅部与花部两个戏班，昆高胡弹灯同台催生了川剧的形成。

　　李调元带领戏班外出演戏，常骑一黑驴，其驴亦谙音乐，每遇家僮登台演剧，甫唱便旋转而行，唱完即卓然而止，疾徐俯仰，能应节奏，人皆异之。所搬演李渔所著十种曲，如星卿云，争先睹为快。《比目鱼》剧本后有自题诗："迩来节义颇荒塘，尽把宣淫罪戏场。思借戏场维节义，系铃人授解铃方。"凡有问李调元为什么有演戏之癖者，他皆诵此诗以答（《童山文集·四桂先生传》）。

　　李调元戏班逾州越县，先后到过安县、彰明、绵竹、汉州、什邡、彭县等地演出。曾作《小坝中秋》诗："生涯强半客他州，何处乡风不可留。地入大安云满袖，天开小坝月当头。赛祠戏散台仍在，打稻人忙市早收。村饼山梨聊过节，一年难过是中秋。"山村农事稍晚，中秋正农忙，中秋节庆"赛祠戏散台仍在，打稻人忙市早收"的风情画跃然其间。嘉庆元年（1796）初夏，罗江河村坝举办青苗会祈雨，会首邀李调元翰林班酬神演戏。锣鼓刚一敲响，大雨倾至，村人喜甚。李调元纪以诗："本因祈雨酬神戏，翻为雨多酬不成。赢得豚蹄兄妹供，腰台多谢社翁情。"另有诗记团堆坝（今调元镇文星场）观戏盛况："一龛同佛听笙歌""戏场人散蔗皮（甘蔗皮）多"。亦有《入安县界牌闻禁戏答安令》："闻子当年宰武城，割鸡能使圣人惊。前言戏耳聊相戏，特送弦歌舞太平""昔日江东有谢安，也曾携伎遍东山。自惭非谢非携伎，几个伶儿不算班"。刺之。

　　在戏剧演出上，李调元别出心裁创造性地进行了一场实境演出。罗江士绅陆见麟庄园有一株先祖栽种的红梅树，色分深浅，为燕支、点绛二种接成。每年春开，灿若赤雪。陆见麟为李调元先父李化楠门生，曾随化楠公任会董参与罗江奎星楼的修建，中秀才后弃科举效先祖陆上人居田园以为陶潜之乐。乾隆六十年（1795）正月初七人日，陆见麟邀李调元及绵州文朋诗友赏梅。李调元携家乐于红梅树下实境演出《红梅传奇》。陆见麟置酒园中，文朋诗友把酒听演，如醉如痴。听演中，李调元口占一律云："一种春风两样分，漫言春色夺缤纷。浅深绛染江边雪，远近棍烘岭上云。人倚栏杆同笑语，天教阆苑入芳群。当筵更奏红梅曲，要算霓裳再得闻。"李翰林红梅树下搬演《红梅传奇》及口占诗遂成传奇。绵州知州王云浦首以诗寄和，继而绵竹县令杨实之、什邡县令甯相维、彰明县令马海门陆续寄和，于是远近闻之，自仕宦缙绅，以至释道女媛，和者不下数百人。其寡居三十年的大妹李小兰亦和兄诗云："鸳鸯一树被风分，无叶扶持落自纷。晚节谁怜人似雪，晓妆懒逐女如云。红颜薄命多新感，白发回首忆旧群。骤雨狂飙今渐少，忽闻兄句到门闻。"其妹和诗令人读来坠泪。陆见麟将诗汇为《红梅唱和集》刊行，遂为四川艺坛一大盛事。

四、文坛剧苑双唱绝

四川罗江人李调元，为清乾嘉时期文坛主盟、巴蜀第一戏曲（理论）家、民俗学家、川剧导源人；四川金堂人魏长生，为清乾嘉时期四川剧苑魁首、推动川剧形成的主将。二人共同引领了四川地方戏剧的革故鼎新，催生和推进了川剧的形成。二人皆卒于嘉庆七年（1802），一卒于舞台、一殉于书，双双唱绝四川文坛、剧苑。

乾隆三十九年（1774），魏长生率领戏班入京，李调元时任吏部主事。二人因戏之缘得以相识于京师，一见如故。魏以《滚楼》一出轰动京师，京师花部为之一新。李对魏梳水头、贴片的化装艺术，表演中吸收四川民间灯会的踩高跷，创新月琴伴唱使秦腔的声腔变为柔美等三大做派大加赞赏，在翰林京官票友中大力推介。据李调元《雨村诗话》所忆，二人曾讨论花、雅两部各戏种的唱腔、角色、行当及表演技艺，品评京师各大戏班的优劣。乾隆四十二年，李调元外放广东学政，魏长生亦回四川。乾隆四十四年魏长生再次进京，当时秦腔戏班"双庆部"上座率极低，魏勇担大梁，再次出演《滚楼》，观者如堵，一举再次掀起魏旋风，被称为"野狐教主"。乾隆四十六年正月，李调元广东学政任满，回京述职。李、魏二人在京师当短暂相会。此时魏长生的西秦（琴）腔，在当年李调元力挺下已进一步川化，被称为川秦（琴）腔。乾隆四十八年春，李调元于直隶通永道任上遭陷害罢官入狱。乾隆五十年春赎归四川罗江，居醒园潜心著述、自敲檀板课伶僮，力于蜀学复兴，四川戏曲的革故鼎新，"宣桑梓之邦""醇风美俗"。在李调元离京这一年，京师六大戏班的后台多为皇室显贵，他们视京腔、昆弋等雅部为正统。目魏长生川秦腔等花部为邪门，步军统领五城出示禁演秦腔。乾隆五十三年，魏长生毅然离京下扬州。魏长生到扬州后，又以魏腔风靡扬州。苏州戏班邀其到昆曲发祥地苏州演出，江南伶人皆来学习演技和跷工、梳水头、贴片。所创西（川）秦（琴）腔，"徽伶尽习之"。

乾隆五十七年（1792），魏长生遭遇仇家陷害，"以事押回原籍"。魏长生购园卜居于成都东较场附近。于是，李调元与魏长生等共同推动了四川地方戏曲的发展。李调元在《雨村诗话》（十六卷本）中写道："近日京师梨园以川旦为优，人几不知有姑苏矣！如在京者，万县彭庆莲，成都杨芝桂，达州杨五儿，叙州张莲官，邛州曹文达，巴县马九儿，绵州于三元。而最著者为金堂魏长生，其徒成都陈银官次之，几于名震京师。《燕南小谱》云：'长生名宛卿，昔在双庆部，以《滚楼》一出奔走豪儿，士大夫亦为心醉。其他杂剧胄子，无非科浑海淫，一时无人过问，真可为长太息者。壬寅（乾隆四十七年）秋奉禁入班，其风始息。虽与银官改分永庆，亦稍杀矣。而桂官与刘安官亦沿习丑状，以博时好。余谓魏三作俑，可称野狐教主，伤哉！幸年届房老，近见演《贞烈》之剧，声容真切，令人欲泪。则扫除脂粉，固犹是梨园佳子弟也。郊颦者当先有其真色，而后可免东家之诮耳。诗云：媚态绥绥别有姿，何郎朱粉总宜施。自来海上人争逐，笑而翻成一世雌。'其论如此，而名以著矣。未几，魏与陈（其徒银官）以事押回原籍，余归田往成都，曾于新都见陈，非复前观矣。过金堂，魏三曾以书来约一见，余有诗云：'魏王船上客，久别自燕京。忽得锦官信，来从绣水城。讴推王豹善，曲著野狐名。声价当年贵，千金字不轻''傅粉何平叔，施朱张六郎。一生花底活，三日坐中香。假髻云霞腻，缠头金玉相。《燕兰》谁作谱，名独殿群芳'。""魏王船"借用曹公载伎船游典故，借以切合魏长生姓氏、职业、隐约点染出魏三的名旦身份。"久别自燕京"是回首当年在北京的交往。"锦官"代指蓉城成都，"绣水"是金堂县的别称，诗句倒装，意即我来到金堂城，忽然得到魏长生从成都送来约见的信。王豹句：引《孟子》"王豹处于淇，而河西善讴"的春秋歌坛著名巨星故事，既与"野狐"巧对成趣，又暗寓对"野狐教主"（花部魁首）魏长生推动四川戏曲的殷切期盼。

乾隆三十二年（1767），涪江大溢，绵州城大半被冲毁。乾隆三十四年，清政府撤罗江县，改罗江为绵州本州，迁州治（乾隆三十五年绵州州署正式移住罗江城），将原本州（今绵阳市涪城区、游仙区）并入，原州城改金山驿。绵州迁治罗江至嘉庆七年（1802）平息白莲教起义事，迁回旧州金山驿（今绵阳市区）止，三十三年间，位于成都门户蜀道古城的新绵州（时之罗江城，史称新绵州）经济、文化发达，戏曲演出空前繁荣，时本州人于三元、王升官更是名于蜀。大约在乾隆四十六、四十七年间，于三元、王升官先后离开新绵州出川入京演出，与金堂魏长生皆列花部名角、艺冠京师。乾隆京师著名戏曲评论家吴长元《燕南小谱》对二人皆有专评。于三元与王升官先后赴京时，李调元已罢官入狱，出狱后不久便归居绵州（罗江）醒园。李调元与于三元、王升官虽同为时之绵州人，却未能相见，在川剧史上留下了永远的遗憾。

嘉庆五年（1800），魏长生第三次入京献艺，时已五十七岁。这次复出，在"三庆部"挂牌主演《香莲串》《烤火》《大闹销金帐》等西秦腔剧目。他在京师舞台上呕心沥血耕耘，终于不支。嘉庆七年，魏长生"夏日搬演《表大嫂背娃子》，下场气绝""将军马革裹尸，伶人以声殉艺"。卒年五十九岁。

也就是嘉庆五年这一年的春末夏初，白莲教义军攻至绵州涪江北岸。李调元避乱成都，位于新绵州（罗江）老家的万卷楼忽遭土贼所焚。"白日变阴晦""半生经手写""一任化飞埃"。李调元一恸几绝，几欲死。好在陆续刊刻的《函海》板片另贮一楼尚存，为了完成"天下共宝之"传承中华文化、复兴蜀学的夙愿，他顽强地挺了下来，以最后的生命时光于嘉庆六年（1801）完成了《函海》四十函一百六十五种八百七十三卷、《续函海》六函十种六十二卷的编订。嘉庆七年秋，《函海》最后一函《罗江县志》开雕，至此一生所著，已逾七十九种六百六十五卷之多。11月3日重建的小万卷楼落成，李调元写下"我愿人到老，求天变作草。但留宿根在，严霜打不倒"的绝笔，溘然长逝。"著述留天壤，功名付太虚。"嘉庆七年腊月二十一日（1803年1月14日），李调元与世长辞，终年六十九岁。

嘉庆七年，四川文坛、剧苑双星陨落。一代文宗、川剧导源人李调元，魂萦天府；一代剧苑魁首、推动川剧形成的主将魏长生，唱绝京华。

（作者单位：德阳市罗江区文旅局）

李调元与乾嘉时代的川剧

张学君

李调元学识渊博，著述等身，但他不同于一般皓首穷经、心无旁骛的儒学之士，他有旺盛的求知欲望和十分广博的兴趣爱好，尤其对植根于民间文艺宝库的戏曲艺术，兴趣极浓，时有涉猎。一直到退隐回乡，他才得以沉浸在自己喜爱的戏曲艺术之中，至死不渝。

在李调元的有生之年，对川剧五大声腔中的雅部昆曲着力尤多；在与花部声腔交流过程中，对高腔、弹戏、胡琴戏喜爱有加，还组建新的花部伶班，专门排演精彩大戏，并着手改编了不少传统剧目。这期间，他与戏曲名家魏长生的交谊，对川剧艺术的形成有重要意义。

一、在家乡创办昆曲伶班

要知道李调元为何在家乡罗江创办昆曲伶班，得从明清时期昆曲的流行情况谈起。昆曲起源于元末明初，创始人顾坚，自号"风月散人"，寓居江苏昆山，所创曲品被称为"昆山腔"或"昆曲"。及至明嘉靖年间，经戏曲音乐家魏良辅、剧作家梁辰鱼及其他艺人改良创新，形成独特剧种。昆曲取材于乐府、杂剧，有浓厚的传奇色彩。

昆曲唱词骈俪典雅、文采飞扬、韵味无穷；曲调细腻婉转、幽雅动听，有"水磨腔"之称。唱法讲究行腔多折，"一字之长，延至数息"①。伴奏乐器有箫、笛、笙、琵琶、檀板等。同时，在舞台艺术方面，继承了宋元以来的戏曲遗产，创造出近乎完美的表演艺术体系，对清代以来的南北各地许多戏曲的形成具有重要影响。

清代前期的成都，随着南北各省移民汇集、城市工商业繁荣，娱乐业出现了兴盛局面。苏昆已随江苏、浙江等省移民传入四川。当时流寓成都的江南籍官员、幕僚较多，对昆曲情有独钟；本土官员、文人、学者，也因昆曲声腔优美、文辞雅训，喜欢观赏，被尊为"雅部"。作为阳春白雪的昆曲，摘取了锦城娱乐业的桂冠。面对花部秦腔、石碑腔、弋阳腔、楚腔荟萃的成都戏曲舞台，"梨园共尚吴音"。②

当时的曲会大多在官宦贵胄的府邸、私宅举办，谓之堂会。新年节庆、花朝月夕，一般省城督、抚两司署内例有堂会，或自养戏班，或雇用外间戏班演出。堂会事宜"多由首县承办"③。四川总督署的堂会，自然由成都、华阳两首县轮流坐庄。每次演出，司道、大府、首县毕集，幕僚、清客如云，江南籍官员往往携带眷属赴会。男宾女眷中，不少人熟悉声乐、唱腔，演出时，或跻身乐队，敲击檀板、丁宁，吹奏箫管、短笛，或客串剧中角色，各展其长，场面十分热闹。

乾隆时期，成都最活跃的昆曲演出团体"舒颐班"常在督署演出，著名昆曲演员彭四"扮生丑戏，机敏圆活"；花旦曾双彩"初出台时，貌美如花，一时无两，亦颇能画山水花草，见者欲以八百金买出之，班主不从。今彭、曾俱在舒颐班中"。他们的演出既为观众喜爱，也颇得川督保宁欢心。乾隆五十二年（1787），保宁奉旨赴新疆督察屯户增拨地亩，曾经四次前往伊犁，驻节时间长达数年，彭四等名角都"随侍"左右。这批伶人后来回到成都，"技痒度曲，不惯闲也"。④

由此可知，在成都剧界，昆曲是一枝独秀，在文化素质高的观众中，

---

① （明）顾起元：《客座赘语》，转引自张学君、张莉红：《江苏昆曲融入川剧的历史考察》，四川省民俗学会、四川省川剧理论研究会、四川省川剧艺术研究院编：《川剧文化研究》，四川人民出版社 2007 年版，第 230～234 页。

② 焦循：《花部农谈》。

③ 王先谦：《东华续录·嘉庆》仁宗四年五月谕旨："民间扮演戏剧，原以藉谋生计，雇觅外间戏班演唱，原所不禁；若署内自养戏班，则习俗攸关，奢靡妄费，并恐启旷废公事之渐。况渐闻近年各省督、抚两司署内，教演优人及宴会酒食之费，并不自出己资，多系首县承办。首县复敛之于各州县，率皆腴小民之脂膏，供大吏之娱乐，辗转苛派，受害仍在吾民。"

④ 转引自林孔翼辑录：《成都竹枝词》，四川人民出版社 1982 年版，第 48 页。

具有特殊魅力；士大夫观剧、度曲成风，闲暇"多为丝竹之会"。李调元盛年，正是昆曲兴盛于上层社会的时期，他适逢其会，乐乎其中。中年罢官回川，"谢却尚书锦江聘，却来村塾振金声"①。他婉谢川督李世杰礼聘锦江书院山长，却选择回归故里罗江家乡开办"村塾"，确乎是一个异乎寻常的举动，显得不合时宜。更有甚者，这个"村塾"不是传授"四书""五经"，为科举制艺服务的私塾，而是教授梨园曲目的伶僮戏班。他决心将自己余生献给让他陶醉的昆曲，亦曾以诗明志：

笑对青山曲未终，倚楼闲看打鱼翁。
归来只在梨园坐，看破繁华总是空。

生涯酷似李崆峒，投老闲居杜鄠中。
习气未除身尚健，自敲檀板课歌僮。②

这是对自己闲居生活的自述。"梨园"是他自办的伶僮戏班，李崆峒即明代著名诗人李梦阳，多才多艺，名列前七子，仕途坎坷，得罪权贵宦官，几遭杀身之祸。"杜鄠"即杜陵附近的鄠县，山野僻处。刚开始，他自娱自乐，"因就家僮数人，教之歌舞。每逢出游山水，即携之同游"③。此后，李调元的乡居生活便沉浸在敲击檀板、浅唱低吟的乐趣中。他对戏曲艺术有浓厚兴趣，故曰"习气未除"，在归隐故里不久，就自创昆曲伶班，延聘精于昆曲艺术的江苏教师。其中一位名邹在中，吴县人，"侨居成都，善昆曲，延至家，教小伶"。④ 招睐有戏曲禀赋的儿童学习昆曲艺术，进而教授昆腔杂剧。"家有小梨园，每冬月围炉课曲，听教师演昆腔杂折，以为消遣。"⑤ 他置办的伶班，教习地道的昆曲艺术，"先生实苏产，弟子尽川孩"。伶班聘请江苏籍昆曲教师，招收的学生全是四川儿童。"书塾兼伶塾，英才杂俊才。小中堪见大，此宜费栽培。"⑥ 因昆曲唱词典雅，学生得兼修古典文学，有了文言基础，对深入理解繁难曲目、唱词、道白，可收事半功倍之效。伶僮既读书可成英才，又学戏而成俊才，文艺双

---

① 李调元：《童山诗选》卷四《喜得门生董睿昌试得案头》。
② 李调元：《雨村诗话》卷九《醒园遣兴二首》。
③ 李调元：《童山文集》卷十。
④ 李调元：《续涵海·新搜神记·梦魇》。
⑤ 李调元：《雨村诗话》卷六。
⑥ 李调元：《童山诗集》卷二十五。

全，一举两得。他对伶僮的培养途径，从素质教育方面下功夫，将文化课程作为艺术深造的基础。虽然花费时间较长，但效果极好。他的伶班按行当规范，从最初的十人左右逐步扩充至二十人左右后，开始编排传奇大戏《红梅记》《十五贯》《汉贞烈》等古典杂剧。他又改编《春秋配》《梅绛袭》《花田错》《苦节传》等四大本。他记载剧目演出盛况说："今年乙卯人日，自携家乐，邀何九皋同观（《红梅记》）。主人置酒其下，听演《红梅记》传奇，为作一律"，其诗云：

> 一样春风两样分，漫言间色夺缤纷。
> 浅深绛染江边雪，远近霞烘岭上云。
> 人倚栏杆同笑语，天教阆苑入芳群。
> 当筵更奏红梅曲，要算霓裳再得闻。①

在这首诗中，李调元抒发了与友人共同观赏自己"伶班"首演《红梅记》传奇大戏的感受。舞台沉浸在春风荡漾、五彩缤纷的气氛中，故事在景物的季节变化中展开，剧中人倚栏笑语，如同天上人间。当箫笛、琴瑟演奏出《红梅曲》时，观者感受如同霓裳羽衣舞再现人间。

除编演当时流行的昆曲剧目外，还有江苏昆曲名家、时任邛州知州的杨观潮所编《吟风阁杂剧》三十二种，这些杂剧"深得元人三昧"。② 李调元又将戏曲名家李渔（笠翁）所著十种曲纳入，"令皆搬演"。③

昆班伶僮培育成才后，须要舞台献艺，得开辟公开演出的场地。早年其父李化楠在家乡与友人重修梓潼宫，"兼修乐楼一座"④，俗称"万年台"，每年庙会时节，用以酬神献艺。县北河村文昌宫，与李调元所居南村一水之隔，酬神演剧之时，"阖村士女，无不聚观"。⑤ "当二月三日（文昌）帝君降诞，则（南北）两村之人及附近各村并走，相与焚香祝献，优伶歌舞以为乐。"⑥ 众多村民看戏，以致散场后蔗皮满地，他描述现场：

① 李调元：《童山诗集》卷三十四。
② 姚燮：《今乐考证·著录四·国朝杂剧》。
③ 李调元：《雨村诗话》卷九。
④ 李调元：《罗江县志》卷七。
⑤ 李调元：《罗江县志》卷九。
⑥ 李调元：《罗江县志》卷八。

"古寺僧稀松叶少，戏场人散蔗皮多。"① 后来又捐资修建五显庙、观音岩大殿，"每逢二月十九日为观音诞辰，乞灵报赛者毕聚，此日为之酬神演剧。其会之大，几与二月初三七曲山梓潼会等"②。乾隆五十二年（1787），他与蜀中文士雅集，曾带伶班去成都浣花溪助兴。乾隆五十七年冬，率班去绵竹，为好友、知县陈湘维祝寿。乾隆五十九年，应会首之约，李调元率伶班到绵州太平乡，为民间集资兴建的天池寺灵官楼落成献艺，演出《赤壁鏖兵》等三国戏。③ 李调元的伶班不仅在家乡罗江演出，而且"走州过县"，在安县、梓潼、什邡、绵竹、绵州、成都等地演出，因其伶僮学有根底、演艺精湛，一时名扬远近，人称"翰林班"。

李调元凭一己之力，将苏昆移植到四川本土，培育出一批地道的昆曲艺术人才。有人记载当时民间演戏，也有昆曲班演出的实况："尝观民间演戏，有昆曲班戏，多用【清江引】【驻云飞】【黄莺儿】【白莲池】等曲名。"④ 稍后在反清白莲教军中，也用这些曲牌名唱戏，与昆腔班相似。足见昆曲在四川地区已有一定的传播与影响。

但是，纯正的昆曲虽然声腔优美，文辞雅训，赢得士大夫阶层喜爱，却因阳春白雪，曲高和寡，无法使城乡文化程度低的观众接受，这些观众很难听懂来自江苏的昆曲唱词和道白。当时就有人发现这一问题："吴音繁缛，其曲虽极谐于律，而听者使（如果）未睹本文，无不茫然不知所谓。"⑤ 必须解决语言障碍，才能使之融入民间娱乐文化。李调元自办的伶班主要是为罗江周围川西一带的家乡父老演出，必须让他们看得懂，听得清，才能广为流传。苏昆教师虽然能教出纯正的昆曲，但四川伶僮在接受教师传授的声腔以后，不可能在四川观众和本土语境中保持不变。这些四川昆曲艺人日后为了争取更多观众和演艺市场，他们必然将苏昆本土化，变成川昆，使之适合四川观众的视听习惯，这是川昆出现的历史条件。这一问题，李调元在与魏长生等花部名伶交流以后，深有所感，因此再办花部伶班以补美中不足。

———————————

① 李调元：《罗江县志》卷七、卷八、卷九。
② 李调元：《罗江县志》卷七。
③ 蒋维明：《乾隆朝后期的"风绞雪"川戏班》，四川省民俗学会、四川省剧理论研究会、四川省川剧艺术研究院编：《川剧文化研究》，四川人民出版社2007年版，第220—229页。
④ 戴德源辑录：《四川戏曲史料》，第73页。
⑤ 焦循：《花部农谈》。

二、关注名旦魏长生，再办花部声腔伶班

李调元任京官时，恰遇魏长生在京城献艺；与蜀中名旦魏长生交谊，是他放开视野，将兴趣扩展至花部声腔的一个重要情节。

当时乾隆皇帝喜好戏曲，宫廷庆典常有喜庆大戏隆重登场；上有好者，下必甚焉。当时北京城里是外地戏曲班部竞相献艺的场所，四川、陕西、安徽、江苏等省流行戏曲走马灯似的轮番上演，观者如云。

李调元与魏长生相识，大约是在乾隆四十年（1775），李调元时任京官，有机会观看魏长生搭班双庆部在京城演出秦腔《滚楼》。《雨村诗话》有魏长生在京城火爆演出的记载，以及川旦走红的记载：

近日京师梨园以川旦为优，人几不知有姑苏矣！如在京者，万县彭庆莲、成都杨芝桂、达州杨五儿、叙州张莲官、邛州曹文达、巴县马九儿、绵州于三元、王升官，而最著为金堂魏长生，其徒陈银官次之，几于名震京师。《燕兰小谱》云："长生名宛卿，昔在双庆部，以《滚楼》一出奔走豪儿，士大夫亦为心醉。"①

从这段记载中，我们可以看到，当时李调元虽然忙于宦海事务，但对常在京师演出的家乡戏曲艺人十分了解。对于当时名震京师的川籍名伶的出色表演他是赞赏有加、耳熟能详。他很可能与时在双庆班的男旦魏长生相识。魏长生首创戏曲表演艺术的个性化路径，饰演的花旦表情丰富、做功细腻，唱词通俗易懂，腔调悦耳动听，并以胡琴、月琴伴奏，繁音促节，声情并茂；又勇于创新，将旦角包头改为梳水头、贴片子，并发明小脚踩跷技艺，为旦角舞台艺术增辉不少。

魏长生，四川金堂县人氏，幼年家贫，随舅父去陕西入秦腔班（同州梆子）学艺。乾隆四十四年（1779）随双庆部入京，以秦腔戏《滚楼》"名动京师"，成为四大徽班进京以前，北京戏曲舞台上的佼佼者。"色艺盖于宜庆、萃庆、集庆之上，于是京腔效之，京秦不分。"戏迷中，"凡王公贵位以至词垣粉署，无不倾掷缠头数千百，一时不得识魏三者，无以为人。其徒陈银官，复髫龄韶秀，当时有青出于蓝之誉"②。吴太初《燕兰小谱》记载："一时歌楼观者如堵，而六大班几无人过问，或至散去。"③ 当

---

① 李调元：《雨村诗话》（十六卷本）卷十。
② 昭梿：《啸亭杂录》卷八《魏长生》。
③ 戴德源辑录：《四川戏曲史料》，第57页。

时荟萃京师的各省伶人，均向魏三和他的弟子陈银官观摩学习。李调元不仅观看了魏长生在京师的演出，他还吟诗一首，赞叹其精彩表演，可见魏长生的秦腔唱做俱佳，令他感动：

> 媚态绥绥别有姿，何郎朱粉总宜施。
> 自来海上人采逐，笑尔翻成一世雌。①

他对魏长生别具一格的表演艺术评价极高，从扮相到做功都极有魅力，倾倒观众，笑揄他"翻成一世雌"。魏三似乎天生男旦，浑身脂粉气，但是，李调元有机会观看了魏长生另一场别开生面的演出：

近见（魏三）演贞烈之剧，声容真切，令人欲泪；则扫除脂粉，固犹是梨园佳子弟也。效颦者当先有其真色，而后可免东家之诮耳。②

在他观看魏长生演出《汉贞烈》（《昭君出塞》）剧时，李调元为他改变戏路的"声容真切"表演感动得几至落泪。这实在出乎他的意料，"扫除脂粉"之后的魏长生居然真挚感人，不再是忸怩作态的红粉佳人。这对他广开戏路，是一大启发。言犹未尽，魏长生便被禁演"淫秽之戏"，一度被迫转入昆、弋班演出，最终仍被驱逐出京。

魏长生无奈，只好南下搭班演出，在扬州加入江鹤亭的春台班。当时著名学者赵翼不仅了解他，还记下在扬州与魏长生邂逅的情节：

> 近年闻有蜀人魏三儿者，尤擅名，所至无不为之靡，王公、大人俱物色恐后。余已出京，不及见。岁戊申（乾隆五十三年），余至扬州，魏三者忽在江鹤亭家。酒间呼之登场，年已将四十，不甚都丽。惟演戏能随事出新意，不专用旧本，盖其灵慧较胜云。③

由于魏三演戏不专注旧本，喜欢创新，别开生面，在扬州又红极一时，当地花部和昆班伶人争相仿效。后又辗转苏州等地演出，各地伶人受到魏长生高超演技和唱腔的影响，"转相效法"，"采长生之秦腔"。④ 乾隆

---

① 李调元：《雨村诗话》卷十，转引自戴德源辑录：《四川戏曲史料》，第60页。
② 李调元：《雨村诗话》卷十，转引自戴德源辑录：《四川戏曲史料》，第59页。
③ 赵翼：《檐曝杂记》卷二《梨园艺色》。
④ 焦循：《花部农谭》，转引自戴德源辑录：《四川戏曲史料》，第62页。

五十七年（1792），因清廷查禁有碍戏曲，魏长生与其门徒陈银官等被押回原籍。李调元已解职归田十年，往返罗江、成都间，他曾于新都见到陈银官，模样大变，"非复前观矣"。在他过金堂时，魏长生从成都写信给他，预约一见。李调元回复律诗二首：

> 魏王船上客，久别自燕京。
> 忽得锦官信，来从绣水城。
> 讴推王豹善，曲著野狐名。
> 声价当年贵，千金字不轻。
>
> 傅粉何平叔，施朱张六郎。
> 一生花底活，三日坐中香。
> 假髻云霞腻，缠头金玉相。
> 《燕兰》谁作谱，名独殿群芳。①

这诗表达了李调元对魏长生的深切怀念和难忘他在京师舞台上的那些出色表演与轰动效应。魏长生故乡金堂县城又称"绣水城"，今夕何夕，回到故乡，收到友人珍贵的书信，祈望一切依旧。与魏长生相识，使李调元对秦腔、胡琴戏、高腔等花部声腔刮目相看。

从清初开始南北各省向四川大规模移民浪潮中，陕西移民入川最早。秦腔是陕西移民传入四川的，清初已在川西各地社戏中演出。康熙五十一年（1712），时任绵竹知县陆箕永在竹枝词中即兴吟咏说：

> 山村社戏赛神幢，铁板檀槽柘作梆。
> 一派秦声浑不断，有时低去说吹腔。②

明末清初战乱以后，人烟稀少，陕西移民，特别是陕西商人最早进入四川，秦腔也因此最早传入四川。陆箕永做知县的绵竹县、魏长生的故乡金堂县、李调元的故乡罗江县，都是川陕商路沿途的重要城镇，也是秦腔首先传播的地区，城乡民众对秦腔耳熟能详。

---

① 李调元：《雨村诗话》，转引自戴德源辑录：《四川戏曲史料》，第 60 页。
② 《绵竹县志》卷三十六，转引自戴德源辑录：《四川戏曲史料》，第 38 页。

乾隆五十九年（1794）和乾隆六十年，上距李调元归里初创伶班的时间相隔十年有奇。他对戏曲的研究卓然可观，著有《雨村曲话》《雨村剧话》，将当时流行声腔、传奇人物和自己对戏曲的理性认识都做了生动、细致的描述。他不仅对雅部昆曲兴趣甚浓，对花部秦腔、弋阳腔、吹腔、女儿腔均有切实论述。他对戏曲的关注逐渐加深，从情有独钟的雅部昆曲，扩展到花部声腔（包括胡琴、弹戏、高腔、灯戏）。他对原属秦腔的四大本《春秋配》《梅绛袄》《花田错》《苦节传》进行了改写加工，目的是供自己的花部伶班或附近乡班演出弹戏之用。[①] 他回复当年同窗姜尔常的诗中，表达了自己不再过问宦海之事："况有笙歌蛙两部，难离奴辈桔千头。"[②]"蛙两部"，指他的伶班从原有的雅部习唱昆曲外，又增加了一个习唱花部声腔（包括高腔、胡琴、弹戏、灯戏）的伶僮班，正倾力营造雅俗兼备的班部。

三、李调元与乾嘉时代的川剧

李调元生活的乾嘉时代，充满盛世气象，政通人和、河清海晏、万邦来朝。鉴于四川遭受长时间战乱，清廷除实施近百年的移民政策外，还对四川实行特殊的田粮蠲免政策："四川古称饶沃，国初定赋，以其荐经寇乱，概从轻额，故其地五倍江苏，而钱粮不逮五分之一。"[③] 四川地区经过百年之久的大移民和休养生息，人口、经济均呈现大幅度增长。作为四川民间文化代表的戏曲，借助经济复苏和人口增殖进入全盛期。在全国三百多个剧种中，川戏在乾嘉时代已形成昆曲、高腔、胡琴、弹戏和灯戏五腔争辉的局面，多数班子仍以单一的声腔演出，如"老庆华班"专唱高腔，舒颐班专唱昆曲，魏长生的双庆部专唱秦腔（弹戏梆子腔），名角苟莲的乡班专唱高腔，张四贤的上升班专唱胡琴腔。乾隆年间，李调元在家乡庙会已耳闻"一唱众和"、"节以鼓，其调喧"的高腔曲调。在《雨村剧话》里考证高腔渊源："弋腔始弋阳，即今高腔，所唱皆南曲。又谓秧腔，秧即弋之转声。京谓京腔，粤俗谓之高腔，楚蜀谓之清戏。向无曲谱，只沿土俗，以一人唱众和之，亦有紧板、慢板。"[④] 嘉庆《绵州志》记载："乐

① 蒋维明：《李调元对川剧的多方面贡献》，引自四川省民俗学会、罗江县人民政府编：《李调元研究》，巴蜀书社 2007 年版，第 128－137 页。
② 李调元：《雨村诗话》卷八《答姜太史尔常》。
③ 薛福成：《光绪元年上治平六策疏》，引自《皇朝道咸同光奏议》卷一，《治法类·通论》。
④ 李调元：《雨村剧话》卷上。

部向有楚音、秦音，城乡酬神赛会在所不废。"① 这里的"楚音"应是高腔，"秦音"应是弹戏（梆子腔）。年节岁时和神会庙会，各地戏班皆有会首预约，定期演出。乾隆十四年（1749）《大邑县志》记载：年节岁时"装扮杂剧故事，逐户盘旋，箫鼓喧阗"。酬神庙会，则在各省会馆演戏。季春初三日真武帝君圣诞，"楚人会馆、真武宫集梨园庆祝，城北圣母殿亦如之，观者如堵。"五月十三日，关圣大帝降诞，"秦、晋会馆工歌庆祝。"② 同时顺应观众对演艺的多种需求，演艺圈开始从单一声腔的班部，向双声腔、多声腔班部转化。这就逐渐"将高腔、昆曲、胡琴、弹戏、灯戏五种声腔集于一班，或合于一台演出，形成集五种声腔于一个剧种的川剧艺术"。③

这种包容五腔的戏班，旧称"风绞雪班子"。李调元的"翰林班"，即从单纯的昆曲班增办花部乱弹伶班，就成功地转化为"昆乱不挡"的五腔共存川戏班。"翰林班"从最初的昆班扩大为兼容昆曲、高腔、胡琴、弹戏和灯戏的大戏班之后，即将五种声腔荟萃一班，旧称"风绞雪班子"。从李调元的大戏班搬演李渔的十种曲的归属看，确实体现了昆乱不挡：《比目鱼》（昆曲，兼唱高腔）、《蜃中楼》（弹戏）、《怜香伴》（弹戏）、《慎鸾交》（高腔）、《巧团圆》（高腔）、《奈何天》（高腔）、《风筝误》（高腔）、《玉搔头》（弹戏）、《意中缘》（弹戏）、《凤求凰》（又名《凤凰琴》，高腔）。④ 花部声腔，特别是最受民间欢迎的高腔竟占有六种之多，其次是弹戏占四种，昆曲只占一种，几成花瓶；而且与高腔平分秋色，原本是昆腔戏，已被高腔分享了。

为适应本地人口和外省移民"五方杂处"、习俗各异的娱乐需求，省城成都戏曲班部都在各省会馆竞演自己的拿手好戏，亦集各省地方戏之长，兼收并蓄，形式多样，昆、高、胡、弹、灯各展其长，加之剧目丰富，多姿多彩，深受群众欢迎。嘉庆初年的《锦城竹枝词》说：

> 见说高腔有苟莲，万头攒看万家传；
> 生夸彭四旦双彩，可惜斯文张四贤。⑤

---

① 转引自戴德源：《四川戏曲史料》，第69页。
② 乾隆《大邑县志》"风俗·岁序令节条"。
③ 胡度、刘兴明、傅则编：《川剧词曲》，中国戏剧出版社1987年版。
④ 蒋维明：《乾隆后期的"风绞雪"川戏班》，四川省民俗学会、四川省川剧理论研究会、四川省川剧艺术研究院编：《川剧文化研究》，四川人民出版社2007年版，第220—229页。
⑤ 戴德源辑录：《四川戏曲史料》，第74页。

苟莲是专唱高腔的艺人，常年随乡班游走演出（跑滩）。每进省城，则挤墙踏壁，观者如云。其实貌亦中人，艺特超超耳。可见高腔在民间很受欢迎。彭四是演唱昆曲的生、丑行演员。张四贤在"上升班"中"扮净（花脸），唱胡琴戏，一气可作数十折，吞吐断续往往出人意外。性好读书，亦知作诗，茶园酒肆中，时与文人论文字，灯下高声颂唐宋大家古文数篇，习以为常，因有张斯文之目"①。

这就说明，乾隆后期，胡琴腔在成都周边的川西坝子方兴未艾。李调元说："今世盛传其音，专以胡琴为节奏，淫冶妖邪，如怨如诉，盖声之最淫者。"这个"淫"字，应当理解为动人心魄、感人肺腑。翰林班与时俱进，排演了一批胡琴戏剧目。乾隆五十七年（1792）三月，李调元在金堂会见从北京归来的好友何云峰，从友人处得知：朝鲜来华使臣入觐，他们能背诵李调元的诗歌，并打听李翰林的近况。李调元听后大喜，高唱胡琴二黄腔："观君一举醉百愁，随我歌舞听丝黄。"② 年节，迎神、报赛、宴会、酬宾，戏曲演出活动频繁。城乡聚落均有不同班子演出精彩纷呈的大戏，下面描述玉泰班二月沿街演出的"春台戏"（专为迎春或闹春而创设的城镇、乡村聚落的娱乐活动）：

> 玉泰班中薛打鼓，滚珠洒豆妙难言；
> 少年健羡多花点，学问元宵打十番。
> 戏演春台总喜欢，沿街妇女两旁观；
> 蝶鬓鸦鬟楼檐下，便益优人高处看。③

成都会馆、聚落演戏开场，一般不限时间，只要演出内容精彩，观众情绪就十分高昂。唯独陕西会馆规矩甚严，约定放纸爆为节，一、二、三爆后不开场，会首下次即不再招雇此班：

> 庆云庵北鼓楼东，会府层台贺祝同；
> 看戏小民忘帝力，只观歌舞扬天风。

---

① 戴德源辑录：《四川戏曲史料》，第 75 页。
② 李调元：《童山诗集》卷三十一。
③ 戴德源辑录：《四川戏曲史料》，第 73 页。

戏班最怕陕西馆，纸爆三声要出台；
算学京都戏园子，迎台吹罢两通来。

成都年节盛行"社火"戏，艺人踩高桩，情景动人，热闹非凡：

迎晖门内土牛过，旌旆飞扬笑语和；
人似山来春似海，高妆女戏踏空过。①

各省客籍会馆是经常演戏的场所，各省客商习俗爱好不同，大多偏爱本省地方戏。成都陕西会馆最盛，馆内秦腔梆子最叫座；生活情调浓郁的四川灯戏也颇受欢迎：

会馆虽多数陕西，秦腔梆子响高低；
观场人多坐板凳，炮响酬神散一齐。

过罢元宵尚唱灯，胡琴拉得是淫声；
《回门》、《送妹》皆堪赏，一折《广东人上京》。②

陕西会馆是陕西移民和商帮的聚集场所，节庆日都会有秦腔班子演出梆子戏，实际上经历了百年沧桑，秦腔已转化为弹戏，用板胡，俗称盖板子伴奏。灯戏起源于四川梁山县（今重庆梁平县），俗称"梁山调"，元宵节前后，城乡都流行灯戏，《回门》即《驼子回门》，《送妹》即《钟馗送妹》是民间流行的灯戏，足见灯戏已成川戏声腔之一。

由此可知，多声腔的川剧是清代四川移民社会的产物，最初是各省移民从自己故乡带来了原汁原味的乡土戏，在客籍会馆或是移民聚落里举行庆典时演出。随着历史的推移，百余年后的四川社会，各省移民逐渐融合（老移民的后代、再传后代已经本土化了），从口音、身份到文化习俗逐渐趋同，乡土戏也在适应这种变化，苏昆转化为川昆，秦腔转化为弹戏（俗呼梆子腔），弋阳腔转化为高腔，甘肃西秦腔和湖北汉调、安徽的徽调转化为胡琴西皮、二黄腔，完全是顺理成章的演变。李调元在这种文化、习

---

① 戴德源辑录：《四川戏曲史料》，第75页。
② 戴德源辑录：《四川戏曲史料》，第76页。

俗的变化中，是一位重要的领军人物，他从创办昆曲伶班开始，传播雅部苏昆，再转化为川昆。而后顺应移民社会文化需求多元化的趋势，将"翰林班"快速扩建为"风绞雪戏班"，成功转化为五腔同台、文武兼擅的川剧伶班。这个变化发生在乾隆晚期，该时期应是川剧滥觞，即一个大剧种初步形成的时期[1]。李调元与他同时代的伶界好友魏长生等艺术家们携手合作，在这场戏曲艺术变革活动中相互启迪，共同努力，艰难困苦、玉汝于成。他们在为当时观众展示丰富多彩的多声腔表演艺术的同时，也对精致、典雅的川剧艺术的形成和发展起到了无与伦比的历史推动作用。

他们的创造性贡献和不懈努力，在以后的两三百年间，代表川剧艺术不同流派的"四个河道"，从器乐曲牌到唱腔和表演艺术都各展其长，沱江流域的资阳河流派以特色浓郁的高腔戏表演艺术见长；岷江流域的川西坝流派以胡琴戏表演艺术见长，俗称"坝腔"；嘉陵江流域的川北河流派靠近陕西，受秦腔艺术影响，以弹戏表演艺术见长；重庆以及下川东流派地接两湖，受湖北汉剧、湖南湘剧、辰河戏影响，五种声腔兼擅，常带"川夹京""川夹汉"味道。[2] 四条河道在演出实践中受到广大戏迷观众的喜爱，都各自拥有演艺超群的名角、大师和传承体系，使川剧艺术得以发扬光大，成为拥有上亿观众的大剧种。

（作者单位：四川省地方志办公室）

---

[1] 蒋维明：《乾隆后期的"风绞雪"川戏班》，四川省民俗学会、四川省川剧理论研究会、四川省川剧艺术研究院编：《川剧文化研究》，四川人民出版社 2007 年版，第 220－229 页。
[2] 杜建华：《从川剧形成历史看传承发展路径》，《问道川剧》，四川人民出版社 1914 年版，第 20 页。

川戏川剧：李调元对"湖广填川"
移民文化融合的贡献

李映发

在全国戏剧曲艺中，川剧是十分独特的。它"五腔同班"，"五腔同台"，即一个川剧戏班有五种声腔演绎出一台戏，其语言是四川流行的川话，甚至民间俚语，地气浓郁，故为大众喜爱。以五种声腔唱一台戏，在其他省、其他剧种是没有的，是不具备的。

川剧的出现及特征的形成，是在四川社会历史大变革中产生的。这就是清朝初期的"湖广填四川"大移民，十余省的移民带着他们的家属，带着他们的生产技术、习俗、文化艺术来到巴山蜀水间，重建明季以降荒芜的四川。这一来，不仅共同组成了生产劳动大军，而且也汇聚成了多元的移民文化。在"五方杂处"的日常社会生活中，在多年春夏秋冬经贸与婚姻交往中而引起的"习俗相染"，加深了移民文化彼此间的融合。移民带进川唱戏的腔调：高腔、昆曲、弹戏（秦腔）、胡琴（二黄腔），与四川遗民的"灯戏"相融汇，演出一台戏，这就产生出一个新的剧种——川剧。

移民初期，人们以省籍"各打乡谈"，戏唱各调，川剧出现，都能在其中找到自我。"观场人多坐板凳"，大家同场看同一台戏，说明初来乍到时省籍间的距离在消失，凝聚力在加强。所以，可以说，川剧最能体现清代四川移民文化的融合，是"新四川人"形成的标志。川剧的出现，川剧的存在，四川人凝聚力的加强。川剧，丰富着四川人共同的精神家园。川剧产生在乾隆末至嘉庆初年，完善在清末至民国。至此，川戏就是川剧，川剧之外，万年台上就没有其他名川戏者。

一、复兴天府，"湖广填川"

清朝开国，同以战争更替的王朝一样，实行安定社会，与民休养，恢复经济的政策。至康熙七年（1668），全国基本停止此策，但四川问题仍然严重。由于明末清初半个多世纪的战乱，此时仍是地广人稀，"城市鞠为茂草，村疃尽变丛林"。[①] "州境兵燹既久，户口凋极，逃亡仅存土著绝少。"[②] 四川巡抚张德地向朝廷上疏："迁湖广之民实川。"[③] 康熙十年，川湖总督蔡毓荣奏报朝廷："蜀省有可耕之田，而无耕田之民。招民开垦，洵属急务。"[④] 康熙皇帝诏准："各省贫民携带妻子入蜀开垦者，准其入籍。"[⑤] 于是，向四川大移民正式揭幕。不久，又逢三藩叛乱，直至平定后，康熙二十年（1681），康熙皇帝重申招民入川并落实给予地方官奖惩议叙政策，于是"湖广填四川"大移民全面展开，逐渐进入高潮。雍正皇帝和乾隆皇帝继续执行这一政策，至乾隆中期大移民接近尾声。从康熙十年至乾隆三十年（1671—1766），近百年间湖广（湖南、湖北）、江西、安徽、江苏、广东、广西、福建、贵州、陕西、甘肃、山西、河南等十余省人移民入川。移民中，湖广人多占田地广，故名曰"湖广填四川"。

二、"五方杂处""习俗相染"

各省移民入川，先到者随意占地，向地方官报籍就行。后来者只有佃地租屋。移民身份，主要是无地的贫瘠农民，另有手艺人、技师、商人。移民居住分布，同省籍、家族，基本是大分散小集中。这一百余年间，大抵经历了三个阶段：

（一）行政融入。插占报籍，接受同土著一样的行政管理。在移居地立住了脚，有了求生存求发展的根基。

（二）经济融入。占地自耕，佃地耕种，或打工佣耕，或来往州县市

---

① 《明清史料丙编》第六本，《四川巡按张琳揭帖》，上海商务印书馆 1936 年版。
② 宣统《广安州志》卷一—○《氏族志》上海商务印书馆 1936 年版。
③ 《明清史料丙编》第十本，上海商务印书馆 1936 年版。
④ 《清实录》卷三六，康熙十年五月，中华书局 1986 年影印本，第 485 页。
⑤ 《清实录》卷三六，康熙十年五月，中华书局 1986 年影印本。

镇乡村以及省际的物资贸易，土著与移民共同依存在一个社会经济生活圈里。"闽人栽蔫住平地，粤人种芋住山坡"①，"磁器店皆湖州老，银钱铺尽江西人"。②

（三）文化融入。移民来自各省各地，各有不一样的言词口语、求佑信仰、耕作方式、生活习惯、节庆活动、婚丧习俗。初来时，"五方杂处，俗尚各从其乡"。③ 在长年岁月的"五方杂处"中，相互关系逐渐亲和，"大姨嫁陕二姨苏，大嫂江西二嫂湖，戚友初逢问原籍，现无十世老成都"。④ 从而"习俗相染"，达到文化共存共识，并共同创新，推进发展。

乾隆是盛世，在经济发展的基础上，出现了上层建筑文化融入的新时期。川剧催生的先行者李调元、魏长生就生活在这年代，活跃在文化戏剧界。

三、传统文化　移民文化

李调元生于雍正十二年（1734），卒于嘉庆七年（1803）。他主要生活在乾隆年间。这年代是清政权稳固，经济发展，文化繁荣的盛世。尤其是乾隆后期，文字狱之事已过去，《四库全书》已编出，地方志编纂之风已兴起，"乾嘉学派"已十分活跃；朝廷还出台了一些繁荣戏剧曲艺的政策。

由于明末清初四川遭兵燹之灾太严重，人口稀少，典籍文档"荡然无存"。至李调元生活年间，四川的人气、经济已全面恢复，但文化发展却落后于全国。青年李调元求学问要去东南江浙，回川科闱中举，去京会试上榜为官。他在求学时，宦途中都十分注意搜罗历史典籍，尤其是关于四川的史籍与文献资料，以补四川文化中的欠缺。

这一类经、史、子、集文化，是传统的历史文化，是中华民族国学的主流文化。这类文化的载体在四川还比较欠缺，而移民文化却丰富多彩。

移民文化在移民中间。"川省五方杂处，商贾每以聚会联络乡情，会馆名亦多。"⑤ 湖广人带进湖广话、大禹信仰；江西客家人带进客家话、许逊信仰；福建人带进闽南话、客家话和妈祖信仰；广东人带进粤语、客家话和越王信仰；陕西、山西人是秦腔陕语、关羽崇拜。乾隆末嘉庆初年，

① 道光陈谱：《三台竹枝词》。
② 嘉庆六对山人著，林孔翼辑录：《成都竹枝词》，四川人民出版社1982年版，第53页。
③ 民国12年《江安县志·风俗》。
④ 嘉庆六对山人著，林孔翼辑录：《成都竹枝词》，四川人民出版社1982年版，第39页。
⑤ 《清实录》卷二七一，乾隆十一年七月二十九日。

大多是康熙时入川移民的第二代、三代，开始了修建家族的祠堂、省籍的会馆，娱人媚神，除了"打乡谈"，还搬演着各自的歌舞、曲艺、戏剧。"楚语吴歌相遇处，五方人各异乡音"①；"土音错杂半潇湘。逢人高唱湖南调，柳柳连，柳柳连"②；成都的陕西会馆，"会馆虽多数陕西，秦腔梆子唱高低"；成都的湖北黄州会馆，"过罢元宵尚唱灯，胡琴拉得是淫声；《回门》《送妹》皆堪赏，一折《广东人上京》"③；"灯影原宜趁夜光，如何白昼即铺张，弋阳腔调杂征鼓，及至灯明已散场"。④ 这些都成为清代四川的文化内容，是天府之国的新时代文化气象。

移民带进的文化，在民间展示着、传播着。那年代，关注的大学者不多见，唯见翰林李调元放下京官和学者身架，去下里巴人中采集风雅，组织戏班搬演多种戏剧，与乡里同乐。从而在他的文化活动实践中催生了一种新剧种——川剧。

四、川戏川剧　戏目声腔

川剧，百姓口语常说为"川戏"。学者为文，常在"戏"与"剧"二字上较真。二字及内涵有区别吗？李调元《剧话》指出："剧者何？戏也。古今一场戏也……夫人生，无一日不在戏中。"⑤ 可见，剧就是戏。"戏剧"二字为一词，始见于唐朝杜牧《西江怀古》诗："魏帝缝囊真戏剧。"元代以前，古人戏、剧二字一义，就是戏。《史记·孔子世家》载"优倡侏儒为戏而前"⑥，《汉书·贡禹传》载"角骶诸戏"⑦；可见，优伶的歌舞或壮士的角骶表演都称戏。所以，汉代画像砖上的击鼓说唱俑表演，唐长安街上顶幡幢的表演，宋代高俅踢球的表演都可称戏。前朝的歌舞杂耍，在元代后就不在戏的内容里了。唐代文坛有唐诗，民间有传奇；宋代文坛有宋词，民间有平话；元代文坛有元曲，民间有杂剧。

元代的戏剧，在一定的场地（舞台），一人或多人以说唱和形体的表情与动作，并配以乐器演示一个完整的故事。这都是由前朝歌舞、传奇配

---

① 杨国栋：《峨边竹枝词》。
② 乾隆合州张栋：《合州竹枝词》。
③ 嘉庆六对山人著，林孔翼辑：《成都竹枝词》，四川人民出版社1982年版，第55页。
④ 嘉庆六对山人著，林孔翼辑：《成都竹枝词》，四川人民出版社1982年版，第55页。
⑤ 罗江县李调元研究会编：《李调元著作选》，《雨村剧话·序》，巴蜀书社2013年版。
⑥ 《史记》卷四七，中华书局（标点本），第1915页。
⑦ 《汉书》卷七二，中华书局（标点本），第3076页。

曲发展而来。南宋的戏曲，是元代南戏的源头。宋代市民阶层和"瓦子"的出现，对于歌舞、说唱、戏剧的演变起着推动作用。元代北曲南戏，曲主要是刺激听众的听觉，戏剧主要是兴奋观众的视觉，均达到共鸣的艺术效果。南方经济发达，故南戏成就最为有名而影响明清。

宋元鼎革，蒙古人人主中原，众多中原人南迁，促进南方经济与文化的发展。明代的重农政策，使得中后期江南封建经济高度发展，出现了资本主义萌芽。从而使文学戏剧更兴盛，发了财的商家、乡宦富豪，不仅大修园子，还养起了戏班。不仅优伶演出，文人也积极参与其中。在南戏的源流下，不少地方腔调形成独具特点的戏剧声腔。

弋阳腔，又称高腔。元代产生于江西弋阳，明嘉靖年间流行于徽州、池州青阳地区。故又称徽州调、青阳腔。

昆腔，元末创始于江苏昆山，至明朝嘉靖年间成形。

乱弹（"弹"念上声产），指梆子腔，主要剧种是秦腔。在陕西、山西一带兴起。明末随李自成、张献忠义军流入四川。

在明代戏剧流行的风气下，清朝初年安徽和湖北人创造出主要用胡琴伴奏的"二黄腔"。此腔又称"胡琴""丝弦"。

四川是天府之国，自古文化昌明。成都是音乐之都，自古乐舞戏剧杂陈。汉代画像砖上的击鼓说唱俑可为代表，唐朝时"锦城丝管日纷纷，半入江风半入云"。五代时，王建墓壁上的蜀宫乐伎图有十余龛。这些活动及内容，都是古代戏的内容。明代四川的戏，文坛有高腔，民间有灯戏。元末明初战乱，致使四川人口稀少，湖广及长江下游的许多人迁来四川定居，高腔可能由他们带入。

灯戏，是四川本土民间传统娱乐戏。来源于民间的逢年过节、迎神赛会的小节目，如《回门》《送妹》《广东人上京》等。灯戏，少有伤感内容，主要是激发热闹欢喜气氛的娱乐性。其剧本取材与音乐都不及高、昆、胡、弹等戏丰富。

清初湖广填川移民带进了昆、高、胡、弹等戏，康雍乾百余年间在四川民间社会中传播，初为各自独行，腔调并行，日久相互习染，取优补短。至李调元生活年代，这些戏与原地都有了些差别，多了四川方言及四川民间故事内容。编导者、演出者为取悦观众，赢得市场，因而促进了新的变化。

李调元生活的年代阆中、洪雅、绵州演灯戏，绵竹唱秦腔、胡琴腔，简阳流行高腔，金堂县流行秦腔，成都有秦腔、胡琴、高腔等多种戏娱乐市民。

元明以前，川西移民多来自北方的陕西、山西、甘肃、青海等地。元代后，多来自东部湖广及长江中下游地区。清代"湖广填川"移民，成都平原的湖广移民占三分之一。绵竹县，"村墟零落旧遗民，课雨占晴半楚人"；"山村社戏赛神幢，铁板檀槽柘作梆。一派秦声浑不断，有时低去说吹腔"。知县陆箕永说："川地多楚民，绵邑为最。"① 这时期，一些地方官热心于组班演戏，邛崃杨潮观组织的戏班唱昆曲；华阳高清组织的戏班唱高腔；川东开县，有两个戏班唱高腔。移民带进的各种声腔戏剧和土著川戏竞演着，也逐渐地融合着。

五、名角创新　翰林催生

在乾隆末年至嘉庆年间，土著与移民的经济实力无异，文化心态趋同，这时四川演戏的浓厚风气，是产生出新剧种——川剧的土壤与气候。当此之际，出现了两个助产大师：名角魏长生和翰林李调元。

魏长生（1744—1802）名宛卿，人称魏三。金堂人，祖籍安徽芜湖。父母康熙末年入川，定居金堂绣水乡（今青白江区城厢镇）。他是移民的第二代。十岁前父母先后去世，十二岁进陕班，后随班入陕学秦腔。苦学苦练，在西安、河南汴梁、河北河间、大名等地演出，颇赢声誉。

乾隆三十九年（1774），他回乡组班进京演出，参加的蜀伶高手名师有：绵州于三元、王升官，成都杨芝桂，邛州曹文达，达州杨五儿，万县彭庆年，巴县马九儿，叙州王莲官，还有他的徒弟、成都人陈银官。此次进京演出，名震京师。据礼亲王昭梿《啸亭杂录》记载："魏长生于甲午夏（乾隆三十九）入都，年已逾三旬外。时京华盛行弋腔，诸士大夫厌其嚣杂，长生因之变为秦腔。……繁音促节，呜呜动人，兼之演淫亵之状，皆人所罕见者，故名动京师。凡王公贵位，以至词垣粉署，无不倾掷缠头数千百。一时不得识交魏三者，无以为人。"② 可见，这群追星的，可不是一般小民、少年，都是有文化的王公贵族和名伶。此次演出，为京腔京调一统天下的京城难容，他被迫离京。乾隆四十四年，他复入京参加会演，

　① 康熙陆箕永：《绵州竹枝词》。
　② 昭梿：《啸亭杂录》卷八《魏长生》，《笔记小说大观》第 35 册，江苏广陵古籍刻印社1984 年版，第 277 页。

第二篇　李调元与戏剧

以更精彩的节目和演出挑战京班。在京五年，"名动京城"，"大开蜀伶之风"，不仅战胜了京腔六大名班，而且使在京的秦、晋、楚、粤、滇、黔、燕、赵等戏班大为失色。

清朝开国以降，"都人尽尚高腔，至乾隆京腔班，隶王府"。为维护统治集团稳定，皇帝降谕："其秦腔戏班禁止入京，概令改归昆弋两腔。"乾隆四十七年，魏长生停唱秦腔，以自己的"双庆班"、徒弟的"宜庆班"以及唱胡琴（二黄）的高朗亭"萃庆班"，组合成"三庆班"，以主唱"胡琴腔"进京演出。这一次翻新演出，拓开京城戏风的新局面。魏长生在江南演出，同样掀起"魏长生旋风"。在扬州演出，"演戏一出，赠以千金"；泛舟杭州西湖，"一时闻风，妓舸尽出，画桨相击，湖水乱香"；苏州为昆曲发源地，昆曲演员风起向魏三学习。① 乾隆五十七年，他回到成都，住东较场口，台榭俱佳②。嘉庆五年（1800），他五十七岁重入京，两年后卒于演出中。

魏长生在京演出时，与京官家乡人李调元颇有交谊。魏长生的技艺、名声，对戏剧的创新，对李调元影响颇深。李调元罢官回乡后，收到回成都的魏长生邀请函，十分高兴，写《得魏宛卿书》诗二首：

> 魏王船上客，久别自燕京。
>
> 忽得锦官信，来从绣水城。
>
> 讴推王豹善，曲著野狐名。
>
> 声价当年贵，千金字不轻。
>
> 傅粉何平叔，施朱张六郎。
>
> 一生花底活，三日坐生香。
>
> 假髻云霞腻，缠头金玉相。
>
> 燕兰谁作谱，名独殿群芳。③

---

① 李斗：《扬州画舫录》卷五，中华书局 2004 年版，第 131—133 页。
② 林孔翼辑录：《成都竹枝词》，第 43—44 页载："无数伶人东角住……一路芳邻近魏三。各部伶人都在东顺城街，五童亩，天涯石，东较场一带地方住。魏三初在省城唱戏时，众亦不为异，及至京城，则声名大噪矣。"《燕兰小谱》载："魏三以滚楼一出，奔走豪儿，士大夫亦为心醉。又云观者如堵，而六大班几无人过问，或至散去。谓为野狐教主，信不诬也。有别宅省城内。东较场口，台榭颇佳。"
③ 罗江县李调元研究会编：《李调元著作选》，《童山诗选》，巴蜀书社 2013 年版；孙桐生：《国朝全蜀诗钞》卷十四《赠歌者魏三》，巴蜀书社 1985 年版，第 133 页。

魏长生名噪世间时，人谑称"野狐教主"。他"色艺冠一时"，在唱腔、扮相、演技上多有创造，唱"新琴腔"（又曰"西秦腔"），胡琴为主，月琴副之，其音靡靡，婉转动人。秦腔，梆为板，月琴应之，多激越杀伐之声。他舞蹈身段好，旦角踩跷，梳流水头，"假髻云霞腻"。这一切，别开生面，都是观众从未见过的。声调入人心脾，色相令人眼睛一亮。有人夸为：成都来的"锦水洛神"。赵翼说："岁戊申（乾隆五十三年），余至扬州，魏三者忽在江鹤亭家，酒间呼之登场……惟演戏能随事自出新意，不专用旧本，盖其灵慧较胜云。"① 可见，他博采众戏之长，又"能随事自出新意"的创新，开了一代演戏的新风气。

李调元（1734—1803），字羹堂，号雨村，童山。家族是明代遗留"土著"。李调元曾祖李攀旺（1627—1700），罗江县云龙坝人，明末清初战乱，避难于北川，清初平定后回乡。宗族尽散，据清政府规定，可指占一族之田土。刘草莱，开荒土，立家业。祖父李文彩（攀旺第二子，1688—1757）"嗜读书，明大义，好善施"，乡里誉为李善人。父亲李化楠（文彩长子），青少年时随父读书，有时也耕于垄上。后在省上乡试中举，在京城会试上榜为进士。初选官不就，回乡云龙坝，筑"醒园"，教乡人子弟，还去绵州办学。乾隆十六年（1751），补授官于浙江。历任余姚、秀水知县。江浙是文化胜地，始觉蜀中书少，在浙七年，注意搜罗典籍，"航来于家贮藏之"。② 乾隆二十五年，李化楠调入京津地区，为官六年，遭官场构陷而逝。

李调元算是清开国后家族的第四代。其各代递进的生存状态，生活历程与移民相似，第一代，主要辟荒开土，耕稼为生。第二代，以耕为重，兼习诗书。第三代，子弟读书跳龙门，学而优则仕。第四代，子弟青少时完全从事学习，长成后为官或从事文化活动。一个家族历史的变化，反映出清前期四川经济恢复，文化振兴的变化历程。

清朝至乾隆年，政权已稳固，乾隆皇帝大倡文治武功，以文治国，以粉饰太平盛世。他鼓励地方戏剧进京演出。乾隆四十四年（1779），魏长生带秦腔班进京演出。乾隆五十五年，闽浙总督伍拉纳命浙江盐商带安徽的徽戏安庆班进京演出，向皇帝拜八十大寿。在北京会演中，徽戏吸取了

① 赵翼：《簷曝杂记》卷二《梨园色艺》，中华书局 1982 年版，第 37 页。
② 朱燮元：《蜀事记略》。

其他进京演出的川陕梆子腔、昆曲、罗罗腔的长处，发展为四大徽班之一。后来，道光年间，楚剧进京与之结合而产生了京剧。清政府这一文化政策与样板举措，推动着全国文化活动的活跃与戏剧的发展。

乾隆二十八年（1763），李调元殿试中二甲第十一名，御试列第五，入翰林为庶吉士。乾隆四十四年，他正在广东学政任上。由于当时重地方文化风气，李调元特别关注南粤人的民风习俗，著有《粤东皇华录》《粤东笔记》。《粤风》中记载着"粤歌"、"徭歌"、"狼歌"（苗族歌）、"僮歌"（壮族歌）等少数民族方言歌。乾隆五十五年，他已罢官回乡八年，在醒园潜心著述，科教歌僮，漫游山川，访碑碣，察乡俗，藏典籍，筑万卷书楼。

李调元少年时代，乡里誉其为神童。他喜欢读诗书，热爱家乡山水和民风习俗。他读诗书有着"长人才识，发人心思"的体会；游山玩水有"山乃外之书，书乃内之山"的认识；他追观龙灯、舞狮，听民谣村歌，看彩船社戏。他认为戏曲"出于绵渺，则入人心脾；出于激动，发人猛省……人有情，则士爱其缘，女守其介。知其则而止乎礼义，而俗醇美"。①

他罢官回乡，特别关注大众文化。热心搜集、采编方言、歌谣、戏曲，为民俗文化史保存了珍贵资料。嘉庆《四川通志》卷一五四载："雨村先生，学问淹博，喜搜罗遗篇断失。"他"淹博"学问的一大亮点，在于对民间大众文化的熟悉与著述。他不仅崇尚"阳春白雪"学问的雅，也颂扬"下里巴人"民俗文化的雅。这是他一生的文化心性与兴趣。

李调元将所见到的清代四川人的诗辑为《蜀雅》，将民间戏剧、曲艺、杂技辑为《剧话》《曲话》等书。他对地方剧种和声腔加以记载和论述，其中多有卓见。他指出："弋腔始弋阳，即今高腔，所唱南曲，又谓秧腔，秧即弋之转声。京师谓之高腔，楚蜀谓之清戏。向无曲谱，只沿土俗，以一人唱而众和之，亦有紧板慢板。"② 这正本清源之说，是研究川剧形成史的重要资料。此二书价值高，流传广，今已收入《中国古典戏曲论著集成》一书。

① 罗江县李调元研究会编：《李调元著作选》，《雨村曲话·序》，巴蜀书社 2013 年版，第286 页。
② 罗江县李调元研究会编：《李调元著作选》，《雨村剧话》卷上，巴蜀书社 2013 年版，第325 页。

李调元不仅注重地方戏曲史和有关的理论研究，而且还亲自实践。罢官回乡后，"归来梨园坐"，"身优伶内"，还办起家庭戏班，"自敲檀板课歌僮"，还导演过《十五贯》《汉贞烈》《红梅记》等古典剧目，改编过《春秋配》《梅绛亵》《花田错》《苦节传》等四大剧本，也曾从苏州请昆曲教师来家教小伶。这家班还"逾州越县"，参加地方上的演出。

李调元著《弄谱百咏》收录了清代民间流行的戏剧、曲艺、体育、杂技、游戏等一百种，保留下戏曲文化史的珍贵资料。

古代社会流行"万般皆下品，惟有读书高"的价值观，文人一般都自视清高，不屑与"下民"为伍，不屑顾市井小调乡间俚语，对戏曲、优伶更是轻视。在李调元眼里，戏曲也非"伤风化"的"滥词淫声"，而是如同孔子说诗的功能一样，"可兴、可观、可群、可怨"，使民众"知其则而止乎礼义"，在娱乐中获得教育，"有裨风教"。"古今一场戏，戏之为用大矣哉。"[1] 李调元如此认识，乐不知疲地为其记载、刻书，纳入《函海》，藏于万卷楼。

李调元自言："归来只在梨园坐，看破繁华总是空。"[2] 于是自己组织家庭小戏班，"家有小梨园，每冬月，围炉科曲，听教师演昆剧杂折，以为消遣。"这教师是江苏人，戏班成员是四川小孩。有时，李调元还"自敲檀板课歌僮"。小伶班的组建是乾隆五十七年（1792）前的事。李调元自己会胡琴腔。乾隆五十七年，他去金堂访京城回来的朋友何云峰，席间高兴唱胡琴腔调，"随我歌舞听丝黄"。当时资阳一带流行"一唱众和，节以鼓，其调喧"的高腔，在此社会风气影响下，他于乾隆五十九年组建"花部"戏班，设有"笙歌蛙两部"。古人以蛙黾借指乐部戏班。花部高腔搬演《红梅记》，这红梅传奇是典型的高腔名剧，李调元见异见奇均收，博纳众采，绵竹一带，秦腔流行。第二年春节初八，李调元带班到旧绵州治（今绵阳）演出，红梅树下演红梅，取得了轰动性的效果。

李调元还导演过《赤壁鏖兵》《十五贯》《柴市节》《汉贞烈》，又改编过《春秋配》《梅绛亵》《花田错》《苦节传》等剧本，他又移植清初名戏曲家李渔（1611—1679，浙江人）的十种曲和蒋士铨（1726—1785，江西

① 罗江县李调元研究会编：《李调元著作选》，《雨村剧话·序》，巴蜀书社 2013 年版，第 314 页。

② 罗江县李调元研究会编：《李调元著作选》，《童山诗选》卷四，巴蜀书社 2013 年版，第 52 页。

人）的《空谷音》《冬青树》《香祖楼》等曲，同时带自己的戏班在罗江、绵州、绵竹、安县等地演出。

李调元将当时流行于四川的戏，作了一些正本清源的评议。著《雨村剧话》上下卷，上卷议唐至清戏曲艺术形成与发展，对乾隆时期仍流行的秦腔、胡琴腔、女儿腔作了介绍。下卷对《月下斩貂蝉》《渡江夺阿斗》《雪衣访普》《沈万山》等剧题材的出处作了探源。他在书中指出："弋阳腔，产生于弋阳，即今高腔……京谓京腔，粤俗谓之高腔，楚蜀谓之清戏。秦腔始于陕西，以梆子为板，月琴应之，亦有紧、慢。俗呼梆子腔，蜀谓之乱弹。二黄又名胡琴腔，胡琴腔起于江右，今世传其音，专以胡琴为节奏，又名二黄腔。"① 江右即江西。

李调元组建小伶班时，在于自乐消遣，或带去与友人宴享助兴共乐，演出不过昆、秦两腔。而乾隆六十年（1795）后至嘉庆初年，他的花部戏班不仅以多种剧目公演于众，与乡里共乐，而且将高、昆、胡、弹集于一戏班，搬演于一戏台。这种将移民带进四川或移民故地的戏剧腔调整合在一起的演戏方式，是四川及他省未曾有过的，这就是新的剧种——川剧。李调元演过的《红梅记》《赤壁鏖兵》《十五贯》等后来都成为川剧的传统名戏。

川剧是将高、昆、胡、弹、灯五种腔调集一戏班、一戏台的剧种。前四种是主干，当这四种集于一戏一台，就可以说川剧产生了。继后四川地方灯戏、四川方言的渗入，逐步完善着川剧。今要讨论川剧产生的年代，李调元和魏长生的戏剧艺术实践说明：川剧产生在乾隆末至嘉庆初年。

结　语

上述说明自古四川有戏，至明代四川流行着的戏有高腔、灯戏及民间媚神娱人，节庆喜宴的一些民俗娱乐小节目。清初"湖广填四川"来了十余省的移民，他们的入川，不仅恢复了四川的人气，复苏和发展了社会经济，而且各自带来了一方文化，以戏剧而言，在四川出现了昆、高、胡、弹、灯的腔调和表演方式。由于移民"五方杂处"，年久而"习俗相染"，互补互进，发生变化，已与这些声腔产生地有了一些区别，带上了四川风

① 罗江县李调元研究会编：《李调元著作选》，《雨村剧话》卷上，巴蜀书社 2013 年版，第325—326 页。

土人情的色彩，更重要的变化是几种声腔集于一戏班、一戏台，表演更丰富，声腔更动人，场景更精彩。起初高、昆两种声腔集于一戏班，逐渐形成高、昆、胡、弹四种声腔集于一台。至此，在四川的戏中一种新剧种——川剧出现了。

川剧，在明代是没有的。它产生的土壤是清代"湖广填四川"的移民文化。没有"湖广填四川"的历史，就没有川剧的产生。它产生在乾隆末年至嘉庆初年。这种变化，起初可能是民间的，缓慢的，后来量变到质变，即一种新剧种的产生，却是文人、学问家、戏剧家、演员的推动。大学问家李调元、秦腔名角魏长生就是川剧产生的有力助推手。在他们的文化活动实践中，尤其是李调元热心于戏剧理论的总结与提升，魏长生演戏套路和技艺的改进与创新，均做出了前人、时人未曾有过的贡献。这贡献，留名于清代四川移民文化史，留名于川剧文化史。

（作者单位：四川大学历史文化学院）

第二篇

李调元与戏剧

旧题与新解

——《雨村剧话》与戏曲声腔研究中有关问题探讨

杜建华

清代川籍大学者李调元是一位集戏曲创作、研究、演出于一体的戏曲研究者、创作者、实践家。他的《雨村剧话》《雨村曲话》以及个人笔记，记录了大量的关于当时中国的戏曲活动，是中国清代戏曲史研究中不可或缺的重要文件史料。多年来，但凡涉及有关中国戏曲历史发展、剧种形成、声腔演变的讨论研究，几乎无不引用李调元的相关记载。与此同时，对于李调元《剧话》《曲话》中关于清代中期各地戏曲声腔的记载本身，也是戏曲研究中一个不可忽视的方面，由此形成了若干解读和研究文本。为了探寻川剧声腔发展源流及演化路径，笔者也曾对《剧话》《曲话》中有关戏曲声腔尤其是与川剧声腔关联密切的记载论述做过一些探讨，但随着越来越多文献资料的发掘和一些研究成果的问世，对李调元相关论述的认识也在不断深化。在此，就有关问题的新认识作一些探讨。

一、弥足珍贵的戏曲声腔文献

在戏曲艺术出现以来，在相当长的一个历史时期中，由于自然地理环境的阻隔和交通条件的限制，戏曲艺术的传播主要依赖于戏班的流动演出。而对于早期戏曲声腔音乐的记录，主要有三种形式，一是曲牌格式的保存，二是音乐工尺曲谱，三是锣鼓经谱。在清代中叶花部勃兴之后，大量的地方戏曲剧种不断出现，但是当年的演唱声音并没有保存下来。晚清以来，直到留声机、唱片的出现，为我们保留了部分民国早期戏曲尤其是京剧表演艺术家的声音资料，这也是在 20 世纪 90 年代实行京剧音配像工程的技术前提。对早期川剧表演艺术家代表剧目的录音传播，始于 20 世纪 30 年代。目前保留的上海百代公司、胜利公司灌制的一批川剧名家名段唱片，也是目前所能听到的最早的川剧原声演唱，在此之前川剧演唱究竟是什么状态，我们不得而知。

新中国成立以后，政府对戏曲艺术给予高度重视，文化部成立了中国戏曲研究院，各省成立了以戏曲、曲艺为主要抢救对象的戏曲研究所，对主要的戏曲声腔音乐以简谱形式进行了记录、整理，但由于录音设备的稀缺与传播条件限制，除了广播、收音机的声音传播之外，戏曲的大众传播渠道主要依靠舞台。即便是在新中国成立之后，地方戏曲尤其是古老的地方剧种的传播，主要还是局限于本土方言流行区。直至改革开放之前，绝大多数戏曲工作者也没有条件到全国各地去观摩交流戏曲演出。但是，对于戏曲声腔、音乐研究工作而言，仅靠这些有限的声音资料，不仅很难形成对中国戏曲声腔体系的完整认识，更谈不上对数百年来，在中国大地繁衍、流播并不断衍化，进而形成新的地方剧种的中国戏曲声腔剧种全面、准确的了解和描述。

因此，由历代文人以文字描状的戏曲声腔艺术特征、演唱样态、声腔称谓以及不同时代的流播区域的书面记载，便是最为客观、直接的史料证据。但是，作为非主流文化的戏曲艺术，历来属于社会大众观赏娱乐的民俗文化范畴，在中国漫长的封建社会发展史中，仅有昆曲和京剧进入文人视野和宫廷艺术的管理。而数量繁多、不断衍化流播的地方戏曲剧种则不然，除了文采出众、故事传奇的戏文剧本得以广泛刊刻流传之外，全面描述、研究地方戏曲的著作也十分有限，关于声腔音乐、曲谱的记载数量极少，且不成系统。清代以来，地方剧种遗留下来之声腔文献资料多见于文人笔记、日记、奏章、遣兴的诗文，或以方志中风俗、艺文录记载形式，零散碎片地见于各种文献之中，很难窥其全貌。那么作为专门记载、全面评述中国地方戏曲声腔形态、演变轨迹的李调元《剧话》《曲话》，便显得格外珍贵，成为历代戏曲声腔研究者必须引用阅读的重要史料依据。

但是，由于李调元关于戏曲腔调及传播演化的记载言简意赅，多数为描述性、陈述性书写。因此，后来研究者囿于各自的知识范围和理解，对其进行了各自的解读，形成了学界不同的观点。其中，也不乏一些不够准确的解读，究其原因是多方面的。有的是由于声音资源的短缺、无法进行剧种间的比较所致，也有的是由于时代的变迁或演唱曲调的变化，导致不同学者对李调元所描述的戏曲声腔艺术形成不同理解和解读。

对于这些问题和不足，随着时间的推移，现代录音技术的发展，尤其是网络传播的普及，为各种声腔的大众传播提供了条件，也为研究者们的比较研究提供了必需的声音资料。更重要的是，随着非物质文化遗产保护工作的开展，各地政府主管部门先后对本土民间保存的戏曲艺术遗产进行了大规模的抢救性发掘继承，一些尘封数十载、几近失传的地方戏曲唱腔、唱段和剧目得以录音录像，重见天日。例如以中国艺术研究院戏曲研究所牵头开展的对弋阳腔、青阳腔等古老剧种曲牌、腔调的抢救性录音工程，比较完整地对当地民间世代相传的弋阳腔、青阳腔等古老腔调进行了系统性录音抢救，使我们能够耳闻目睹"一唱众和"的弋阳腔、青阳腔的演唱形式。这些珍贵的历史戏曲声音的复出，为当下戏曲研究者对李调元记载的历史戏曲声腔剧种的正确解读提供了新的佐证资料和可以遵循的科学路径。

《雨村剧话》中说："弋腔始弋阳，即今高腔，所唱皆南曲。又谓秧腔，秧即弋之转声。京谓京腔，粤俗谓之高腔，楚蜀之间谓之清戏。向无曲谱，只沿土俗，以一人唱而众和之。"对此，戏曲界历来有多种解读。这段记载涉及中国戏曲史上的几个问题：如弋阳腔的源头及发展流播、演化、川剧高腔的源流以及高腔、清戏的形态问题等。在此，笔者将结合近年来新看到的一些史料，谈谈对李调元这段话的新认识。

二、再探"秧即弋之转声"

李调元关于"弋腔始弋阳，即今高腔，所唱皆南曲。又谓秧腔，秧即弋之转声"的记载，是历来戏曲高腔研究者必须引用的重要文献。不同研究者对这段话也有不同解读，曾有论者将其解读为：李调元认为秧歌腔是弋阳腔转化而来，进而认为是李调元留下的错误概念。过去笔者也曾撰文发表个人看法，认为李调元所言"秧即弋之转声"，意思是"秧""弋"两个字之间，存在音韵学意义上的语音转声关系，并不是说秧歌腔是由弋阳腔转化的。随着近些年来的新的研究成果和史料的不断发现，也推动了戏曲声腔研究的深入，笔者对这一段话有了新的认识。

现有新说："弋阳梆子秧腔戏，俗称扬州梆子者是也。昆曲盛行时，此调仅演杂剧……昆曲微后，伶人以此调易学易制，且多数男女风情剧，故广制而盛传之。为昆曲与徽调之过渡。故今剧中昆曲已绝，而此调则所在多有也。"①

《缀白裘》之十一集序载："若夫弋阳梆子秧腔则不然，事不必尽可考，有时以鄙俚之俗情，如当场之科白；一上氍毹，即堪捧腹。……然戏之有弋阳梆子秧腔，即谓戏中之变，戏中之逸也，亦无不可。"②

以上两则记载，都谈到了"弋阳梆子秧腔"，编者对"弋阳梆子秧腔"也作了解释，对其流传的时间、所演出剧目的内容、性状进行了描述。认为：弋阳梆子秧腔是"昆曲与徽调之过渡"，皆俚俗之情，多演男女风情之事，小喜剧居多，场上所言令观众捧腹。

又见清乾隆三十四年《缀白裘》六集合刊本《凡例》："梆子秧腔即昆弋腔，与梆子乱弹腔俗皆称梆子腔。是编中凡梆子秧腔则简称梆子腔；梆子乱弹腔则简称乱弹腔，以防混淆。"③ 这里，说明了梆子秧腔就是昆弋腔，由此可以看到弋阳腔演变为昆弋腔、再演化为梆子秧腔的关系，而与梆子乱弹是不一样的。由此，我们大概可以弄清楚当年李调元记载的"弋腔始弋阳，即今高腔，所唱皆南曲。又谓秧腔，秧即弋之转声"这一段话的意思了。对此我们可以做进一步的解读：早期的弋阳腔后来演变为高腔，同时传播到全国各地不同区域，形成了"京谓京腔，粤俗谓之高腔，楚蜀之间谓之清戏"的壮观局面。再后来流传各地的弋阳腔不断衍化，出现了弋阳腔与昆曲互为融合的昆弋腔，即一种雅部与花部互为吸收融合，在一些地方出现了梆子秧腔这样的戏曲演唱形式，又被称为梆子腔，多演出喜剧，为观众喜爱。

三、"以一人唱而众和之"及川剧高腔

长期以来，学术界对川剧高腔音乐形态、特点之介绍，多以李调元所言之"一唱众和"为概括。如《川剧音乐概述》中对高腔的介绍："川剧的高腔，就其源流来讲，一般的说法是来自江西的弋阳腔，属徒歌，为一

---

① 王梦生：《梨园佳话》，台湾广文书局 1983 年版，第 10—11 页。
② 引自苏子裕编：《弋阳腔史料三百种注析》，社会科学文献出版社 2015 年版，第 250 页。
③ 引自苏子裕编：《弋阳腔史料三百种注析》，社会科学文献出版社 2015 年版，第 250 页。

唱众和的演唱形式。"① 接着又说："川剧高腔的特点，根据传统的说法，主要体现在帮腔、锣鼓和唱腔三个方面，一般简称帮、打、唱。"

从上述关于川剧高腔的定义来看，作者采用了客观叙述方式，对两种说法一并介绍，但是对川剧高腔的性状形态描述不是十分清晰。作者既遵循了中国戏曲音乐专家对川剧高腔解读的一般定义，同时也指出了川剧界自身传统的说法为"帮、打、唱"。从音乐形态学的角度来考察，"一唱众和"与"帮、打、唱"显然不是同一形态。这两者究竟是何关系？帮腔是否可以理解为"和腔"？从川剧高腔曲牌的结构形式来看，这两者虽然有所关联，但绝不是同一概念，更不能画等号，以"一唱众和"来概括川剧高腔的特点，也是不符合川剧高腔音乐实际的。

近年来江西、安徽省分别对古老弋阳腔、青阳腔进行了抢救性发掘、录音录像，并公布了一些音像资料。从其音乐形态上看，弋阳腔、青阳腔皆为"一唱众和"形态，即在锣鼓的节奏声中，当一个演员扮演的角色演唱至最后一句时，乐队附和演员共同唱完最后一句或后三字（也有后四字）。1998年，笔者曾到安徽南陵县观看由当地农民演出的青阳腔目连戏，仍然以锣鼓为伴奏，保留着古老的演出方式，具有"其节以鼓，其调喧"的特点。以此对照李调元描述的"向无曲谱，只沿土俗，以一人唱而众和之"的性状，确是恰如其分的。再如由早期青阳腔流传到湖北而形成的楚剧，亦即李调元所言之"楚蜀之间谓之清戏"之"清戏"，其传统演唱也保留着这样"一唱众和"的形式。换言之，这个清乾隆年间的清戏，后来在湖北、四川各地分别流播演化，在湖北演化为当地的高腔剧种，也成为楚剧的一个主要来源。而在四川，这个"清戏"则成为川剧高腔的一个重要源流。

新中国成立以来，川剧高腔音乐因其艺术形式的独特性而受到艺术界、学术界的高度关注，因而也成为20世纪50年代川剧改革发展的一个主要方面。最显著的改变，就是由女声帮腔取代了鼓师（男声）帮腔，并在川剧乐队中设立专职帮腔一职，并在帮腔人员中区分出领腔及其他和腔。这一川剧高腔乐队的基本结构由此确定下来，沿袭至今。因此，我们所看到、听到的川剧高腔演唱形式，确是"帮、打、唱"的音乐结构形

① 四川省川剧艺术研究院、四川省川剧学校编：《川剧音乐概述》，四川文艺出版社1987年版，第27页。

式，并不是"一唱众和"。

"帮腔"是川剧高腔不同于其他高腔剧种的重要标志和特点。帮腔在高腔音乐结构中的作用很多，但其最重要的功能是定调、交代戏剧环境、渲染戏剧气氛，或者作为独立的第三方人士对剧中人物、事件进行评价、表达观众情绪。从音乐形式来看，川剧帮腔与弋阳腔、青阳腔的"一唱众和"不同，帮腔的功能首先是为演员起腔定调，先于演员起唱。在一支曲牌中，通常是在演员唱完一句后，帮腔再独立起唱，并不是为演员"和腔"，演员与帮腔也不会同时一起唱。试举两例：

（一）《红梅记》李慧娘（唱【北一枝花】）：

（帮）喧哗。把俺的幽梦灵魂诧。（唱）但则见银烛高烧照红霞，急忙闪过帘笼下，为甚得叽叽喳喳？（帮）却原来花园事发。（唱）堂堂宰相坐官衙。一声怒吼如雷炸，腾腾杀气真可怕，（帮）逞威风滥施刑罚。

（二）《玉簪记·偷诗》陈妙常（唱【绣带儿】）：

（放冒子）（帮）惨凄呀→锣鼓→（唱）沉沉地呵→（帮）梦染相思！→锣鼓（唱）恨无眠残月霜稀→（帮）更阑静孤鸿嘹唳（锣鼓套打）→（唱）几番长叹空自卑呵→（帮）→春去后留不住少年颜色→（锣鼓套打）→（飞句）愁堆积！（唱）辜负奴香销梦里→（帮）向幽帘偷弹珠泪，偷弹珠泪呀！→锣鼓①

由此我们不难看出川剧高腔的"帮、打、唱"音乐结构与"一唱众和"的区别。

以上概而言之，笔者要强调的是，李调元记载的高腔"以一人唱而众和之"，是指其所生活的清代中叶的弋阳腔、清戏一类高腔剧种的演唱形式，代表了那一时期中国戏曲高腔剧种的共同特点，对比今天民间遗存的江西弋阳腔、安徽青阳腔、湖北楚剧，可知其描述十分准确。但是，川剧

---

① 张德成：《川剧高腔乐府》，四川省川剧艺术研究院编印，第214页。

第二篇 李调元与戏剧

189

高腔音乐形态已发展到"帮、打、唱"阶段，如果简单以"一唱众和"来概括今日之川剧高腔音乐之特点，则是不符合其实际状况的。两百年前李调元所记载之声腔，与今天川剧的多种声腔基本一致。由于时代发展，声腔已有变化，如川剧高腔已经发展到"帮、打、唱"高级阶段，但是早期可能是"一唱众和"形式。

结 语

李调元是清代杰出的集研究和创作于一体的大戏曲家，他对中国戏曲研究和川剧创作做出了重要贡献。我们对李调元戏曲论的研究尚处于起步阶段，还有许多领域尚待后人去发掘。对李调元戏曲理论的研究，是中国特色戏曲理论体系建设的一个重要方面，也是坚持文化自信、理论自信、道路自信在巴蜀文化研究中的新探索和创新性实践。

（作者单位：四川省艺术研究院）

关于弋阳腔在四川地区的再探讨

——兼谈李调元《剧话》中的相关论述

李祥林

巴蜀文化源远流长。川剧是巴蜀文化母体孕育的地方剧种，其集合昆曲、高腔、胡琴、弹戏、灯戏等多种声腔于一体。诸腔之中，以高腔为世人言之尤多，甚至有"不知高腔者，不足以言川剧"之说。追溯川剧声腔来源，在高腔问题上有"本土说"与"外来说"，前说认为川剧高腔源于巴蜀本土，后说认为川剧高腔源自弋阳腔并汲取了川江号子、民间曲艺等因素而形成，后者是当今学界所接受的通行观点。梳理文献，正视现实，深入考察弋阳腔在四川地区的流播①，是巴蜀戏曲史研究中的重要问题。尽管行内对此话题有所论述，但其中需要细加辨识、深入析说之处仍不少。本文拟从史的角度就此再作探讨，以供同仁参考。②

---

① 本文所言四川地区，涵盖重庆。重庆建立直辖市并在行政区划上从四川分出去，是 20 世纪 90 年代后的事，时间甚短，并不能因此就认为当地文化改变了在历史长河中形成的固有区域性质，这是研究者要注意的问题。

② 关于弋阳腔，笔者曾撰写《弋阳腔的历史足迹和现代启示》并提交相关学术研讨会，载刘祯等主编《弋阳腔新论》，中国戏剧出版社 2006 年版。此处转换角度，就弋阳腔在四川传播问题再作论述。

屡见于川剧出版物中的高腔"本土说",至少在半个多世纪前已产生,只是具体表述不尽相同。有手抄本存世的《川剧杂拾》,乃乐山人氏唐幼峰编著,民国33年（1944）写成于重庆峰园山庄,全书未曾公开出版,仅部分章节在刊物上登载过,书中分门别类地介绍了川剧的沿革、剧本、班社、曲牌、服装等。据该书前言所述,著者编撰此书,乃是有感于"久已自成一派"的川剧"至今无专书介绍,致外来人士大都莫名其妙",至于"本书材料,承名鼓师唐德彝君暨相识之伶、票两界好友,热烈赞助,多所供给"。撰写此书之前的1938年,唐幼峰著有介绍演员的《川剧人物小识》,又曾"订正唱词数十种,以介绍川剧之剧本",而与他相交甚笃的唐德彝（1879—1946）是清末民初蜀地戏曲团体"三庆会"发起人之一,郫县人,略通文墨。《川剧杂拾》开篇介绍"昆曲是康熙二年传入的"之后,紧接着写道:"高腔也起于康熙时代。相传康熙二十五年,有华阳人高清纯者,随父去宁,深研昆曲。回川后,淡于仕进,平居无事,辄根据昆腔曲牌,谱成腔调,分列喜怒哀乐,以喉音代笛音。时称清纯调,一曰高腔。"如此说来,高腔之所以称"高",并非音乐上调高音高,而是因为其创始人姓高。以高腔乃华阳人高清纯"发明"的说法,《川剧杂拾》非始作俑者,在《蜀伶杂志》（1924年成都壁经堂印）中已见,可知早就流行于蜀地梨园。尽管说得活灵活现,但高氏其人其事乃属无稽。至于说高腔乃据昆腔曲牌谱写,更是想当然,因为早在明代,昆、高便已并列"南曲四大声腔",而跟高腔相对的昆腔原本是以"低腔"著称的。所以,20世纪80年代编写的《川剧词典》,尽管在史料方面从《蜀伶杂志》《川剧杂拾》取材甚多,但言及川剧高腔时则未从其说,而称"源于江西'弋阳腔',属于曲牌体"。[①] 诚然,从本土立场看,编造"本土说"者的动机未必不是良好的,其热爱本土文化的感情也不应抹杀,但历史是不能捏造的,学术研究必须头脑清醒,不可感情用事。放眼神州,随着弋阳腔流出江西而南来北往广泛传播,像这样刻意为高腔编造本土"身份证"的,并非川剧一家,北方地区不也有过高腔得名于河北高阳之说么?但这依然缺乏可靠依据。

---

① 《川剧词典》,中国戏剧出版社1987年版,第1页。

出自江西以外的不同地方的高腔"本土说"之所以产生，除了因为当地人热爱本土的感情，客观上也跟弋阳腔流播史上一桩公案不无关系，这就是所谓明代嘉靖（1522—1566）后"弋阳调绝"的问题。中华戏曲大成于宋元时期，以"高腔"名世的弋阳腔作为宋元南戏流传到江西的产物，当在元末明初已出现，随即流行南北，其同余姚腔、海盐腔和昆山腔并称南曲四大声腔。明代有两位堪称"双璧"的大戏剧家都曾论及诸声腔流播问题，这就是徐渭和汤显祖（尽管二人在生卒年上有先后，但他俩趣味相投，彼此交情见于诗文）。徐是中国艺术史上不可多得的巨匠级人物，其成就体现在多方面，"他既是自开门派的大书画家，也是成就卓著的大戏曲家"。[①] 徐渭《南词叙录》云："今唱家称弋阳腔，则出于江西，两京、湖南、闽、广用之；称余姚腔者，出于会稽，常、润、池、太、扬、徐用之；称海盐腔者，嘉、湖、温、台用之；惟昆山腔止行于吴中……"徐乃山阴（今浙江绍兴）人，《南词叙录》作于嘉靖三十八年（1559），当时汤显祖才八岁。四十余年后，在大约作于万历三十年（1602）的《宜黄县戏神清源师庙记》中，汤显祖言及戏曲声腔时说："此道有南北。南则昆山，之次为海盐，吴浙音也。其体局静好，以拍为节。江以西以弋阳，其节以鼓，其调喧。至嘉靖而弋阳之调绝，变为乐平，为徽、青阳。我宜黄谭大司马纶闻而恶之。自喜得治兵于浙，以浙人归教其乡子弟，能为海盐声。大司马死二十余年矣，食其技者殆千余人。"《庙记》这段文字常常被戏曲学界引用。汤显祖是江西临川人，万历十一年进士，万历二十六年弃官归家，潜心戏剧创作。大概因为是本地人言本地事，后人多不怀疑汤之所言，"弋阳腔在嘉靖间成绝响"之说不胫而走。这位戏剧家关于弋阳腔至嘉靖而"调绝"的论断究竟是根据什么作出的，由于背景材料缺乏，数百年后我们不好妄加推测，但是，有种种史料证明，即使在所谓青阳腔形成高峰期的明代万历年间，具有深厚根基的弋阳腔仍未"绝响"于世。万历四十一年三月，公安三袁之一袁中道游湖南桃源，便有"张阿蒙诸公携榼宫中，带得弋阳梨园一部佐酒"的记载（《游居柿录》卷八），饮酒听曲，可见宫内太监仍喜好弋阳腔。王骥德《曲律·论曲之亨屯》也提及"老丑伶人、弋阳调、穷行头、演恶剧"，尽管口吻是鄙弃的。事实上，"万历年

---

① 李祥林等编著：《中国书画名家画语图解·徐渭》序言，中国人民大学出版社 2005 年版，第 1 页。

间，在弋阳不仅还存在弋阳腔，而且本地群众对它的爱好与迷恋，无论其深度还是广度，都是十分惊人的"；及至明末，"弋阳老家的戏曲活动仍然盛行不衰却是实际情况"。① 对此，刘水云《论晚明弋阳腔的存在状况》一文有辨析②，可供参考。即使在临川先生本人以"四梦"著称的剧作中，亦时见弋阳腔的身影，以至臧懋循"四梦"改本对汤氏笔下"弋阳语""弋阳派"屡有恶评，《谭曲杂劄》作者对汤氏剧作受"江西弋阳土曲"熏染也有指说，这些为治戏曲史者所知。此外，尚有若干资料表明，临川先生之后，弋阳腔在清代巴蜀地区依然流传，不可忽视。

诚然，继弋阳腔之后有青阳腔等兴起，但这绝不等于说前者随着后者出现便彻底消失在中国戏曲史上。从王利器辑录《元明清三代禁毁小说戏曲史料》中，可以看到清乾隆四十六年（1781）江西巡抚郝硕有关查办民间戏剧的奏折，其中写道："再查昆腔之外，有石牌腔、秦腔、弋阳腔、楚腔等项，江、广、闽、浙、四川、云、贵等省，皆所盛行。……查江西昆腔甚少，民间演唱，有高腔、梆子腔、乱弹等项名目。其高腔又名弋阳腔，臣查检弋阳县旧志，有弋阳腔之名，恐该地或有流传剧本，饬令该县留心查察。随据禀称，弋阳腔之名，不知起于何时，无凭稽考。现今所唱，即系高腔，并无别有弋阳词曲。"③ 蜀人李调元的戏曲论著《剧话》大约作于乾隆四十年，最早刻本见于乾隆四十九年李氏刊刻的《函海》，其中亦不含糊地指出："弋腔始弋阳，即今高腔，所唱皆南曲。又谓秧腔，秧即弋之转声。京谓京腔，粤俗谓之高腔，楚、蜀之间谓之清戏。向无曲谱，只沿土俗，以一人唱而众人和之，亦有紧板、慢板。"④ 对读以上两条史料，彼此互证，笔者认为可以确认三点：（1）高腔在此即弋阳腔别称，而不是指什么"取代"弋阳腔的"后来的高腔"，二者在此指称的是同一而非两个对象；（2）由于岁月推移，到了《剧话》作者在世的时代，高腔作为弋阳腔的别名，如今反较弋阳腔之称本身更为人们所熟悉；（3）当时的四川地区民间，弋阳腔"盛行"乃是不争的历史事实。李调元（1734—

194

---

① 《中国戏曲志·江西卷》，中国 ISBM 中心 1998 年版，第 20 页。除了"调绝"说，廖奔等对"弋阳诸腔"的说法也提出疑问，曰："弋阳腔实际上从来没有绝过，而且后来越发展越盛，它怎么能'变'成乐平、徽、青阳呢?"（《中国戏曲发展史》第三卷第 84 页，山西教育出版社 2003 年版，第 84 页）

② 刘水云：《论晚明弋阳腔的存在状况》，载《中华戏曲》第 27 辑，文化艺术出版社 2002 年版。

③ 王利器辑：《元明清三代禁毁小说戏曲史料》，上海古籍出版社 1981 年版，第 115—116 页。

④ 李调元：《剧话》，见《中国古典戏曲论著集成》第八辑，中国戏剧出版社 1959 年版。

1803），字羹堂，号雨村，罗江（今属四川德阳）人，文学家兼戏剧家，精通曲学，晚年回到家乡之后，自称"习气未除身尚健"的他，"归来只在梨园坐，看破繁华只是空"，也曾组织家庭戏班，"自敲檀板课歌僮"（《醒园遗兴》），以笠翁十种曲教其搬演。李调元笔下，不乏高腔在他家乡演唱的记载，如《新搜神记》卷九："绵竹东岳庙有沙弥，素有能戏之名……其眼颇大，教以《三请师》，《挡夏》一出使扮张翼德而唱高腔。"李著提及的二戏，《三请师》写刘、关、张三顾茅庐请诸葛亮事，《挡夏》写诸葛亮初任军师时张飞、夏侯惇交战事，今四川省艺术研究院藏有新中国成立初期记录的二戏手抄本。）该书同卷又载："什邡观音寺澜亭上人有徒，每诵经时，呗声甚清，忽偷入庆华班从伶师唐永泰改俗学戏。"李调元笔下二僧从俗学戏唱戏，是有趣的史料，让我们得知那个时代听曲唱戏在民间社会的影响力。这个庆华班，有论者推测是当地唱梆子腔的弹戏班子[1]，笔者认为应是《蜀伶杂志》记载的雍正二年（1724）在成都棉花街药师殿成立的高腔戏班。该班也是目前所知蜀地最早的高腔戏班，成立后直到光绪二十年（1894）才解体，通常称"老庆华班"（以区别于后来重组的庆华班），川剧界有"圣人"之称的名角康子林（1870—1930）早年即入该班拜师学艺。什邡、绵竹今在行政区划上皆归德阳市管辖，距离成都市很近，而什邡在民间口碑中亦有"小成都"之称，因此，戏班子从成都流动到什邡等地演出并非难事。此外，从庙中沙弥也唱戏来看，高腔在彼时蜀地有广泛影响。

二

李调元是清乾隆二十八年（1763）进士，改翰林院庶吉士，历任吏部主事、考功司员外郎、广东学政等，曾多年官居京城。弋阳腔北上后跟当地语言等结合形成京腔，清代一度有所谓"六大名班"走红，甚至被引入宫廷成为跟昆曲并肩的"御用"声腔，今存清宫剧本中弋腔和昆腔几乎占同样比重。早期清朝内廷演出以昆曲为主，弋腔之能进入，跟皇家看法有关，康熙帝即称"弋阳佳传，其来久矣"，他把弋腔视为自"唐霓裳失传

① 蒋维明：《移民入川与舞台人生》，成都科技大学出版社1998年版，第43页。

之后"继起的元人百种曲的余韵。① 于是，昆弋大戏成为清廷所不可少者，尤其是上演节令承应戏，包括各种宫中大典时与仪礼相关的戏剧演出，按例是必演昆弋大戏。随后，弋腔盛行，甚至有盖过昆曲之势。乾隆九年（1744），徐孝常为张漱石（坚）《梦中缘》传奇所写序云："长安梨园称盛，管弦相应，远近不绝；子弟装饰，备极靡丽；台榭辉煌，观者叠股依肩，饮食者吸鲸填壑。而所好唯秦声、啰、弋，厌听吴骚，闻歌昆曲，辄哄然散去。"② 清人笔记《乡言解颐》卷三"优伶"条亦载："黄钟为万事本，律吕中那有二黄；白雪作太平谣，粉黛装何如三白。时则有若宜庆、翠庆，昆、弋间以乱弹；言府言官（京班半隶王府，谓之官腔，又曰高腔），节奏异乎淫曼。"该书为李光庭著，多记北京掌故，前有道光二十九年（1849）作者自识。京腔指的是弋腔，成书于康熙年间的王正祥《新定十二律京腔谱》，即以弋腔按月令编成，这为众所周知。民国 36 年（1947）出版的《川剧序论》所言明白："弋腔和京腔原是一个系统，其区别不过是一个在朝，一个在野。"③ 弋腔北上后得了京腔之名，可见其声势显赫，如周贻白所言："当时'弋阳腔'传播的普遍，便在今日还可看出，长江流域、黄河南北，乃至僻处海峤的闽浙，无不有其遗踪。其传布之广，固远胜'昆曲'，而声势之盛，亦不亚于今日的'皮黄剧'。因其所代表的地域，已非'弋阳'而系'北京'，'京腔'之称，乃亦俨然剧坛盟主。虽然红氍毹上并没断绝'昆曲'的音响，而'京腔'之盛行，足使其失去原有的地位当然无疑。纵令'京腔'或非全部的'弋腔'，而当时北京的戏剧，要当以'弋腔'为主。"④ 李调元在京为官多年，《剧话》亦是那时所著，该书"对于清代前期流行的地方声腔剧种如弋阳腔、秦腔、吹腔、二黄

<hr>

① 　丁汝芹：《清代内廷演戏史话》，紫禁城出版社 1999 年版，第 120 页。康熙皇帝通晓戏曲，其对昆、弋二腔曾有一番评论，是针对内廷演出的，如称弋阳腔："又弋阳佳传，其来久矣，自唐霓裳失传之后，惟元人百种世所共喜。渐至有明，有院本北调不下数十种，今皆废弃不问，只剩弋阳腔而已。近来弋阳亦被外边俗曲乱道，所存十中无一二矣。独大内因旧教习，口传心授，故未失真。"这里有三点值得注意：一是康熙帝对弋阳腔并非贬斥的态度，显然影响到后来昆、弋二腔在内廷立足；二是内廷传授弋阳腔，要求保持其原有状态而不"失真"；三是从"外边俗曲乱道"可知，弋阳腔在当时京城民间很流行。此外，顺便说说，成都昔有满城（笔者曾居住的四道街，即属满城范围，也就是原来的联升胡同），其由来正跟康熙朝有关。康熙五十七年（1718），清廷在成都府城西建满城，以驻八旗士兵，主持修建者是年羹尧。其中，八旗官街八条，住满族文武官员；兵丁胡同三十二条，住满族士兵。至今成都有满族后裔，即彼时从北方迁来。对此，六对山人《锦城竹枝词》有云："康熙移驻旗人来，嘉庆八年旗学开。满汉四书念时艺，蓝衫骑马泮游回。"这段史实，对于弋腔在清代四川广泛传播有无客观上的推助？看来也值得探究。

② 　蔡毅编著：《中国古典戏曲序跋汇编》，齐鲁书社 1989 年版，第 1692 页。

③ 　阎金谔：《川剧序论》，文通书局民国 36 年版，第 15 页。

④ 　周贻白：《中国戏剧史长编》，上海书店出版社 2004 年版，第 456 页。

腔、女儿腔发展状貌的记录，却是出自他本人见闻，极有历史参考价值，也是此书最有意义的地方"①。居京为官的他熟悉朝廷情况，作为戏曲行家的他也熟悉"京高腔"，在他五十余岁退居家乡后，又多次言及"高腔"。他在蜀地家乡所见这"高腔"若是"川高腔"（也就是四川化的高腔），按理说跟"京高腔"应有差异，但作为曲学家的李调元，仅仅叙说"弋腔即高腔"，并未进而言及京、川之异（前引《剧话》"弋腔始弋阳"等语之后，接下来的阐释就是"王正祥谓'板皆有腔'，作《十二律京腔谱》十六卷"云云，说的是"京腔"）。对此问题，对其中细微之处，人们有所忽视，于是便有所谓李调元所言高腔乃"川剧高腔"的直接断语，这未免有想当然之嫌。其实，弋腔自从外传后，有了雅、俗两种路向的发展（京腔属于前者），就蜀地而言，按《川剧序论》的说法："雅的一派是李调元带回四川来的，俗的一派则为江西的贩夫走卒贸易入川时带来的。"② 这雅、俗二派之说，提醒我们弋阳腔传入四川地区后有着不同的流播路径，难怪影响广且深。总之，李调元入仕后既北上做官，又宦游各地，到过江西，跟江西籍剧作家蒋士铨也交谊甚好，他留下的关于戏曲声腔的记载是可信度甚高的。此外，由于李调元所处正是昆、高并峙时代，他除了在著述中常常言及高腔，也曾为自己的家班延请昆腔教师，如《新搜神记》中即载"有吴县邹在中，侨居成都，善昆曲，延至家，教小伶"云云。

说弋腔"即今高腔"，并非李调元的发明。河北保定人李声振作于康熙年间的《百戏竹枝词》，开篇便是《吴音》和《弋阳腔》，后者的特点是"金鼓喧阗"，注云："俗名高腔，视昆调甚高也。"前者的特点是"腔皆清细"，注曰："俗名昆腔，又名低腔，以其低于弋阳也。"③ 可见，清人称弋阳腔为"高腔"，是跟称昆腔为"低腔"相对的。弋"高"昆"低"，所指明确。又，乾隆三十九年（1774）《缀白裘》十一集《请师》："王道士白：和尚呢有和尚的腔，道士呢有道士的腔，就是做戏么也有个昆腔、高腔的哩。"此外，曼殊震均的《天咫偶闻》成书于光绪二十九年（1903），该书卷十叙述京师贵族阶层赏曲趣味流变时云："国初最尚昆腔戏，至嘉庆中犹然。后乃盛行弋腔，俗呼高腔，乃昆腔之辞变其音节耳。内城尤尚之，谓之'得胜歌'。相传国初出征，得胜归来，军士于马上歌之，以代凯歌，

① 廖奔、刘彦君：《中国戏曲发展史》第四卷，山西教育出版社 2003 年版，第 416 页。
② 阎金谔：《川剧序论》，文通书局民国 36 年版，第 15 页。
③ 雷梦水、潘超、孙忠铨、钟山编：《中华竹枝词》，北京古籍出版社 1997 年版，第 72 页。

故于请清兵等剧，尤喜演之。"周贻白《中国戏剧史长编》引此后写道："则'弋腔'又名'高腔'，清初已然，所谓'马上歌之，以代凯歌'，可见清初的北人，多能唱几句'弋腔'。"[①]《清稗类钞·戏剧之变迁》亦写道："国初最尚昆剧，嘉庆时犹然。后乃盛行弋腔，即俗呼高腔、一曰高调者，其于昆曲，仍其词句，变其音节耳。京师内城尤尚之，谓之得胜歌。"弋腔北上后之能流行，乃至形成"南昆北弋"的争胜局面（南方产生的弋腔竟然成了"北弋"，这是饶有意味的），当然有其原因，如周贻白引冒辟疆《影梅庵忆语》关于陈姬"演弋腔《红梅》"的记载后对比分析二腔时指出："按所称陈姬，亦即陈圆圆，然则圆圆亦能歌'弋腔'，由此证明即当'昆腔'盛行之日，南方亦不废'弋腔'，而'昆腔'反不能遍行北地。盖'昆腔'缠绵宛转，与'弋腔'之激昂慷慨，已有基本上的不同，其不能推行北方诸地带，自系决定于北方观众的无此好尚。"对于"清初的北人，多能唱几句'弋腔'"，周先生作了两方面分析：从历史角度看，"在元代，满汉曾经同属一个版图，其间风俗人情，容或早相接近，听'弋阳腔'而点头称善，也许弋腔真为'曼绰'遗音，早经传向关外，而亦为满人所能领会"；从审美趣味看，"'弋腔'之能通行北方，固因其高亢的音节，而为北方观众所爱听之故，但此种投合，亦非偶然"。[②] 弋腔虽生于南，但高亢激昂的声腔特点决定了其跟北曲以及北地审美趣味有某种相合之处。像李笠翁这样的戏曲大家，尽管自称"生平最恶弋阳、四平等剧，见则趋而避之，但闻其搬演《西厢》，则乐观恐后"。在他看来，"音律之妙，未有过于《北西厢》者。自南本一出，遂变极佳者为极不佳"，盖在"北本为词曲之豪，人人赞羡"。不同于明人改编的《南西厢》，《北西厢》"宜于弋阳、四平等俗优，不便强施于昆调，以系北曲而非南曲也"。又说："弋阳、四平等腔，字多音少，一泄而尽。又有一人启口，数人接腔者，名为一人，实出众口。故演《北西厢》甚易。"（《闲情偶寄·词曲部》）较之字少音多的昆腔，字多音少的弋腔无疑更接近"字多而调促"，"辞情多而声情少"（王世贞《曲藻》）的北曲。此外，弋阳腔尽管主

① 周贻白：《中国戏剧史长编》，上海书店出版社 2004 年版，第 370 页。
② 周贻白：《中国戏剧史长编》，上海书店出版社 2004 年版，第 367—368 页。廖奔等亦指出："清初，昆山腔在北京已盛极一时，听昆曲成为一般'上等人'的时髦雅兴，但弋阳腔仍然拥有基本的北方观众。……逐渐，弋阳腔更发展出新的腔种——京腔来，并得到官府的首肯，成为与昆山腔并行的腔调之一，这应该是它长于适应环境的结果。"（《中国戏曲发展史》第三卷，山西教育出版社 2003 年版，第 57 页）

要秉承南戏而来，其跟北曲亦非全然绝缘，如流沙指出，以南戏曲牌音乐为主的弋阳腔亦"吸收了北曲曲牌"，如【端正好】、【醉太平】、【点绛唇】、【混江龙】、【寄生草】、【朝天子】、【新水令】、【清江引】、【耍孩儿】等等，并在剧本结构上也受其影响。① 事实上，在南套中引入北曲，这恰恰是弋阳腔"向无曲谱，只沿土俗"而"句调长短，声音高下，可随心入腔"的自由性的体现。

可以肯定，身为蜀人又北上入京为官并精通曲学的李调元，其言弋腔即高腔绝非信口开河，他留给后人的关于弋阳腔（高腔）在当时四川流传的记载也不会有误。相关史料还有，如嘉庆十七年（1812）修撰的《汉州志》卷十五《风俗》云："音乐，婚丧用之……至报赛演剧，大约西人用秦腔，南人用昆腔，楚人、土著多曳（弋）声，曰高腔。"汉州即今属德阳管辖的广汉市，跟前述什邡、绵竹相邻，乃古蜀文化遗址三星堆所在地，距离成都不足百里。据康熙二十七年（1688）原修、同治十三年（1887）续修的《德阳县志》卷十八《风俗》载："乐部最尚高腔，一人独唱，至入拍处，众声从而和之，演迤高沓抑扬之间，亦有节奏，故人乐听之。"而"高腔"之称，亦数见于清六对山人所作百首《锦城竹枝词》："见说高腔有苟莲，万头攒看万家传"，"蜀妓如花浑见惯，逢场端不看高腔"。锦城乃成都别称，六对山人名杨燮，字对山，成都人，嘉庆六年（1801）进士，曾任县教谕，他这百首竹枝即记录当地风土人情，第一首为："癸亥之年秋七月，传闻院试竹枝词。锦城生长能详说，拈出乡风一百诗。"三峨樵子注云："癸亥七月，钱学宪以《锦城竹枝词》题考试成都古学，六对山人闻之，因有是作。"癸亥即嘉庆八年，也就是1803年。三峨樵子注见嘉庆九年（1804）该竹枝词刊本。至于嘉庆十年刊刻的定晋岩樵叟的《成都竹枝词》五十首，乃效仿六对山人诗而作，更明确地记录下当时包括弋阳腔在内的蜀地民间戏剧演出实况，云："会馆虽多数陕西，秦腔梆子响高低。观场人多坐板凳，炮响酬神散一齐。""过罢元宵尚唱灯，胡琴拉的是淫声。《回门》、《送妹》皆堪赏，一折《广东人上京》。""灯影原宜趁夜光，如何白昼却铺张。弋阳腔调杂钲鼓，及至灯明已散场。"皮影戏唱弋阳腔，并非蜀地独有，如乾隆时浙江海宁人氏吴骞

① 流沙：《从南戏到弋阳腔——〈弋阳腔史考略〉之一》，载赵景深主编：《中国古典小说戏曲论集》第二辑，上海古籍出版社 1987 年版。

（1733—1813）《拜经楼诗话》卷三记载："影戏或谓汉武帝时李夫人事。吾州长安镇多此戏。查岩门岐昌《古盐官曲》：'艳说长安佳子弟，熏衣高唱弋阳腔。'盖缘绘革为之，熏以辟蠹也。"近人崇彝《道咸以来朝野杂记》载京城影戏云："所唱分数种，与滦州调、涿州调及弋腔。昼夜台内悬灯映影，以火彩幻术诸戏为美，故谓之影戏。"前述定晋岩樵叟这组自称"风土人情皆纪实"的竹枝词，正把前川剧时期各路外来声腔汇聚蜀中后"五方杂处"的状况向我们描述得清清楚楚，它们为后来川剧形成提供了不可少的滋养。成都是四川地区的首府，也是川剧艺术发达的中心（成都的锦江剧场，前身为悦来茶园，"三庆会"成立于此，向有"川剧窝子"之称），这"调杂钲鼓"的弋阳腔就唱响在当时的蜀都舞台上，共鸣在当时的蜀地观众中。川剧是昆、高、胡、弹、灯"五腔共和"的剧种，行内视弋阳腔为川剧高腔的母体，可见并非是空穴来风。诚然，就现存情况看，川剧属于"保留青阳诸腔特点比较多的剧种"[①]之一，因为较之弋阳腔，青阳腔是晚起的，后者在各剧种中留下比前者更多痕迹乃是自然，但不能因此就抹杀前者影响的客观存在。在此问题上，非此即彼的行文思路是不可取的。兴盛于明代的弋阳腔是否在明代已传入蜀地固然待考（尽管川籍文人杨慎在《升庵诗话》中提到过它），但它不但没有绝响于晚明，而且仍流传在清代四川地区则无可怀疑。因此，梳理川剧高腔来源，硬要说弋阳腔在四川已被后起的青阳腔所"取代"，并由此断言川剧高腔形成不可能受弋阳腔直接影响，明显是困难的。也就是说，不能因为川剧中有了青阳腔，就武断地认定弋阳腔在川班中从此销声匿迹。

弋阳腔之能"盛行"四川，盖在它于清代依然南北流播，影响甚大。首先，在北方，弋阳腔流行京城时，官员宴饮以听唱弋阳曲子为乐，皇家内苑演出"宫廷大戏"用的是昆、弋腔，乾隆年间清廷禁演秦腔时亦让京师戏班唱昆、弋两腔。杨静亭《都门汇纂词场序》即云："我朝开国伊始，都人尽尚高腔。"这对于多年官居京城的蜀地文士李调元，当然不会不留

---

① 武俊达：《戏曲音乐概论》，文化艺术出版社 1999 年版，第 241 页。关于弋阳腔和青阳腔的源流关系，该书写道："青阳腔兴起于安徽池州府青阳县，故称青阳腔，也叫池州腔。徐渭《南词叙录》有'称余姚腔者，出于会稽，常、润、池、太、扬、徐用之'的话，'池'即指池州，青阳腔的形成，可能也受到余姚腔的某些影响，但从剧目和音乐来看青阳腔大多与弋阳腔相似，特别是弋阳腔发源于江西东北信阳府属弋阳一带，与皖南池州毗连，池州府所属的东流、至德二县，在历史上都曾隶属于浔阳郡（江西九江），弋阳腔兴起流入池州也是很自然的，因此当以汤显祖说更切实际。"（第 236 页）该书认为汤显祖称青阳腔由弋阳腔演变而来，比徐渭所言更合乎实际。

下深刻印象。事实表明，弋腔在清末宫廷演出犹见，如研究者指出："二百年间，内廷演出的弋腔基本上遵循了康熙帝的意旨，没有把弋阳腔'京化'。……清亡前夕，京腔在北京城几乎全然消失，宫廷内弋腔演出虽然减少了许多，但在开团场喜庆戏里，仍占有一席之地。"例如，光绪九年（1883），"太监鼓师金福保年仅二十岁，有旨传下，命'内学太监金福保不许学高腔（指弋阳腔）'。"① 如果弋腔真的早就"调绝"于内廷，显然没必要专门下这道圣旨了。其次，在南方，弋阳腔不但在其发源地江西没有绝迹，甚至乾隆六十年（1795）前后还有来自江西弋阳的高腔戏班赴扬州演出，如清李斗《扬州画舫录》卷五记载：扬州城乡除有演唱本地乱弹的"土班"和演唱昆曲的"堂戏"外，还有来自四面八方的外地戏班，"句容有以梆子腔来者，安庆有以二黄调来者，弋阳有以高腔来者，湖广有以罗罗腔来者"，而"弋阳腔"正是当时两淮盐务例蓄花、雅两部中"花部"的一大支。该书作者家居扬州，书中所写皆据其"目之所见，耳之所闻"。这条史料，正好又跟上述江西巡抚郝硕的奏折、李调元《剧话》相互印证，表明弋腔和高腔的同调异名关系。《扬州画舫录》又载人称"戏妖"的樊大擅演《思凡》，"始昆腔，继则梆子、罗罗、弋阳、二黄，无腔不备"。《红楼梦》第二十二回写宝钗过生日请的戏班是"昆、弋两腔都有"，反映出当时实情。有清一代，弋阳腔在江西乃至弋阳依然存在的例子并不缺少。康熙三十五年（1696），江西临川人傅涵从扬州返里，途经广信府（上饶）见到弋阳腔传唱，写下《竹枝词四首》，其中有道："弋阳腔调太分明，去听吴音点拍轻。羊角小车上饶过，南门路向北南横。"诗注云："弋阳，信州属邑，多讴者。"如今，在弋阳县以叠山书院为基础创建的弋阳腔博物馆，游客可以见到被印制在展板上的这首诗。跟李调元相交甚好的赣籍剧作家蒋士铨，在其《西江祝嘏·升平瑞》一剧中曾叙及提线傀儡班将演出于江西南丰，当有人问"你们是什么腔，会几本什么戏"时，班主回答："昆腔、汉腔、弋阳、乱弹、广东摸鱼歌、山东姑娘腔、山西卷戏、河南锣鼓戏，连福建的鸟腔都会唱，江湖十八本，本本皆全。"又据江西省艺术研究所同仁介绍，道光三年（1823）《玉山县志·风俗志》载："村落戏剧最喜西调，城市亦昆少弋多。自十月至十一月城隍庙弦管之声不绝。"道光四年（1824）《鄱阳县志·风俗志》亦载："（县城）东关外沿

---

① 丁汝芹：《清代内廷演戏史话》，紫禁城出版社 1999 年版，第 121—123、251 页。

河一带，多商贾集会公所，时唤昆、弋两部演剧赛神。"① 可见，在《剧话》作者李调元去世后很多年，弋阳腔还活跃在江西省内外，演唱在城市和乡村中。

尽管"在明嘉靖、万历（1522—1620）近百年间，弋阳腔在本省（江西）即形成乐平腔、饶河腔、信河腔与东河腔等分支"，或者说，"在嘉靖末年已衍生出乐平腔与安徽的青阳等腔"②，但弋阳腔这"弋阳诸腔"之祖在赣地至清末民间依然存在（犹如昆曲在"花雅之争"后流入地方剧种形成"湘昆""川昆"等，但作为主流的昆曲依然存在并在今天被列入人类口头和非物质文化遗产代表作名录）。例如，"弋阳腔目连戏，明初形成于赣东北、南昌、高安、临川和吉安等地。清末以后，赣东北饶州府鄱阳县仍演此剧"。搬演目连救母故事的戏剧，民间多见。"据调查鄱阳县团林乡夏家村，在清咸丰年间存在的目连班，传到夏汝仪时，由他手抄《目连》四部，分发给四个孙儿保存。现今江西省赣剧团内部刊印的弋阳腔《目连救母》，是以其孙夏霖所保存的为底本，尚存七十余首弋阳腔音乐曲牌。"③ 又据刘祯研究，"目连戏是弋阳腔最早剧目之一，也是各地受弋阳腔影响形成的诸高腔剧种的最早剧目之一"，现存弋阳腔目连戏剧本有清同治十年（1871）江西波阳县《弋阳腔目连救母》手抄本、民国7年江西景德镇南戏《目连》手抄本。④ 2004年10月，在江西弋阳召开的全国弋阳腔（高腔）学术研讨会上，笔者从江西省艺术研究所万悦手中见到一份《保护弋阳腔遗产方案》，其中叙述弋阳腔历史时，有这样一段文字："同、光时期

① 二则材料见苏子裕：《江西弋阳腔真的"调绝"了吗?》，全国弋阳腔（高腔）学术研讨会论文，2004年10月。又，在江西弋阳，有"弋阳腔剧团"成立于1958年11月，"这是继清末弋阳腔班社解散后，直到中华人民共和国成立后创办的全省独一无二的弋阳腔剧团。该团以演弋阳高腔为主，兼唱赣剧皮黄乱弹诸腔"（《中国戏曲志·江西卷》，中国ISBM中心1998年版，第610页），历年来排演的弋阳腔传统剧目有《珍珠记》《买水记》《孟姜女》等，创作演出的弋阳腔现代戏有《方志敏》《田标与七妹》等，并在全省及地区汇演中获奖。此前，1953年江西省文化剧在南昌半弋阳腔演员训练班，学制五年，招收小学员三十二名，从鄱阳、乐平、万年、景德镇选聘十一位弋阳腔著名老艺人担任教师。此后，1959年五六月间，由弋阳腔、青阳腔、婺源徽剧、赣州东河戏组成的江西省古典戏曲演出团赴京汇报演出；同年5月江西省戏曲学校编印的《江西弋阳腔曲谱集》，收入弋阳腔曲牌一百九十八个，弥补了赣剧弋阳腔曲牌名多已失传的缺憾，集末还附有"弋阳腔几种常用锣鼓经"；同年12月，江西省文化局剧目工作室编印的《江西戏曲传统剧目汇编》共十三集，包括弋阳腔二集、青阳腔三集和弹腔八集，收入弋阳腔剧目《龙凤剑》《定军山》《合珍珠》等，青阳腔剧目《红梅阁》《龙凤剑》《连环计》等；1963年江西省赣剧院编印《江西弋阳腔词谱》，词谱收入【鹧鸪天】等七十五支弋阳腔曲牌，补编又收入【一盆花】等二十五支弋阳腔词牌。2004年笔者在赣地参加弋阳腔研讨会，当地还为与会代表演出了弋阳腔剧目《金貂记》。以上事实表明，尽管青阳腔正式登台并流行之后，弋阳腔依然脉流不断，并未"调绝"。

② 武俊达：《戏曲音乐概论》，文化艺术出版社1999年版，第235页。

③ 毛礼镁：《江西傩及目连戏》，中国戏剧出版社2004年版，第159页。

④ 刘祯：《中国民间目连文化》，巴蜀书社1997年版，第188页。

（1862—1908），弋阳腔班社迅速向周边地区活动，邻县的万年、贵溪、乐平、浮梁、广丰先后建立了本地二十七个班社。今知著名弋阳腔班有：万年王老义洪班、新老义洪班、三老义洪班、富林目连班、荷溪弋阳腔坐堂班；贵溪潭塘目连班、李家目连班、傅家目连班、杨家目连班；乐平马老义洪班、老同乐班、赛同乐班、洪福班；浮梁赛京义洪班；广丰弋阳高腔傀儡班；弋阳县城大文锦班、邵坂目连班、曹溪弋阳高腔傀儡班等。"显然，弋阳腔不仅在明代未"调绝"，到了清代后期在赣地依然戏班不少，演出活跃。既然如此，当今有的论者仅仅根据上述江西巡抚郝硕的奏折便笼统地断言"至清代中期，就连江西本土的弋阳腔也为后来的高腔所取代"，这结论就难以让人相信了。此外，据昆曲老艺人回忆："一九二三年北大刘半农教授发起组织昆弋学会。……这个会的宗旨是：（一）提倡研究昆曲弋腔；（二）指导编演昆弋；（三）介绍昆弋团体到国外旅行公演；（四）维持昆弋团体。"[①] 尽管历史已步入现代，但既能编演剧目还能到国外演出，这与昆腔相对的弋腔怎么能说已绝迹了呢？事实上，古老的弋阳腔不但没有彻底"调绝"于明末清初，其旋律甚至流韵至近世现代，可作印证的还有阎金谔《川剧序论》引《国文月刊》一四期陶光《北曲与南曲》："现在的川剧正是南曲很好的比样，也是不用任何管乐或弦乐伴唱的。在河北省高阳县现在还流行着所谓'弋腔'，也是只用锣鼓作拍板，不用管乐弦乐伴唱。'弋腔'是南曲最初流行时几个主要派别之一，可证知早期的南曲确是如此。"这里，毫不含糊地说弋腔"现在还流行"，今天的行文者怎么能视而不见呢？既然弋阳腔从古到今脉流未绝，既然弋阳腔在清代四川地区依然流行，既然川剧高腔是在清代以来逐步定型的，那么，尊重史实起见，今天研究川剧高腔的声腔来源，书写川剧历史，就不能像有的论者那样完全排除弋阳腔的直接影响。

三

地处中国西部的四川是"移民大省"，弋阳腔在四川民间落地生根，少不了跟移民有瓜葛。古代四川史上，经历过多次大规模移民：秦灭蜀后，出于政治原因而"移秦民万家"入蜀；东汉末到西晋，大量境外移民

---

① 韩世昌：《我的昆曲艺术生活》，见政协北京市委员会文史资料研究委员会编：《燕都艺谭》，北京出版社1985年版，第40页。

因战乱迁居四川；唐末五代到南宋初，受战乱影响，大批北方人迁入四川；元末明初，长江中游移民因战乱大批迁往四川；明末清初，战乱导致四川人口锐减，田土荒芜，大批南方移民入川。明清这次移民潮延续百年，影响尤大。说到移民来源，民间有"江西填湖广，湖广填四川"之口碑，而"明初统治者'扯江西，填湖广'的移民措施，也给弋阳腔的流播提供了有利机会"。① 赣、楚相邻，楚、川毗连，除了湖南、湖北，由于长江交通之便利，从江西直接迁入四川的移民比例亦不小，清嘉庆蜀中竹枝词所谓"磁器店皆湖州老，银钱铺尽江西人"（定晋岩樵叟《成都竹枝词》）、"大姨嫁陕二姨苏，大嫂江西二嫂湖。戚友初逢问原籍，现无十世老成都"（六对山人《锦城竹枝词》），即道出这事实。根据清末《成都通览》记载，外省移民入成都籍者，湖广占 25%，江西占 15%，云贵占15%，陕西占 10%，江浙占 10%，广东、广西合占 10%，安徽占 5%，河南、山东合占 5%，福建、山西、甘肃合占 5%。此外，道光年间进士王正谊《达县竹枝词》曰："广东湖广与江西，客籍人多未易稽。吾处乡音听不得，一乡风俗最难齐。"王乃达县人，民国《达县志》卷九亦云：该地"自兵燹之后，土著绝少，而占籍于此者，率多陕西、湖广、江西之客"。入川移民，来自四面八方，他们在语言、饮食、服饰、婚丧、祭祀、文艺、娱乐等方面沿袭着原籍习俗，也因为各守其俗而好尚各异，才会有当时巴蜀戏台上弋阳腔调、秦腔梆子等戏曲声腔的此起彼伏。又据同治《仪陇县志》卷三："邑中湖南、北人最多，江西、广东次之，率皆康熙、雍正间入籍。"再如民国《三台县志》卷二十五："自兵燹后，流离播迁，隶版籍者为秦为楚，为闽为粤，为江左右。五方杂处，习尚不同。"类似记载多见于巴蜀史志书籍，入川的江西籍移民生活在大杂居、小聚居的环境中。

入川的江西移民多，他们修建的会馆也多。据蓝勇《清代四川移民会馆统计表》②，清代至民国年间，全省 108 县有会馆 1400 余所，全部兴建于清代。其中，居首的是湖广会馆，有 477 所，占总数的 34.07%；其次是江西会馆，有 320 所，占总数的 22.86%；第三是广东会馆，有 242 所，占总数的 17.29%；第四是陕西会馆，有 169 所，占总数的 12.07%；第五

研 究（第三辑）

---

① 《中国戏曲志·江西卷》，中国 ISBM 中心 1998 年版，第 15 页。
② 蓝勇：《湖广填四川与清代四川社会》第一部分《"湖广填四川"综合研究》之附表一，西南师范大学出版社 2009 年版。

是福建会馆，有116所，占总数的8.29％，其余贵州会馆、云南会馆、河南会馆、广西会馆等依次递减。江西籍移民会馆在川所占比例不可谓不高，这些分布各地的江西会馆客观上为弋阳腔在四川地区流播提供了便利。成都棉花街是前述高腔戏班"老庆华班"的成立地，清代有江西会馆。"棉花街北有帝王宫（湖北黄州会馆）、江西会馆，湖北、江西商人多以会馆为歇息堆栈之处，从湖北黄州等地购进棉花，街中店铺多经营棉纱、棉絮、棉布买卖，街由此而名。"① 棉花街原在今天蜀都大道从红星路到纱帽街那一段，今因城市道路改造而不复存在。与之相邻的纱帽街之名始于明代，"到了清代，虽然这里不再是以生产官员们的官帽为主，但仍然生产戏曲舞台上所需的乌纱帽以及其他的各种戏曲服装"②，是全省戏曲服装的主要生产与发售地，过去这里的剧装厂是行内人熟悉的。在成都东边，洛带镇是客家人聚居地，该镇有清代修建的江西会馆，其后院天井内小戏台迄今保存完整。成都东边乡镇中，"木兰、龙潭、泰兴地域，江西客家移民比较集中。在客家人占乡民90％的这一区域，粤籍客家人人数居首位，其次便是赣籍客家人了。如泰兴王氏赣籍德化、曾氏赣籍吉水，龙潭刘氏赣籍安远，木兰黄氏赣籍龙南。……木兰乡有个远近闻名的江西籍客家人比较集中的村落，这个村落至今仍名江西村"。③ 成都所辖金堂是川籍秦腔名伶魏长生的家乡，该县土桥镇昔为移民、客商汇聚之地，有规模不凡的湖广会馆等，江西会馆遗址在第二小学内尚存。2005年5月笔者去土桥走访，见学校门前有路标指示：前行二点二公里处为"江西村"。移民会馆各有依其乡籍所供神灵，湖广籍祀大禹王，湖广会馆又称禹王宫；江西籍祀许真人，江西会馆又称万寿宫。李调元的家乡罗江今为德阳所辖，德阳市中区是旌阳，"据说西晋太康初年，担任旌阳县令的道教仙人许逊有着点石成金、化符水祛除瘟疫的本领，从而救死扶伤、有德于民，朝廷为了表达对他'德政如阳'的赞赏之意，便将旌阳县改为了德阳县"。④ 被神化的许真人名逊，是江西南昌人，因治水行善受到世人供奉，

---

① 王雪梅、彭若木：《四川会馆》，巴蜀书社2009年版，第53页。其中，"帝王宫"应是帝主宫之误，指黄州会馆。黄州人敬奉"帝主"（又称"福主"），其会馆故有此名。由湖北移民修建的帝主宫或黄州会馆在巴蜀地区多见，如成都、重庆等。

② 袁庭栋：《成都街巷志》，四川文艺出版社2017年版，第467页。

③ 李全中：《从江西"九皇斋"到川西"九皇节"——客家地域文化传承与流变一例》，载《四川客家通讯》2005年特刊，总第13—14期。

④ 《德阳为啥叫德阳》，https://www.sohu.com/a/132885367_209148,2017-04-0915:08。

后来宋真宗封其为"神功妙济真君",并赐"玉隆万寿宫"匾额给供奉真君的道观。移民会馆,功能不外乎是"迎神庥、联嘉会、襄义举、笃乡情"。酬神赛会,少不了戏剧演出,所以会馆建有面向神殿的戏楼,前人即称"会馆戏多看不难"。听梆子,闻弋腔,家乡戏正满足着移民的族群需要。

聚集着同乡、同业者的大大小小会馆,亦是商帮行会的常设机构与活动场所。历史上,在徽商崛起之前,江右商人是南方最先驰名于全国的大商帮,这给来自赣地的弋阳腔四处传播带来了很好的机会,前述徐渭《南词叙录》道出的便是这事实。"在明代由江右商人所建的万寿宫几遍全国,这种万寿宫亦称'江西会馆',既是江西商人集会之地,又为弋阳腔的传播演出提供了绝佳场所。而民间的弋阳腔戏班,有赖于商业繁荣的城镇为基础,同时,又循着江右商人的贸易之路向四处流布,完全称得上是'弋阳腔之路',江右商人的生意做到哪,弋阳腔的声音就传到哪。"① 立足国情,着眼历史,从文化传播角度看,戏路与商路在中华戏曲的成长发展中还真有不解之缘。前述《川剧序论》称弋阳腔"俗的一派则为江西的贩夫走卒贸易入川时带来的",绝非虚语。较之文人传播的"雅"的一派,这"俗"的一派在民间社会想必传播面更宽和影响更广泛。② 入川的江西商人中,有经销"唱本"的书商,而且生意做得有声有色。据考,清代以来,"一批江西书商先后入川,陆续创办'尚友堂''肇经堂''玉元堂'等数家书坊,对四川的书坊刻书事业起到了推动作用。值得注意的是,有些著名江西书商最初是以贩卖唱本起家。如杨宏道清康熙年间入川,初以贩卖江浙唱本为业,约于康熙五十五年(1716)在泸州创办宏道堂,道光年间先后在成都、重庆、宜宾、乐山、汉口、南京、上海等处设立分号,并置田千亩,成为泸州首富……又如傅金铎也是康熙年间入川,他原是重庆较

---

① 涂新华、吴月华:《铿锵古韵弋阳腔》,载 2004 年 10 月 10 日《上饶日报》。

② 戏曲声腔以雅、俗二路传播的现象不限于弋阳腔,甚至昆腔亦然。追溯南曲四大声腔的发生和演变,昆、弋二腔就其起源论原本具有来自村坊民间的根基,但是,由于二者在流播过程中形成的身份差异,前者日趋雅化也就是被主流化,直到登上曲坛主帅位置,被奉为曲坛"正声"。从此,昆、弋两大声腔作为两种舞台趣味的代表,分道扬镳,彼此"花"、"雅"的地位拉开距离。然而,跳出思维定式会发现,昆曲被主流化之后,其在民间依然存在、流播。也就是说,昆曲并未跟下层民间绝缘,在庶民百姓的娱乐生活中依然流淌着非主流化的昆曲溪流。流入湖南山区的湘昆,便在地方曲调濡染下一变典雅柔丽风格,形成了紧缩节奏、加滚加衬的"俗伶俗谱";流播到西南地区的昆曲,不但直接导致川昆这声腔在属于"花部"的川剧中出现,而且在民间衍生出非戏曲形态的音乐形式,比如重庆市巴南区接龙镇被当地人称为"昆词"的吹打乐(有关论述请参阅拙文《昆曲的"第三种历史"》,载《中国戏剧》2007 年第 11 期)。

场口贩卖唱本的书贩，康熙末年创办善成堂，总局设在重庆长江南岸鲤鱼湾，从道光年间起，先后在北京、成都、山东等地开设十八处分庄……江西书商开设的书坊，大多保持自刻、自印、自发的传统经营方式，有些书坊除经营自刻本外，还转贩江西刻本，批零合一，扩大业务，逐步形成自己的出版发行网络"。① 过去时代，纸质传媒的作用不可小视，由商家经营的"唱本"刻印和销售，对于戏曲和曲艺等艺术在民间社会传播起了很大作用。这些江西书商自刻或转贩的"唱本"中，有没有弋阳腔本子呢？此外，贩卖"唱本"起家的江西书商杨宏道，自康熙以来扎根泸州并成为当地首富，而雍正年间在成都成立的高腔戏班"老庆华班"，据《蜀伶杂志》等记载，其创始者正是"二十余人由泸来者"，前后二者之间，有没有瓜葛呢？这些问题，期待有心者深入研究。

古往今来，移民浪潮导致了四川社会结构和人文环境改变，如研究者指出："元以前的四川移民，大多出自世家大族、文人学士和富商实业家，文化素质相对较高。而清初以来进入四川的外省移民，主要出自经济原因，为了求富发迹而来，其基本成分是农民为主，包括商人、手工业者在内的平民队伍，文化素质普遍较低。"结果，"经过重建后的四川社会，出现了平民化的文化格局"。② 明末清初以来四川地区形成的这种文化格局，客观上无疑有利于弋阳腔流播蜀地，因为，作为明清时期有持久影响的两大戏曲声腔，"不同于日趋雅化的昆腔，弋阳腔是地地道道的民间艺术，它质朴鲜活，流露着民间心声，体现着民间意志，洋溢着民间狂欢气息"。③ 这种平民化格局，直接影响到川剧艺术之平民化气质的形成④。此外，如上所述，弋阳腔于明清时曾流行北方，其比字少音多的昆腔似乎也更具北气⑤，而川剧作为地方剧种，其演唱所使用的四川方言，则跟那随移民而来的北方语言息息相关。从语言背景看，犹如拙文所述，"按照语言学界的分类，'四川方言属于北方方言'，也就是汉语北方方言的西南官

---

① 刘效民：《四川坊刻曲本考略》，中国戏剧出版社 2005 年版，第 1—2 页。
② 陈世松：《天下四川人》，四川人民出版社 1999 年版，第 24 页。
③ 李祥林：《弋阳腔的现代启示》，载 2005 年 2 月 3 日《中国文化报》。
④ 关于川剧艺术的平民化气质，请参阅拙文《川剧文学叙事的方式、立场和风格》，载《成都大学学报》社科版 2004 年第 1 期。
⑤ 曲分南北，各有差异，如王世贞《曲藻》指出："凡曲，北字多而调促，促处见筋；南字少而调缓，缓处见眼。北则辞情多而声情少，南则辞情少而声情多。北力在弦，南力在板。北宜和歌，南宜独奏。北气易粗，南气易弱。"显然，字多音少的弋腔（高腔）要比字少音多的昆腔近于北曲之处更多，难怪李笠翁听前者演唱《北西厢》时，要比听后者更顺耳。弋腔（高腔）跟北曲的关系，亦值得探讨。

话支系。……诚然，'周失纲纪，蜀先称王'（《华阳国志》），古蜀也曾自有语言，古籍屡屡言及'蜀语'（唐代有《蜀语》，又称《蜀尔雅》，相传为李商隐采蜀语成之），但秦灭蜀后，一批批北地移民迁入四川，带来了北方语言，而古蜀语言也渐渐不存。今天我们讲的四川话，实系移民文化的产物。'巴蜀方言的形成和发展，一直受到历次北民南迁的影响，从秦汉到元代，它都处于北方话的氛围之中。'"[1] 追溯历史，明清是四川方言的形成时期，此时的四川方言跟现代的四川方言已大体无二。如此语言环境，当然也为弋阳腔流传四川地区或四川民众接纳弋阳腔提供了良好氛围，增添了亲和力。

（作者单位：四川大学中国俗文化研究所）

---

① 李祥林：《从四川方言识读古代戏曲的龙门阵》，见《四川方言民俗研讨会论文汇编》，四川省民俗学会，2020年9月。

李调元与木偶、皮影戏

江玉祥

李调元著作涉及木偶戏和皮影戏的诗文共有八处，分别见于《弄谱》《弄谱百咏》《雨村诗话》《童山诗集》。这些诗文有的是摘编前人论述而成，有的是托物言志、借景抒情，反映了李调元对木偶戏和皮影戏这两种传统民间小戏的认识和观点，是很重要的史料。笔者站在今天科学的高度来诠释这批史料，无意苛责古人，而是通过古今对话，阐发新义，古为今用。

一

李调元编辑的《函海》丛书，初刻于清乾隆壬寅年（乾隆四十七年，1782年），再刻于清乾隆甲辰年（乾隆四十九年，1784），刊刻的地点都在京畿的通州，这两个版本皆出于李调元手定，均收录了李调元撰的《弄谱》二卷，为以后在川中刊行的《函海》嘉庆本、道光本、光绪本所无。乾隆壬寅版《弄谱》今已难得一见，仅存乾隆甲辰版《弄谱》二卷。

《弄谱》卷上"魁礧"条曰：

> 《通典》：窟礧子，亦曰魁礧，作偶人以戏。本丧乐也，汉末始用

之于嘉礼。北齐后主高纬尤所好，今闾中盛行。《颜氏家训》：俗名傀儡为郭秃。《风俗通》谓诸郭皆讳秃。当是前代有姓郭而病秃者，滑稽调戏，故后人为其象耳。按：《武林旧事》有"悬丝傀儡""杖头傀儡""药发傀儡""水傀儡""肉傀儡"诸别。《西河词话》云："宫戏本水傀儡，其制用偶人立板上，浮大池面，用屏障其下，而以机运之。杖头傀儡，以人持其脚，俗谓之捏脚抠。悬丝傀儡，俗谓之提线抠。"

"魁礧"即"傀儡"。美国著名东方学家劳弗尔博士（Dr. Berthold Laufer）说"傀儡"为土耳其语"kukla"的音译。然而，这个词并不起源于土耳其，究其语源可追溯到中世纪的希腊语。由于拜占庭帝国横跨欧亚，它从希腊传播到斯拉夫民族，又从斯拉夫民族传递到土耳其部落。沿着西北丝绸之路，在汉代传到中国，因而出现"傀儡"这个词。"kukla"这个词，在所有斯拉夫语、土耳其语和吉普赛语中，它都是意指"木偶"的普通词。在古希腊，"傀儡"的意思是"悬吊在线上的木偶"，即"悬丝木偶"。因为"傀儡"是个外来词，所以在汉语典籍中便有"魁櫑""窟磊子""窟礧子""魁礧子"等多种称呼。

李调元《弄谱》"魁礧"条是摘录五种古籍编写而成：

1. 唐杜佑撰《通典》卷一四六《乐六·散乐》："散乐非部伍之声，俳优歌舞杂奏。……大抵散乐杂戏多幻术，皆出西域，始于善幻人。至中国汉安帝时，天竺献伎，能自断手足，刳剔肠胃，自是历代有之。……歌舞戏有大面、拨头、踏摇娘、窟礧子等戏，元宗以其非正声，置教坊于禁中以处之。婆罗门乐用筚篥二、齐鼓一；散乐用横笛一，拍板一，腰鼓三；其余杂戏，变态多端，皆不足称也。窟礧子，亦曰魁礧子，作偶人以戏，善歌舞，本丧家乐也。汉末始用之于嘉会。北齐后主高纬尤所好。高丽之国亦有之。今闾市盛行焉。"

2. 《旧唐书》卷二九《音乐志二·散乐》："歌舞戏，有大面、拨头、踏摇娘、窟礧子等戏，玄宗以其非正声，置教坊于禁中以处之。""窟礧子，亦云魁礧子，作偶人以戏。善歌舞，本丧家乐也。汉末始用之于嘉会。（北）齐后主高纬尤所好。高丽国亦有之。"

散乐，隋以前谓之百戏。傀儡在隋以前为百戏之一种，隋以后叫散乐，其源"皆出西域"。唐代傀儡属于歌舞戏之一种。傀儡的特征是不是真人表演，而是"作偶人以戏"，偶人是木头做的就叫"木偶"，纸做的叫"纸偶"，如是兽皮雕刻的平面皮影人叫"影偶"。广义的傀儡应包括木偶和皮影，联合国教科文组织下面的木偶联会就是各国木偶戏、皮影戏表演团体和木偶皮影戏研究者的联合组织机构。中国传统的傀儡戏一般专指木偶戏，与用纸或兽皮雕镂成人物的平面偶像，借灯取影，表演故事的影戏截然有别。傀儡"善歌舞"，其乐调"本丧家乐也"，即傀儡表演本用之于凶礼。据前辈学者孙楷第先生在《傀儡戏考原》一书中考证：汉代丧家所用的傀儡即"方相"，又叫"魌头"，就是一种体长、头大且丑的偶人，用于触圹、惊疫、驱鬼。1978 年 12 月，在山东莱西县院里公社岱野大队发掘的两座汉墓中，有十余件木俑与一般木俑类似，但其中有一具非常奇特的木俑人，身高一百九十三厘米，与真人等高，头颅用整段木块雕成，有眼、耳、口、鼻等，躯干、四肢，根据骨骼长短、粗细、关节式样，分别雕制。整体用了十三段木条组成。全身机动灵活，可坐、可立、可跪。这具木偶的腹腿和其他部位钻有许多小孔，旁边还有一根可能用来调度木偶手脚牵线的银条。学术界普遍认为这具木偶大体可以证明，在汉代已存在可以操纵、活动的提线木偶了。然而，读者纳闷：近两米高的木偶，怎样操纵表演呢？其实这就是孙楷第先生所谓的"方相"，明代以后叫"开路鬼""险道神"。

"汉末始用之于嘉礼。"嘉礼，为古代五礼（吉、凶、军、宾、嘉）之一，指饮食、婚冠、宾射、飨燕、脤膰、嘉庆等礼。《周礼·春官·大宗伯》"以嘉礼亲万民"，后世专指婚礼。《通典》卷一四六"魁儡"条本为"汉末始用之于嘉会"，嘉会，为宾主宴集，李调元改用《旧唐书》卷二九《音乐志二·散乐》条文字，是根据清代的民间傀儡戏的功能扩展，而选用了"嘉礼"这个内涵和外延都较大的词。南朝·宋郭茂倩《乐府诗集》卷八七《邯郸郭公歌》解题引《乐府广题》曰："北齐后主高纬，雅好傀儡，谓之郭公。时人戏为《郭公歌》。及将败，果营邯郸。高郭声相近。九十九，末数也。滕口，邓林也。大儿，谓周帝，太祖子也。高冈，后主姓也。雏鸡类，武成小字也。后败于邓林，尽如歌言，盖语妖也。"（《邯郸郭公歌》："邯郸郭公九十九，技两渐尽入滕口。大儿缘高冈，雏子东南走。不信吾言时，当看岁在西。"）唐段安节著《乐府杂录·傀儡子》："其引歌舞有郭郎者，发正秃，善优笑，闾里呼为'郭郎'，凡戏场必在俳儿之首也。"唐段成式撰《酉阳杂俎》前集卷八："又高陵县捉得镂身者宋元素，刺七十一处，……右臂上刺葫芦，上出人首，如傀儡戏郭公者。县吏不解，问之，言葫芦精也。"唐人眼中的傀儡戏中的郭公形象"葫芦精"，其状为葫芦上安人头。

3. 北齐颜之推撰《颜氏家训·书证》："或问：'俗名傀儡子为郭秃，有故实乎？'答曰：'《风俗通》云："诸郭皆讳秃。"当是前代人有姓郭而病秃者，滑稽戏调，故后人为其象，呼为郭秃，犹《文康》象庾亮耳。'"

李调元摘引《颜氏家训·书证》"俗名傀儡子为郭秃"的故实，文字显然有脱漏。孙楷第《傀儡戏考原》二："以诸书所记考之，则北齐郭公戏之为滑稽舞戏甚明。"余补充孙氏说，唐以前的傀儡擅长表演滑稽舞戏，滑稽舞戏中常有一个头秃状似葫芦精、惹人发笑的角色叫郭公，因而俗称傀儡为郭秃、傀儡戏为郭公戏，犹如魏晋以迄初唐《文康乐》歌舞戏演庾亮故事一样。

4. 李调元按语称"《武林旧事》有'悬丝傀儡''杖头傀儡''药发傀儡''水傀儡''肉傀儡'诸别"。

此语见南宋周密《武林旧事》卷六"诸色伎艺人"条："傀儡（悬丝、杖头、药发、肉傀儡、水傀儡）"。

5. 清翟灏《通俗编》卷三一《俳优·傀儡》引《西河词话》："宫戏本水傀儡，其制用偶人立板上浮大池面，用屏障其下，而以机运之。杖头傀儡，以人持其足，俗谓之'捏脚抠'。悬丝傀儡，俗谓之'提线抠'。"

翟灏（？—1788），清代藏书家、学者，与李调元同时。唐圭璋辑《词话丛编》第一册所收《西河词话》无翟灏《通俗编》卷三一《俳优·傀儡》引的文字，可能为《西河词话》佚文。清人梁章钜（1775—1849）撰《称谓录》卷三十"捏脚抠提线抠"条亦引《西河词话》曰："宫戏本水傀儡，其制用偶人立板上，浮大池面，用屏障其下而以机运以。杖头傀儡，以人持其足，俗谓之捏脚抠。悬丝傀儡，俗谓之提线抠。"清人崇彝著《道咸以来朝野杂记》称杖头傀儡为"大台宫戏"，因清初杖头傀儡戏班常到王公府第应承堂会戏而得名。西河，系指明季诸生毛奇龄（1623—1716），明亡，窜身城南山，读书土室中。康熙时授翰林院检讨，充《明史》纂修官。素晓音律，博览群书，著述甚多，学者称为"西河"先生。因此，他把水傀儡称为"宫戏"，当是明代的情况。明代皇宫崇尚水傀儡戏，特别是从万历到崇祯的晚明几个皇帝乐此不疲，明、清文献多有记载。万历年间太监、天启废宦刘若愚著《酌中志》卷十六"内府职掌·钟鼓司"条记明宫中水傀儡戏型制尤详。笔者另有《水傀儡戏重考》(《民间文学论坛》1998 年第 2 期) 一文,对水傀儡考证颇翔实,读者可参考,此处不赘述。《西河词话》"宫戏本水傀儡",我们应作"水傀儡本明宫戏"理解。

乾隆甲辰本《弄谱》是一部尚未完成的著述,李调元打算重新撰写《弄谱》,于是在清嘉庆四年 (1799),即李调元逝世前四年,又撰写了《弄谱百咏》。《弄谱百咏》将《弄谱》六十七题扩充为一百题,每个题目下配一首竹枝词。以竹枝词的形式歌咏百戏在清代很流行,例如,康熙年间李声振的《百戏竹枝词》、乾嘉时代前因居士著《日下新讴》。李调元《弄谱百咏》与之不同的是,无题解文字,显然尚未完成。如果我们把《弄谱》的简短文字当作《弄谱百咏》的题解,"题"同"解"又不完全吻合。只能理解为《弄谱百咏》是李调元打算撰写新《弄谱》的一个目录、大纲。李调元未来得及完成新《弄谱》的写作,四年后就与世长辞了。《弄谱百咏》将《弄谱》卷上"魁礨"条分成《傀儡戏》《提戏》《被单戏》三题,兹据《童山诗集》卷三十八所载的《弄谱百咏》这三题竹枝词分析如下:

傀儡戏

公然摇摆著衫巾,今日登场色色新。

泥塑木雕嗤尔辈,一生全靠捉刀人。

傀儡戏即木偶戏,四川民间亦称"木脑壳戏""木肘肘""棒棒戏"。李调元这首竹枝词,抓住木偶泥塑木雕的特征,讽刺衣冠色新、登场摆谱的官场人物,不过是一个终生被别人操纵命运的傀儡而已。李调元托物言志,既针砭官场众生相,也在哀叹自己出入官场的遭遇。

提戏

立板浮纱布障悬,提人全在一线牵。

如何走肉行尸者,总有人提不肯前。

提戏即提线木偶戏,又曰悬丝木偶戏,为傀儡戏的一种。就世界范围而言,悬丝木偶的历史比较悠久,英语木偶 (marionette) 这个单词,本义即为"活动木偶""提线木偶"。提线木偶在中国的历史绵远流长，汉代至唐代，主要流行提线傀儡。例如，唐明皇《傀儡吟》（一作梁锽《咏木老人》诗。《文苑英华》212题作《窟磊子人》）："刻木牵丝作老翁，鸡皮鹤发与真同。须臾弄罢寂无事，还似人生一梦中。""刻木牵丝"的傀儡，即悬丝傀儡。甚至唐林滋《木人赋》描写周穆王看见的木偶"动必从绳"，"既手舞而足蹈，必左旋而右抽"，也是悬丝木偶。敦煌写本伯希和编号三八三三王梵志诗曰："造化成为我，如人弄郭秃。魂魄似绳子，形骸若柳木。掣取细腰支，□□□□。□□□底月，似提树响风。揽之不可见，抽牵动眉目。绳子若断去，即是干柳朴。"王梵志，隋唐间人。郭秃，古代傀儡戏中的故事人物，民间把郭秃作为傀儡的代称，"弄郭秃"即弄傀儡之意。"魂魄似绳子，形骸若柳木"，"绳子若断去，即是干柳朴"。这种傀儡，显然是"悬丝傀儡"。敦煌写本《维摩诘经变文》："也似机关傀儡，皆因绳索抽牵，或舞或歌，或行或走，曲罢事毕，抛向一边。""绳索抽牵"的傀儡，不言自明是悬丝傀儡。

北宋傀儡戏尤为繁盛，悬丝傀儡、杖头傀儡、药发傀儡、水傀儡、肉傀儡五类傀儡戏都在勾栏瓦市演出，争奇斗艳，涌现出许多名师巧匠。宋孟元老《东京梦华录》曰"悬丝傀儡，张金线"；南宋吴自牧《梦粱录》曰："如悬丝傀儡者，起于陈平六奇解围故事也。今有金线卢大夫、陈中喜等，弄得如真无二，兼之走线者尤佳。"

提线木偶的特征就是木偶的动作表演掌握在牵线艺人手中。《景德传灯录》记载创立临济宗的义玄禅师咏悬丝傀儡诗曰："看取棚头弄傀儡，抽牵全藉里头人。"因此"提线人""命悬一线"这些习用语，至今还在大众口中流传。

宋庞元英《谈薮》记载了一个借悬丝傀儡警告南宋权臣韩侂胄命在旦夕的故事："韩侂胄暮年以冬月携家游西湖，画船花舆，遍览南北二山之胜，末乃置宴于南园。族子判院与焉。席间有献牵丝傀儡为土偶负小儿者，名为迎春黄胖。韩顾族子：'汝名能诗，可咏此。'即承命一绝云：'脚踏虚空手弄春，一人头上要安身。忽然线断儿童手，骨肉都为陌上尘。'韩大不乐，不终宴而归。未几祸作。"

元代有提线傀儡。元杂剧《西游记》第二本第六出村姑演说社火："（姑唱）【川拨棹】更好笑哩，好着我笑微微。一个汉木雕成两个腿，见几个回回，舞着面旌旗，阿剌剌口里不知道甚的妆着鬼，人多我看不仔细。【七兄弟】我钻在这壁，那壁，没安我这死身已，滚将一个碌碡在根底，脚踏着才得见真实，百般打扮千般戏。爷爷好笑哩，一个人儿将几扇门儿，做一个小小的人儿，一片绅帛儿，妆着一个人。线儿提着木头雕的小人儿。【梅花酒】那的他唤做甚傀儡，黑墨线儿提着红白粉儿，妆着人样的东西，飕飕胡哨起，冬冬地鼓声催。一个摩着大旗，他坐着吃堂食，我立着看筵席，两只腿板僵直，肚皮里似春雷。"

明代提线木偶戏也很普遍。明朝万历年间兰陵笑笑生著《金瓶梅词话》第五十九回"西门庆摔死雪狮子，李瓶儿痛哭官哥儿"："打发僧人去了，叫了一起提偶的，先在哥儿灵前祭毕，然后西门庆在大厅上放桌席管待众人。"即西门庆叫了一个弄提线木偶戏的班子在死去的儿子灵前祭祀。明代嘉靖年间的戏曲作家李开先写过一首《傀儡》诗："仕途终日忙，傀儡竞登场。刻木形相似，牵丝态转狂。郭生能诨谑，鲍老舞郎当。戏罢浑如梦，追思已杳茫。"他不仅描写了悬丝木偶实态，也表达了他忙于仕途、身不由己的牢骚。

清代提线木偶普遍用于岁时节俗演出。例如：清乾隆十二年刻本《曲周县志》载正月十五日上元节"张幕结山棚，演剧、提傀儡。"清乾隆十五年刻本《顺德府志》：正月"'元宵'，祀天地、祖先。城市街巷及村落，结山棚，张灯，放花爆，提傀儡，会食"。

今日，全国不少地方都有提线木偶戏演出，其中陕西合阳、福建泉州的提线木偶戏最为有名。

被单戏

击鼓其镗曲未终，街头人去忽匆匆。
世间多少无穷史，尽在肩头一担中。

四川被单戏，又叫"背担戏""背篼戏""桶桶戏""独角黄"，它与北京等地的"耍苟利子"和闽南的"布袋戏"同属"手掌木偶"类型，其特点是一人表演兼唱兼打锣鼓。四川的"被单戏"，因舞台用长方形的布帏制成而得名。清末傅崇矩编撰《成都通览·成都之游玩杂技》曰："被单戏：小儿多乐观之，一人演唱，并能动锣鼓。所演戏必有一段打老虎。"

被单戏（肩担戏），北京人叫"耍傀儡子"或叫"耍苟利子""耍果立子"。光绪年间闲园鞠农编、张次溪订《燕市货声·腊月》："耍傀儡子：

一人挑担鸣锣，前囊后笼。耍时，以扁杖支起前囊，上有木雕小台阁，下垂其蓝布围，人笼皆在其中。笼内取偶人，鸣锣含哨，连耍带唱。有八大出之名：《香山还愿》《铡美案》《高老庄》《五鬼捉刘氏》《武大郎乍尸》《卖豆腐》《王小二打老虎》《李翠莲》。"清富察敦崇《燕京岁时记·耍苟利子》："苟利子即傀儡子，乃一人在布帏之中，头顶小台，演唱打虎跑马诸杂剧。……凡诸杂技皆京南人为之，正月最多。至农忙时则舍艺而归耕矣。"

京南人，即北京以南的人。清李斗著《扬州画舫录》卷十一《虹桥录下》载："凤阳人蓄猴令其自为冠带演戏，谓之猴戏。又围布作房，支以一木，以五指运三寸傀儡，金鼓喧阗，词白则用叫颡子，均一人为之，谓之肩担戏。二者正月城内极多，皆预于腊月抵郡城，寓文峰塔壶芦门客舍。至元旦进城，上元后城中已遍，出郭求鬻于堤上。二者至此，湖山春色阑矣。"安徽凤阳人耍猴戏和肩担戏，名声在外。

近代日本学者青木正儿编图、内田道夫解说的《北京风俗图谱》伎艺第八"傀儡戏"条，比较详细介绍了旧北京街上"耍苟利子"的情景：

傀儡戏是"耍苟利子"或"耍果立子"（果立子是傀儡子的俗音）操纵的木偶戏。平衡棒的一头装有圆笼子，另一头装有小小的戏台，因为是担着走，所以也叫"扁担戏"。把平衡棒变成戏台的支柱，在街道的一角马上就搭起简易小屋，操纵傀儡的人钻进幕后，从下面操纵傀儡，一个人操纵四五个傀儡，并且还要自己敲锣。……

在北京走街串巷的傀儡戏艺人非常灵巧，宽二尺、长一尺五寸左右的小舞台瞬间就能搭起来。非常逼真的舞台上有帷幕，有登场、退场的出入口，有柱子等，上面涂着漂亮颜色的油漆，屋顶和顶棚也都齐全。平衡棒支撑的舞台下面，用青布四周围着，中间藏着艺人。敲响铜锣，含在嘴里的哨子像二胡一样吹起来，招揽客人。登场人物多为一个或两个，只是简单的表演。其中也有八个人或十个人的。偶人是彩色的，或是刺绣的，穿着宽松的衣裳，脸上也和真人一样涂着脸谱，许多偶人还有骨碌碌转的小眼珠，表情活灵活现。

艺人牵动着连接着偶人的棍子，用各种声音说旁白，男人的声音低而粗，女人的声音细而高。大小两个铜锣和模仿胡琴的口笛做伴奏。可以发出长短八种声调。在《王小二打老虎》这出戏剧里，卖豆腐的王小二有一天卖得不错，所以在回家途中，多喝了一两杯酒，正是高兴的时候被老虎吃掉了。见此，附近的人们一传十、十传百地告诉了他的媳妇和儿子。他们在去救的路上看到老虎正在路边（舞台的栏杆处）打呼噜，于是他们就把老虎打死了，并且成功地把王小二从虎口里救了出来。到这里，戏剧就结束了。

《王小二打老虎》从清末至当代一直是被单戏保留的传统剧目，前几年成都老沈（沈慕垠）表演的被单戏还有《哥哥打老虎》一出。

二

《弄谱》卷上"影戏"：

> 《东京梦华录》：有董十五、赵七、曹保义、朱婆儿，善弄影戏。《都城纪胜》：凡影戏，京师人初以素纸雕镞，后用彩色装皮为之。公忠者雕以正貌，奸邪者雕以丑貌。其话本与讲史书者正同。《夷坚志》载僧惠明咏影戏诗。《武林旧事》载：百戏社名，影戏曰绘革社。《青藤山人路史》："影戏始汉武帝李夫人事。宋仁宗时，市人有能谈《三国》事者，或采其事，加缘饰作人影，始为魏蜀吴战争之象。"

李调元《弄谱》"影戏"条是摘录五种古籍编写而成：

1. 孟元老著《东京梦华录》卷五《京瓦伎艺》："崇、观以来，在京瓦肆伎艺：……董十五、赵七、曹保义、朱婆儿、没困驼、风僧哥、俎六姐，影戏。丁仪、瘦吉等，弄乔影戏。……其余不可胜数。不以风雨寒暑。诸棚看人，日日如是。"

2. 灌圃耐得翁著《都城纪胜·瓦舍众伎》："杂手艺皆有巧名：踢瓶、弄碗……手影戏……。影戏，凡影戏乃京师人初以素纸雕镞，后用彩色装皮为之，其话本与讲史书者颇同，大抵真假相半，公忠者雕以正貌，奸邪者与之丑貌，盖亦寓褒贬于市俗之眼戏也。"

3. 洪迈撰《夷坚志·夷坚三志》辛卷第三《普照明颠》："华亭县普照寺僧惠明者，常若失志恍惚，语言无绪，而信口谈人灾福，一切多验，因目曰明颠。未尝睡眠，通夕立于廊庑间，倚柱嗫嚅，审听之，多诵经文，虽祁寒暑雨不变。每入市，唯曳裙跣足，行步张皇，或诣店铺兀坐，则其肆是日交易必获利倍常，故皆喜其至。若赴斋供得衬施，尽散诸小儿，非其意所欲往，虽加苛挠，亦不肯小驻。或遭值戏侮，报以瓦石，飞投略无少伤。好作偈颂，间有达理处，其末辄颠错不可晓。尝遇手影戏者，人请之占颂，即把笔书云：'三尺生绡作戏台，全凭十指逞诙谐。有时明月灯窗下，一笑还从掌握来。'此篇盖最佳者。"

偈颂，梵语"偈佗"的又称，即佛经中的唱颂词。每句三字、四字、五字、六字、七字，以至多字不等，通常以四句为一偈。僧人常用这种四句的韵文来阐发佛理。手影戏者请惠明和尚占颂，就是请惠明猜一猜他的身份，于是惠明写了四句偈颂，指出他是表演手影戏的艺人。影戏是影子戏的简称，它包括手影戏、纸影戏和皮影戏三类。李调元将"手影戏"作为影戏的一类，说明他对影戏的概念是清楚的。常见今人文章引惠明和尚这四句偈颂来说明皮影戏，这就不对了，至少是读书不求甚解。我在《中国影戏》与《中国影戏与民俗》两书中有论述，此处不再赘述。

4. 周密《武林旧事》卷三《社会》："二月八日为桐川张王生辰，震山行宫朝拜极盛，百戏竞集，如绯绿社（杂戏）、齐云社（蹴球）、遏云社（唱赚）、同文社（耍词）、角抵社（相扑）、清音社（清乐）、锦标社（射弩）、锦体社（花绣）、英略社（使棒）、雄辩社（小说）、翠锦社（行院）、绘革社（影戏）、净发社（梳剃）、律华社（吟叫）、云机社（撮弄）。……若三月三日殿司真武会，三月二十八日东岳生辰社会之盛，大率类此，不暇赘陈。"

绘革社，是南宋时影戏艺人的行会组织。因为南宋临安（即今杭州）的影戏的影偶是"彩色装皮为之"，将影戏的行会组织命为"绘革社"。有学者据此便说中国影戏的影偶，最初有一个绘革的阶段，后来才是雕刻。试问，南宋灌圃耐得翁著《都城纪胜·瓦舍众伎》那句"公忠者雕以正貌，奸邪者与之丑貌"该作何理解呢？笔者赞成孙楷第先生的说法："绘革社必以影人彩饰雕镂之工自炫"[1] 而得名。

5. 徐渭《青藤山人路史》卷下："影戏始汉武帝李夫人事。宋仁宗朝，市人有能谈《三国》事者，或采其说，加缘饰作人影，始为魏蜀吴战争之象。"

《青藤山人路史》这一段关于影戏起源的文字，出自宋高承《事物纪

---

① 孙楷第：《沧州集》卷三《傀儡戏考原》，中华书局 2009 年版，第 177 页。

原》卷九。笔者《中国影戏探源》（《民间文学论坛》1988 年第 2 期）一文中首先提出汉武帝李夫人事乃方士贯用的"弄影还魂术"，还不能称影戏，正如人类起源于类人猿，但其还不是人一样。非如此认识，不能解释从汉武帝至宋仁宗长达 1163 年的时间未见影戏的原因。这里要特别声明："弄影还魂术"这个名词，在历史书和《道藏》中是找不到的，是我考证了汉武帝李夫人故事从汉至宋的流变而概括拟定的新名词，正确与否可以商榷，发明权归于江玉祥是毫无疑问的。这一点，中国著名神话学家袁珂先生在为拙著《中国影戏》写的序言中就指出："中国影戏的起源，确可以上推到汉代初年，因为此事并为《史记》《汉书》所载，非纯出虚构。而本书作者为了学术上的审慎，还不肯贸然将它与之直接衔接，而给此种假巫术以致幻的现象拟名为'弄影还魂术'，说它只有'弄影'，还构不上戏剧的成分。"① 自 1992 年以来，不少谈皮影戏的文章和书籍毫无顾忌地抄袭本人著作，反复使用"弄影还魂术"这个名词和本人的观点，根本未想过要遵守学术规范注明出处，俨然一副这是他创造的样子。对于这种抄袭行为，本人保留追究法律责任的权利。

《弄谱百咏》四《影灯戏》：

> 翻覆全凭两手分，无端钲息又钲闻。
> 分明夺地争城战，大胜连年坐食军。

这首竹枝词笔者在《中国影戏》和《中国影戏与民俗》两书的《四川皮影戏》一章中都引用了来说明清乾隆晚期四川已有皮影戏。补充一点，"大胜连年坐食军"亦反映出作者踌躇满志的好心情，推测这首竹枝词写于他官运亨通时期。

李调元《雨村诗话》（十六卷本）卷十有一首他咏影戏的诗：

> 绘革全凭两手能，一人高唱众人应。
> 人生总是风中烛，何必争光一盏灯。

"绘革全凭两手能"，意思是彩绘的皮影全凭艺人两手巧妙操纵，把他

---

① 袁珂：《〈中国影戏〉序》，见江玉祥：《中国影戏》，四川人民出版社 1992 年版，第 2 页。

演得活灵活现；"一人高唱众人应"，看来那时绵州灯影班唱的是"一唱众和"的高腔戏；"人生总是风中烛"，这是作者感叹他的命运如风中的蜡烛，朝暮难保，随时可能熄灭；"何必争光一盏灯"，何必孜孜追求一盏灯的光亮。这两句诗是李调元托物言志，借观皮影戏之事抒发他宦海浮沉的感慨，已无"大胜连年坐食军"那种志得意满的状态，显然这是乾隆五十年李调元削职回乡后，看四川民间演出皮影戏后写的诗。

清嘉庆三年（戊午，1798）李调元在台山（今绵阳市安州区花荄镇紧邻）① 他寡居的大女何氏家中写下四首诗，其中第三首曰：

闻道山村革社开，民因祈雨搭高台。

漫言影戏非真戏，金鼓声喧雨已来。

"山村革社"即山村的皮影戏班。"民因祈雨搭高台"，演影戏的目的是"祈雨"。"漫言影戏非真戏"，莫说皮影戏不是真人表演的大戏，照样可以用于求雨仪式。"金鼓声喧雨已来"，正当锣鼓声喧，皮影戏演得热闹时，老天便下起雨来，还真灵验。由此我们知道清乾嘉时代，四川绵州山乡有演影戏祈雨的习俗。清同治十二年刻本《直隶绵州志》载绵州风俗，"春夏之交，旱则祈雨，禁屠沽，设坛于龙神祠，集僧道绕坛诵经，印捕各官，朝夕步祷拈香，诣坛行礼。祈晴亦然。雨水足，禾苗畅茂，则各村演戏酬神，以祈谷。"绵州志详载了州官祈雨仪式，未说各村演影戏祈雨情况，李调元诗可补绵州志之不足！

（作者单位：四川大学文学与新闻学院）

---

① 这条地名考释承蒙赖安海先生提供，谨表谢忱！

第三篇
李调元与川菜

李化楠、李调元父子与《醒园录》①

江玉祥

　　李调元的父亲李化楠（1713—1769）字廷节，号石亭，生前撰写了一部食谱《醒园录》。其事首见于李调元《童山文集》卷一八《行述·诰封奉政大夫同知顺天府北路事石亭府君行述》：石亭先生"所著有《醒园录》，人皆传抄"。次见于李调元撰《罗江县志》卷九《人物》所录吴省钦撰《李化楠传》言："着有《万善堂稿》《石亭集》《醒园录》。"李化楠《醒园录》成书于何时？有三条旁证材料。清赵学敏著《本草纲目拾遗》成书于清乾隆乙酉（乾隆三十年，1765），而该书卷九"制火腿法"条引用了李化楠《醒园录》的"腌火腿法"，同书卷七"南枣"条又引用了《醒园录》"制南枣法"和"仙果不饥方"，这三条文字与乾隆万卷书楼藏版《醒园录》、道光函海版（亦即《丛书集成初编》本《醒园录》）、光绪函海版《醒园录》文字若合符契，说明李化楠《醒园录》手稿最迟在乾隆三十年已流传于世。

　　李化楠撰《醒园录》书稿的资料来自何处？李调元《醒园录·序》云："先大夫自诸生时，疏食菜羹，不求安饱。然事先大父母，必备极甘

---

　　① 本文曾用作笔者的《〈醒园录〉注疏》前言之三。

旨。至于宦游所到，多吴羹酸苦之乡。厨人进而甘焉者，随访而志诸册，不假抄胥，手自缮写，盖历数十年如一日矣。"

李化楠乾隆六年（1741）中举，乾隆七年连捷进士，历官浙江余姚、秀水知县，嗣权平湖，迁沧州、涿州知州，宣化府、天津北路、顺天府北路同知，至乾隆三十三年逝世，前后仕宦二十七年。他"宦游所到"之处在浙江余姚、秀水平湖的时间最长，达十一年之久，这些地方就是所谓"吴羹酸苦之乡"。吴羹酸苦，典出《楚辞·招魂》"和酸若苦，陈吴羹些"句，指春秋战国的吴越之地的食俗。

由此可知《醒园录》的资料来源有三：其一是李化楠自诸生以来，在西蜀家乡疏食菜羹，和备极甘旨事奉父母饮食经验的积累；其二宦游吴越之地随访厨人"而志诸册"的饮食访谈录；其三就是"不假抄胥，手自缮写"，从厨人手中或是他处得到的食谱食单。总之，《醒园录》的资料来源于饮食文化的实践者——厨人，无论是厨人本人直接口述，还是厨人提供的文字记录（食谱、食单），最重要的是"厨人进而甘焉者"，经过李化楠本人口尝，辨革滋味，认为味美可口，有所选择、取舍才记录下来。这个流程基本符合今日人类学的田野调查法，是科学的，可信的。

《醒园录》全书记载烹调三十九种、酿造二十四种、糕点二十四种、食品加工二十五种、饮料四种、食品保藏五种，共一百二十一种。其中酿造、糕点、食品加工七十三种，最有特色的是豆制品的酿造和加工，这同中国自古以农立国的传统生活方式有关。以汉民族为主的中华民族传统的生活方式是男耕女织，吃的是五谷杂粮，以蔬菜佐食，穿的是麻棉布帛，"制彼裳衣"（《诗·豳风·东山》），从而养成了精打细算，勤俭过日子的优良传统习俗，形成了储备积财，防患于未然的价值观。李调元《童山文集》卷一八《行述·诰封奉政大夫同知顺天府北路事石亭府君行述》记其父李化楠"终身未尝穿一华服，身供不过腐菜。常曰'咬断草根，百事可做'。性极孝，先大父母在日，旨甘必亲调，出外必嘱宜人烹饪如法"。"身供不过腐菜"是说李化楠经常吃豆腐及其豆制咸菜下饭，因此我们对《醒园录》酿造、糕点、食品所占的比重，亦可理解。

《醒园录》一百二十一条正文中有九十七条见于他书记载，主要是《调鼎集》。

《调鼎集》是清代一部篇幅最大的食谱。原书是手抄本，现藏北京图书馆善本部。中国商业出版社 1986 年 12 月作为该社推出的《中国烹饪古籍丛刊》之一《调鼎集》，由邢渤涛注释，所依据的底本就是北图藏手抄本。原手抄本前有成多禄于戊辰年（1928）写的《调鼎集序》。序中说："是书凡十卷，不著撰者姓名，盖相传旧钞本也。上则水陆珍错，羔雁禽鱼，下及酒浆醯酱盐醢之属，凡周官庖人之所掌，内饔、外饔之所司，无不灿然大备于其中，其取物之多，用物之宏，视《齐民要术》所载物品饮食之法尤为详备。为此书者，其殆躬逢太平之世，一时年丰物阜，匕鬯不惊，得以其暇，著为此篇，华而不僭，秩而不乱。……济宁鉴斋先生与多禄相知余二十年，素工赏鉴，博极群书，今以伊傅之资，当割烹盐梅之任，则天下之嗫嗫属望，歌舞醉饱，犹穆然想见宾筵礼乐之遗。而故人之所期许要自有远且大者，又岂仅在寻常匕箸间哉！先生颇喜此书，属弁数言以志赠书之雅云。戊辰上元成多禄序于京师十三古槐馆。"该手抄本卷三目录前署有"北砚食单卷三"字样；其"特牲部"引言署名为"北砚氏漫识"；"杂牲部"引言署名为"北砚氏识"；卷四中有"童氏食规"字样；卷五目录前有"北砚"二字；卷八"酒谱序"曰："吾乡绍酒，明以上未之前闻，此时不特不胫而走，几遍天下矣，缘天下酒，有灰者甚多，饮之令人发渴，而绍酒独无；天下之酒甜者居多，饮之令人停中满闷，而绍酒之性芳香醇烈，走而不守。故嗜之者以为上品，非私评也，余生长于绍，戚友之籍以生活者不一，山会之制造，又各不同，居恒留心采问，详其始终节目，为缕述之，号曰《酒谱》。盖余虽未亲历其间，而循则而治之，当可引绳批根，而神明其意也。会稽北砚童岳荐书。"

　　种种蛛丝马迹显示，该书起码有四卷（卷三、卷四、卷五、卷八）原来属于一本名叫《北砚食单》（又名《童氏食规》）旧稿的内容，经辗转流传，附益增删，到了19世纪20年代，这部书稿落到济宁鉴斋先生手中，书名变成《调鼎集》，这个名字谁取的，不知道，故曰佚名。从卷八《酒谱序》落款署名，我们又知道《北砚食单》的作者为"会稽北砚童岳荐"。童岳荐是谁？清李斗著《扬州画舫录》卷九《小秦淮录》条有一处记载："童岳荐，字砚北，绍兴人。精于盐策，善谋画，多奇中，寓居埂子上。"埂子上是清代扬州的一条街名。《扬州画舫录》卷九云："埂子上一为钞关街，北抵天宁门，南抵关口，地势隆起。"至此，我们初步了解，童岳荐，字北砚（砚北），会稽（绍兴）人，是乾隆年间江南盐商，他或即本书最早撰辑者，故该书原名《北砚食单》，又名《童氏食规》。那么，《北砚食单》成书于何时呢？

我们发现成书于清乾隆三十年（乙酉，1765）的赵学敏著《本草纲目拾遗》卷七"药制柑橘饼"条引《北砚食规》曰："用元明粉、半夏、青盐、百药草、天花粉、白茯苓各五钱，诃子、甘草、乌梅去核各二钱，硼砂、桔梗各三钱，以上俱用雪水煎半干，去渣澄清取汤，煮甘橘，炭墼微火烘，日翻二次，每次轻轻细捻，使药味尽入皮内，如捻破则不妙。能清火化痰，宽中降气。"又卷八"荸荠粉"条引《童北砚食规》曰："出江西虔南，土人如造藕粉法制成，货于远方，作食品，一名乌芋粉，又名黑三棱粉。甘寒无毒，毁铜销坚，除腹中痞积，丹石蛊毒，清心开翳，去肺胃经湿热，过饮伤风失声，疮毒干紫，可以起发。"又卷九"燕窝"条引《北砚食规》曰："有制素燕窝法：先入温水一荡伸腰，即浸入滚过冷水内，俟作料配菜齐集，另锅制好，笊篱捞出燕窝，将滚汤在笊篱上淋两三遍，可用，软而不糊，半焖用。解食烟毒。"有此三条引文，足以证明《北砚食单》成书于清乾隆三十年（乙酉，1765）以前。

童岳荐和李化楠同是清乾隆时人，又同在江浙经商、仕宦，然而在《李石亭诗集》和《李石亭文集》中均不见童岳荐的踪迹，那只有两个解释：一是童岳荐不在李化楠的交游名单中，二是童岳荐所处时间可能比李化楠还要早得多。不管哪种情况，李化楠在撰写《醒园录》时，参考过《北砚食单》，并且是《醒园录》成书的主要资料来源。

《醒园录》全书百分之八十抄自《调鼎集》，其中有五十条出自《调鼎集》卷三、四、五、八，而这四卷确切知道出自清乾隆年间江南盐商童岳荐的《北砚食单》（《童氏食规》）。这个问题，前人早有认识。道光版函海《醒园录》、光绪版函海《醒园录》、四川大学图书馆藏单行本《醒园录》以及佚名手抄残本《醒园录》署名皆为"罗江李化楠石亭手抄"，这同李调元《醒园录·序》所言"不假抄胥，手自缮写"的说法是一致的。李化楠抄录文字分如下几种：全文照抄，文字全同；将吴地方言变成四川话，文字略同；摘抄部分内容，抄录部分文字全同。正因为李化楠"不假抄胥，手自缮写"，错讹衍夺之处颇多。

我们说《醒园录》大部分抄自童岳荐的《北砚食单》（《童氏食规》），但同不遵守学术规范那种抄袭不可同日而语，而是以我为主，为我所用的一种实用技艺资料摘编，是川菜发展史上的外来文化引进、融合。读者从笔者的《醒园录》校注疏证中，不难发现今日四川饮食文化正是博采中华大地各处饮食文化精华的结晶，充分体现了"海纳百川，有容乃大"的哲理。

乾隆三十三年（1769）李化楠逝世以后，留下《醒园录》初稿尚需整理刊刻流布。《醒园录》最早的版本是万卷楼藏版。李调元于乾隆五十年落职回乡，居醒园（今四川罗江区北调元镇）。乾隆五十一年十一月万卷书楼（即《雨村诗话》十六卷本卷一一所说的"函海楼"）在祖居南村（今四川罗江南村坝）落成。乾隆五十三年八月十七日李调元由醒园移居南村旧宅，曾赋诗曰："南村原是祖居堂，何必平泉恋别庄。清福由来神所忌，浊醪尚喜妇能藏。展开万卷楼初上，洒埽三楹桂正香。不是龙云山不好，里仁为美是吾乡。"（《童山诗集》卷二六，戊申），大约乾隆五十四年左右李调元在万卷楼建刻书房，《醒园录》万卷书楼藏版，大概就是这个时候刻成。

李调元对《醒园录》的贡献，不仅在刊刻流布方面，最重要的是从中提炼出的饮食思想。李调元的饮食思想主要体现在李调元《醒园录·序》中的三句话：一是"饮食非细故"文化观；二是"居家宜俭也，而待客则不可不丰"的礼仪规则；三是"自食宜淡也，而事亲则不可不浓"的食道即孝道思想。下面略作阐释。

第一，"饮食非细故"，这是讲饮食文化的重要性。

细故即小事。饮食不是小事，饮食体现政治，体现文化。英国著名的人类学家和民族学家 B. 马林诺夫斯基说过："如果人类学家不充分关注食物需求这一人类社会的第二大基础，整个文化科学就将一事无成。"[①] 马林诺夫斯基是人类学功能学派的主要创始人，谈起功能，人们自然会发问：什么叫功能？所谓功能是指满足需要。《孟子·告子上》："食色，性也。"《礼记·礼运》："饮食男女，人之大欲存焉。"饮食男女是人的本性，食欲和性欲是人们心中最大的欲望。饮食是满足食欲的需要，男女是满足性欲的需要。需要产生文化。《礼记·礼运》："夫礼之初，始诸饮食"，"民以食为天"，可以说饮食文化是人类的初始文化。中国人的饮食文化是中国文明的象征。孙中山先生在《建国方略》一书中说："我中国近代文明进步，事事皆落人后，惟饮食一道之进步，至今尚为文明各国所不及。中国所发明之食物，固大盛于欧美；而中国烹调法之精良，又非欧美所可并驾。"饮食确非小事。

第二，"居家宜俭也，而待客则不可不丰"的礼仪规则。

---

① ［英］B. 马林诺夫斯基：《野蛮人的性生活》，团结出版社 1989 年版，特别序言。

"居家宜俭也，而待客则不可不丰"，即俗话说的"忍嘴待客"，这是中国人的传统美德，优良的民风民俗。虽然人皆有渴饮饥餐的欲望，人又生活在一定的社会文化环境之中，如何处理人与人的关系是生存的需要，也是文化行为的条件。在人情交往过程中，把自己舍不得吃的东西拿来招待客人，让客人开心满意，我们在好多少数民族地区中都会体会到这种好客之风。作为文人士大夫的李调元把这种风俗上升为待人处事的礼仪来提倡，不能不说这是李调元饮食思想中可贵之点。

第三，如果说"居家宜俭也，而待客则不可不丰"是处理社区成员关系的民俗规则，那"自食宜淡也，而事亲则不可不浓"则是在家庭内敬老孝亲尽孝道。《孝经》言庶人之孝，即"用天之道，分地之利，谨身节用，以养父母"，就是儿女要努力生产，谨慎节用，供养父母。《吕氏春秋·孝行览》更说供养父母有养体、养目、养耳、养口、养志五道，而其中养口之道、养志之道对庶人（一般老百姓）之家来说是最基本的孝道，即"熟五谷，烹六畜，和煎调，养口之道也；和颜色，说〔悦〕言语，敬进退，养志之道也"。就是把最好吃最可口的饭菜恭恭敬敬孝敬父母，这就是孝道。李调元在这里提出了"食道"与"孝道"相通的饮食思想。

至于该书稿的整理刊刻，李调元在《醒园录·序》中曾立下一条基本原则，即对于先父的《醒园录》遗稿"不敢久闭箧笥，乃授诸梓。书法行教，悉依墨妙。点窜涂抹，援刻鲁公《争座位》例，各存其旧"。也就是说，先父原文怎么写，就怎么刻印，保存原样，不乱修改，原稿照刻。因而，《醒园录》手稿中字词错讹，鲁鱼亥豕，文句窜乱，张冠李戴，均未得以改正。例如，《醒园录》三十五《风板鸭法》，三十八《食牛肉干法》，四十二条《关东煮鸡鸭法》，这三条文字错乱得不知所云。1984年中国商业出版社出版《醒园录》铅字排印本，点校粗疏，对于存在的问题居然未曾发现。因而，对《醒园录》来一次全面整理研究，便显得十分迫切，十分必要。

《醒园录》和《中馈录》是四川饮食发展史上两本重要的古典文献。《中馈录》篇幅很短，全书只有二十条；且时代很晚，大概是同治、光绪年间四川华阳才女曾懿的著作，该书最重要的两条是"制辣豆瓣法"和"制泡盐菜法"。《醒园录》时代早，篇幅大，为学者和餐饮界从业人士经常提起，但至今没有一个文从字顺、比较完善的读本供餐饮界学习，更缺乏一本研究著作供学者引用参考。有鉴于此，笔者从2006年12月在罗江举行的四川省李调元学术研讨会以后开始校点整理研究《醒园录》，断断续续拖了十四年，才有把握拿出这一研究成果贡献给学界，供大家批评指正。

（作者单位：四川大学文学与新闻学院）

四川历史名人与四川美食
——从李调元说起

杜 莉

2020 年 6 月 5 日，四川省第二批四川历史名人名单出炉，李调元等 10 位历史名人入选。这是继 2017 年四川省启动实施历史名人文化传承创新工程，选出首批 10 位四川历史名人后的又一次推出。他们的推出，在四川掀起了学习弘扬历史名人精神，彰显历史名人的当代价值，推动中华优秀传统文化传承发展的热潮。在这 20 位历史名人中，许多人与四川美食有密切的关联，对川菜和四川美食的发展做出了不同程度的贡献。其中，对川菜发展起着重要桥梁作用的是进入四川省第二批十大历史名人的李调元。

一、李调元与四川美食

李调元（1734—1803），德阳罗江人，清朝中叶著名文学家与学者，与其父李化楠一样非常重视饮食。仅就四川美食而言，李调元收集编撰了大量菜谱，创作了不少诗文，是一位有思想、有实践的川菜历史文化名人，是近现代川菜发展的重要改革者和先驱。

（一）精心编印《醒园录》，他山之石以攻玉

《醒园录》是由其父李化楠在江南做官时收集、李调元在家乡罗江整理刊行的一部综合性食谱。他在《醒园录·序》中说明了资料收集和整理

的情况："（先大夫）宦游所到，多为吴羹酸苦之乡。厨人进而甘焉者，随访而志诸册。不假抄胥，手自缮写，盖历数十年如一日矣。"① 《醒园录》全书分上下两卷，一共记录整理了一百二十一种菜点及食品加工方法。其中，以江浙菜为主，兼及当时传入江南地区的部分北方菜及欧洲、日本菜点，如满族饽饽、西洋糕；也多次记录花椒的使用，如煮燕窝、鹿筋等。在清代及以前的很多地方，花椒既可以做香料，去腥增香，也做麻味调料。但是如今川菜是唯一将花椒作为麻味调料使用的地方风味菜。若将《醒园录》与清代江浙地区编撰的本地食谱进行对比，就会发现其中有许多关联。该书被收入《函海》，藏于李调元家的万卷书楼中。当时远近之人纷纷前去传抄学习。李调元在《诰封奉政大夫同知顺天府北路事石亭府君行述》中说，石亭先生"所著有《醒园录》，人皆传抄"。石亭是其父李化楠之号。该书使四川人了解了外地特别是江浙地区的部分饮食状况，为川菜学习借鉴他山之玉、提高烹饪技艺提供了条件，进而为近代川菜的发展与完善奠定了一定的基础。

（二）系统饮食思想，指导和引领川菜特色发展

李调元非常重视饮食文化，在宏观和微观上有着较为系统的饮食思想。从宏观而言，他指出饮食是内涵丰富的大事、要事，应当保护、传承。李调元《醒园录·序》云："夫饮食非细故也。《易》警腊毒，《书》重盐梅。烹鱼则《诗》羡谁能，胹熊则《传》惩口实。"② 他指出，《周易》《尚书》《诗经》《左传》这些儒家经典都有关于饮食的记载，或警告人们注意食物中毒，或强调用盐梅子调味，或称赞烹鱼能手，或记载烹饪失误的惩罚。也由此总结说："箴铭之作，不遗盘盂。知味之喻，更叹能鲜！"③ 他还用有关饮食的典故说明饮食事关人体健康和社会礼制。因此，认为应当收集、整理和研读饮食资料，以保护和传承饮食文化。《醒园录·序》云："在昔贾思勰之《要术》遍及齐民，近即刘青田之《多能》，岂真鄙事？""夫岂好事，盖亦有意存焉。"④ 他认为，北魏贾思勰撰写《齐民要术》、明代刘基写《多能鄙事》，都不是"鄙事"，而是有意保存饮食文化资料，保护和传承中国饮食文化。从微观来说，他指出民间有常珍，自

① （清）李化楠撰，侯汉初、熊四智注释：《醒园录》，中国商业出版 1984 年版，第 1 页。
② （清）李化楠撰，侯汉初、熊四智注释：《醒园录》，中国商业出版 1984 年版，第 2 页。
③ （清）李化楠撰，侯汉初、熊四智注释：《醒园录》，中国商业出版 1984 年版，第 2—3 页。
④ （清）李化楠撰，侯汉初、熊四智注释：《醒园录》，中国商业出版 1984 年版，第 3 页。

我饮食应蔬食俭朴，奉亲养老应甘旨丰美。其《唾余新拾序》云："每启一缄，似啜侯鲭。日事咀嚼，而后知常珍之多在散奇也。"指出美食就存在于平常蔬食菜羹之中，推崇民间常珍和俭朴饮食。他在《醒园录·序》中记载其父在家中自己饮食极为简朴、多蔬菜羹汤，但侍奉长辈则尽力准备美味可口的菜点："先大夫自诸生时，疏食菜羹，不求安饱。然事先大父母，必备极甘旨"；"夫《礼》祥《内则》。养老，有淳熬、淳毋之别；奉亲，有饴蜜滫瀡之和"。① 淳熬、淳毋载于《礼记·内则》，是周代宫廷十分著名的八珍之品。李调元效法其父，也主张饮食应当遵循礼仪规范，以美食奉亲养老。李调元重视饮食及文化保护、传承，推崇"美食在民间"等饮食思想，对近现代川菜的平民化特性与烹饪技艺发展起到了重要指导和引领作用。

（三）丰富饮食诗文，促进川菜传承传播

除了整理刊行《醒园录》，李调元还写了许多涉及饮食的诗文，收录于《童山诗集》《童山文集》，主要内容包括三个方面：第一，四川各地食材。其《番麦》《自题荔枝图》《食芋赠陈君章》《峨眉山赋》等诗，对五谷杂粮及果蔬作了广泛的记载和描述。如《峨眉山赋》较详细地罗列了峨眉山出产、极具特色的 20 余种食材，如侧耳根、荠菜、雪蛆、地蚕、树鸡等。《食芋赠陈君章》云："种蔬多种芋，可作凶年备。岷山多蹲鸱，陈家专其利。十亩白沙干，万叶青枝翠。携锄斫待客，拨火煨相馈。气作龙涎香，色过牛乳腻。"② 描述和赞美了当时四川大面积种芋、做芋肴的情形。第二，四川菜肴及其制法。如《豆腐四首》《烧笋》《入山》等诗，记录了当时许多四川民间菜肴及其制法。其中，《入山》诗记述了四川山村农家用炖全鸡和调有椒姜的蒸猪肉待客，"烹鸡冠爪具，蒸豚椒姜并"。《豆腐四首》是组诗，分别描述豆腐皮、豆腐干、白水豆腐、清油豆腐等众多品种，如第一首言："诸儒底事口悬河，总为夸张豆醋磨"，"挏来盐卤醍醐腻，滤出丝罗滀液多。富贵何时须作乐，南山试问落其么"③。第三，四川饮食风俗。其《田家四时杂兴》《元宵》等诗，记载了四川乡间饮食生产习俗与节日习俗。如《元宵》诗云："元宵争看《采莲船》，宝马香车拾坠

---

① （清）李化楠撰，侯汉初、熊四智注释：《醒园录》，中国商业出版 1984 年版，第 1 页。
② 罗焕章主编，陈红、杜莉注释：《李调元诗注》，巴蜀书社 1993 年版，第 520 页。
③ 罗焕章主编，陈红、杜莉注释：《李调元诗注》，巴蜀书社 1993 年版，第 584 页。

钿。风雨夜深人尽散，孤灯犹唤卖糖圆。"① 该诗描述了元宵之夜观灯，吃糖圆即汤圆的习俗。《田家四时杂兴》诗共四首，描述四川农民春耕、夏耘、秋收、冬藏等农业生产全过程中的饮食习俗，春夏农事繁忙则在田间地头进餐，秋冬农忙结束则相聚宴饮："青秧及时移，田妇携饷至。杯盘俱瓦缶，初不择精致。高树席草茵，垄上各饱醉。""田家重农隙，翁媪相邀迓。列坐酒三巡，或起四五谢。"② 李调元撰写的众多饮食诗文，使当时人和后人更多地认识和了解川菜，对川菜的传承传播起到了重要的促进作用。

二、四川十大历史名人与四川美食

截至目前，四川已推出两批十大历史名人。第一批有大禹、李冰、落下闳、扬雄、诸葛亮、武则天、李白、杜甫、苏轼、杨慎，第二批有文翁、司马相如、陈寿、常璩、陈子昂、薛涛、格萨尔王、张栻、秦九韶、李调元。除了李调元，在四川十大历史名人中，有近一半的历史名人与四川美食密切关联。这里简要阐述如下：

（一）两晋及以前时期

1. 李冰

李冰是战国时期秦昭王时期的蜀郡太守，主持设计和兴建都江堰水利工程，由此使蜀地旱涝无忧。晋代常璩《华阳国志·蜀志》言："溉灌三郡，开稻田，于是蜀沃野千里，号'陆海'。旱则引水浸润，雨则杜塞水门。故记曰：水旱从人，不知饥馑，时无荒年，天下谓之天府也。"③ 同时，他还进行了系列重大工程，凿溷崖（今夹江），治洛水（今什邡），导汶井江（今邛崃），开广都盐井，极大地促进了蜀地农业生产迅速发展，丰富了食物资源，为四川美食打下了坚实的物质基础。

2. 司马相如

司马相如是西汉著名的文学家，创作了《子虚赋》《上林赋》《大人赋》《长门赋》《美人赋》等，后世流传最广的是他与卓文君的爱情故事。卓文君的父亲卓王孙在当时的临邛，依靠盐铁之利，富甲一方。《史记·

---

① 罗焕章主编，陈红、杜莉注释：《李调元诗注》，巴蜀书社 1993 年版，第 640 页。
② 罗焕章主编，陈红、杜莉注释：《李调元诗注》，巴蜀书社 1993 年版，第 41 页。
③ （晋）常璩，刘琳校注：《华阳国志校注》，巴蜀书社 1984 年版，第 202 页。

司马相如列传》载："临邛中多富人，而卓王孙家僮八百人，程郑亦数百人。"[①] 司马相如到卓王孙家中做客，卓文君与他一见倾心，二人私奔后在临邛开了一家酒舍。《史记·司马相如列传》载："相如与俱之（卓文君）临邛，尽卖其车骑，买一酒舍酤酒，而令文君当垆。相如身自着犊鼻裈，与保庸杂作，涤器于市中。"[②] 卓文君当垆卖酒，司马相如穿着犊鼻裈、洗涤杯盘碗盏。如此能够维持生活，说明当时成都美食的市场较好。

3. 扬雄

扬雄，字子云，蜀郡成都人，西汉末年著名的文学家、哲学家和语言学家。他擅长辞赋，与司马相如齐名。他首次以赋的形式描绘和赞美了当时四川丰富的食材、独特的调味料、高超的烹饪技艺和众多的美味佳肴，生动叙述了讲究的宴会陈设和优美的歌舞助兴，成为研究汉代四川饮食烹饪的重要参考资料。其《蜀都赋》列举了七十余种烹饪食材，既有普通原料，如茭白、香蒲、莲藕、鳝鱼、各种水果、蔬菜及五谷；也有蜀中各地特有的名品，如川南菌芝、川西井盐以及"姜栀附子巨蒜，木艾椒蘺，蔼酱酦清"，即生姜、附子、大蒜与食茱萸、花椒、蒟酱、酦酒。此外，扬雄认为饮食有"颐精神、养血脉"的作用。所谓"颐"即保养之意，《易经·序卦》云："颐，美也。""精神"则指心神、神志；而"血脉"本指体内流通血液的脉络，此处代指整个身体。"颐精神、养血脉"指饮食的作用在于保养和维持人的生理与心理健康。基于这种观点，他还就酒的利弊写了一篇《酒赋》，反对嗜酒如命，但又不否定酒的好处。作为文化名人，扬雄的饮食观对川菜的发展有潜移默化的影响。

4. 常璩

常璩，字道将，蜀郡江原（今四川成都崇州）人，东晋著名的史学家。他撰写的《华阳国志》共十二卷，是中国现存最早、最完整的一部地方志，也是了解和研究四川乃至西南地区历史、地理、人物、民俗等的重要史料。历史学家任乃强指出："此其于地方史中开创造之局，亦如正史之有《史记》。"《华阳国志》不仅记载了四川地区的部分食材，更在《蜀志》中记载了当时蜀人的饮食习俗及川菜的基本特征："其辰值未，故尚滋味；德在少昊，故好辛香。"[③] 蜀人崇尚味道（美味，讲究味道），尤其

---

① 《史记》，中华书局1982年版，第3000页。
② 《史记》，中华书局1982年版，第3000页。
③ （晋）常璩，刘琳校注：《华阳国志校注》，巴蜀书社1984年版，第175页。

喜欢辛辣、刺激的味道。此后，这一基本特点和风格逐渐成为传统，代代相沿直至今日。

（二）唐宋至元明时期

1. 杜甫

杜甫，字子美，唐代伟大的现实主义诗人，祖籍湖北襄阳，出生于河南巩县，安史之乱后携家来到四川，曾在成都浣花溪边筑草堂居住，也曾到阆州、绵州、梓州等地，后经嘉州、戎州、渝州、夔州出川。他一生坎坷，但忧国忧民，创作了许多现实主义诗篇广泛地反映当时的社会生活。饮食作为社会生活的一部分也进入了杜甫的诗作中。杜甫涉及四川饮食的诗文，主要内容包括两个方面：第一，四川各地食材及菜肴。其《观打鱼歌》《白小》《赠别贺兰铦》《园人送瓜》等，对四川的鱼类及蔬食进行大量描述和赞美。在他的笔下，四川的鱼类及鱼类馔肴非常丰富，有鲂鱼、雅鱼、黄鱼、白小鱼等。其《白小》言：“白小群分布，天然二寸鱼。细微露水族，风俗当园蔬。”① 白小是野生小鱼，当时作为蔬食。除鱼类外，杜甫还写了许多蔬食。如夔州的瓜菜，《园人送瓜》云：“竹竿接嵌窦，引注来鸟道。浮祝乱水玉，爱惜如芝草。落刃嚼冰霜．开怀慰枯槁。许以秋蒂除，仍爱小童抱。”② 第二，四川美酒和餐具。其《青城山道士乳酒》《宴戎州杨使君》《拨闷》和《又于韦处乞大邑瓷碗》等，描述了青城山的洞天乳酒、重碧酒、曲米春和大邑瓷碗等。如《又于韦处乞大邑瓷碗》诗中赞美道：“大邑烧瓷轻且坚，扣如哀玉锦城传。君家白碗胜霜雪，急送茅斋亦可怜。”③ 在唐代，四川大邑窑是盛产白瓷的名窑，制作的瓷器很精美，也很有名。对于四川美食，杜甫著名的诗句还有“鱼知丙穴由来美，酒忆郫筒不用酤”。杜甫在四川期间将四川的饮食烹饪作为现实生活的一部分写进诗中，客观上为川菜文化留下了非常宝贵的遗产，是对川菜发展的极大贡献。

2. 李白

李白，字太白，唐代伟大的浪漫主义诗人，幼年和青年时住在剑南道绵州（巴西郡）昌隆（后避玄宗讳改为昌明）青莲乡（今江油青莲乡），25岁出川。他一生喜爱美酒，杜甫《饮中八仙歌》描绘道：“李白一斗诗

① 熊四智主编：《中国饮食诗文大典》，青岛出版社1995年版，第169页。
② 熊四智主编：《中国饮食诗文大典》，青岛出版社1995年版，第170页。
③ 熊四智主编：《中国饮食诗文大典》，青岛出版社1995年版，第164页。

百篇，长安市上酒家眠，天子呼来不上船，自称臣是酒中仙。"① 李白的诗充满酒香与饮酒的豪气与旷达，著名的有《将进酒》《客中行》《行路难》等。《将进酒》言："古来圣贤皆寂寞，唯有饮者留其名"，"五花马，千金裘，呼儿将出换美酒，与尔同销万古愁"。此外，他也写了涉及菜肴的诗，如《酬中都小吏携斗酒双鱼于逆旅见赠》《南陵别儿童入京》等。相传李白饮酒时喜欢以鸡、鸭、鹅、鱼及蔬果等菜肴佐食。《南陵别儿童入京》诗云："白酒新熟山中归，黄鸡啄黍秋正肥，呼童烹鸡酌白酒，儿童嬉笑牵人衣。"② 如今，在川菜中还有太白鸡、太白鸭子和太白酱肉等菜肴，与人们敬仰和缅怀李白有关。

3. 苏轼

苏轼，字子瞻，号东坡居士，四川眉山人，宋代著名文学家，著名美食家，对饮食烹饪有极高造诣，对后世影响很大。苏轼对四川乃至中国美食的贡献，主要有三个方面：第一，饮食诗文。苏轼喜好美食，写下大量美食诗文，如《鳊鱼》《野雉》《竹鼦》《古意》《送笋芍药与公择二首》《丁公默送蝤蛑》《豆粥》《鳆鱼行》《春菜》等，几乎记载了所到之地品尝过的各种菜肴。他是中国历史上第一个自称"老饕"（美食家、吃货）的人，写有《老饕赋》。第二，饮食思想。他认为人间至味、真味不是肥甘之物，而是清淡自然之味。《狄韶州煮蔓菁芦菔羹》诗云："我昔在田间，寒庖有珍烹。常支折脚鼎，自煮花蔓菁。中年失此味，想像如隔生。谁知南岳老，解作东坡羹。中有芦菔根，尚含晓露清。勿语贵公子，从渠醉膻腥。"③ 苏轼说，用蔓菁（大头菜）和萝卜等煮成的羹，是自然美味的素菜，用不着告诉那些富贵之人，就让他们醉心于醇浓肥厚的食物中吧。在我国饮食理论中有"甘脆肥脓，命曰腐肠之药"。第三，饮食实践及烹饪理论。苏轼年少时跟着母亲学过烹饪，也喜欢烹饪，后来在为官之余便动手创制了不少馔肴品种，曾做过姜粥、姜蒸乳饼、青蒿凉饼、槐芽饼、蔬菜羹、鱼羹等。他在烹饪理论上最著名的是"烧肉十三字经"。其《猪肉颂》言："净洗锅，少著水，柴头罨烟焰不起。待他自熟莫催他，火候足时他自美。黄州好猪肉，价贱如泥土。贵人不肯吃，贫人不解煮，早晨起

① 熊四智主编：《中国饮食诗文大典》，青岛出版社1995年版，第160页。
② 熊四智主编：《中国饮食诗文大典》，青岛出版社1995年版，第156页。
③ 熊四智主编：《中国饮食诗文大典》，青岛出版社1995年版，第402页。

来打两碗，饱得自家君莫管。"① 将烧炖猪肉的方法明白地表达了出来。后世据此归纳出"慢着火，少着水，火候足时他自美"的烧肉十三字经，并制作出名菜"东坡肉"。如今，在川菜传统名菜中有许多以"东坡"命名的菜肴，如"东坡肘子""东坡豆腐""东坡墨鱼"等系列菜，筵宴、餐馆也有"东坡宴""东坡餐厅""东坡酒楼"。

4. 杨慎

杨慎，字用修，号升庵，四川新都人（今成都市新都区），明代著名文学家和学者。杨慎《墓铭》称赞道："先生之生，岷蜀之精；先生之出，朝庙之英。""文拟班扬，学侔游夏。"他著作宏富、达四百余种，后人辑有《升庵集》《升庵外集》。在《升庵外集》中专列"饮食部"，包括茶类、酒类、粮食类、肉类、水产类、蔬菜、奇特食品、调味品类及饮食掌故等。其中，对四川的特色食材、调味品及馔肴有较多记载，如"蔬菜及奇特食品"载："白韭黄：薤之美在白；韭之美在黄。"② 薤，俗称藠头，四川及周边的云南、贵州等地栽培较多，常腌渍后食用。其"调味品类"载："竹蜜：竹蜜蜂，蜀中有之。好于野竹上结窠，窠大如鸡子，蜜并绀色，甘倍常蜜。"③ 这种竹蜜呈天青色，比普通蜜更甘甜。这些记载为后人挖掘和传承四川美食起到一定的参考作用。

三、结语及建议

四川历史名人与四川美食有十分密切的联系，是四川美食特别是川菜发展的推动者和传播者。今后，在文化创新工程中应当更好地发挥"名人效应"，在促进川菜及四川美食产业、旅游产业发展时更应利用好四川历史名人的相关资源。在此提出两个方面的建议：第一，挖掘整理、传承推广。深入挖掘、整理四川历史名人与四川美食之间的相关资源，丰富四川美食及旅游的文化内容，进一步传承和推广优秀文化，不断创新发展。第二，文旅融合、区域联合。将李调元与其他历史名人的饮食资源整合起来，融入旅游之中，联合打造"成德眉资绵"历史名人美食游，促进区域经济文化发展。此前，四川许多地方都在挖掘传承历史文化名人相关饮食

---

① 熊四智主编：《中国饮食诗文大典》，青岛出版社 1995 年版，第 617 页。
② （明）杨慎、曹竑编，李希绪、张燮明注释，《升庵外集》（饮食部），中国商业出版社 1989 年版，第 160 页。
③ （明）杨慎、曹竑编，李希绪、张燮明注释，《升庵外集》（饮食部），中国商业出版社 1989 年版，第 163 页。

研　究（第三辑）

文化资源的基础上创造出一些特色宴席，如江油已有李白"太白宴"，广元有武则天"武皇宴"，眉山有苏轼的"东坡宴"，德阳罗江有李调元"调元菜系"（调元宴）等，但都还处于各自为政之中。如今，四川省提出成德眉资"同城化"，可以组建"成德眉资美食旅游联盟"，打造"成德眉资历史名人美食游"和蜀道历史名人美食游，以此整体促进四川美食文化内涵的丰富和川菜、旅游产业的高质量发展。

（作者单位：四川旅游学院川菜发展研究中心）

试论《醒园录》的饮食科学思想

张　茜

　　成书于清代中叶的《醒园录》是一部重要的饮食典籍，在川菜发展历史上具有重要的地位，学者们认为它在四川区域内外饮食烹饪文化交流中起到了桥梁作用，丰富了四川乃至中国的饮食烹饪文化。① 根据书中的序言可知，其原稿是李调元的父亲李化楠宦游江浙时，在收集当地民间饮食烹饪资料的基础上著成，而后由李调元整理编纂刊印成书。全书以江浙风味为主，同时又收入中原及北方饮食烹饪之法，共计一百二十一种，内容丰富，制法简明，实用性极强。综观全书，除了体现"饮食非细故"的文化观、"自食宜淡也，而事亲则不可不浓"的食道即孝道思想等②，以及"重视饮食及其文化传承，崇尚民间常珍和俭朴饮食"③ 等饮食思想之外，重视饮食安全和卫生，重视方便食品和功能性食品的加工，重视食品保藏技术等饮食科学思想在《醒园录》中也有明显地体现，这使该书能为现代饮食科学提供借鉴，具有一定的当代价值，值得探讨和研究。

---

① 熊四智、杜莉：《举箸醉杯思吾蜀》，四川人民出版社 2001 年版，第 308 页。
② 江玉祥：《不好吴餐好蜀餐（四）——李调元与川菜》，《文史杂志》2020 年第 5 期，第 14—17 页。
③ 杜莉：《李调元饮食观及实践的当代价值》，《四川旅游学院学报》2015 年第 1 期，第 7—10 页。

一、重视饮食安全和卫生

饮食安全和卫生问题是当代人们最关注的食物问题之一，《醒园录》在这方面也极其重视。李调元旗帜鲜明地提出了重视饮食安全和卫生的饮食科学观念。他说："夫饮食非细故也。《易》警腊毒，《书》重盐梅。烹鱼，则《诗》羡谁能。脯熊，则《传》惩口实，是故，箴铭之作，不遗盘盂。知味之喻，更叹能鲜！误食蟛蜞者，由读《尔雅》不熟；雪桃以黍者，亦未聆《家语》之训乎！"① 这段话中，"《易》警腊毒"和"误食蟛蜞者，由读《尔雅》不熟"体现了《醒园录》重视饮食安全和卫生的观念，这种观念贯穿于全书之中。

什么叫"《易》警腊毒"？汉刘熙《释名·释饮食》："腊，干腊也。"先民为了把一时吃不完的兽禽肉保存起来，因此把它晒干或烘干，制成腊肉。《周易·噬嗑》："噬腊肉，遇毒……噬乾胏，得金矢。"即《周易》"噬嗑"卦爻辞谈到吃腊肉中毒的事。② 《六臣注文选》："公子曰：'耽口爽之馔，甘腊毒之味。老子曰：五味令人口爽。广雅曰：爽，伤也。国语，单襄公谓鲁成公曰：高位实疾颠；厚味实腊毒。贾逵曰：颠，陨也。腊，久也。言味厚者，其毒久。服腐肠之药，御亡国之器。吕氏春秋曰：肥肉厚酒，以务相强，命曰烂肠之食，亡国之器。象箸、玉杯，已见上文。虽子大夫之所荣，故亦吾人之所畏。余病，未能也。'"③ 可见，"《易》警腊毒"一句，是在警醒人们味厚之物对于身体的不良作用，提醒人们不要过分追求味厚之食，强调清淡为宜的饮食思想观念。

"误食蟛蜞者，由读《尔雅》不熟"一句是来自《世说新语》的典故。《世说新语》中有："蔡司徒渡江，见彭蜞，大喜曰：'蟹有八足，加以二螯。'令烹之。既食，吐下委顿，方知非蟹。后向谢仁祖说此事，谢曰：'卿读《尔雅》不熟，几为《劝学》死。'"④ 晋室南渡时，北方人蔡谟刚到南方，因不能区分螃蟹和蟛蜞，以至于食用蟛蜞后中毒。其实，蟛蜞分为几种，有的品种可以食用，有的食用则可能中毒。《广东新语》卷二十三

---

① （清）李化楠撰，侯汉初、熊四智注释：《醒园录》序，中国商业出版社 1984 年版，第 2—3 页。

② 江玉祥：《腊肉考（下篇）》，《四川旅游学院学报》2016 年第 3 期，第 5—10 页 14 页。

③ （梁）萧统编，（唐）李善等注：《六臣注文选》，上海古籍出版社 1993 年版，第 826 页。

④ （南朝）刘义庆撰，（梁）刘孝标注，王根林校：《世说新语》，上海古籍出版社 2012 年版，第 185 页。

介绍"蟛蜞":"凡春正二月,南风起,海中无雾,则公蟛蜞出。夏四五月,大禾既莳,则母蟛蜞出。其白者曰'白蟛蜞',以盐酒腌之,置荼蘼花朵其中,晒以烈日,有香扑鼻,生毛者曰'毛蟛蜞',尝以粪田饲鸭,然有毒,多食发吐痢……"① 可见,"误食蟛蜞"一句是在警醒人们注意食物原料的辨别,注意饮食安全和卫生。

除了在《序》中强调了饮食安全和卫生之外,在《醒园录》内文中也不断重复这一观念。如在"做酱诸忌"一条中尤其强调了做酱时的卫生安全问题,曰"一防不洁净身子眼目;一忌缸坛泡洗未净;一防生雨点入缸内"②。在"做米醋法"中,"赤米不用舂,洗净蒸饭,拌曲发香,用水或用酒泼皆可发,越久越好。乃将酒渣节节添入(即熬酒之熬桶尾),俟月余可用。如有发霉,用铁火针烧极红淬之,每日一二次,仍连坛取出晒之"。③ 这里特别提醒了发霉的问题,并提供了解决对策。在"醉螃蟹法"条中,"用好甜酒与清酱,对配合酒七分,清酱三分,先入坛内,次取活蟹(已死者不可用),用小刀于背甲当中处扎一下,随用盐少许填入。乘其未死,即投入坛中。蟹下完后,将坛口封固,三五日可吃矣"④。明确了食材一定要用活蟹,不能用死蟹。现代科学研究表明,死蟹体内会产生大量的组胺,人食用死蟹会出现组胺中毒。⑤ 在"醃红甜姜法"中,他先详细介绍了红甜姜的制作方法,最后在结尾处,特别指出"晒时,务将瓷盆口用纱蒙扎,以防蚂蚁、苍蝇投入"⑥。在"醃青梅法"一条中,在阐述了制作方法之后,最后说"如日久或雨后发霉,即当再煎为要"⑦,记录了醃青梅发霉的解决措施,同时还说"甜姜法同",即制作甜姜发霉后的处理方法一样。在"醃萝卜干法""醃芥菜法"中都提醒要注意饮食安全卫生,如"醃萝卜干法"中说:"先开吃一罐,然后再开别罐,庶不致坏。"⑧ "醃芥菜法"中,"瓮口用泥封固。瓮只可小的,不必太大。吃完一瓮,再开别瓮,久久不坏"⑨。在"醃黄小菜法"的制作流程中,强调了久放不变味

① (清)屈大均著,李育中等注:《广东新语注》,广东人民出版社1991年版,第509页。
② (清)李化楠撰,侯汉初、熊四智注释:《醒园录》,第10页。
③ (清)李化楠撰,侯汉初、熊四智注释:《醒园录》,第16页。
④ (清)李化楠撰,侯汉初、熊四智注释:《醒园录》,第32页。
⑤ 林文:《秋蟹味美防中毒》,《食品与健康》2003年第10期,第16页。
⑥ (清)李化楠撰,侯汉初、熊四智注释:《醒园录》,第51页。
⑦ (清)李化楠撰,侯汉初、熊四智注释:《醒园录》,第52页。
⑧ (清)李化楠撰,侯汉初、熊四智注释:《醒园录》,第53页。
⑨ (清)李化楠撰,侯汉初、熊四智注释:《醒园录》,第54页。

的方法，"若要久放，必将菜汁去尽，乃不变味"①。在"做香干菜法一名窨菜"中，先是记录了做香干菜的过程，然后总结到"盐太淡即发霉易烂。每斤菜当加盐一两，少亦得七八钱"②。这些食物制作方法的描述都体现了编撰者十分重视饮食安全卫生的态度，值得当代人借鉴。

二、重视方便食品和功能性食品的加工

李调元父子所生活的时代，虽然方便食品和功能性食品的大规模生产还并不具备条件。但是，他们已经注意到食物的方便性、便携性和功能性问题，思考优化饮食烹饪制作的工序，将其用文字记录传承下来。《醒园录》一方面注意记录快捷化、便利化食品制作方法，另一方面记录了具有功能性且携带方便的食品制作方法，很好地体现出编撰者的饮食科学思想。

1. 快捷化、便利化的食品制作方法

关于方便食品，早在先秦时期已有记载。《诗经·大雅·公刘》："笃公刘，匪居匪康。乃场乃疆，乃积乃仓。乃裹餱粮，于橐于囊。"东汉刘熙《释名·释饮食》："干饭，饭而暴干之也。""餱，候也，候人饥者以食之也。"东汉许慎《说文解字》："餱，乾食也。"③ 这种餱是目前有关干粮或方便食品的最早记载。李调元及其父李化楠因为长期宦游在川外，免不了旅途劳顿，在一定程度上有方便食品的实际需求，因此较为自然地关注方便食品，同时也将方便食品的制作记录下来。细读《醒园录》，其中有以"千里"打头的食物，其实就是一些适合于外出远门而携带的方便食品。如"千里茶法"："白沙糖四两，白茯苓三两，薄荷叶四两，甘草一两，共为细末，炼蜜为丸，如枣子大。每用一丸噙化，可行千里之程不渴。"④ 再如"千里醋法"："乌梅去核一斤，以酽醋五升，浸一伏时，晒干，再浸再晒，以醋取尽为度。醋浸蒸饼，和之为丸，如芡实大。欲食时，投一二丸于水中，即成好醋矣。"⑤ 这些食品的共性是形状为丸子状，携带方便，食用方法也简便。

《醒园录》中还有一部分比较新颖的食物制作方法，可以用较为快速

---

① （清）李化楠撰，侯汉初、熊四智注释：《醒园录》，第 60 页。
② （清）李化楠撰，侯汉初、熊四智注释：《醒园录》，第 56 页。
③ （汉）许慎撰，（清）段玉裁注：《说文解字注》，上海古籍出版社 1981 年版，第 219 页。
④ （清）李化楠撰，侯汉初、熊四智注释：《醒园录》，第 40—41 页。
⑤ （清）李化楠撰，侯汉初、熊四智注释：《醒园录》，第 17—18 页。

的时间完成原本需要较长时间才能制作完成的食物，体现了编撰者注意节省烹饪时间的观念。如"假火肉法"，"鲜肉用盐擦透，再用纸二三层包好，入冷水灰内，过一二日取出，煮熟食之，与火肉无二"①。火肉即火腿肉，《易牙遗意》叙述了其制作方法曰："以圈猪方杀下，只取四只精腿，乘热用盐。每一斤肉盐一两，从皮擦入肉内，令如绵软。以石压竹栅上，置缸内二十日，次第翻三五次。用稻柴灰一重间一重叠起，用稻草烟熏一日一夜，挂有烟处。初夏，水中浸一日夜，净，仍前挂之。"②制作火肉的原料是猪腿，火肉美味但制作时间很长。《醒园录》中有"腌火腿法"，"每十斤猪脚，配盐十二两，极多加至十四两。将盐炒过，加皮硝末少许，乘猪盐两热，擦之令匀。置入桶内，上面用大石压之，五日一翻。候一个月，将腿取起，晾于风处，四五个月可用"③。可见，火腿的制作极费功夫和时间。而《醒园录》中记载的"假火肉法"选用鲜猪肉，制作时间只需要一两天，其口味、质地与火肉相似，不失为一种火肉的低成本替代品，且制作方法简单、费时少。《醒园录》中原本记录了"糟鱼法"，制作过程繁复，需要四十天，但是书中同时又记录了"顷刻糟鱼法"，"将腌鱼洗淡，以糖霜入火酒内，浇浸片刻，即如糟透。鲜鱼亦可用此法"④，制作时间大为缩短，只需要糟制片刻。一般而言，制作鸡鸭类菜肴比较费时，但是《醒园录》中有"顷刻熟鸡鸭法"，"用顶肥鸡鸭，不下水，干退毛后，挖一孔，取出腹内碎件，装入好梅干菜，令满。用猪油下锅炼滚，下鸡鸭烹之，至红色香熟取起，剥去焦皮，取肉片吃，其美"⑤。这种方法大大减少了烹饪时间，出菜速度加快。

　　而对于一些传统饮食品种的制作，《醒园录》也留意记录了一些较为简便的方法，体现了编撰者对于优化饮食烹饪制作工序的思考。如在"作甜酱法"中需要把酱"晒至红色，用磨磨过，放大锅内煎之。每一锅放红糖一两，不住手搅，熬至颜色极红为度。装入坛内，俟封口，仍放日地晒之。鲜美味佳。"⑥但在书中又强调了较为简便的方法，"按，酱晒至红色后，可以不用磨，只在合盐水时搅打，用手擦摩极烂或将黄先行杵破，粗

① （清）李化楠撰，侯汉初、熊四智注释：《醒园录》，第23页。
② （元）韩奕撰，邱庞同注释：《易牙遗意》，中国商业出版社，第12页。
③ （清）李化楠撰，侯汉初、熊四智注释：《醒园录》，第18页。
④ （清）李化楠撰，侯汉初、熊四智注释：《醒园录》，第34页。
⑤ （清）李化楠撰，侯汉初、熊四智注释：《醒园录》，第27页。
⑥ （清）李化楠撰，侯汉初、熊四智注释：《醒园录》，第3页。

筛筛过，以盐水泡之，自然融化。兼可不用锅内煎，只用大盆盛置锅内，隔汤煮之，亦加红糖，不住手搅至红色装起，似略简"①。在"作米酱法"中也是如此，本来需要"用饭米舂粉，浇水，作饼子，放蒸笼内蒸熟。候冷，铺草、盖草、加扁，七日过，取出晒干，刷毛，不用舂碎。每斤配盐四两，水十大碗。盐水先煎滚，候冷澄清，泡黄搅烂，约五六日后，用细筛磨擦下落盆内。付日中大晒四十日，收贮听用"②。但是，又记载了更为方便的制作程序："按，此黄虽系饭米，一经发黄，内中松动，用水一泡，加以早晚翻搅，安有不化之理? 似可不用筛磨以省沾染之费，更为捷便。"③

2. 具有功能性且携带方便的食品制作方法

《醒园录》中记载的方便食品不仅新颖、有特色，而且还具有一定的食疗和养生功效，堪称当时的功能性食品，具有一定的饮食科学性。如"制南枣法"："用大南枣十个，蒸软去皮核，配人参一钱，用布包，寄米饭中蒸烂，同捣匀，作弹子丸收贮，吃之补气。"④ 此食物制作使用了南枣、人参，具有补气的功效。"仙果不饥方"："大南枣一斤，好柿饼十块，芝麻半斤（去皮炒），糯米粉半斤（炒），将芝麻先研成极细末候用。枣、柿同入饭中蒸熟取出，去皮核子蒂，捣极烂，和麻、米二粉，再捣匀，作弹子丸，晒干收贮。临饥时吃之。若再加人参，其妙又不可言矣。"⑤ 此方使用了南枣、柿饼、芝麻、糯米粉，具有食疗养生功效，制成丸子状。而"耐饥丸"的制作原料较少，主要为糯米和红枣，"糯米一升，淘洗净洁候干。炒黄，研极细粉，用红枣肉三升（约五六斤重）、水洗蒸熟，去皮核，入石臼内，同米粉捣烂，为大丸，晒干，滚水冲服"⑥。"行路不吃饭自饱法"："芝麻一升（去皮炒），糯米一升，共研为末。将红枣一升煮熟，和为丸，如弹子大，每滚水下一丸，可一日不饥。"⑦ 早在唐代孙思邈的《备急千金要方》中就已经提出"食疗"的概念，是指人们通过选择适宜的食物来防病治病、调养身体的一种疗法。而《醒园录》中记录的可以至千里

① （清）李化楠撰，侯汉初、熊四智注释：《醒园录》，第3页。
② （清）李化楠撰，侯汉初、熊四智注释：《醒园录》，第1页。
③ （清）李化楠撰，侯汉初、熊四智注释：《醒园录》，第1页。
④ （清）李化楠撰，侯汉初、熊四智注释：《醒园录》，第60页。
⑤ （清）李化楠撰，侯汉初、熊四智注释：《醒园录》，第60页。
⑥ （清）李化楠撰，侯汉初、熊四智注释：《醒园录》，第60页。
⑦ （清）李化楠撰，侯汉初、熊四智注释：《醒园录》，第61页。

的方便食品中，其原料中有芝麻、大枣、人参等，都具有很好的食疗功效，是传统的食疗佳品，用它们制成食品，有益健康。而糯米粉，在这些配方中不仅可以作为黏合剂，而且也有一定的食疗功效。

三、重视食物的保藏技术

古代囿于科技条件，食物的保藏技术有限，因此食物保藏的方法也是古代饮食烹饪加工需要解决的重要问题。《醒园录》一书记载了多种食物保藏技术，如腊水法、石灰法、腌制法、干制法、油制法、混物贮藏法等。纵观全书中多样化的食物保藏技术，有些随着时代的发展和科技的进步，在现代社会已经很少使用，有的虽然仍在使用，但出于对食物营养的更多追求，现在使用的规模和数量都较少。但是，《醒园录》的有关记载仍然具有时代范围内的科学性，其食物保藏技术的多样化在清代食谱中表现得较为突出，极大程度上满足了当时人们饮食烹饪的各种需求。

1. 腊水法

对于腊水的功效，古人多有探究，清代曹庭栋在其所撰的《粥谱》和清代王世雄的《随身居饮食谱》中，都认为腊雪水、冬雪水具有甘寒清热解毒，杀虫疗时疫的作用。而在《醒园录》中"做酱用水"条："须腊月内，择极凉日煮滚水，放天井空处冷透收存待夏。泡酱及油用此腊水最益人，又不生蛆虫，且经久不坏。"① 详细介绍了制作腊水以备夏日保藏食物的技术。据现代科学研究表明，腊雪水之所以具有保鲜防腐功效，是因为雪水经过冰冻，排除了其中的气体，导电性质和密度发生了变化，其生理性质和生物细胞内的水的性质非常接近，因而表现出强大的生物活性。②

2. 石灰法

石灰法是我国传统的食物保藏法。《食经》藏干栗法："取穰灰，淋取汁渍栗。出，日中晒，令栗肉焦燥。可不畏虫，得至后年春夏。"③《食经》藏柿法："柿熟时取之，以灰汁澡再三度。干令汁绝，着器中。经十日可食。"④ 而《醒园录》也传承和记载了此种食物保藏法，其"夏天熟物不臭

---

① （清）李化楠撰，侯汉初、熊四智注释：《醒园录》，第 10 页。
② 林蒲田：《雪水与农业》，《湖南农业月刊》2003 年第 12 期，第 23 页。
③ （北魏）贾思勰著，缪启愉、缪桂龙译注：《齐民要术译注》，上海古籍出版社 2009 年版，第 253 页。
④ （北魏）贾思勰著，缪启愉、缪桂龙译注：《齐民要术译注》，上海古籍出版社 2009 年版，第 261 页。

法"条记载："大瓮一个，择其口宽大者，中间以梗灰干铺于底，将碗盛物放在上面。瓮口将小布棉褥盖之。再以方砖压之，勿令透风走气。经宿虽盛暑不臭。明日将要取用，先烧热锅，即倾入重热，若少停，便变味。"①"梗灰"即石灰，因为石灰能够吸收食物和容器中的水分，防止食物受潮生虫，从而可以达到保鲜的目的。

3. 腌制法

腌制，不仅是一种食物的保藏方法，而且也是一种食物的加工方法，它既能够延长食物的保藏时间，同时也能够给食物带来新的风味。我国腌制食品的历史悠久，《齐民要术》中记载有腌鸭蛋法、作菹藏生菜法等，而到了清代的《醒园录》，其记载的用腌制法保藏和制作食物的品种丰富，如醃火腿法、醃猪肉法、醃熟肉法、腌肉法、醃红甜姜法、醃瓜诸法、醃青梅法、醃咸梅杏法、醃蒜头法、醃萝卜干法、醃落花生法、醃芥菜法等等，这些方法可以延长食物的可食用期，同时也产生了新的风味。如"醃蒜头法"，"新出蒜头，乘未甚干实者更妙，去杆及根，用清水泡两三天。尝看辛辣之味去有七八就好。如未，即再换清水再泡，洗净捞起，用盐水加醋腌之。若要吃咸的，每斤蒜用二两盐、三两醋，先腌二三日，才添水至满，封贮可久存不坏"②。此法主要是将盐水加醋腌蒜头，盐与醋都是古人保藏食物的常见原材料，它们都含有大量的有机酸，具有抑菌、杀菌和防腐保鲜之效，可以延长食物的保质期。

4. 干制法

干制法也是古人保藏食物的常用方法，包括风干、熏干等，《醒园录》中这两种干制方法都有。风干法是通过让食物脱水达到既能延长食物的保质期，又能保留食物原本的味道的目的。古代人们用风干法制作风藏干果、水果，如风栗、风梨、风西瓜等，还用来制作风鱼、风猪、风羊等。而《醒园录》则记录了"食牛肉干法（鹿肉干同）"法，其云"两面均粘盐的牛肉片，轻轻抖去浮盐，不可用手抹擦。逐层安放在盆内，用石压之。……随逐层堆板上，用重石压盖，次早取起，再晒至晚，再滚再压，内外用石压之，隔宿或一两天取起挂在风处，一月可吃"③。熏干法，则会给食物增加特殊的烟熏味道。我国古代火腿的制作就使用了烟熏制作技

① （清）李化楠撰，侯汉初、熊四智注释：《醒园录》，第 35 页。
② （清）李化楠撰，侯汉初、熊四智注释：《醒园录》，第 52 页。
③ （清）李化楠撰，侯汉初、熊四智注释：《醒园录》，第 26 页。

艺，如前述《易牙遗意》的制作方法曰："……以石压竹栅上，置缸内二十日，次第三番五次用稻柴灰一重间一重迭起，用稻草烟熏一日一夜，挂有烟处。"《醒园录》中则记录了熏干法的详细流程。"醃熟肉法"的最后一个环节："将肉铺排竹上，仍以锅覆之，塞勿出烟。灶内用粗糠或湿甘蔗粕生火薰之，灶门用砖堵塞，不时翻转，总以干香为度。取起收入新坛内，口盖紧，日久不坏而且香。"① "醃猪肉法又法"的熏制方法为将猪肉"用盐浸过三天捞起，晒微干，用甘蔗渣同米布放灶锅底，将肉铺排笼内，盖密，安置锅上，粗糠慢火焙之，以蔗、米烟熏入肉内，油滴下，味香，取其挂于风处。"② 可见，粗糠、湿甘蔗粕、米等材料都可以作为发烟料，其产生的香烟可使成品风味别致。熏干法在四川传承至今，是经典川菜——樟茶鸭子的重要制作环节之一。

5. 油制法

油制保藏法宋代已有，《格物粗谈》记载有："夏月鱼肉，安香油内不臭"③，还有"肉微煮，放腊月熬熟猪油内，虽夏天经久不变"④。《醒园录》记载的"鱼肉耐久法"是一种油制保藏食物的方法。其言："夏月鱼肉安香油，久之而不坏。"⑤ 还有"酥鱼法"："不拘何鱼，即鲫鱼亦可。凡鱼，不去鳞不破肚，洗净。先用大葱厚铺锅底下，一重鱼，铺一重葱，鱼下完，加清酱少许，用好香油作汁，淹鱼一指，锅盖密。用高粱秆火煮之，至锅里不响为度。取起吃之甚美，有可久藏不坏。"⑥ 在这一酥鱼法中，香油不仅是油熟法的重要原料，而且也是保藏酥鱼的重要原料。其实，除香油外，菜油、猪油等也是较为常见的油制保藏法的原料，如清代曾懿《中馈录》也记载了以猪油藏蟹肉的方法。传承至今的四川省攀枝花市非物质文化遗产代表性项目——盐边油底肉制作技艺，其实也为典型的油制作食物保藏法，是一种古时候居住在"笮都夷"的笮人，为在夏季防止猪肉变质而常采用的一种食物保藏技艺。

6. 混物保藏法

混物保藏法是指在食物中加入另外一物，可使食物久藏不坏。《醒园

---

① （清）李化楠撰，侯汉初、熊四智注释：《醒园录》，第 20 页。
② （清）李化楠撰，侯汉初、熊四智注释：《醒园录》，第 19 页。
③ （宋）苏轼：《格物粗谈》，丛书集成初编本，商务印书馆 1937 年版，第 21 页。
④ （宋）苏轼：《格物粗谈》，丛书集成初编本，商务印书馆 1937 年版，第 23 页。
⑤ （清）李化楠撰，侯汉初、熊四智注释：《醒园录》，第 35 页。
⑥ （清）李化楠撰，侯汉初、熊四智注释：《醒园录》，第 34 页。

录》中记载的米经久不蛀法、酱不虫法、藏橙橘不坏法等都属于混物保藏法。"米经久不蛀法",其法为"用蟹兜安放米内,则经久不坏"①。"酱不虫法",其法为"用芥子研碎入豆酱内不生虫。或用川椒亦可"②。"藏橙橘不坏法","将橙橘藏绿豆中,经久不坏"③。其中,蟹兜、芥子、川椒、绿豆都是混物保藏法中的混合的物品。"蟹兜"即蟹壳,根据现代科学研究表明,蟹壳含有大量的"壳聚糖",具有防腐之效,是一种成本低、绿色无污染的天然防腐剂。④ 储存米的容器中放入蟹壳能够抑制米生虫、腐烂,从而延长保质期。芥菜籽具有抑菌功能,对食物防腐具有一定的功效。川椒为花椒,花椒也有一定的抑菌作用,还可防治虫害。《醒园录》藏橙橘不坏法来自于北宋时期,北宋欧阳修的《归田录》卷二:"余世家江西,见吉州人甚惜此果(指金橘),其欲久留者则于绿豆中藏之,可经时不变,云橘性热而豆性凉,故能久也。"⑤

小 结

清代李调元父子的《醒园录》和清代袁枚的《随园食单》时代相近,记录的内容也主要为江浙菜肴制法,因此两本书有时候会被进行比较研究。有学者认为,《醒园录》的专业食谱性更为强烈,它不像袁枚在书中屡屡引妙喻、忆往事、定褒贬,反而更着意把一道食物的烹调过程及诸般忌讳交代清楚,所以除了内容翔实,风貌上也更接近功能性的食谱。⑥ 而通过以上对于《醒园录》中所蕴含的重视饮食安全和卫生、重视方便食品和功能性食品的加工、重视食品保藏技术的饮食科学思想的阐释,我们发现《醒园录》和同时代的其他饮食典籍相比,包括与《随园食单》相比,显示出"将科技应用于解决人们日常的生活多样化需求的强烈意向"⑦,蕴藏着较多的饮食科学思想,具有较高的饮食科学价值,也对后世具有较为深远的影响。

① (清)李化楠撰,侯汉初、熊四智注释:《醒园录》,第 61 页。
② (清)李化楠撰,侯汉初、熊四智注释:《醒园录》,第 10 页。
③ (清)李化楠撰,侯汉初、熊四智注释:《醒园录》,第 61 页。
④ 徐艳波:《清代食物储存技术研究——以食谱为中心》,《昆明学院学报》2019 年第 1 期,第 32—40 页。
⑤ (宋)欧阳修撰,韩谷校点:《归田录》,《宋元笔记小说大观》,上海古籍出版社 2007 年版,第 626—627 页。
⑥ 胡衍南:《文人化的〈随园食单〉——根据中国饮膳文献史作的考察》,《中国饮食文化》2005 年第 2 期,第 97—122 页。
⑦ 徐海荣主编:《中国饮食史》(卷五),华夏出版社 1999 年版,第 558 页。

在当代社会，我们可以运用多学科的理论和知识，探讨《醒园录》一书中涉及饮食科学的记载和论述，继续高度重视饮食安全和卫生问题，尝试加工和开发书中记载的部分方便食品、功能性食品，研究书中记载的天然、安全的食品保藏法的科学性并推广使用，以此有助于中国饮食文化和饮食科学的发展，满足人民群众日益增长的对美好饮食生活的追求。

（作者单位：四川旅游学院川菜发展研究中心）

第四篇
李调元与民间文学

李调元《新搜神记》概说

周　明

　　20 世纪末至 21 世纪初，清中期蜀中才子李调元的学术成就逐渐为人重视，陆续出现了一批学术研究成果。2006 年和 2014 年，四川省民俗学会先后两次在罗江县召开"李调元学术研讨会"，会后出版了《李调元研究》第一辑（巴蜀书社，2007）、《李调元研究》第二辑（四川人民出版社，2015）。特别是 2012 年人民出版社影印出版的《函海》全十册，为学术界进行李调元研究提供了极大的方便。此后，全国李调元研究进入了一个新的阶段。

　　但是，在众多的李调元研究成果中，李调元晚年的一部重要著作《新搜神记》并未得到学界应有的重视和研究，其书名或内容仅是在一些论著中简单提及或一笔带过。迄今为止，笔者目光所及，未见有《新搜神记》的专著或专论面世，这不能不说是一种遗憾。本文拟就《新搜神记》刊本馆藏、体例、内容等情况作一概说，以期学界对此书进行深一步的研究。

一、《新搜神记》刊本及馆藏

　　《新搜神记》为李调元晚年罢官返蜀、闲居绵州时的晚年之作。全书十二卷，收入其《续函海》当中。

《续函海》是继李调元《函海》刊行后，因万卷楼被大火焚毁而重新补编的一套丛书。全书共六函，前两函收入唐赵蕤《长短经》、宋杨万里《杨诚斋诗话》、宋吴沆《环溪诗话》等三种，第三函收入金张行简等《金德运图说》、元余载《韶舞九成乐补》、朝鲜李德懋《清脾录》及李调元《啰余新拾》四种。《新搜神记》十二卷载于第四函，连同其第五函、第六函均为李调元本人著作。第五函、第六函收入李调元《榜样录》《雨村诗话》《雨村诗话补遗》等三种。《续函海》刊行于清嘉庆六年（1801），即李调元逝世的前两年。

关于这套丛书的编撰和刊刻，李调元在嘉庆六年《续函海序》中说：

> 前刻《函海》一书，业已流传海内。其板自京载回，藏于万卷楼之前楹。自去岁庚申，凶焰忽延，长恩莫守，于四月初六日，万卷楼一炬化为烽云。幸《函海》另贮，未成焦土。以故五月中，即雇车搬板至省，寄放青石桥白衣庵，迄今已及一年。改讹订正，又增至四十函，可谓无恨矣！然随身箧中所带抄本，其中有内府修全书，时经诸纂修官所校订者皆入间，未见书亦例得刊出，嘉惠士林。不然，但知什袭而庋阁年多，虽不烬于火，亦必饱于鼠与鱼，殊可惜也！因稍缩板式，改为袖珍，以便行远。略附拙纂一二，其得四函。后有余力余年，再行请益可也。

从序中可以看出，自第四函开始收录的李调元自己的著作，或为刊本，《新搜神记》十二卷亦在其中。

之所以说《新搜神记》十二卷"或为刊本"，是据山西教育出版社2004年出版的石昌渝主编《中国古代小说总目》（文言卷）记载："公元1797年，本年，李调元《新搜神记》刊行。"1797年为清嘉庆二年，《新搜神记》最早的刊本，即为清嘉庆二年本。这个版本当为单行本，由于印数有限，迄今已难觅踪影，李调元将其收入《续函海》，也在情理之中。

清嘉庆六年，在李调元逝世后不久，由其编撰的《续函海》一书得以刊行，称为"绵州李氏万卷楼刻本"。《新搜神记》作为该丛书之一，得以重刊面世。目前国内所见之《新搜神记》，多为嘉庆六年刊本。

值得注意的是，《续函海》与《函海》相较，无论是从规模、收录书籍种类上看，还是从其知名度看，其社会影响力都远不及《函海》大。加之刊印数量有限，二百多年来也未能再版刊印，更无整理校勘，故世人知之甚少。《新搜神记》赖《续函海》存世，所见者亦甚少。

以手中掌握的资料看，目前《新搜神记》的馆藏情况大致如下：

（1）《新搜神记》十二卷，清雨村居士撰，清嘉庆万卷楼刻本，三册，国家图书馆藏；

（2）《新搜神记》十二卷，清李调元辑撰，清嘉庆李氏万卷楼刻本，十二册，福建省图书馆藏；

（3）《新搜神记》十二卷，清李调元辑，清嘉庆六年绵州李氏万卷楼刻本，三册，重庆市图书馆藏；

（4）《新搜神记》十二卷，清李调元辑撰，清中后期（1801—1911）石印本，三册，武汉大学图书馆藏；

（5）《新搜神记》十二卷，清李调元辑撰，清抄本，一册，辽宁省图书馆藏；

（6）《新搜神记》十二卷，清李调元辑撰，清影印本，二册，广汉市图书馆藏；

（7）《新搜神记》十二卷，清李调元辑撰，缺版本信息和册数，日本内阁文库（国立公文书馆）藏。

本文依据重庆市图书馆藏嘉庆六年绵州李氏万卷楼刻本写就。

二、嘉庆本《新搜神记》的体例和内容

重庆市图书馆藏嘉庆六年本《新搜神记》十二卷，全三册，载于《续函海》第四函。《续函海》首页题"川西李雨村编"及"万卷楼藏板"。

《新搜神记》卷首落款"雨村居士"，前有《新搜神记序》一篇，单页九行，每行十九字，无注释或其他双行细字。每段记事单列，有小标题。

关于《新搜神记》的撰写和内容，李调元在《新搜神记序》中说得很清楚。他说：

> 晋干宝作《搜神记》，而所记不尽皆神，且有多昔之所谓神，非今之所谓神，故出处、生辰多略而不载。兹书所纂，近神独多，然必据正书而核其原委、考其事迹，大抵以人事为先，而非以神道设教，亦敬远之意也。再余向著《神考》二十卷，分天、地、人物，若其卷帖浩繁，因删为二卷，但摘取今时各处祭赛之神，而亦以正书参校

之，以附于此书之后，以使读者便于触目翻考，统名《新搜神记》。原其名，思以补干宝之遗也。

此序亦收入《童山文集》卷四中，但文字略有出入，不过大体意思相同。由此可见，李调元《新搜神记》的撰写有两大特点，一是沿晋人干宝《搜神记》的体例行文，记世间神异之事，兼及民俗信仰中的神鬼之事；二是依其例又补其不足，在记叙中加入了"出处、生辰"等更近于人事的内容。该书命名为《新搜神记》，即有致敬先贤之意。因此，《新搜神记》的基本性质，是与干宝《搜神记》一脉相承的，同属志怪类著作，在传统分类上，被列入"小说"类也恰如其分。

其中值得关注的是，李调元在《新搜神记序》提到了他曾经撰述过《神考》二十卷，分天、地、人物等类，且"卷帙浩繁"，可见其应为一部专门的神灵考说类著作。遗憾的是，《函海》和《续函海》都没有收录此书，或李调元在世时有单行本刊行也未可知。1989 年，王秋桂、李丰楙主编的《中国民间信仰资料汇编》（台北市台湾学生书局版）曾提到此书，有待查实具体情况。但李调元在《新搜神记》中将《神考》缩减为上、下两卷，分别列入第十一卷和第十二卷，另称为"神考上""神考下"，可见此书之一斑。

三、《新搜神记》所载之蜀中民俗

按李调元自己所说，《新搜神记》"兹书所纂，近神独多，然必据正书而核其原委。考其事迹，大抵以人事为先"，故书中多记其所见所闻之异人异事，多发生在李调元生活的时代，不及过往。在叙及所见所闻异人异事的同时，李调元也顺带记叙了与异人异事相关的一些民俗事项，格外具有了一些民俗研究价值。如该书卷二"七姑娘"条记：

> 蜀中妇女，于正月元日后、上元前，相率请七姑娘，使歌舞以为笑乐，不知始于何时，其事有足异者。其请必以夜，采墓上纸钱，先令二三小姑穿彩衣、持小柄扇于豚笠间，或绣阁，各瞑目并坐几上。一小姑持香三炷，一烧以纸钱，跪而祝曰："正月正，请你姐姐来看灯。怎么灯，娑罗灯。娑罗树上挂秋千，低一千，高一千。红罗裙，紫罗边，娘半边，女半边，拿与姐姐做鞋穿。一根线，两根线，拿与

姐姐做鞋扇。墙上一根菜，七姐来得快。墙上一根草，七姐来得早。砖灶瓦灶，请你姐姐耍笑；砖台瓦台，请你姐姐耍来。七姑娘，来不来，莫在阴山后头挨。"咒二三遍或五六遍毕，若几个小姑手冷、身战、气喘，即神来矣。遂使人扶出堂中，使歌舞。若小姑谙曲者，请者提头，则七姑开口便唱，声音嘹亮，高可遏云。抑扬顿挫，珊珊善舞。舞作大垂手、小垂手势，虽霓裳羽衣，不是过也。若小姑素不谙唱者，旁以一人唱之，则七姑应节而舞，各就其中之高下疾徐。而作势丝毫不爽，但不许人笑，笑则以扇掷之，自倒于地。若有人狭侮于旁，则掷竹打之，目虽未开，而能越门限巷逐，异事也。若无人唱，亦不空舞；如若不唱，从耳边唤本人小名，则醒而羞避之，小姑亦无它故。

此条所记，当是蜀中古俗，由来已久，但据李调元言"不知始于何时"。

事实上，这种正月间"请七姑娘"的风俗，至今仍在我国很多地区存在。关于它的起源，国内民间主要有三种说法。一种说法是"七姑娘"即"紫姑神"，七姑为紫姑的音变，又称七姑娘娘，或戚姑、子姑，祭祀日期一般在正月十五前后。南朝梁宗懔《荆楚岁时记》就有"正月十五，其夕迎紫姑，以卜将来农桑，并占众事"的记载，至今湖北长阳、云南玉溪等地仍保留着这种古老的祭祀风俗①。一种是七夕节"拜七姐"，七姐为七仙姑或织女，广东、闽南、台湾等地流传这种说法。一种是山东郓城一带将正月初七"人日"那一天作为"七姑娘节"，说七姑娘是玉皇大帝七姑娘的生日，妇女在这天用秫秸、布条做一个"七姑娘"，扶着她先转井，再转碾台和磨台，边转边唱："七姑娘，转井台，教俺绣花做绣鞋。"

蜀中人日"请七姑娘"的风俗，不知为何没能保存和流传。清末蜀中文人傅崇榘在写《成都通览》时，已经没有了相关记载，不知是不屑于记，还是该风俗已经失传，书中只有人日"游工部草堂"的记载。查清中后期四川主要地方志，多不见"七姑娘"踪影。

鉴于这种情况，李调元《新搜神记》记录的蜀中"请七姑娘"风俗资

---

① 参见王丹：《残存在记忆中的信仰叙事——湖北长阳土家族请"七姑娘"习俗解读》，《湖北民族学院学报》2008 年第 2 期；崎松：《请"七姑娘"——玉溪民俗趣事之一》，《玉溪日报》2018 年 8 月 22 日，第 A6 版。

料，就显得尤为珍贵难得。

类似的情况，在《新搜神记》各卷中，还有多处，如"罗江土地祠""绳妖""回煞""打保福"等，限于篇幅，此处不再一一列举。

四、《新搜神记》与《神考》

前面我们提到李调元著有《神考》二十卷，但此书单行本国内图书馆多不见收藏，或已散失。台湾王秋桂、李丰楙主编的《中国民间信仰资料汇编》第一辑曾提到此书，并将其与清代浙江学者姚东升的《释神》合为一种。《中国民间信仰资料汇编》大陆图书馆收藏较少，目前仅查到北京大学图书馆、中山大学图书馆、复旦大学图书馆三家藏有此书，笔者行文时未能见到。从其编排上推断，应该不是二十卷足本，否则应该与他书并行单列，而不是与姚东升《释神》合为一种，此为题外话。

被称为"卷帙浩繁"的二十卷《神考》，因编纂《续函海》之需，李调元将其删为二卷，"但摘取今时各处祭赛之神，而亦以正书参校之"，使之成为《新搜神记》的第十一和第十二卷，客观上保留了《神考》的一部分，使我们能够通过《新搜神记》而了解到《神考》的体例和大概内容。

从体例上说，《新搜神记》卷十一和卷十二分别被题为"神考上"和"神考下"，很显然是《神考》的删减版。

从内容上说，第十一卷"神考上"记有"关帝历代封号""忠显王生辰""川主""土主""药王有三""灌口李二郎""赵公明""王灵官""五显""马王""牛王""龟蛇二将"等十二条；第十二卷"神考下"记有"魁星""太岁非凶""城隍生辰不同""璧山神""萧公神""晏公神""张仙""寿星""钟馗""和合二圣""五道""五通""西王母""水府三官""灶王""护法伽蓝""牛头马面""夜叉"等十八条，合计三十条。

从内容上说，《神考》所述所考涉及的神灵庞杂，细分起来大概有以下几类：

（1）人神：即历史人物转而封神者，如关圣帝君关羽、忠显王（桓侯）张飞、川主赵昱、药王孙思邈、财神赵公明等。

（2）民间传说之神：如灌口李二郎、灶王、马王、牛王等。

（3）道教杂神：如王灵官、五显神、太岁、城隍、水府三官等。

（4）仙圣：如魁星、张仙、寿星、和合二圣等。

（5）佛教神灵：如护法伽蓝、夜叉等。

（6）原始神话之神：如西王母等。

总的来说，《神考》所考说的神灵，都是在民间有着广泛信仰基础且与民众日常生活息息相关的神灵，统称为民间俗神。

在对这些民间俗神进行考说的过程中，李调元依照的原则是："必据正书而核其原委。考其事迹，大抵以人事为先，而非以神道设教。"所谓"必据正书"，即所依据的资料来源于经、史之类学界公认的典籍，而非小说、戏曲一类的"闲书"。这种考说，特别是对蜀中神灵的考说，具有强烈的地域色彩，如《新搜神记》卷十二（《神考下》）"张仙"条记：

> 陆深《金台纪闻》："世所传张仙像，乃《蜀王孟昶挟弹图》也。蜀亡，花蕊夫人入宋官，念其故主，偶携此图悬于壁，且祀之谨。太祖幸而见之，致诘焉。诡曰：'此我蜀中张仙神，祀之，令人有子。'非实有所谓张仙也。蜀中刘希向余如此说。"按郎瑛《七修类稿》所载，言张仙名远霄，五代时游青城山得道。苏老泉曾梦挟二弹，以为诞子之兆，敬奉之，果得苏辙。有赞见集中，人但谓花蕊假托，不知真有一张仙也。按高青邱有《谢雪海道人赠张仙画像诗》，亦云苏老泉尝祷而得二子。孟昶曾屡入朝，太祖宁不辨其貌，而为花蕊所绐耶？或以为即张仲九，非。按《询刍录》云："张远霄，眉山人。一日，见老人持竹弓，以铁弹三，质钱三百千，张无靳色。老人曰：'吾弹能辟疫疠，宜宝而用之。'后再见老人，遂授以度世法。熟视举首，见其目中各有两瞳子。"此其证也。又《纂要》云："邛州崇真观，昔仙人张远霄者往来于此，每挟弹，视人家有灾者，为击散之，此其故居也。"《大玉匣记》云："十一月二十三日为张仙生辰。此日设位求子，大吉。"按挟弓弹之说，亦有所本。《月令》："玄鸟至，以太牢祠高禖。后妃率大嫔乃礼，天子所御于高禖之前。"疏云："天子所御，谓令有娠者于祠，大祝酌酒，饮于高禖之前，以神惠显之也。"带以弓韣，授以弓矢，求男之祥也。王居明堂，礼曰："带以弓韣，礼之禖下，其子必得。"《天材疏》云："礼此所御之人于媒神之前，媒神必降幅。故曰：其子必得天材。"此张仙弓弹之本也。

张仙之说，在蜀中颇有影响，后演化为蜀中求子民俗。明清学者间有考说。李调元的考说，亦见清赵翼《陔余丛考》卷三十五"张仙"条，所不同

李调元 研究（第三辑）

者，李调元将其与《礼记·月令》祠高禖习俗联系起来，算是另有所得。

《神考》中还有一类考说，完全抄录旧记，与"考说"完全不相符，如《新搜神记》卷十二（《神考下》）"壁山神"条记：

> 壁山神，乃蜀中之神也，见《北梦琐言》。合州有壁山神，乡人祭必以太牢烹宰，不知纪极。蜀僧善晓，早为州县官，苦于调选，乃剃削为沙门，坚持戒律，云水参礼。行经此庙，乃曰："天地郊庙，荐享有仪，斯鬼可得僭于天地。牛者，稼穑之资也。淫其礼，无乃过乎？"乃命斧击，碎土偶数躯，残一偶，而僧亦力困。稍苏其气，再次击之。庙祝祈僧曰："此一神从来蔬食。"由是存之。军州惊愕，申闻本道，而僧端然无恙。斯以正理责之，神亦不敢加祸也。

此条内容完全抄录宋李昉《太平广记》卷三百一十五"壁山神"条，且无自己的考说和见解，亦未注明出处，估计是他对蜀中神灵青睐有加，看见与蜀中有关就不加申说录为己用了。

不过瑕不掩瑜，《新搜神记》所收《神考》还是颇有亮点，如卷十二（《神考下》）"西王母"条，李调元云：

> 世传王母为天上之神。按："西王母"三字见《尔雅》。《大戴礼》："舜时，西王母献白玉琯。"是西王母特海外国名，如后世八百媳妇之类，非神人也。《山海经》言："其状如人，豹尾虎齿，蓬发戴胜，是司天之厉及五残。"神人之说，乃自此始。然司灾厉及五刑残杀之气，则亦非吉神也。惟《穆天子传》言"天子觞西王母于瑶池之上"，西王母作谣，有"将子无死"句。又《吴越春秋·阴谋传》："大夫种进九术，一曰尊天事鬼，以求其福。越王乃立东郊祭阳，名曰东皇公；立西郊祭阴，名曰西王母。事之一年，国不被灾。由是祈福寿者，循以为习，设为贵夫人像祀之。"今之西王母所由仿也。《酉阳杂俎》云："西王母姓杨，名回，一名婉衿。"《集仙录》云："西王母者，太妙龟山金母也，姓侯氏，三界十方女子之登仙得道者咸隶焉。"《山海经》所云，乃王母所使金方白虎之神，非王母真形也。

在这段考说中，有几个突出的亮点。一是认为西王母为国名而非神名，这种观点直到今天乃为史学界的一些人所坚持；二是提出西王母"非吉神"观点，还原始神话中西王母作为厉神的本来面目；三是认为《山海经》中所记"豹尾虎齿"的形象"非王母真形"，而是"王母所使金方白虎之神"，这种观点非常独特，至今仍为神话研究中一种不多见的说法。

小 结

综上所述，李调元《新搜神记》是其众多学术著作中一部具有相当神话学价值和民俗学价值的著作，值得进行进一步的整理和研究。李调元不是一个专门的神话研究者或民俗研究者，但他在《新搜神记》中广泛涉猎民间信仰中的大量神话人物和民俗事项，为我们提供了相当的神话研究资料和民俗研究资料，尽管他的研究还有一些这样那样的问题和不足，但对于二百多年前的传统学人来说，已经是难能可贵的了。

加之《续函海》自嘉庆六年以后就未重刊，所知者甚少，研究者就更少，因此建议四川省民俗学会和罗江县有关部门借着 2020 年四川省第二次历史文化名人评选结果出炉的东风，大力推进《续函海》（包括《新搜神记》）的整理和出版，以促进李调元研究的深入开展，为四川的文化建设做出应有的贡献。

（作者单位：四川省社会科学院神话研究院）

李调元

研 究（第三辑）

李调元的传说和传说中的李调元

——兼谈李调元传说对重估李调元地位和影响的重要作用

李鉴踪

李调元,字羹堂,号雨村、童山等,四川罗江人,清朝中期诗人、戏曲理论家、学者。他的成就、影响及在文学史、文化史上的地位,自然无法与李白、苏轼这样的文坛巨擘相比;即便与同属川人的前代杨升庵、同代张问陶相比,也是有所不及的。但是,他在民间的传说故事数量之多、流传之广、影响之大,却丝毫不逊色于他们。传说中的李调元,是一位才智过人、幽默风趣、亲近贫民、不畏权贵的机智人物,深受民众喜爱。认真研究李调元的传说和传说中卓尔不群的李调元,对于我们重估李调元的文化成就和地位,具有十分重要的作用。

一、文学史上的李调元

1734 年,李调元出生于一个书香世家。他自幼便在父亲的严格指导下攻读经文,五岁入塾,过目成诵。七岁能诗,写有诗句"浮云来万里,窗外雨霖霖;滴在梧桐上,高低各自吟"。十一岁时,对出"蜘蛛有网难罗雀,蚯蚓无鳞欲变龙"的对联。十二岁时,将自己吟稿汇集成编,取名《幼学草》。十八岁中秀才,州、县院试均获第一。1763 年,二十九岁的李调元中进士,入翰林院。后历任吏部文选司主事、吏部考功司员外郎、翰

第四篇 李调元与民间文学

林院编修、广东学政等。

李调元为人耿直，不畏权势，刚正不阿，人称"铁员外"。1781年正月，擢任直隶通永兵备道。次年因得罪权臣，遭诬陷，遣戍伊犁。后以母老赎归，从此远离官场，居家著述终老。他在父亲修建的"醒园"中，建起了一座"万卷楼"，藏书达十余万卷，凡经史百家、稗官野史，无所不包。

李调元首先是一个诗人，一个戏曲理论家，著有《童山诗集》《雨村曲话》《雨村剧话》等，遍及四部。同时，他是一个奇才，一位通才，在那个时代堪称百科全书式的学者。所编辑刊印的大型丛书《函海》，"囊括历史、考古、地理、文学、语言、音韵、金石、农业、姓氏、民俗、诗词、书画、曲艺、戏剧、庖厨等，计40函、163种、852卷"①。

按今天的学科分类，我们可以把李调元称为经学家、诗人、词人、文艺理论家、民俗学家、方志学家、神话学家、训诂学家、方言学家、音韵学家、金石学家、书法家、教育家、编辑家、出版家、藏书家、烹饪学家，等等。②

特别值得一提的是，他辑录的《粤风》等，成为我们今天研究清代广东地区民歌的珍贵资料；他在《雨村曲话》《雨村剧话》等相关书籍中记载了当时勃兴的吹腔、秦腔、二黄腔、女儿腔的流布情况，并对弋阳腔、高腔的发展脉络进行了细致的探索，为后世戏曲史特别是剧种声腔史的研究提供了宝贵的参考资料。

李调元与同时代的遂宁人张问陶和眉山人彭端淑，合称"清代四川三大才子"。按官方的评价，张问陶成就最大，彭端淑次之，李调元排在末位。有关史志、文献对李调元的评价不够高，嘉庆本《四川通志》第一五四卷《人物》介绍李调元时云："其自著诗文集，不足存也。"光绪本《国朝全蜀诗钞》卷十四评价李调元云："少作多可存，晚年有率易之病，识者宜分别观之。"清人丁绍仪《听秋声馆词话》卷十二《李调元兄弟词》云："绵州李雨村观察（调元）所刊《函海》一书，采升庵著述最多，惜校对未甚精确。其自著《童山诗文集》亦不甚警策，词则更非所长。"香港学者罗忼烈先生曾说过这样的话："清人词话最浅陋空疏，又复强作解

---

① 赖安海：《李调元传略》，《李调元研究》，巴蜀书社2007年版，第36页。
② 章玉钧：《深化李调元研究开发名人文化资源》，《李调元研究》，巴蜀书社2007年版，第5页。

人，以致谬误百出者，莫过李调元之《雨村词话》。"①

在过去，特别是20世纪末之前，整个学界对李调元的研究应该说是不够深入、不够全面和不够成熟的，以致对李调元成就、地位和影响的评估也是不足的。故李调元未能进入清人舒位编写的《乾嘉诗坛点将录》《清史稿·文苑传》和后来多种版本的《中国文学史》。

20世纪80年代我读大学时，学的古典文学教材是游国恩等主编、人民文学出版社出版的四卷本《中国文学史》，配套的是朱东润主编的《中国历代文学作品选》。前者没有关于李调元的介绍，后者没有收入李调元的任何作品。在1996年出版的三卷本《中国文学史》（章培恒等主编）中，对张问陶有约700字的介绍、点评和鉴赏，并有一句"张问陶的诗曾受到袁枚的赞赏"②。翻遍该书中"清代文学"部分，只在"民间歌曲"一节的末尾，有一句话提到了李调元："清代有些文人也曾做过类似于冯梦龙辑录《桂枝儿》《山歌》的工作，如李调元辑有《粤风》……"③ 1999年出版的四卷本《中国文学》④，没有提及李调元及其作品。

综上所述，我们可以初步得出这样的结论：在过去的有关文献或文学史中，李调元的地位是不够高的。或者可以换一种说法：在过去的有关文献或文学史中，李调元没能占据到其应有的历史地位。那么，李调元在文学史上应该占有什么样的地位呢？让我们从李调元传说故事的角度来做一番探察和评估。

二、李调元的传说

四川历史上诞生过扬雄、司马相如、李白、苏东坡等众多的天才文人。与此同时，还出过二十多位状元，其中有一些是著名的诗人、学者和作家。"他们许多人的职位比李调元高，成就比李调元大，在文学史、文化史上的地位也比李调元高。但要说到在普通百姓中的知名度和流传度，除李、苏之外，则多数不及李调元。无论川西川东还是蜀南蜀北，李调元

---

① 罗忼烈：《李调元〈雨村词话〉可入笑林》，香港《大公报·艺林》新六〇二期。

② 章培恒、骆玉明主编：《中国文学史》（下），复旦大学出版社出版1996年版，第503－504页。

③ 章培恒、骆玉明主编：《中国文学史》（下），复旦大学出版社1996年版，第573页。

④ 四川大学中文系中国古代文学教研室编写：《中国文学》，四川人民出版社1999年版。

的传说故事在民间广泛传播。"① 这些传说故事"大量保存在民众的集体记忆里，口耳相传，流风余韵，回荡在巴山蜀水，播及神州大地"。②

我还清晰地记得，四十年前在家乡读中学时，曾偶然看到一张叫《长寿文艺》的内部小报，上面便载有两篇李调元的传说。一口气读完，惊喜不已：世间竟有如此好看的故事，世间竟有如此机智的人物！其中一篇，说的是李调元顺长江出川，经过三峡，来到两湖交界的洞庭湖，与当地文人聚会的故事。对于当时在文坛突然声名鹊起的李调元，当地文人中多有不服者，于是，酒过三巡，便有人站起来，不怀好意地出了一上联发难：

洞庭湖，八百里，波涛涛，浪涌涌，大人从何而来？

李调元听出来了，对方表面客气，实则笑里藏刀，暗讽自己缺少根底，不知从何处突然冒出来的。李调元也不客气，脱口对出下联：

巫山峡，十二峰，云霭霭，雾腾腾，老子由天而降。

这一联的景象，倒确实与李调元在文坛横空出世的情形相似。众人一听，有的会心大笑，有的掩口而笑，有的尴尬一笑，有的皮笑肉不笑。但所有人都明白了，这李调元绝非徒有虚名，实在是机智过人，于是一同抱拳说道："久闻大人才思敏捷，今日一见，果然名不虚传。幸会幸会！"

这是我第一次读到李调元的传说故事，也是我第一次知道李调元其人。从此留意关注，很快读到了聂云岚、罗良德、刘仁铸编的《李调元佳话》（四川省群众艺术馆 1981 年 9 月印）。再后来，发现李调元在民间的传说很多，流传很广。我们单从中国民间文学三套集成在四川各地的卷本看，收入的李调元传说便非常可观。

20 世纪末编辑出版的《中国民间故事集成·四川卷》，便收录了 4 篇李调元的传说，数量及篇幅与李白、苏东坡相当。③ 四川各地（包括现重庆市区域）所出的县区卷和市地州卷中，也搜录了不少李调元的传说故事。在他家乡《德阳市卷》里，收入李调元传说十九篇，独占人物传说鳌头。④ 在近邻《绵阳市卷》里，收入李调元传说二十七篇，与收入二十八

---

① 李鉴踪：《百姓为什么喜欢他——从李调元的传说故事说起》，《李调元研究》（第二辑），四川人民出版社 2015 年版，第 300 页。

② 江玉祥：《李调元民间传说选编》序，曾家华、吴倩主编：《李调元民间传说选编》，现代教育出版社 2008 年版，第 1 页。

③ 见《中国民间故事集成四川卷》目录，中国 ISBN 中心 1998 年版。

④ 见《中国民间文学三套集成四川德阳市卷》目录，德阳市民间文学三套集成编委会 1991 年编印。

篇的李白相当。① 要知道，绵阳可是李白这位举世闻名的大人物的家乡啊！又以《重庆市卷》为例，共计收入人物传说六十三篇，李调元独占六篇，为最多的一位。② 请注意，李调元的家乡在蜀国而不是巴国，重庆历史上涌现过多少风云人物啊！李调元传说独占全部人物传说篇目的十分之一，实在让人惊讶。在宜宾、遂宁等地的民间文学集成卷中，都或多或少收入了李调元的传说。除此之外，在江浙、广东等地，也流传着李调元的传说、故事。

综观李调元的传说，大致可以分为如下几类：聪明机智类、幽默诙谐类、亲近贫民类、不畏权贵类。

三、传说中的李调元

传说中的李调元是一个什么样的人呢？

其实，从前面的传说故事分类中，我们已经可以得知：传说中的李调元，是一个才思敏捷、智慧超群的人，一个平易近人、和蔼可亲的人，一个嬉笑怒骂、幽默诙谐的人，一个刚正不阿、仗义执言的人。

传说中的李调元特别擅长吟诗作对，所以有关李调元的多数传说故事基本都是围绕着他即兴赋诗、当场联对的情节展开的。

1. 才思敏捷的李调元

民间传说中的李调元，是一个文思敏捷、才高八斗的人物，在每一则传说里都能见到他临机应变的超人才智和能言善辩、出口成章的超一流口才。

李调元小时候，经常与小伙伴们到河里洗澡，每次洗澡，都习惯把衣服挂在河边的一棵老树上。一天，一位老者路过，知道几个洗澡娃儿里有李调元，便即景出了一个上联叫大家对："千年老树作衣架。"李调元随口便对："万里长江当澡盆。"老者一听，暗吃一惊，几个小娃儿在河里洗澡这么件小事都被说得如此有气势！这时，一个没下河的小孩在山上推了一块石头滚下山来。老者随即又出一上联："山上推石，乒乒乒乒朝下滚。"李调元顺口对道："水里打屁，咕嘟咕嘟往上翻。"老者知道难不住他，转身走了。③

李调元中举后，意气风发地乘船畅游岷江。巧的是，江中已有一"武

---

① 见《中国民间文学三套集成四川绵阳市卷》目录，绵阳市民间文学三套集成编委会 1988 年编印。

② 见《中国民间故事集成重庆市卷》目录，科学技术文献出版社重庆分社 1990 年版。

③ 黄晓华采录：《戏耍趣对》，《中国民间文学三套集成四川绵阳市卷》上册，绵阳市民间文学三套集成编委会 1988 年编印，第 185 页。

举"乘舟在前。依古时的规矩，文武同道时，应文者在前。可这位武举，却不想依"旧规"，而是要出一上联，若对方能当场对出，方可按"老规矩"游江。他出的上联是："两艇并进，鲁肃不及樊哙。"李调元细思此联，实在是堪称绝妙：其一，虽然鲁肃是文人，樊哙是武夫，但要讲到功劳，"武"在"文"之上；其二，鲁肃、樊哙乃是同音双关语，意为"橹摇得再迅速，也赶不上帆船来得快"。李调元竟一时对不上来，正在纳闷，突然听到隔岸大道上传来婚嫁之箫声管乐，他灵机一动，对出下联："八音齐奏，狄青哪比萧何！"

若说武举的上联绝妙，李调元的下联则堪称妙绝，妙到绝巅。其含义亦有二：其一，狄青是武将，萧何是文人，但北宋时的狄青将军之功虽大，又哪赶得上汉高祖时的萧何丞相呢！其二，"笛声"再清脆，也赶不上"箫音合奏"啊。言下之意，你这个武将是赶不上我这个文人的。武将闻之，佩服得五体投地，打拱高赞："李举人之舟，自然应游江在前矣！"

原德阳文化馆刘仁铸先生搜集整理的《撰联夺魁》，亦充分展示了李调元的过人文才。李调元在北京参加完会试等待放榜时，带了书童上街闲逛。来到一处建筑前，看到墙上贴了一张招贴，原来是新落成的四川会馆正悬赏征求正门楹联。李调元灵机一动，转身回到客栈，略为沉吟，即写下两张字条，用封套封了，吩咐书童带到四川会馆。书童按主人嘱咐，将第一个封套交给门差传了进去。当时，会馆的会董们正在一大堆稿件中遴选楹联，因一直没看到满意的，一个个垂头叹气。拆开门差递过来的封套一看，联文如下：

　　剪烛西窗，偶话故乡风景：剑阁雄，峨眉秀，巴山曲，锦水清涟，不尽名山大川都来眼底；
　　扬鞭北道，难忘先哲典型：相如赋，太白诗，东坡文，升庵科第，行见佳人才子又到长安。

会董们传看后，无不拍案称奇，赞赏不已。该联不仅立意清新、对仗工整，而且把四川的地理人文巧妙地融汇在一起，用在四川会馆正门上，实在是太相宜了！文末并未署名，忙问门差是谁送来的。门差叫进书童，大家齐问：谁写的？书童说："我家主人。""你家主人是谁？"书童说："我家主人只吩咐我来送对联，若选中，请把奖银交我带回；若不中意，请退还我带回去。"会董们连声说"好"，立即开了一张 20 两纹银的银票交与书童，又问："你家主人是谁?"

书童将银票装好，这才取出第二个封套递上去，然后转身走了。会董们拆开一看，是一首七绝诗：

> 李白诗名传千古，调奇律雅格尤高。
> 元明多少风骚客，也为其人尽折腰。

大家仔细琢磨，终于发现这是一首藏头诗，四句诗的第一个字连起来是"李调元也"。[①]

2. 幽默风趣的李调元

李调元从小就说话风趣，与之交谈的人，常常被逗得哈哈大笑。有这么一个广为流传的故事，说他七岁时，老师刘一飞前来家访。刘老师将学生的聪明才智向李调元的父亲李化楠夸耀一番，李化楠一时兴起，便请刘老师当面考考儿子。时值夏季，刘一飞正一边抽烟一边摇扇，顿时想到一句："调元，听上联：吸烟摇扇，眼前风云际会。"李调元略加思索，朗声对出下联："屙尿打屁，胯下雷雨交加。"

父亲暗自吃惊儿子如此敏捷，但嘴上却说："大胆，竟用俗语来对老师的上联，该罚。"刘一飞笑哈哈地说："不碍事，不碍事。调元的下联虽然是俗语，但非常工整，关键是太有趣了!"从此，他"神童""趣童"之名不胫而走。

嬉笑怒骂，是幽默风趣的另一种表现方式。面对不怀好意者，用嬉笑怒骂又不失诙谐的方式予以还击，是李调元的一贯风格。

李调元中进士后，被任命为两江主考。任满回京时，当地官员学子按惯例备酒席送行。由于李调元在任期内对当地部分满腹空空却自命不凡的文人学子多有讥讽打击，一些耿耿于怀的人便存心趁此机会将他羞辱一番，以解心头之恨。酒过三巡，受人唆使的州官起身对李调元说："久闻主考才高，诗追李杜，文胜三苏，今日请即席赋诗，以壮行色，如何?"李调元明白众人心意，便请命题。州官随手指着窗外树上的麻雀说："便以此为题吧。"

---

① 刘仁铸采录：《撰联夺魁》，《中国民间故事集成四川卷》（上），中国 ISBN 中心 1998 版，第 229 页。

李调元略一沉吟，便一字一字念道："一窝两窝三四窝。"众人一听，忍不住要笑出声来。李调元继续念道："五窝六窝七八窝。"这下子，大家终于忍不住了，哄堂大笑起来，有的甚至笑出了眼泪。有人不怀好意地说："这样念下去，这诗怕是可以做到几万窝。"李调元对此置若罔闻，高声念出后两句："食尽皇王千钟粟，凤凰何少尔何多？"

这后两句如奇峰突起，又如晴天霹雳，震得满场鸦雀无声。大家都听懂了，自己被骂了，被当作叽叽喳喳、糟蹋粮食的麻雀骂得很惨。而且人家是以开玩笑的风趣话骂的，真是有苦说不出啊，明明被骂却无言以对，还不上嘴呀！①

3. 亲近贫民的李调元

李调元从小生活在乡村，对农民、农事、农业非常关心，一生写下了许多心系农业生产、反映民众疾苦的诗歌。他读书之余，与农民渔夫、贩夫走卒等打成一片。这既给他的文学创作带来了不竭的源泉，也使他与下层人民成为真诚的朋友，养成了他平易近人、和蔼可亲的品质和关心民众疾苦的情怀。

李调元的家乡罗江城有老两口，开一小铺卖甜食为生，本钱少，生活艰难。李调元一直想怎么能帮帮他们，决定给他们写一副对联让店铺红火起来。老头子喜出望外，忙去找来纸笔。李调元提笔蘸墨正要写时，老太太端来一碗荷包蛋，说："翰林公，没啥招待的，快请趁热吃了这两个荷包蛋。"李调元提笔一挥，竟将"两个荷包蛋"五个大字写在了纸上。

老头子虽识字不多，但认得这几个字，吃了一惊。李调元也觉得不好意思，叫老头子再拿纸来。老头为难道："我只买了一张万年红（红纸）呀！"李调元一听，连声说："有了有了，你对得好。"他笔走龙蛇，写出下联："一张万年红。"老头连声称赞："对、对、对！"李调元点头说："横额也有了。"说着将"对对对"写成了横匾。这件趣事很快传播开来，老两口的甜食铺生意也兴隆起来。②

李调元在去广东赴任途中，一天傍晚来到一处山村前，看见路中间横着一捆木柴，一白发银须的老农叉开双脚坐在柴捆上拦住去路。李调元赶

① 《麻雀诗众人被骂，打油诗满堂惊哑》，曾家华、吴倩主编：《李调元民间传说选编》，现代教育出版社 2008 年版，第 86－87 页。
② 李鉴踪：《百姓为什么喜欢他——从李调元的传说故事说起》，《李调元研究》（第二辑），四川人民出版社 2015 版，第 301－302 页。

忙下轿，抱拳一揖道："老人家有何见教？"老人忙站起来还礼："久闻大人擅对，特来请教。"说着，随手从柴捆中抽出一根木柴，口中念道："此木成柴山山出。"

李调元一听，这老农不简单，"此"与"木"合成"柴"，"山"与"山"合成"出"，不但文字组合巧妙，而且表达的意思清楚，富有哲理，不觉连称"好对！"却一时沉吟，对不上来。老人见状，有些过意不去，正要说什么，却见李调元眉舒目展，说声"有了"。他用手指着远处村口冒出的缕缕炊烟，口中说道："因火为烟夕夕多。"①

李调元任广东学政时，住在城外，每天进城出城都要经过一座用三块巨石砌成的石桥。有一天乘轿回家，来到石桥前，正遇一个小孩在桥上用三块小石头搭桥玩。轿夫走得急，不小心把小孩垒的桥撞倒了。小孩不依，拉着轿夫赔桥。轿夫说："快放手，轿里坐的可是学政大人！"小孩一听，手抓得更紧了："听说学政大人会对对子，今天我要和他对，对得上就让你们过去，对不上就要赔我的桥。"

李调元听了小孩的话，感到既亲切又有趣，急忙走下轿来，看见一个天真可爱的小男孩正抓着轿夫的衣衫。李调元柔声说："好个小家伙，你把上联说出来吧。"小男孩指着被踢倒的三块石头说："踢倒磊桥三块石。"李调元一听，不过是一句浅显话，应该好对。不料仔细一想，"三块石"是"磊"字被踢开而成的，竟对不上来。他坦诚地对小孩说："我一时对不上来，等我回家想好后，明天在这里答复你。"

李调元回家后，整晚走过去走过来，左思右想，都想不出好的下联。夫人见他心神不定的样子，忙问有什么心事。李调元便把在垒桥上遇到的事情讲了出来，夫人一听说："这有何难，剪开出字两重山。"李调元听了，连声称妙。

次日清晨，李调元来到桥头，见小男孩已等在那里了，便兴高采烈地说出了下联。小孩听了，大声笑起来，说："这不是你对的。"李调元一惊："你怎么知道？"小孩说："你平常不用剪刀，又怎么会想到剪字上去呢？"李调元坦然承认是其夫人对的。

4. 不畏权贵的李调元

李调元在京做翰林时，有一天，嘉庆皇帝早朝，恰逢北方邻国派使者

① 赖安海、韩德雅：《李调元趣对传奇》，天津人民美术出版社2013年版，第51—59页。

进贡一对翡翠色玉桶。有一个早对李调元不满的奸党想趁机报复他，便对他说："都说翰林胆识高，今天你若敢将一只玉桶摔碎，我便从内心服你。"李调元明知是计，仍笑说："这有何难！"只见他大步上前，拿起一只玉桶便摔成了碎片。满朝文武大惊失色，皇帝大怒道："大胆李调元，何故摔碎朕的玉桶?!"李调元不慌不忙地答道："圣上，臣有一言——请问我皇是一统（桶）天下还是两统（桶）天下？"嘉庆说："朕当然是一统江山，岂有两统之理？"李调元说："今邻国进贡两只玉桶，是暗喻圣上非一统江山，有夺我皇疆土之意。所以臣摔碎一只，是维护圣上的一统天下，请圣上明察！"皇上一听这番话，龙颜大喜，连声说："卿言极是，卿言极是！"① 临危不乱，出口成理，这是何等的机智和胆魄啊！

1781年正月，李调元擢任直隶通永兵备道。当时的直隶总督英廉和直隶按察使通永都是和珅一派的，准备给李调元小鞋穿。通永各县因灾情历年欠赋较多，总督府便指派李调元追缴历年欠税。李调元深入民间，见到满目疮痍、民生凋零。老百姓都在生死线上挣扎，哪里有银子交税？李调元向总督禀报情况后，恳请总督大人酌情减免，"以疏民困"。英廉听了，冷笑道："他们究竟送了你多少银子？你来替他们说话。"

随后，英廉奏参李调元"玩忽职守、贪污受贿、包庇刁民……"李调元因此被押解进京，投入大牢。李调元一身正气，为了正义，一直不屈服，直到英廉死后才得以出狱。②

李调元诗文出众，却不擅长官场那一套，因此得不到同僚和上司的喜爱，常遭诬告。调任广东主考不久，有人便谎奏其恃才傲物，轻慢皇室，勒索考生，中饱私囊。乾隆皇帝接奏后，派钦差往广东调查。钦差与李调元同榜，知道他被诬告，便与他商量一个既能保官又能应付皇上的两全对策。谁知李调元不但不作辩解，反而承认诬告"件件属实"，并说自己贪污了三千两黄金。钦差知道李调元说的是气话，也清楚他早想解甲归田，便拟了一道模棱两可的奏章：事出有因，查无实据，削职退归。

李调元得以卸任回家，钦差送别，临行问道："年兄两袖清风，三千两黄金又在哪里？"李调元指着一个硕大的黄荆树疙瘩说："这就是赃物！

---

① 袁冉清采录：《巧戏嘉庆皇》，《中国民间文学三套集成四川绵阳市卷》上册，绵阳市民间文学三套集成编委会1988年编印，第181页。嘉庆皇帝在位时，李调元早已告老还乡。但民间传说如此讲述，故不做更改，特此说明。

② 《忤权贵刚正不阿》，曾家华、吴倩主编：《李调元民间传说选编》，现代教育出版社2008年版，第66—68页。

何止三千两?"李调元带着那个数百斤重的黄荆树疙瘩回到了家乡,与淳朴的乡人共处,亲密无间,再无官场倾轧之苦。想起几十年在外为官,真像噩梦一场,多亏这"三千两黄荆(金)",才使自己从噩梦中醒来。于是,修整旧居,将黄荆树根放在花园室内,将花园题名"醒园"。今天,那个大如华盖的黄荆树根,仍存放在李调元故居"醒园"中。①

中国的老百姓,对不畏权贵、清正廉洁、关心民众疾苦的清官总是赞不绝口。这也是人们总爱传颂清官故事的重要原因。

四、李调元传说与李调元历史地位的重估

作为四川历史上的一位名人,李调元的文学成就、学术贡献及其影响是有目共睹的。但过去,特别是20世纪末之前,学术界对他的研究及定位是不成熟的,或者说是不够的。这单从民间传说中此起彼伏的"赞叹声"和"欢呼声",就可见一斑。我们对李调元的传说故事进行梳理和研究,对传说中李调元的光辉形象进行分析,必将为"重估李调元的价值和地位"起到重要的作用。

第一,李调元在传说中的光辉形象,来源于现实生活和民众愿望。

传说不是信史,却以信史为根基。

俗话说:"雁过留声,人过留名。"并非每个人都能在史书上留下名字,要在民众口传文学中留下名来更难。成为民间传说中主人公的,要么是臭名远扬的人,要么是美名远播的人。无论前者还是后者,其传说故事都是人们在真实生活基础上加工创作的。传播前者的斑斑劣迹,是为了表达人们的憎恨之情,给人以警诫;传播后者的种种事迹,是为了表达人们的喜爱之情,给人以启迪。现实生活中的李调元,就是一个才思敏捷、幽默风趣、亲近贫民、不畏权贵的人。

"我口传我心。"李调元的传说故事数量如此之多,流传如此之广,充分表达了广大民众对他的认可、赞赏和喜爱,表达了民众的真实心声和愿望。民众为什么喜欢李调元?其实在上部分内容里已经给出了答案。

对于一个文人来说,才智的重要性不言而喻,这不但是他纵横文坛的资本,也是人们喜爱他并乐于在茶余饭后谈论他的重要原因。没有人不希

---

① 刘仁铸采录:《醒园的来历》,《中国民间故事集成四川卷》(上),中国 ISBN 中心 1998 年版,第 232 页。

望自己聪明，没有人不喜欢有智慧的人。人们在传说中把李调元塑造成为一个才思敏捷、出口成章的人，甚至把别的机智人物传说内容附会在他身上，一方面表达了人们对这样的人的充分认同与赞赏，另一方面也暗含着希望自己能成为那样的人的期盼。

在整个封建社会，绝大多数人的生活十分沉重，精神比较压抑，他们特别需要开怀一笑。文人士大夫们常常绷着脸扮严肃，可挡不住普通百姓对有说有笑、爱说爱笑生活的追求。当他们发现有一个名人也和自己一样不拘小节、趣话连篇时，自然十分接纳，并广为传播。这是李调元传说故事在民众中广泛流传的又一重要原因。

在漫长的封建社会，绝大多数的官员都养成了媚上欺下、阿谀逢迎的德行，其原因和逻辑也简单：官帽是皇帝和上司给的，所以不能得罪；百姓是无权无势的，所以可以欺压。真正能明白"民为水、君为舟"道理的官员不多，能做到不畏权贵、为民请命的官员更少。好不容易碰上了一个清正廉洁、刚正不阿、不畏权贵、亲近贫民的李调元，广大民众能不喜欢吗，能不广泛传颂他的事迹（故事）吗？

第二，李调元传说申报国家级非遗，将进一步提升其地位和影响。

关于李调元的种种传说故事，大约有一半是由别人的传说附会而来，主要"附会了历代的文人传说、清官传说、机智人物传说等"。比如，有的故事附会了浙江山阴徐文长传说的内容，有的故事附会了四川新都杨升庵传说的内容[①]。

将别人的传说内容附会到自己讲述的人物传说上，这是民间传说的重要特点之一。人们之所以将其他著名人物的传说内容附会到李调元身上，是因为人们喜爱他，敬重他，同时希望他在人们心目中成为一个更加高大、更加丰满、更加完美的人。

在中国古代文学这座金光闪闪的金字塔上，李调元并不是处于塔尖上的人物。但假若我们另外构建一座"民间传说中的古代文学金字塔"，李调元以其广为流传的大量传说和传说中机智生动的高大形象，则完全可以跻身这座金字塔的顶层。通观灿若星辰的古代文学家，像他这样文学成就不属一流，但在传说故事中的形象却属一流的文人共有三个：除他之外，

---

① 赵长松：《让李调元传说走向世界》，《李调元研究》，巴蜀书社 2007 年版，第 280、281 页。

另两人分别是唐末杭州秀才罗隐、明末山阴（今绍兴）文人徐文长。

罗隐生于唐末乱世，小时候以才学出名，是一个远近闻名的神童。可他的一生并不顺利，大半生浪迹江湖。先后参加了十多次进士试，全部铩羽而归，史称"十上不第"。他的诗和散文在文学史上占有一席之地，有一些诗句广为流传，至今成为经典名言，如"时来天地皆同力，运去英雄不自由""家财不为子孙谋""今朝有酒今朝醉""任是无情也动人"等。

明朝晚期的徐文长，小时候也是一位远近闻名的神童，六岁读书，九岁便能作文。他的一生命运多舛，科举失利，郁郁不得志。徐文长既是一位文学家，也是一位军事家。他多才多艺，在诗文、戏剧、书画等各方面都独树一帜，与解缙、杨慎并称"明代三才子"。他是中国"泼墨大写意画派"创始人，开创了一代画风，对后世画坛影响极大；书善行草，写过大量诗文，被誉为"有明一代才人"；能操琴，谙音律；爱戏曲，所著《南词叙录》为中国第一部关于南戏的理论专著。另有杂剧《四声猿》《歌代啸》及文集传世。

罗隐、徐文长、李调元三位，在科举和仕途方面，说起来李调元算相对顺利。三位小时候都是远近闻名的神童，成年后都是成就卓越的文豪，生活中都是文思敏捷、才华出众的机智人物，其幽默风趣、嬉笑怒骂的轶闻趣事都深受人们的喜欢。这也正是他们的故事能够被民众广为传播、并在传播中不断加工丰富的重要原因。

罗隐的传说故事，在宋元时已在民间流传，故事情节由简单渐趋复杂，人物形象也越来越细致、丰满，使其逐渐成为一个具有传奇色彩的半神式人物，不少故事里有"一语成谶"的内容。在四川多地采录到的民间故事中，都能见到类似《马桑树为什么长不高》之类的故事，传说竟与罗隐秀才有关。罗隐的传说故事流传时间长，数量很大。2009 年，罗隐传说被列入浙江省非遗项目。目前，应该在申请国家级非遗项目，不知是否已获批。

至于徐文长的故事，产生于明代中晚期，至今广为流传。作为民间传说，其故事以历史人物徐文长的轶闻趣事为基础，在传播过程中又吸纳了大量别的机智人物故事内容，日积月累渐趋丰满，自成系列。内容十分丰富，从他的少年时代一直讲到临终前，全方位展现了他幽默诙谐、聪明机智、亲近贫民、蔑视权贵、惩贪罚恶的个性与品质。徐文长故事已于 2008年被列入第二批国家级非遗名录，目前流传的有 300 多篇。

作为古代三大机智文人之一的李调元生活的朝代最晚，其传说故事产生年代也最晚，但同样的广为流传、美名远播。李调元传说故事，目前只是德阳市非遗项目，这与李调元的成就和价值是不匹配的。根据有关资料的初步统计，目前各地采录整理出来的李调元传说故事约 200 篇，民间实际蕴藏和传播的数量应该更多，毕竟四川不少地区流传的情况我们尚未纳入统计，江浙、广东等外省流传的情况更未掌握。接下来，我们应有意识地开展在全国范围内对李调元传说故事的流传情况进行普查和汇总，同时着重对罗江或德阳这个传承中心的流传作品进行全方位采集和整理，分类编纂成科学、完整的系列传说故事，申报国家级非遗项目。

我们必须得承认：近二十年来，罗江县、德阳市及四川省民俗学会大力开展李调元研究（包括传说故事研究），对李调元成就和价值的重估及历史地位的提升，起到了很大的作用。2020 年 6 月，李调元成功入选"第二批四川历史名人"（10 位）便是证明。在过去诸多版本的文学史中，被认为成就和地位比李调元高的张问陶并未入选。

对李调元及其作品展开全面深入研究，将进一步提升其成就和地位。全面搜集、整理、研究其数量巨大、妙趣横生的传说故事，申报国家级非遗，可以成为进一步提升李调元地位和影响的有力臂助。

（作者单位：四川省民间文艺家协会）

从《李调元故事集》看民国时期
李调元民间故事的创作与传播

尹帮斌

　　1932 年，绍兴民间出版部出版了著名戏曲小说学家、民间文学家叶德均先生编的《李调元故事集》。这本专集的出版，笔者以为是李调元身后的第一部民间故事集，对于研究李调元民间故事的创作与传播具有重要意义。

　　李调元民间故事的创作与传播，应该在李调元逝世以后的嘉道年间就开始了。其后的百余年间，这种创作的数量越来越多，质量越来越高，但是限于传播的路径和平台，人们只能口耳相传，其中的版本存在嫁接移植明显、差异化不断加大的现象。晚清到民国时期，报业勃兴，为民间文学的整理和传播提供了方便。五四时期，各种民俗研究团体、民俗书刊、民俗学者的学术活动陆续出现，科学意义上的中国民俗学产生了。《李调元故事集》就是 1925 年陆续发表于北京《京报》附刊《民众周刊》，1932 年经年轻的民俗学家整理出版的一本故事专集（以下简称《故事集》）。

一、《故事集》的编者与作者

　　《故事集》的编者是著名的民间文学家叶德均先生。叶德均，字子振。宣统三年（1911）6 月 6 日出生于江苏省淮安县一个盐商兼地主的家庭。

从小聪颖好学，十五岁开始收集民间文学资料，十五岁发表文章，十六岁成为山东大学第一批俗文学会校外会员。十八岁其著作《淮安歌谣集》在中山大学民俗学会出版，成为代表当代民俗学研究最高理论成果的36种丛书之一，开启了他从事民俗文学研究的大门。1930年高中还没毕业就考取上海复旦大学中国文学系，毕业后返乡潜心研究中国古代戏曲、小说和民间文学。1947—1948年在湖南大学中文系任副教授，主授"宋元明讲唱文学"和"俗文学"。1948—1956年在云南大学中文系任教授，开设"中国戏曲史"兼授"中国通俗文学"等课程。1956年7月6日去世，年仅四十五岁。编辑出版《故事集》时，叶氏年仅二十岁。

《故事集》一共收录了九位作者撰写的二十五则李调元民间故事。其中撰写数量分别为姜华三则，金满成一则，谷凤田三则，宁光江三则，陈久徵四则，白昆述二则，刘逸之二则，陈光尧六则，鲁毓泰一则。作者的籍贯，从讲述者的故事中，我们大概知道姜华是四川彭山人，陈光尧是陕西汉中人，其余的作者籍贯不详，白昆述的文尾署"官园"，大概是居住在北京的外省籍人。这些李调元民间故事作品经过作者的整理润饰，生动形象，叙事性强，今天读来，也常常令人忍俊不禁，对李调元的文采和智慧赞赏不已。

二、《故事集》的出版背景

在《故事集》的序中，叶德均讲到出版是书的背景："这本集子中所收的故事皆是民国14年（1925）北京《京报》附刊的《民众周刊》里面的，该刊在三十七、三十九两期中曾出了两个'李调元故事专号'。这里除了两个专号外，还有三十五、三十六，四十五、四十六四期中的几篇。当时收集故事的运动还是在萌芽时期，单行本的故事小册子只有几本徐文长故事而已。自然那时的记录方法时常把故事当小说写的，在现在看来是白费力气而又欠忠实。这集中有时也有这种现象，为保存本来面目起见，不去修改他，而且因此可以看出初期记录民间故事用什么方式。"

这段话说明，《故事集》在我国相关文化名人的民间故事收集整理方面的开创意义。中国现代民俗学发端的标志是1918年在北京大学成立的歌谣征集处。在"收集故事的运动还是萌芽时期"的20世纪20年代，有人整理李调元民间故事，报刊以专号发表，并由年轻的民俗学家编印专集出版，这充分说明李调元作为文化名人已经在全国产生了一定的影响。

三、《故事集》的主要内容

关于故事集的主要内容，叶德均在《故事集》序中说："（其）母题是弄狡猾的诡计和文字游戏。"为了说明这个问题，笔者列了一个表。

《李调元故事集》主要内容统计表

序号	讲述整理者	主要内容	关涉人物	备注
1	姜华	联对故事（春芍药联，洞庭湖联），吟诗故事（张家楼诗）	三江才子，三江应试举子	李调元胜
2	姜华	同题作文（学而时习之）	三江举子	李调元胜
3	姜华	吟诗故事（一块石，一碗水诗），联对故事（童子六七人联），联对故事（骑青牛过关联），吟诗故事（啪啪一支舟诗）	舅父，太守，刘姓举子，三江才子	李调元三胜一负
4	金满成	联对故事（骑青牛，过函关联）	刘姓才子	李调元负
5	谷凤田	滑稽赌胜故事，摸妇人小脚	少年同学	李调元胜
6	谷凤田	滑稽赌胜故事，雇小驴	少年同学	李调元胜
7	谷凤田	滑稽赌胜故事，捉弄店主翁媳	应试乡友	李调元胜
8	宁光江	吟诗故事（一窠二窠三四窠诗），同题作文（三字经）	江南才子	李调元胜
9	陈久徽	联对故事（独站桥头联）	秀才李生	李调元胜
10	陈久徽	联对故事（过函谷，骑青牛联）	刘姓举子	李调元负
11	陈久徽	联对故事（鸡饥盗稻童筒打联）	江南秀才	李调元胜
12	陈久徽	无题作文（王笑而不言，小子鸣鼓而攻之）	江南秀才	李调元胜
13	白昆述	字对故事（蜀，鸿字）	江南才子	李调元胜
14	白昆述	联对故事（山石岩前古木枯联）	江南樵夫	李调元负
15	刘逸之	点主弃笔故事（憎恶贪黩的权贵）	颜阁老，颜阁老之子	李调元胜
16	刘逸之	吟诗故事（远见前面一庙堂诗）	李调元的两个同学	李调元胜
17	宁光江	文字游戏故事（来、坐、夹三字）	两个江南举人	李调元胜
18	宁光江	联对故事（白塔凌虚联）	李调元的江南朋友，四川童生	李调元胜
19	陈光尧	滑稽赌胜故事（李调元打老师）	李调元儿时同学	李调元胜

序号	讲述整理者	主要内容	关涉人物	备注
20	陈光尧	联对故事（一井门内开等四则楹联）	刘宗师	李调元胜
21	陈光尧	滑稽赌胜故事（使妇人先笑后怒）	李调元同学	李调元胜
22	陈光尧	为人胜讼故事（妻有貂蝉之色）	王秀才	李调元胜
23	陈光尧	滑稽赌胜故事（与朋友妻作"恋爱的实行"）	李调元朋友	李调元胜
24	陈光尧	联对故事（门对千竿竹）	刘尚书	李调元胜
25	鲁毓泰	联对故事（踢到磊桥三块石）	学童傅成龙	李调元胜

从表中可以看出，弄"狡猾的诡计"故事有七则（笔者列入滑稽赌胜类，其中一则是为人胜讼），文字游戏十五则（包括字对、联对、吟诗、文字游戏故事），合计占故事总数的百分之八十八，其余三则为考场作文二则，点主弃笔故事一则。这些故事保存了九十多年前李调元故事的原貌，如果我们从改革开放以后不断出版的李调元故事集来看，很多故事都能找到书中故事的影子；如果站在九十多年前的民国初年来看，李调元故事在民间的流传时间更早。

四、《故事集》中李调元的形象与创作方法

故事集中涉及李调元的史实基本没有，只有姜华的讲述中有两处涉及李调元的籍贯，但是其表述是错误的。姜华故事的开头说李调元是"四川广安人"，后来又在故事的最后作了更正："本刊三十五号中李调元故事内，说李调元是广安人，乃一时的手误，广安同锦州不远，大概是"出于幽谷，迁于乔木"的缘故吧？李调元曾经误写敝县——彭山——岳钟琪（原书误为"棋"）为成都人，这也可以说我是给他一个相当的报复。"

这段话舛误有三处：李调元是四川广安人，一误；更正为锦州（应当是绵州），二误；岳钟琪为彭山人，三误。由此看来，只要故事好看有趣，至于故事主人公史实的真实，讲述者是不会去深究的。听者或许有些疑惑，但是往往也把主要精力集中于故事的鉴赏方面，对史实不予深究。人们大概知道李调元做过学政，但不是江南，这个也不重要，重要的是他要以江南学台的身份为四川的读书人争气，所以他就从真实的"广东学政"的身份变成了"江南学台""三江学台"，这都是为着故事创作的需要。

故事中的李调元，和他斗智、作文字游戏的对象主要是举子秀才，同学伙伴。这个和他的神童、进士、学政的真实身份是符合的。整体来看，李调元才思敏捷，善于属对吟诗，是四川著名的才子。在他与江南士子吟对争胜的过程中，李调元有十八个小故事，他只输了两次，胜率百分之八十九。输的这两次，一次是李调元在未发榜前打"状元及第"灯笼游街，与刘才子的属对：李调元先发制人，出一上联："骑青牛，过函关，老子姓李！敢问你又是谁？"刘才子的答对很快："斩白蛇，创帝业，高祖是刘！"这个故事，大概是已有一副好联，创作者再找了两个人来承担李、刘二姓的角色敷衍故事。因为李调元姓李的缘故，所以他成了失败的一方（这个故事如果放在纪晓岚、徐文长身上就不合适）。另一次是输给江南樵夫。樵夫为了给江南的士子争口气，将柴担放在道上，出了一个拆字绝对"山石岩前古木枯，此木是柴山山出"，联中出现八个简字（山、石、古、木、此、木、山、山）以及由这八个简字合成的繁字（岩、枯、柴、出）。大概敷衍故事的创作者自己也对不起，所以我们的主人公李调元也只有承认自己的失败。

　　故事中的一个文化现象很值得我们注意，就是"清代地域文化的对抗"。集中李调元吟诗作对的主要对手是三江举子、江南才子，李调元或作为学院，或假扮为商人，或扮作蒙师，或借助夫人的智慧，都取得了胜利。故事中的李调元，是底层民众推出的一个文化代表：李调元的胜利，就是四川人的胜利，就是四川文化胜利。如果联系清代前期100余年四川文化荒残凋零的事实，这个文化现象是很值得我们深思的。

　　但是李调元的"狡猾的诡计"却大获全胜，没有一次输过的。这中间，我们可以看出讲述者敷衍故事的本领：故事往往从李调元和他的朋友们（少年同学）的赌胜开始，有时候是李调元自告奋勇，有时候是朋友们的撺掇怂恿。赌注一般是"一顿大吃"，"吃酒席"，李调元每次都以超出人们想象的"狡猾"手段取得了成功。这些故事中的李调元，机智、敏捷，身上充满了市井烟火气。

　　这里简单谈谈故事的创作方法。叶德均先生在序中说，"这些故（原文为"无"字，当为"故"字）事不消说是产生于小智识阶层的"，从九位讲述者流畅的文笔来看，他们都有较为深厚的旧学修养，并且熟悉底层百姓的生活，是那个时代底层的小知识分子无疑。

　　序的开头，叶德均先生谈道："李调元故事也和徐文长故事一样，是箭垛式的故事，是堆积了许多同一母题的故事加在一个名人身上。至于这个人是谁，根本就没一定，大半是加在给本地的名人。这因为故事本身就有流传性、转变性的。我们只要认定同一个母题，不必——而且不能——考订某一个故事的确是属于某人的。本集中李调元故事当然也是一样，他的母题是弄狡猾的诡计和文字游戏。"

这段话很精辟的解释了李调元故事的创作方法。一个"箭垛式"的故事，只要选定一个母题，那么创作者就可以自由发挥编制故事的才能，只要听众和读者喜欢，甚至可以改变基本的史实。例如"趣对"这一母题，因为编故事的人自己得了一副好联或者自己编了一副好联，总想把他传播出去，而要引起听者的注意，情节就必须引人入胜；为了让别人相信故事的真实性，故事的主人公还要加给一个本地的名人。我们看到，故事集中的许多"趣对"故事，主人公也有纪晓岚、徐文长的，只是其中个别细节的不同罢了。故事集中的李调元遇到刘姓才子失败的故事，仅对联就出现了四种不同版本：姜华说对联有二种说法，一是"骑金牛过关，老子李；斩白蛇当道，高祖刘"；二是"骑青牛过函谷关，老子姓李；斩白蛇于芒砀山，高祖为刘"。金满成所用的对联为"骑青牛，过函关，老子姓李；斩白蛇，创帝业，高祖是刘"。陈久徽所用的对联是"过函谷，骑青牛，老子李；出芒砀，斩白蛇，高祖刘"。因此，如果我们以不变的眼光、统一的标准去看民间故事的创作，不知道民间故事的地域差异、讲述者身份的差异而认为"此对彼错"或"此错彼对"，都是错误的。民间故事随时代的变化、地域的差异、讲述人文化程度和识见的不同，都是不断变化的。可以这样说，民间故事的每一次讲述或者传播，都是讲述者的一次再创作，总的趋势是越来越完整、越来越精彩。

五、李调元故事的传播与《故事集》出版的重要意义

《故事集》中的讲述者在讲述中，或多或少地讲到了李调元故事在当地的传播情况。姜华说："他（李调元）的故事，在民间传说得很多，可惜莫人把他记录下来，据我一个人的记忆，可以想起来一些，只是不大完全而且模糊不清的。外省朋友很愿意我把他写出来给他们看，我只好将我所能记忆的百分之一而不完全的先写在这里……"刘谊之说："关于李调元的故事，我们县里，流传得非常普遍；所以打柴樵子，牧豕小儿，以及那村妇农夫，没事的时候，总是谈谈李调元的故事，以作消遣。自然我幼稚的时候，生长于斯，受了他很大的影响。然而隔了十多年的工夫，这些很有趣味的童时故事，便模模糊糊的忘去了，真是可惜!"陈光尧说:"我虽不是四川人，但我的故乡汉中，却和四川很接近，住的四川人也很多;所以提起李调元来，可以说是无人不知。至于他流传下来的故事，简直是不胜枚举;不过我所知道的一大半已在《民众》上发表了，其余一小半呢，里面一大半都忘了……"这些生动的描述，充分说明在民国初期，李调元故事已经在某些地区产生了广泛的影响。出版《故事集》，正是基于一大批讲述者已经完成了李调元故事的基础整理工作，同时也说明这些故事流传的范围广、影响大。

据 20 世纪 80 年代全国开展的中国民间传说故事普查资料，有关李调元的民间故事流传地域不仅在四川、重庆，还包括北京、浙江、江苏、广东、广西、江西、安徽、湖南、湖北、陕西、河北等地。据学者不完全统计，改革开放以来，李调元趣对与民间传说得到不断的整理并发表，已出版李调元故事的专集（或收入相关民俗读物）近三十部，数量达两百余则，而且人民群众的再创作还在进行中。

作为历史上第一本李调元民间故事专集，叶德均先生主编的《李调元故事集》是人民群众集体智慧的结晶。人们把祖国语言的魅力、人民群众生活的智慧编成故事，并且附加在他们喜欢的历史文化名人李调元身上，为我们传播和弘扬调元文化提供了一个个生动范例。李调元故事的发表（1925）和专集出版（1932），是我国现代民俗学发展初期搜集整理口头文学的一个重要成果。叶德均先生以《李调元故事集》为例，发表了自己对民间口头文学创作的基本观点，这些观点，对于今天的民间文艺创作者和研究者来说，仍然具有深刻的指导和认识意义。

（作者单位：德阳市罗江区社科联）

第四篇　李调元与民间文学

第五篇

李调元文化遗产的利用与地方经济发展

关注李调元也关注他所处的时代

高大伦

四川省委宣传部的四川历史文化名人建设工程第二期评选活动中，巴蜀大才子李调元入选，对李调元来说是实至名归，对其故乡罗江县来说，更是一件文化大事。李调元在四川的地位该怎么评估，我以为若按朝代来算四川有代表性的文化学者，可以这样排列：汉有司马相如、扬雄，南北朝有陈寿，唐有李白，宋有三苏，明有杨升庵，清有李调元。李调元的影响绝不只在罗江、德阳，或成都平原。我是川南人，但我是听着李调元的故事长大的。我们对李调元是敬仰的，也是有感情的。

据我所知，四川的历史文化名人研究中，这些年来，我们四川人研究四川人，成果最丰富的非李调元莫属。这首先得益于地方领导的重视，其次是四川民俗学会受人之托，忠人之事，集中了学会，同时也是四川的一批最优秀的文史学者，扎实耕耘，锲而不舍，集中攻关，因而硕果累累，蜚声学界。[①]

可以乐观预测，在文化自信的鼓舞、文化强省建设的推动和四川将历

---

① 这里是指由四川省民俗学会、罗江县人民政府主编于 2007 年，巴蜀书社出版的《李调元研究》。又由于李调元在川菜、川戏方面造诣极深，四川省民俗学会开展的川戏、川菜研究等专题学术会，李调元也是研究的重点热点，成果颇丰。

史文化名人建设作为文化建设系统工程重要抓手的大背景下，李调元研究也将持续并迎来新高潮。但是，由于历史文献资料的局限，如果我们的研究仍然主要局限于李调元本人以及罗江本地，恐怕很难有大的突破。我以为，要从更广阔的时空背景中去考察研究，才能更深刻全面地认识李调元。举例来说，可以从这几个方面着手。

第一，四川会馆的研究。

明清之际四川有场大的社会动荡，又加上改朝换代及其后持续百年的"湖广填川"，造成了四川历史走向的根本改变。李调元祖上就是湖广填川移民，这些不同地区移民带来的文化及必然的交流，形成了新的四川文化，在一定程度上来说，和明以前的文化有很大的不同。虽然明清是离我们很近的两个朝代，但20世纪以来，中国经历千年未有之大变局，人文、环境变化之大，说超出所有人预估恐怕也不为过。这个变化必然伴随着许多实物文献资料的消失。学者和有关机构有抢救的责任。有关移民来源和移民组成的社会状况，传统的历史研究多看重家谱、族谱和地方志文献，确实也取得了不小的成绩。但除此而外，研究的路径似乎并不多。我多年在四川各地野外调查，了解到四川有很多清代会馆，主要是湖广填川移民修建的，比如广东移民建的南华宫、江西移民建的万寿宫、湖北移民建的禹王宫以及东岳庙、王爷庙、川主庙等，三台、武胜、宜宾的一些古镇上还有"九宫十八庙"之说。据四川省文物考古研究院古建专家姚军统计，全省历史上鼎盛时期有数百甚至上千座移民会馆，今尚存一百余座①，会馆建筑本身是研究移民分布活动轨迹的绝佳资料，各会馆里都有丰富的题记、碑刻，甚至壁画，又是研究移民经济、文化、民俗活动，让其活起来的重要抓手。这些资料是个宝库，亟须加以收集整理。例如，我们曾经在成昆高铁建设工程中，发掘位于长宁县的明清建筑落赶庙，清理发掘了庙里地面地下的八十多块石碑。石碑制作的年代前后延续两百多年，碑身刻有大量的文字，碑文所述之事基本不见于地方文献记载。通过从碑里获得的信息，能了解落赶庙的修建、维修，当地重大节日活动，看到百姓的信仰、好恶，理清百年风俗变迁，我想在罗江或者扩大而言在德阳、绵阳也当有过这样的会馆或庙宇等，若以此为切入点进行研究，可能会有意想不到的收获。

---

① 据姚军先生见告，四川现存移民会馆有一百三十三座。它们是：禹王宫四十七座、南华宫三十七座、万寿宫三十二座、天后宫十三座、贵州会馆一座、湖南会馆一座、云南会馆一座、吴楚宫一座。

第二，四川明清石刻题记的研究。

很多人知道四川是摩崖造像（如广元千佛崖、夹江千佛岩、巴中南西北龛、安岳卧佛院等）文物大省，但可能不一定知道我们还是碑刻大省。根据我们所掌握的数据，四川馆藏和野外有汉至民国的碑刻题记不下五万余块（点），其中明清时期的估计占八成以上。我国传统金石学号称发达，但明清以前研究家专注宋以前碑刻资料，今天国内各大博物馆数以万计，却也罕见明清的碑刻资料。明清时期的碑刻，除个别名碑外并无人给予专门关注。我们曾在野外考古调查时稍加留心，十年内，陆续集得千余张拓片。2016 年得到省财政厅支持，四川省文物考古研究院以"四川古代石刻题记抢救保护"项目列项，获拨三千五百万元经费，计划在三年内完成结项。项目的主要成果是二十万张拓片（五万块碑刻，每块拓片四张。据笔者所知，罗江县的石刻拓片工作应该已结束）。对碑刻内容的初步观察，已可以看出其中蕴含的丰富的历史文化信息，尤其是关于交通史、经济史、民俗、家族史、移民史、村镇史、祠堂史、会馆史、寺庙史、乡贤史、慈善史、地方重大历史事件的资料非常丰富①。例如，关于清初人口问题、经济问题，学界总是存在争论，我们从碑刻来看，似乎存在这样一个规律：明代的坟墓分布广而密集，基本不见顺治时期的墓葬，康熙早期的墓葬也不多见，即使有，其累砌也比较简陋，康熙后期墓葬突然增多，到乾隆时期不但坟墓大量增加，墓前碑坊开始建得巍峨高大，雕刻繁复精细，越往后这些特征愈演愈烈，一直持续到清晚期。相应的捐资修桥铺路的慈善活动和大建会馆之风兴起演进轨迹也和前面说的墓葬数量和碑坊发展同步。我以为，这一现象如深入探讨下去，对若干我们争论不休的一些重大历史问题的解决是很有帮助的。

第三，四川明清儿童史的研究。

李调元少年聪慧，有关他的孩童时期的故事不少，至今乡里流传甚广。人的一生有孩童、青少年、成年、中老年各个阶段。我们的史书对孩童生活史记载很少，研究者更是寥寥无几。这种局面近期有所改变，这就是南北方都有人开始关注到儿童史问题。北方有王子今教授《秦汉儿童的世界》专著出版，填补学术空白，在学界获好评。南方几乎在同时，如我们在宜宾博物馆的新馆民俗厅"四季乡愁"主题展中，大量设置儿童文体

李调元研究（第三辑）

① 这方面的资料有一小部分已出版。可参考高大伦主编：《蜀道石刻题记》，巴蜀书社 2018 年版。

活动、儿童游戏、童谣相关文物，首开儿童游戏、文物成批成体系进国内博物馆先河。① 儿童阶段对人的性格形成、善恶辨别、知识的获得都是很重要的。俗话说，人看自小。通过一些儿童传统体育活动、游戏、儿歌童谣、讲给他们听的龙门阵、教材的收集，可以从一个侧面看出当地的民风民俗和价值取向，借以了解他们是如何成长起来的。一般是从李调元孩童时代机敏睿智来说明他是天才，但若从同时代的儿童史研究，也许可以反过来看出，四川人幽默乐观风趣的性格大环境造就了李调元这样的奇才——正所谓一方水土养一方人。

当然，现在就下结论尚早，这都需要深入研究。

第四，以上文物的保护征集。

在当今社会快速变化、城镇化提速、新农村建设加快推进的大背景下，乡村一年一个样，对历史、对名人故里仅有研究还远远不够。我们有关专家和机构应该行动起来，尽力征集明清文物特别是我们研究所涉及的那段历史、那个环境的重要见证物。这些见证物当然大多数都是民俗文物。以罗江为例，属于李调元本人的见证物估计少之又少了，但是，属于那个时代或之前之后不远的生产、生活即所谓衣、食、住、行、教、育、娱见证物，可能不多了（唯其不多，才需要我们积极行动）。只要我们细心收集，总还是能征集到的。见证物可以为开展相关研究源源不断地提供资料标本。对罗江来说，不仅仅是研究李调元所需，也是李调元纪念馆为保存历史、研究、展示所必须要做的基础日常工作。这里需要特别指出的是，由于行政区划的变化频繁，我们的征集工作不能仅仅局限在今天的罗江管辖范围，古人云：百里不同俗。据此，至少应该在方圆百里范围内开展征集，实际操作上还可以更远。见证物的征集要早、要快，要积极行动起来，这项工作做好了可以避免不少名人馆有馆无物、有馆无展的尴尬。

其实，研究名人必须同时研究其所处的时代，这是所有学者都明白的道理。本不该由我在此啰嗦。以上只是从以前工作经历曾接触过的几个方面提请大家注意，希望能有助于李调元研究的深入和纪念馆的建设。

（作者单位：四川省文物考古研究院）

---

① 高大伦、罗培红、刘佳君等编写了宜宾博物馆新馆主题展览的策展陈大纲"四季乡愁"，2018 年通过评审，2021 年开展。大纲中的春夏秋冬每一季都有儿童民俗内容。如"童谣""捡子儿""跳海""老鹰抓小鸡""外婆摆龙门阵"。

继承和弘扬李调元优秀戏剧文化遗产
——推进罗江"川剧文化之乡"建设

赖安海

　　李调元（1734—1803），清四川绵州罗江县（今德阳市罗江区）人，清代四川文坛主盟，文学家、民俗学家、戏曲（理论）家，诗人、学者，川剧导源人。他在戏剧方面，不仅构筑了中国戏曲（剧）理论研究的基本框架，更是推动川剧形成的实践者与导源人，引领了清中叶四川戏剧的革故鼎新。德阳市罗江区，作为蜀道古县、省级历史文化名城、四川省历史名人李调元的故里，继承和弘扬李调元优秀戏剧文化遗产，推进川剧文化之乡建设，进一步提升本土文化品位，实现文化旅游强区愿景，具有重要意义。

一、李调元在戏曲理论及川剧形成中的主要贡献
　　第一，发展了中华传统戏曲理论。著《曲话》二卷，提出"曲之为道，发人深省""作曲需体贴人情""最忌情理之外"等戏曲创作中应坚持的基本原则；编刊《剧话》二卷，《序》中定义了戏剧的"教化"与"风醇俗美"对于社会进步的推动作用；回答了"剧者何？戏也，古今一场戏也"这一文艺命题；其"今日为他人写照，他年看我辈登场"之戏剧观，论之精辟，前无古人。

第二，于家办伶班，培养梨园弟子。"先生实苏产，弟子尽川孩。书僮兼伶僮，英才杂俊才。小中堪见大，此亦费栽培"，"归来只在梨园坐，自敲檀板课歌僮"。

第三，移植剧目，编写剧本。在"湖广填四川"的大移民浪潮中，湖广、江西、江浙、闽、粤、陕西等地方戏曲随之入川。作为四川罗江土著的李调元，少小时就钟情家乡社戏，种下戏根，其在十五岁时所吟（《杂诗》八首之三）"人生一小天"是为他戏曲论的发端。十八岁问学浙江受到昆曲濡染，尤喜明末浙江戏曲大家李渔之作。二十四岁回川岁科考试一等，被选送到成都锦江书院读书，课余曾与学友戏"傅粉涂朱满面描"；中进士入翰林官吏部钟情于花雅两部，与被誉为乾隆时期的第一戏曲家的翰林院编修蒋士铨交，与进京的四川名伶魏长生探讨唱腔与演技；广东学政任上沉潜少数民族歌谣，辑著《粤风》；归居罗江后，致力于各戏种在川的融合，移植古典及时人名作剧目十余种，创（改）编《春秋配》《梅绛袯》《花田错》《苦节传》四种。

第四，推进川剧的形成。"况有笙歌蛙两部"，在绵州及川西坝子"逾州越县"进行演出，除自编自导外，还常串演角色。其所骑毛驴也通晓音律，当闻弦歌锣鼓之声，便用前蹄踏着节拍，娇态可掬。李调元办有雅部、花部两个戏班，分别排演雅部、花部剧目，开"昆曲、高腔、胡琴、弹戏、灯调"五腔共合之先河，不断推进戏曲的川化与创新。在李调元的推动下，四川名伶魏长生等纷纷响应，历经百余年之发展，逐渐形成"昆、高、胡、弹、灯"五种声腔同台的川剧。民国 24 年（1935）上海商务印书馆出版戏剧家卢前的《明清戏曲史》对李调元戏剧创作作了专门介绍。民国 32 年（1943），《戏剧月报》刊发黄艺刚的论文《川梆子的导源人李调元》，论证了李调元在川剧形成中的成就及地位。

二、川剧与罗江

乾隆三十二年（1767）涪江大溢，冲毁绵州城。三十四年以罗江为绵州本州，撤罗江县，将原本州（今绵阳市涪城区、游仙区）并入，次年迁州治于罗江城，旧州改金山驿。罗江改州后，蜀道古城罗江，经济快速增长、社会安定、文化繁荣，下北街戏园笙歌达旦，夜无虚日。从新绵州走出的花部名角于三元、王升官，乾隆四十七年前后，先后进京演出，名噪京师。清乾隆戏剧评论家吴长元在所著《燕南小谱》中评各省进京名角时写道：四川绵州（罗江）人于三元"巧笑蛮身，工于妩媚""《背娃娃》一出，颇为传神"，有诗二首相赞云："旧雨微歌喜共谈，阿侬娇艳阿谁憨。绝怜野草关春意，荠菜花开三月三。""传神一出《背娃娃》，村妇痴顽笑语哗。薄酒中人粗布暖，锦帏春色属谁家。"四川绵州（罗江）人王升官："妙齿小身，容仪修洁"，"声技之佳，颇为观众所偿"。惜二人名噪京师时李调元以遭诬下狱，不二年赎归乡梓，失之交臂。乾隆五十年至嘉庆七年（1802）绵州迁回旧州止，主持四川文坛的泰斗、罢官改休致（退休）的李调元居于城北三十里故居，在编刊四川有史以来第一部食谱《醒园录》，提出"饮食无细故"论，倡导美食"常珍"说；潜心著述、续刻《函海》的同时，课教伶僮，组建花、雅戏班两部，搬演李渔《十种曲》、蒋心馀《冬青树》等，又改编并自导《春秋配》《梅绛袄》《花田错》《苦节传》等弹戏四大本。在李调元主张入川各戏种与川调融合的推动下，新绵州成为省城成都之外蜀文化的副中心，为川中举贡生员所景仰，官宦士绅、名流雅客多往访，游新绵、品美食，听演戏曲。时，凡名流入蜀必至新绵州，至必有诗。

民国时期，深受李调元戏剧文化熏陶与濡养的罗江，境内较有名的川剧戏班有略坪乡的杰英科社、蒋方谷的文聆剧部，金山乡毛线五的金玉班等。民国 16 年（1927），新盛乡廖志安组织科社，招收近邻乡村五十余名青年学演川剧。民国 27 年（1938），罗江县自幼爱好川剧的鄢家乡人王国仁（本名黄柏寿，因"抗日战争"爆发，谐"亡国人"音改名王国仁），不顾父亲反对，毅然从成都美术专科学校肄业到成都三益公川剧团拜川剧名丑鄢炳章学艺，后以襟襟丑闻名川西。民国 34 年（1945）前后，王国仁自编自导自演了《兽宫虎侠》《蜀山剑侠》《血滴子》《盘丝洞》《纣王无道》等大中型川剧剧目，在灯光、道具、布景、唱腔、音乐、化妆等方面作了大胆革新。

新中国成立后，王国仁入德阳县川剧团，搬演了《鱼腹山》《闯王进京》《战宛城》，还将现代歌剧《白毛女》改编为川剧演出。1953 年，王国仁调西康省雅安川剧团，改编了《珍珠塔》等剧目并在全省汇演中获奖。1960 年，王国仁调四川省川剧团，不久调省川剧学校任教，潜心于川剧表演艺术研究和教学。1961 年 10 月，王国仁不幸患肝癌病逝。王国仁在丑角行当中独树一帜，深受观众喜爱。他塑造的《告贫》中的邱旺、《骂相》中的孙家二、《劝夫》里的邱元顺、《碧波红莲》中的龟相、《红杜鹃》中的皮治帮、《柯山红日》中的麦立生等各具特色的艺术形象，脍炙人口，极富艺术魅力。成都川剧界称其为"红灯教主"，与川剧表演艺术家陈全波等人被誉为川剧"四大名丑"。这一时期的 1951 年，罗江县经四川省文化管理局批准，组建了同乐川剧团（1959 年 3 月撤销罗江县后同乐川剧团并入德阳县川剧团），剧团培育出川剧名旦沈先凤；1953 年，十二岁的罗江县通江乡鼓泉村人尹华宣进入德阳县川剧团学艺，以演武生名于川，"文革"后历任德阳县、德阳市川剧团团长，曾率团出访苏联演出，1995 年在什邡市演出时突发疾病，卒于艺。20 世纪 80 年代初，李调元故里文星乡（2006 年改调元镇）人李才友曾组建了一个川剧班，一年后因经营不善而解散；20 世纪 80 年代起罗江镇（今万安镇）成立了川剧玩友协会，常年在公园坝戏台进行川剧座唱，间或演出折子戏，成为远近闻名的戏窝子。

1996 年罗江复县后，罗江镇川剧玩友协会改罗江川剧玩友协会（后改罗江川剧协会），常年在镇老年大学活动。2006 年 3 月"中国·罗江诗歌节"期间，县文化旅游体育局、调元镇政府邀请德阳市川剧团创编的川剧《文豪还乡》在李调元读书台进行了实境演出，受到来自全国各地六十余位著名诗人的高度评价。2006 年 12 月，四川省民俗学会与罗江县政府共同举办了"四川省第一届李调元学术研讨会"，研讨会开设了"李调元与川剧"专题，会后结集研讨内容由巴蜀书社出版了《李调元研究》一书。2012 年至 2013 年，县文化馆邀请时为德阳市川剧团国家二级演员的李乔松先生与罗江房地产开发商合作，筹办"翰林班"，曾在县城潺亭水城戏台演出数场，整理编排了李调元《春秋配·掀涧》一折，后因企业不景气，"翰林班"停办。2012 年罗江县文化广电体育新闻出版局与四川省民俗学会李调元研究专业委员会合作，编成《李调元著作选》一书，收入李调元《童山诗选》《蠢翁词》《雨村词话》《雨村赋话》《雨村曲话》《雨村剧话》《弄谱》七种，2013 年 3 月由巴蜀书社出版。2014 年，罗江县政府与四川省民俗学会在罗江香山鹭岛举办的第二届李调元学术研究会，亦设"李调元与川剧"专论，会后结集由四川人民出版社出版了《李调元研究》第二辑。2014 年，县川剧爱好者张孝碧等组织了二十余人的金凤凰川剧队，在罗江古城南街租赁旧厂房设茶座以堂会形式进行演出，常邀请周围市县（区）知名川剧演员登台献艺，长期坚持。

三、罗江"川剧文化之乡"建设的启动

2017 年 7 月 18 日，经国务院批复同意撤销罗江县，设立德阳市罗江区。11 月 10 日，德阳市罗江区正式挂牌成立。中共德阳市罗江区委、区人民政府成立后，确立了"聚焦一个愿景（建设中国幸福家园），坚持两条路径（同成德绵和城市融合），建设三个功能区（德阳北部新区、绵阳科技产业协作区、成德绵都市农业示范区），打造四张名片（军民融合、休闲体育、职业教育、川菜川剧之乡）"的发展战略，启动了发掘李调元文化精髓，创建"川菜川剧之乡"的文化工程。2018 年 1 月，中共中央、国务院《关于实施中华优秀传统文化传承发展工程的意见》下发，区委、区政府在贯彻该意见中，加大了"川剧之乡"建设力度，在开展川剧下乡、川剧进社区、川剧进校园的同时，成立了"川剧之乡建设"课题组，组建了"文化沙龙"，开设了"川剧导源人李调元""川剧与罗江"等讲座，召开川剧玩友、文化工作者、文学艺术爱好者座谈会，研讨优秀传统文化传承与川剧之乡建设。区"川剧之乡"建设课题组历时半年余，在深入调查研究的基础上，邀请专家把脉，形成了罗江区"川剧之乡"建设调研报告，邀请罗江智库专家初步制定了以罗江古城为中心、发展文化旅游产业的《川菜川剧之乡建设方案》。在此基础上，积极争取德阳市政府和四川省商业厅、文化厅在罗江举办"古蜀文化耀德阳，川菜川剧回罗江"大型文化艺术活动，此举得到德阳市政府、四川省文化厅、四川省商业厅的大力支持。2018 年 9 月 26—29 日，由德阳市政府、四川省商业厅、四川省文化厅主办，德阳市罗江区政府等承办的德阳市 2018 "一带一路"川菜川剧国际文化周如期在罗江历史文化名城举行，川剧梅花奖得主陈巧茹、肖德美、王玉梅、王超等名家名段精品专场，昆高胡弹灯"五腔共合"；原已故川剧表演艺术家、罗江人王国仁曾任教的四川省川剧学校川剧专场，老中青少同台共传承；德阳市川剧团川剧开场大展示、罗江川剧协会"川剧进社区成果汇报"演出；"李调元与川剧专题论坛"，研究李调元的学者、研究川剧的专家、川剧表演艺术家杜建华等共论川剧的传承与复兴。这次"文化周"中所举办的川剧系列活动成为四川川剧复兴的一大幸事。罗江创建川剧文化之乡的锣鼓自此敲响。在罗江举办的德阳市 2018 "一带一路"川菜川剧国际文化周后，就川剧之乡建设来讲，2019 年罗江区着重做了三个方面的工作：一是在纹江玉京湖东（雨村东路）兴建了川

剧文化艺术长廊，制安生、旦、净、末、丑玻璃钢和镂空钢雕塑像十尊，铭川剧导源人李调元及川剧昆高胡弹灯简介于其上，并在纹江玉京湖西潆亭水城（雨村西路）新增了罗江民俗文化、李调元与川菜川剧浮雕（辅以圆雕）艺术景观，成为罗江网红又一打卡地；二是在区川剧协会的基础上组建了雨村剧社，将太平廊桥西端划出一定区域作为川剧座唱点，基本形成了太平廊桥周周有座唱、潆亭水城月月有大戏的川剧艺术活动；为配合第二届"川菜川剧周"活动，雨村剧社整理排演了李调元川剧剧本《花田错》；三是成立了川剧名师工作室，开展了川剧文化进校园、进社区、进农村活动，在 2009 年 11 月德阳市第二届川菜川剧周活动期间，罗江区五名少年儿童获川剧"小梅花"奖殊荣。

四、对德阳市罗江区持续推进"川剧之乡"建设的几点建议

一是主动与四川省艺术职业学院"联姻"，争取在罗江建立四川省艺术学院川剧教学实践（表演）或川剧艺术传承基地。以区文化馆为主体，聘请川剧教师长期开设川剧业余表演骨干培训班，壮大罗江"戏窝子"队伍。

二是设置"川剧之乡"发展基金，在区川剧协会（原罗江川剧玩友协会）基础上建好雨村剧社，聘请川剧非物质文化遗产传承人收集整理优秀传统剧目、编排演出李调元《剧目》。办好川剧名师工作室培养传承人。现虽然做了一些工作，但苦于经费及教师，不免流于形式，应重点加以扶持。太平廊桥坚持周末有座唱，月月有大戏，由于 2020 年初以来受新冠肺炎疫情影响少有开展，疫情过后应坚持不懈，不断提高艺术水平使演出常态化。

三是牢固树立李调元"醇风美俗"的戏剧理念，坚持川剧下乡、进学校、进社区，普及川剧艺术知识，培育观众，培养青少年川剧爱好情趣，用发展的观点尝试川剧与现代歌舞戏曲的结合与创新，创编喜闻乐见的现代新川剧，创编并推广具有川剧特点的老年广场舞。

四是 2020 年 8 月，罗江区政府在"川菜川剧文化之乡"建设、发展文化旅游业举办潆亭水城实境演出中购买的公共文化服务文艺节目，作为长期的实境演出，整台演出缺少脉络，缺少本土历史文化和川剧内容等表现形式，且艺术水平不高，应突出罗江地域历史文化特色，逐步形成实境加沉浸演出，使蜀道古县罗江山水文化城真正成为著名的、独具特色的文化

旅游休闲胜地。

　　五是结合古城南街改造，规划川剧广场，建设川剧博物馆和表演阵地（古戏台、戏院），坚持常年演出川剧。在白马关倒弯古镇、调元镇观音岩等文化旅游区文化广场建古戏台，恢复乡村传统社戏（川剧）。擦亮历史文化名城、四川历史名人李调元故里名片，创建川剧文化之乡，唱响蜀道古城，以此带动并促进罗江文化旅游产业快速发展。

（作者单位：德阳市罗江区文旅局）

清中叶涪水河畔李氏家族与
高氏家族的交往史话及其现实意义^①

尹帮斌

  涪水是罗江二源之一，源出绵阳市安州区沸水乡、睢水乡的四条山沟。四条山沟在秀水镇境内汇流成河以后，经塔水、清泉、宝林，在鹌鸽寺进入罗江调元镇，在城北云盖山与瀍水汇合，始名罗江。涪水长不过百里，流域面积仅二百七十五平方公里，但却是一条哺育清代文学家李调元的母亲河。涪水流经之地，坝子肥美，犹如一条美丽的山水田园画廊。清代中叶，以李调元家族为代表的李氏家族和以高天植为代表的高氏家族，与其他土著和移民一起，在这里共同创造了淳朴厚重、多姿多彩的川西坝文化，留下了丰富的文化遗存和民俗史料，为我们进行民俗学调查和研究提供了很好的条件。

一、作为土著的李氏和作为外来移民的高氏在罗江的生息繁衍

  李调元家族是四川土著，其先祖幸运地躲过了明末清初的兵劫。按照李氏宗祠后的摩崖石刻《李氏宗祠敦本堂存赜》记载的李氏世系，李家可考的始祖李攀旺的经历充满了传奇色彩。

————————

  ① 本文参考了高先沛先生所赠阅的《高氏族谱》《高氏家风》《神泉故事》（高先坤著），特致谢忱。

公李攀旺，字美实，罗江县云龙坝人也。生明天启丁卯年四月。三岁而孤。母王氏再适同邑李云卿，公随母育于李。后值流寇张献忠作乱，人多逃亡。公于是归宗，年二十三矣。归则宗族尽散，无一存者。公子身无倚，随乡戚走石泉。是时贼众猖獗，焚掠殆尽，民食无所出，惟匿迹深山，采树皮草子充饥。公尝绝食三日，获野物食之，得不死。公在石泉数年，值蜀中平定，乃归住河村坝。时土田在荆棘中，公开荒刈草，独立经营，历十余年，粗有积蓄，始娶妻，即吾祖母李氏也。时年四十又一矣。后移居毛家坝，又十余年移居南村坝，子孙今家焉。公为人忠厚浑朴，不较是非。尝训子曰："吾昔在兵劫中冲冒矢石，野居露处，自分难保。赖祖宗之灵，以有其身，得延李氏一线。惟愿尔世世子孙无以机巧变诈为心，吾外无求矣。"卒于康熙庚子年，享寿七十又四。以孙化楠贵，得移赠焉。今族众恐代远年湮，湮没无闻，是以又将《墓志》及历世所得大小科名并刻于祠后巨石，以昭来兹不朽云。

这段话，涉及泞水河边地名四处：云龙坝、河村坝、毛家坝、南村坝。其中的云龙坝和南村坝值得讨论，对于研究康雍乾时期外省移民与土著居民融合，共同推进四川经济文化勃兴具有重大意义。

罗江县北八公里有云龙山，云龙山前即云龙坝，位于泞水西岸，与观音崖遥遥相对。云龙山上有云龙寺，寺后有李氏先祖坟茔。李调元之父李化楠于乾隆七年（1742）中进士后，与族人于云龙坝购地建宗祠，又临祠筑别业——醒园。云龙坝是李氏祖居地，祖墓、宗祠、别业在此，是李氏族人的圣地。

南村坝位于云龙山北八公里泞水西岸。1958年罗江撤县后划归安县（今安州区）。今为安州区宝林镇乌龙村（原为大沙村，今并入乌龙村），乡人称其李家湾。李攀旺躲过兵燹后，由云龙坝移居至此。乾隆五十三年（1788）秋，李调元将醒园别业让与其弟李谭元，移居南村坝，将祖父旧屋及父亲早年所建补过亭加以扩充，别筑红萝山庄、困园。去李调元困园里许有陆氏梅园及龙神堂（又名观音寺）。

从李攀旺的三迁看来，四川地区在遭受数十年的瘟疫、战乱后，人口减少到非常可怕的程度。这些肥美的坝子，野兽出没，无人耕种，急需实民。一场气势恢宏、波澜壮阔的大移民开始了。

康熙二年（1663），在泞水东岸，与南村坝（今宝林镇大沙村）紧邻的燕子坝（今清泉镇红堰村），人们迎来了陕西巩昌府移民高歧凤一家。高家的迁徙史，同样具有戏剧性。根据乾隆十九年（1754）高氏后人高天植为入川族人第一次所修的《高氏宗谱》撰写的前记，高氏入川历经苦辛："吾家世系陕西，自始祖公高歧凤偕始祖母杨太君携四子入川，由潼川至旌阳，历绵竹，始插业于罗江县之北路新村上甲，地名栗溪沟，时在康熙二年。迨后，公复带次子回籍省墓，不期年而殁于陕。留始祖母杨，继后亦殁，择葬于燕子坝祖茔。"高歧凤一家六口，辗转四县，才找到合适的落脚之地。在栗溪沟（即燕子坝）艰辛创业三年后，家道初兴。由于思乡心切，同时为了迎接又一批在陕族人，高歧凤决定回陕祭扫祖墓。他带了一个长孙叫作金申的，去后杳无音信，人们推测祖孙两人极有可能遭遇了不幸。从此，留川的杨氏和四个儿子与祖籍地失去了联系。

杨氏和四个儿子开始了异地创业的艰辛历程。同时，与当地土著居民和其他外来移民共患难、通婚姻，逐渐发展融合，为独特的川西坝地域文化的勃兴做出了贡献。

二、李氏科名之盛和高氏的耕读传家

李攀旺泞水河畔三迁，最终定居于南村坝。子孙繁衍，人丁兴旺，到乾隆时期，族人已发展至第四代。李攀旺长子为李文彪，次子为李生，即李士逵、李文彩。李士逵是李家第一位取得功名的人，考取了武庠。到了第三代，李化楠考中进士后，李家科名日盛，乾隆至咸丰一百余年间，李氏家族共考取进士四名（李化楠、李调元父子，李鼎元、李骥元兄弟），举人二名，秀才十四名，将罗江人参加举业的努力推向了一个高峰。李氏家族进行了大规模的文化建设，时至今日，李氏宗祠敦本堂存赜（摩崖石刻）、李氏规戒二十八条碑、鹡鸰寺（李调元读书台）、李调元墓等文化遗存仍然完好保存。李调元辑编刻印的大型文化典籍《函海》和他的在多学科、多门类的艺术实践，仍然是我们传承和弘扬优秀传统文化的重要资源。

高氏家族在燕子坝也得到迅速发展。高歧凤回陕后，杨氏带领四子在插业地除荒、务耕、兴业，开始变"异乡"为"吾乡"的历程。四子中，长子高正，后移居绵州新店子（今绵阳永兴镇），四子高发，后继无人，三子族谱无记载。次子高强，有子九人，逐渐成为燕子坝高氏的共祖。

高强的九子是高家入川的第三代。除次子金卫早亡外，八子"俱能克守其家"，在泞水河畔开始了近三百年的薪火相传、子孙繁衍。至乾隆十

九年（1754）第一次修谱时，高氏已传至第五至第六代，有人丁数十人；道光庚子年（1840）第二次修谱，族人发展至第七代、第八代，仅第七代堂字辈，男丁即达二百二十余人；到光绪癸未年（1883）三修，人丁过千人，高氏已成为泞水河畔聚族而居的重要家族之一。

从光绪癸未年修的宗谱中，我们能够统计到的高氏家族，考取秀才等功名者共十二名，受到各类荣誉封号、担任公职者十八名。

高氏家族恪守"耕读传家"的祖训。其《族谱·诫约》言："吾族自入川以来，创业艰难，遗厥后人。今幸室家安堵田园，庐舍不失旧物，从此勤耕苦读，说礼敦诗，庶几克振家声。不辱其先，何幸如之。"《族谱箴规序》"勤耕读"条也说道："耕读为生，人之正业，成家之根本也。以裕衣食，以兴礼仪，庶不负圣天子劝农造士之心。谚云：有田不耕仓廪虚，有书不读子孙愚，我族人其三复之。"这些训诲，族人奉为圭臬，切实行之。其中最有名者，为高强之孙、四子金昌之子高天植。

三、泞水河畔李氏、高氏家族的交往佳话

高天植，为高氏入川之第四代。据《高氏族谱》高天植条：天植，文庠，榜名步云、字亨衢，生于雍正乙酉年（1729），殁于嘉庆二年（1797）。高天植比李调元（1734—1803）年长五岁，比李鼎元（1750—1815）年长二十一岁。据其"行实"记载："公性最敏，幼读书过目成诵。乾隆十九年王学政取进文庠，二十一年科考超等，赴秋闱荐卷四次未获中。乾隆四十五年移居河村坝，为人以孝弟为先。母董太君一生之孝行手著一册，遗于后世，乾隆六十年为母请旨建坊，嘉庆元年甫将坊石办就，二年七月十三夜遂卒焉。今特述颠末，永垂不朽。"从这个"行实"看来，高步云聪慧过人，孝悌为先，但参加科举屡不适意，是一位隐居乡间的士绅。其母董氏，嘉庆版《罗江县志》列女志有如下记载："董氏，邑人高金昌妻，生员高天植母，太学生让祖母。矢志守节，年七十卒。"董氏风范，亦由此可见。

高天植病逝十年后，妹夫李鼎元为其撰写了墓碑序文，我们可以通过序文进一步了解高天植其人，文曰：

> 高公讳步云者，陕西巩昌府阶州礼县籍，四川罗江金昌公之子也。金昌公生子三，长天桂、幼天成，次即公也。公性敏好学，无奈家贫无以为给，躬耕之暇，偷闲读书，经二十余年始游泮水。补增厥

后，家道颇厚，复以读书为事，屡赴秋闱，获荐卷者二矣。后家务冗集，兼以金昌公年迈，遂将插占以及新买田土分与各人管业，公至弃读而理家计。自乾隆四十六七年，公于栗溪沟移居县北之河村坝，不数年栋宇巍峨、田连阡陌，称望族焉。公生于己丑（与族谱所记不符，当为乙酉）冬月十五吉时，寿六十有九，殁于嘉庆二年七月十三日，归葬于栗溪沟老宅之左庚山甲向。自嘉庆十三年余以母艰归里，两世兄以令尊碑序嘱余，余与公虽属至戚，然余在家之日少，居京之日多，公之梗概不过大略而已，敢云毕尽生平哉！是为序。

从这个碑序来看，高天植是践行了且读且耕、耕读传家的优良家风的。

乾隆五十年（1785）五月，五十二岁的李调元回到了令他魂牵梦绕的罗江，开始了著述自娱、购书刻书、醉心梨园的归隐生活。这期间，地方名士纷纷与李调元诗词唱和，醒园、困园成了骚人墨客雅集的中心、才子佳人聚会的胜地。

其间，因为姻亲和近邻的缘故，高天植（高步云）曾经向李调元问作诗之法。李调元即复一首七绝作答，题为《高步云亲家问作诗法》：

> 诗思无涯语要该，摘章作句费安排。
> 请看大吕黄钟调，略错宫商韵总乖。

这首诗大略讲作诗之时，思绪天马行空，无边无际，但是诗人要善于抓住瞬间的独特感受，用简练的语言安排好自己的"诗思"。那些庄严高妙的文辞，都跳出了格律的窠臼，体现了诗人的思想和才情。

另一首是李调元作的一首古风。诗题《岁暮高秀才步云见过》，诗曰：

> 清风动幽竹，明月上高梅。
> 忽闻良友至，相与倾深杯。
> 天寒地冻银海眩，雪花如掌扑人面。
> 不是高人那肯来，况遭俗物频相践。
> 问君来胡为？久阔苦相思。
> 闻道行起用，劝驾切勿迟。
> 君言为我怀诚好，所惜此言君欠早。

这首诗讲岁暮大雪，李调元与高步云倾杯畅叙友情，互慰互勉的情形。大概高步云劝李调元出仕谋职，李调元说，"百树梅花我主人，我去只恐梅花槁"，表明了李调元绝意仕途、甘于乡居、潜心学术的生活理想。

在今安州区清泉镇金泉村，还流传着李调元与高天植交往的佳话。高天植且耕且读，不但建起了"栋宇巍峨"的高家大院，还利用盛产辣椒的有利条件办起了高家酱园，产品远销松潘、茂县。李调元还乡以后，到河村坝（即清泉镇金泉村）访问高天植。高天植陪同李调元参观了大院、酱园，李调元十分高兴，高天植乘兴请他留下墨宝。李调元挥笔写下"松茂酱园"四字，又为大门撰写一联"祥宅山环基业固，柴门临水见回旋"。同时，李调元还为高家学堂书"勤学堂"匾，为高家大院书"友孝门第"匾，表达他对高氏族人的美好期望。这些匾联，都被高天植挂在门首石坊，启迪和教化后人。据说这些珍贵文物，新中国成立初期尚完好无损。

李鼎元是高家的女婿，高天植的妹夫，所以李调元称高步云为"亲家"。由于李鼎元"在家之日少，居京之日多"，直到嘉庆十三年（1808）才回到故乡，这时高步云已经去世十年，李鼎元也是年近花甲的老人了。应高家之请，李鼎元不但给高天植撰写了墓碑的序文，还为高天成、高天桂、高天桂妣张氏、高天植继妣张氏、太学生高青云等书写了墓碑，表达对这些少时乡邻的怀念之情。

泞水河畔李氏、高氏家族的交往，可以追溯到李调元、李鼎元和高天植共同的老师——赵亮。嘉庆《罗江县志·人物志·儒林》有"赵亮"条目："赵亮，字明远，拔贡。性敏好学，下笔千言立就。官邻水教谕，捐升州同。著有《谦爱集》《家训》等书传世。"赵亮与学生之间，留下了许多故事佳话，成为罗江和安州宝贵的口头文学遗产。

李氏家族和高氏家族因为邻村（李氏家族所在南村坝属罗江县上村，云龙坝属罗江县下村，高氏家族所在河村坝属罗江县新村，南村坝与河村坝隔泞水河相对）、同师（赵亮）、联姻（李鼎元为高氏婿）等，其建立的家族友谊延续了两百余年，成为泞水河畔的一段流传至今的佳话。

四、李氏家族和高氏家族交流的现实意义

以李调元为代表的李氏家族，创造了独具特色的调元文化。调元文化

涵盖面之广、内涵之深，有待我们不断地发掘和弘扬。高氏家族给我们留下了两百余年延续不断的谱牒资料和规模宏大的家族墓地、久传不衰的家族故事，是我们研究民俗学的重要材料。研究这些资料，对于我们进行社会和文化建设，具有重要意义。

李氏家族和高氏家族之所以能够成功，最重要的是两个家族都重视家族文化建设，重视优良家风的养成。李化楠为了李调元的成长，让他到江浙游学；李调元为了家族子弟的学习和自己读书的需要，修建了"西川李氏万卷楼"，并特地撰写了《西川李氏万卷楼藏书约》，对书籍的分类、守护、添置、钞阅作了详细的规定。道光己亥（1839）冬至，李氏家族刊布了两千余字的《李氏规戒二十八条碑》，对家族子孙的行为作了详细的训诲，其中崇孝道、恤孤贫、和宗族、培善念、勤耕读、诫淫风、诫酒疯、诫赌博、正衣冠等，至今仍有积极的现实意义。到了咸丰十年（1860），李氏族众又将李氏始祖李攀旺乱中求生、兴家立业的历史和历世所得的大小科名、名派歌序、祭田情况刊刻于李氏宗祠后面的崖壁上，使族人能够追本溯源，不忘祖宗。

高氏家族在康熙二年（1663）入川后，人丁繁衍，至乾隆十九年（1754）开始修订《高氏族谱》。高天植为高氏入川的首部《族谱》作了序。以后历次增修的族谱也都把《族谱规例》放在重要地位。其中"孝顺父母、和睦兄弟、整肃尊卑（敬老尊长）、端正品行、平息争讼、救难恤贫"等条作为传统美德，仍然值得发扬。在高氏二次修族谱时，《高氏族谱》还将全国知名大族的家训、名人治家格言录入，作为族人学习的参考。其中有苏洵、欧阳修、朱熹、司马光等著名的文学家对谱牒的认识和治家的深刻理解。在《高氏族谱》中，还有祖茔的分布地形图、新置坟茔的契约、对族规家训的不断修正、世系支派（重要人物附行实），可以说是一部对族人进行教化的家族百科全书。

泞水河畔的李氏家族和高氏家族三百余年的生息、繁衍、交流，为我们留下一笔宝贵的民俗学资料。这段历史，为研究四川三百余年的社会经济和文化的发展演变提供了重要参考。特别是李氏家族和高氏家族进行的长达数百年的家族文化建设及优良家风的培育和发扬，对当前践行社会主义核心价值观仍然具有重要的现实意义。

（作者单位：德阳市罗江区社科联）

编后记

　　2020 年 9 月 28—29 日，四川省民俗学会与德阳市罗江区人民政府联合主办了"四川省第三届李调元学术研讨会"。来自山东大学、华南师范大学、四川省社科院、四川大学、四川师范大学、西南民族大学、西华大学等高校和科研院所的专家教授以及四川省民俗学会的学者、四川省民俗学会李调元研究专委会的学者共七十余名代表出席此次研讨会。四川省民俗学会名誉会长、四川省人大老领导李永寿，四川省民俗学会名誉会长、四川省政协老领导章玉钧，四川省民俗学会会长高大伦，中共四川省委宣传部文化传承发展处副处长黎红勇，德阳市罗江区人大常委会主任白光裕，德阳市罗江区文体广旅局局长姜红出席了开幕式。领导们在讲话中都强调，四川历史名人建设工程第二期评选活动中巴蜀大才子李调元入选，对李调元来说是实至名归，对其故乡罗江区来说更是一件文化大事。第三届李调元学术研讨会的召开，是对四川历史名人建设工程第二期评选活动结果的积极回应。

　　简短的开幕式结束后，赓即转入李调元学术研讨会。研讨会由四川省民俗学会副会长、中国先秦史学会副会长、四川大学历史系彭邦本教授主持和点评。大会发言的十七位专家学者围绕"李调元与文学""李调元与戏剧""李调元与川菜""李调元与民间文学""李调元文化遗产的利用与地方经济发展"五个方面进行了广泛而又有相当深度的研讨。最后由四川省民俗学会名誉会长、四川省政协原副主席章玉钧做总结，他回顾了四川省民俗学会和罗江县（区）人民政府联合主办三届"李调元学术研讨会"的历程，充分肯定了此次研讨会对李调元在四川留下的文化遗产挖掘、整理和弘扬所发挥的积极作用，并对未来的李调元研究进一步拓展的领域和活动提出了几点建议。

与会代表纷纷反映这是一次高水平的学术研讨会，四川省民俗学会名誉会长、省人大常委会原副主任李永寿赞扬说："第三届李调元研讨会的学术水平，较之前两次大为提高！"四川省民俗学会会长高大伦教授说："这次李调元学术研讨会一点不比高校的学术研讨会逊色！"

为了记录下这次研讨会的成果，惠及学人，扩大影响。我们精选了二十二篇参会论文，编成《李调元研究》第三辑，承蒙四川人民出版社欣赏出版。值此校毕清样，即将付梓之际，我想说的是：四川省民俗学会成立三十一年来，组织召开了十八次大型学术研讨会，其中有三次都是在罗江举行的，并且出版了三辑《李调元研究》论文集，在国内产生了相当的影响，罗江已经以李调元研究中心闻名于外。李调元学术研讨会还要一届接一届地开下去，《李调元研究》还要一辑接一辑出版，量的积累必然引起质的变化，李调元研究之花，必将结出丰硕的果实，装点罗江美丽的山川！

江玉祥

2021 年 8 月 18 日于四川大学

编后记